Élisabeth de Caligny

Rencontres avec des humains d'outre-espace

ISBN : 978235784-291-5

SAS JMG éditions
8, rue de la mare
80290 Agnières
Tel : 03 22 90 11 03

E-mail : contact@jmgeditions.fr
Site : www.jmgeditions.fr

Élisabeth de Caligny
Rencontres avec des humains d'outre-espace

Avant-propos

Il ne se passe pas une semaine sans que la presse française n'annonce une recherche sur la « vie extraterrestre ». En réalité, ce que l'on nous sert en plat de résistance ne sont généralement que les énièmes recherches menées sur les conditions d'émergence de la vie sur les planètes, en nous faisant plonger jusqu'au cou dans l'indigeste piscine des bactéries, des molécules et des briques élémentaires et autres fantaisies biologiques, nécessaires à son apparition. Quant au SETI, depuis des décennies il écoute l'Univers avec ses grandes oreilles, mais force est de constater que sans être sourd, il ne capte pas grand-chose. D'extraterrestres donc, *« que nenni »*. Et quand un rare article consent enfin à effleurer la possibilité de leur existence, aussitôt fleurissent comme des coquelicots dans un champ de blé en été, moult expressions du type « hypothèse farfelue » quand ce n'est pas: « mythe qui alimente l'imaginaire collectif ». J'en passe et des meilleures. Et très doctement les scientifiques chargés de donner parfois leur avis sur la question nous assènent pour conclure, que la possibilité d'une vie extraterrestre est sérieusement débattue par leur éminente communauté mais qu'en attendant, aucun indice sérieux ne permettrait pour l'instant de démontrer qu'une vie technologique dotée d'une conscience intelligente comme vous et moi, aurait pu apparaître ailleurs que sur notre planète. Comme sœur Anne, nos chers scientifiques ne voient donc toujours rien venir et nous sommes, pour l'instant officiellement, toujours aussi seuls dans l'Univers !

Lorsque l'on a un peu étudié le sujet ufologique, en allant le plus souvent jeter un œil sur ce qu'en disent les médias, les sites et les blogs « non conventionnels », la partition n'est plus la même. Certes, on y trouve une immensité de délires et de fantasmes, mais si l'on apprend à faire le tri, le discernement arrive bien vite. En attendant, cela fait des lustres que je m'intéresse à la question et il y a une bonne raison à cela : encore enfant, en compagnie de mon grand-père ingénieur et diplômé d'une grande école, lequel donc par essence n'était pas un rêveur et encore moins un imbécile, j'ai aperçu dans le ciel un curieux phénomène lumineux qui nous a fait l'honneur d'une démonstration de ses possibilités. Pour la première fois de sa vie, j'ai vu alors le grand-père blêmir et bafouiller une explication fumeuse que d'instinct, je n'ai pas gobée une seconde. Par respect pour lui cependant, j'ai fait mine de la prendre pour argent comptant, tout en évitant de poser les questions qui pouvaient potentiellement fâcher. Pour avoir passé mes dimanches à Orly, je ne pouvais en effet confondre la « chose » avec un avion et encore moins avec un satellite ou l'un de ces spoutniks et autres boîtes de conserve spatiales, puisque l'observation avait eu lieu en 1964 et qu'à cette époque cela ne se bousculait pas encore dans nos cieux. Outre cela, rien de connu à ma connaissance n'avait surtout pour particularité de grossir au-delà de la taille d'une étoile même si cela en avait l'apparence, et encore moins de se déplacer avant de disparaître en un claquement de doigts, après avoir lancé un rayon de lumière tronqué.

Le temps ayant passé, j'en ai vu d'autres depuis, qu'il m'est arrivé de photographier voir plus rarement de filmer. Pour ce qui est du reste, je n'en dirai pas davantage sinon que je n'ai eu de cesse de chercher et de me documenter, en écartant autant que faire se peut, les récits fantaisistes ou les thèses « New-Ageuses ». Par nature, je suis en effet rationnelle et perpétuellement animée par un doute raisonnable. Ce qui signifie que si j'ai l'esprit ouvert, je ne risque pas toutefois de prendre des vessies pour des lanternes, ce qui s'avère grandement préférable quand on se lance dans l'étude des contacts avec des extraterrestres que nombre de personnes sur la planète, prétendent avoir expérimentés.

J'avais déjà lu avec passion les livres de Robert Charroux, de Jimmy Guieu et de quelques autres, mais l'ouvrage qui m'a permis de me convaincre de l'existence de ces rapprochements à haut risque, fut celui du Professeur John E. Mack, publié en 1994 sous le titre « Abduction » dans sa version originale et « Enlevés par les extraterrestres », dans sa version française. Ce Professeur n'était autre qu'un éminent docteur en psychiatrie américain, qui fût par ailleurs le fondateur du département de psychiatrie de l'hôpital de Harvard. Une grosse pointure, vous en conviendrez. Dès le début des années 90, celui-là vit arriver des patients prétendant avoir été enlevés par des extraterrestres. Comme toute personne naturellement sensée, sa première réaction fut de penser que ces braves gens, qui pourtant ne semblaient pas a priori délirer, lui contaient des histoires à dormir debout. Il aurait pu s'arrêter là et les étiqueter comme souffrant d'une pathologie X ou Y déjà bien connue dans sa discipline, mais son esprit scientifique autant que curieux l'emporta, ce qui fût tout à son honneur et en tout cas non dénué de courage. Il décida donc de « fouiller » un peu plus loin et de tenter de comprendre de quoi exactement il retournait. Une chose l'avait en effet intrigué: ces personnes qui ne se connaissaient pas, qui étaient de niveaux intellectuels et de milieux différents, de toutes origines et de tous âges, lui contaient certes des histoires sans queue ni tête, mais qui avaient toutes la particularité de décrire un même phénomène, avec force détails communs fort troublants. L'étude clinique qu'il mena porta sur deux centaines de patients. Ses conclusions furent formelles: ces gens n'étaient ni délirants ni fous et souffraient tous, sans exception, de stress post-traumatiques comparables à ceux qu'éprouvent des victimes de kidnapping ou certains vétérans rescapés de la guerre du Vietnam. En 1994 il décida de publier son étude sous le titre « Abduction » qui fût un best-seller et connut un succès mondial.

Après cette lecture, je devins boulimique de ces récits émanant de personnes vivant aux quatre coins de la planète, soutenant avoir vécu des rencontres rapprochées avec des êtres venus des étoiles. Puis vint le temps où de façon imprévue autant qu'inespérée, l'occasion me fût donnée de les conter. Ces témoignages que je rapporte dans cet ouvrage l'ont été pour la plupart et j'espère donc que ceux qui les connaissent déjà les apprécieront, cette fois écrits de ma plume. Mais je tiens à être honnête, c'est moins pour eux que l'idée m'est venue de les compiler dans un livre – quoiqu'ils m'y aient très souvent encouragée - que pour toucher un public peu informé du sujet, en espérant que cela attirera son attention et lui donnera l'idée de chercher par lui-même afin d'en savoir davantage.

Pour le commun des mortels qui ne connaît rien ou presque à ces histoires de contactés, l'extraterrestre est un petit être gris et malingre à grosse tête, doté de grands yeux noirs. Plutôt rigolo d'ailleurs si on se réfère à Paul le charmant E.T. blagueur et passablement mal élevé, mais un peu moins sympathique si l'on a déjà quelques notions du sujet. Afin de ne pas traumatiser le néophyte auquel viendrait l'idée de me lire, j'ai ainsi préféré m'orienter pour ce premier ouvrage vers les contacts survenus avec les extraterrestres les plus sympathiques qui présentent un physique humain comme vous et moi, au détail près. Vous ne manquerez pas de remarquer que, même si les scénarios que ces stellaires ont fait vivre à leurs victimes sont différents et que les origines qu'ils revendiquent ne sont pas les mêmes, la plupart des informations qu'ils ont livrées présentent cependant des points de convergence particulièrement troublants. Et ces similitudes ne se limitent pas à cela. Je pourrais dès à présent les évoquer, mais je m'en abstiendrai, non par souci de vous compliquer la tâche, mais parce que je pense que toute lecture de cette nature mérite un minimum de travail intellectuel, tant il est important de réfléchir par soi-même plutôt que de se laisser imposer les idées de l'auteur. À vous donc de vous faire une opinion sur ce qui va suivre…

1.
Albert Coe et les Norcans

Premier contact

Un matin de juin 1920, Albert Coe, alors âgé de seize ans, passe ses vacances dans l'Ontario. Il a décidé de partir durant quelques jours avec son ami Rod pour faire une balade en canoë sur la rivière Mattawa, qui serpente dans une région très sauvage. C'est au cours de cette expédition qu'il va faire une bien étrange rencontre…

Alors que les deux jeunes gens se sont séparés pour explorer les environs, Coe, qui est en train d'escalader une rive abrupte, a soudain l'impression d'entendre un appel au secours. Il tend l'oreille, mais en vain. Quelques instants plus tard, la voix se fait à nouveau entendre. L'ennui, c'est qu'il n'a pas la moindre idée de l'endroit d'où elle peut provenir. Il parcourt une vingtaine de mètres, se met à son tour à crier et miraculeusement cette fois, la voix lui répond aussitôt. Quoiqu'elle soit étouffée, elle est plus nette et semble émaner d'une faille de la roche située en contrebas. Il se précipite et se penche pour aller inspecter la crevasse. Elle n'est pas très profonde et il aperçoit aussitôt, coincé deux mètres plus bas, un jeune homme aux cheveux blonds. Celui-ci lève le bras vers lui. En se penchant au maximum, Coe arrive à le saisir par le poignet, mais le jeune homme pèse lourd si bien qu'il ne parviendra pas à le hisser jusque vers la surface, en dépit de ses efforts. Comme il ne part jamais à l'aventure sans se munir d'un couteau et d'une corde, l'idée lui vient alors de couper une solide branche d'arbre qu'il va placer de telle sorte qu'elle puisse servir de levier. Le procédé va se révéler astucieux, puisqu'après quelques minutes d'efforts soutenus, le prisonnier sera enfin dégagé.

Hélas, il semble bien mal en point et tient à peine sur ses jambes. Comme il est blessé, Coe, qui est pourtant robuste, va peiner à le remonter jusque sur la rive. Il le fait allonger sur l'herbe et entreprend de déchirer son foulard avec l'intention d'en faire des bandages, mais l'autre le supplie de lui donner d'abord de l'eau à boire. Coe redescend prestement jusqu'à la rivière et remplit d'eau son chapeau, que son rescapé va boire avec avidité.

Ses blessures sont profondes. Coe en repère à la hanche et au genou, ainsi qu'au tibia gauche. C'est à ce moment qu'il va aussi remarquer qu'il porte un bien curieux vêtement. Une sorte d'habit argenté qui lui colle au corps. En fait, une combinaison faite d'une seule pièce sans poche ni couture, dont le tissu très fin présente un aspect soyeux et lisse ressemblant un peu à du cuir, qui se révèle très doux au toucher. Le voilà bien surpris, ce qui peut aisément se comprendre puisque les faits se déroulant en 1920, ce type de vêtement n'était pas alors vraiment courant, surtout pour aller se balader dans la nature. Et ce qui va encore davantage l'étonner, c'est un étrange petit panneau que le jeune homme blond porte au niveau de la poitrine : couvert de petits boutons et de cadrans, il semble d'ailleurs passablement endommagé. Pourtant, il ne pipera mot et se contentera de lui demander comment l'accident est survenu.

Son interlocuteur va alors lui expliquer que c'est en descendant vers la rivière pour aller pêcher et en tentant de sauter par-dessus la crevasse qui fait tout de même environ un bon mètre cinquante de large, puis en glissant sur de la mousse qu'il a chuté dans la faille et s'est blessé. Comme s'il avait lu dans les pensées de son sauveteur qui a repéré qu'il n'y avait pas plus de canot amarré à la rive que de canne pêche alentour, le blessé va ajouter qu'il n'est pas arrivé par la rivière, mais en avion. Un avion qu'il a posé dans une clairière voisine ! L'adolescent est encore plus surpris car en ce début de XXe siècle, peu d'Américains possèdent leur avion personnel. Son interlocuteur ne semble pas non plus être un aviateur militaire, vu son surprenant accoutrement. Le voilà bien perplexe, car il connaît bien le secteur qui est montagneux et parsemé de gros rochers, d'arbustes et de buissons touffus : comment donc aurait-il pu alors atterrir dans un endroit aussi impossible ? Pragmatique, il se dit qu'il a certainement pris un coup sur la tête en chutant dans la crevasse, ce qui a dû lui déranger un brin les idées. Mais comme il est bien élevé, il ne se risquera à aucun commentaire.

Au fil de leur échange, le curieux aviateur va sembler récupérer et aller un peu mieux. Mais voilà que soudainement, il paraît fébrile et lui annonce qu'il doit maintenant repartir car on doit s'inquiéter pour lui. Contre toute attente, il va lui demander son nom et son adresse en ajoutant qu'il lui écrira, car il tient à lui exprimer toute sa reconnaissance pour lui avoir sauvé la vie. Il va aussi s'inquiéter de son matériel et lui demander s'il pourrait essayer de retrouver sa boîte de pêche ainsi que sa canne, tombées avec lui dans la crevasse.

Coe va jeter un coup d'œil, mais ne retrouvera que la canne à pêche, enfouie dans un buisson de ronces. Et quelle canne ! Il reste sidéré par l'objet qu'il tient en main. Son manche, d'environ deux centimètres de diamètre, est de couleur bleue et recouvert d'une matière semblable à celle de la combinaison dont est vêtu son propriétaire. En la manipulant, il remarque qu'elle porte une fente de chaque côté de son manche prolongé par une fine tige de métal blanc qui ressemble à de l'aluminium brillant. Ce qui le laisse encore plus perplexe, c'est que le fil de la ligne au bout duquel est encore accrochée une mouche sort directement d'un trou situé à l'extrémité de la tige de métal. Il constate enfin qu'elle ne possède pas de moulinet et se risque alors à lui demander où il a trouvé un matériel pareil. Le jeune homme lui répondra sans sourciller que son père est ingénieur et qu'il la lui a fabriquée rien que pour lui, ajoutant qu'il s'agit d'un modèle unique.

Tout en conversant, Albert Coe se rend compte de ce que son interlocuteur semble aller mieux. Il parvient maintenant à bouger et à déplier ses membres avec plus de facilité, même si ça le fait parfois grimacer de douleur. Ce qui le surprend tout de même, c'est qu'il puisse récupérer aussi vite après une si longue et si pénible épreuve et, plus encore, le calme apparent qu'il affiche. Il n'a en effet jamais perçu une once de stress dans son comportement. Très aimablement, il va alors lui proposer de l'accompagner jusqu'à son avion mais va recevoir en réponse un « non » catégorique. Et changeant brusquement de sujet, le pilote va lui dire que la remontée de la rivière Mattawa risque de s'avérer compliquée pour lui et son copain : il a en effet repéré depuis son appareil des débris de toutes sortes et des grosses branches flottant de toutes parts sur une dizaine de kilomètres. Il lui suggérera alors qu'ils rament au plus près de la rive s'ils ne veulent pas chavirer.

Alors que Coe l'aide à se relever, il lui a déclaré qu'il pense pouvoir se débrouiller seul et qu'il ne veut pas être un fardeau pour lui. Hélas, à peine a-t-il fait deux pas que voilà qu'il se rattrape de justesse à un arbuste. Coe va alors le saisir par la taille et lui passer le bras sur ses épaules pour le soutenir et l'aider à avancer tout en insistant pour l'accompagner. Cette fois, il n'essuiera pas de refus, mais le pilote va alors lui demander de lui faire une promesse, en l'occurrence celle de ne jamais révéler à quiconque, pas même à son meilleur ami, ce qui s'est passé et encore moins ce qu'il va être amené à voir. Sur ces entrefaites, il va lui expliquer que l'appareil qu'il va découvrir est un modèle expérimental et ultrasecret mis au point par son père, dont nul ne doit connaître l'existence. Comme il affiche maintenant une expression inquiète et insiste pour qu'il promette, le jeune homme le rassure immédiatement. Il peut lui faire confiance, il n'en soufflera jamais un mot à personne…

Après avoir cheminé un moment, ils vont enfin arriver dans une petite clairière entourée d'arbustes et de buissons. Là, Coe va avoir un sacré choc. Devant ses yeux repose sur une sorte de trépied, un disque de métal argenté dont il évalue le diamètre à environ six mètres. Il est surmonté d'un dôme et dépourvu d'ailes, de moteur ou d'hélice. Il n'en revient pas ! Et ce qui lui donne aussi à réfléchir, c'est la manière dont il a pu se poser sans le moindre dommage dans cette petite clairière étriquée entourée d'arbustes et de roches saillantes. Cela relève vraiment de l'exploit, à moins que quelque chose ne lui échappe. Désormais, il comprend mieux la réticence de son compagnon à lui montrer son « avion ». Celui-là, en voyant la tête qu'il fait, ne peut s'empêcher de lui lancer un peu goguenard : *« Alors, surpris ? »*

Alors qu'ils s'approchent de l'engin, il va lui indiquer qu'il faut passer par une trappe pour y pénétrer, qui se trouve juste en dessous. Comme il faut se baisser pour accéder à cette trappe, ce qui n'est pas aisé pour lui étant donné son état, il va lui demander de l'aider. Coe va le voir appuyer sur une sorte de bouton intégré dans le métal. Des panneaux situés sous le ventre de l'engin vont alors aussitôt coulisser, laissant apparaître sur l'un d'eux une sorte d'échelle encastrée dans le métal, dont le pilote va grimper péniblement chaque échelon. Juste avant de disparaître dans l'habitacle, il le remerciera encore très chaleureusement en lui disant qu'il n'oubliera jamais ce qu'il a fait pour lui, tout en lui rappelant la promesse qu'il lui a donnée. Ceci fait, il va lui demander de s'éloigner au plus loin du vaisseau car il ne doit surtout pas se tenir à proximité au moment de son décollage. Puis la trappe va se refermer aussi silencieusement qu'elle s'est ouverte.

Obéissant, Coe a donc rejoint l'orée de la clairière et c'est là qu'il va vivre sa dernière surprise. D'abord, il remarque que le disque ne possède aucun hublot ou porte, ce qui l'étonne. Et oui, comment peut-on piloter sans rien y voir ? Il se rassure en se disant que les hublots se trouvent peut-être sur la face qu'il ne voit pas. C'est à ce moment de sa réflexion qu'il va constater qu'une sorte d'anneau entourant le disque en son milieu, s'est mis à tourner à grande vitesse. Un sifflement va aussi se faire entendre, qui prendra de l'ampleur au point de devenir assourdissant. Albert Coe dira plus tard qu'à cet instant, il a ressenti une impression terriblement désagréable. Il lui a semblé qu'il était en train de « rétrécir de l'intérieur », tandis que son cœur tressautait dans sa poitrine ! Le disque va lentement s'élever de quelques mètres, tandis que son trépied va se replier et disparaître dans son fuselage. Puis il va prendre de la hauteur, rester quelques instants immobile en sustentation, avant de disparaître soudain à une vitesse vertigineuse dans le ciel, laissant Coe dans la sidération la plus absolue.

Sur le chemin du retour vers le campement, l'adolescent est très déstabilisé. Il a maintenant l'impression d'avoir rêvé en faisant un bond de plusieurs milliers d'années dans le futur et cela le met très mal à l'aise. Dans le livre qu'il publiera à la fin des années 1960, il exprimera d'ailleurs ce sentiment perturbant d'avoir assisté à quelque chose d'irréel et d'avoir vécu ce jour-là des séquences déconnectées telles qu'il n'en existe que dans les rêves. D'ailleurs, pour se prouver qu'il n'a pas rêvé, il va alors retourner sur le lieu du sauvetage. Après tout, l'inconnu a fait allusion à une boîte d'hameçons et cette boîte, il aimerait bien maintenant la retrouver, ne serait-ce que pour voir aussi ce qu'elle contient. Sur place, il retrouvera bien les lambeaux de son foulard tachés de sang ainsi que la branche qu'il a coupée pour faire levier, mais hélas, aucune trace de la boîte. Le voici rassuré, il n'a donc pas rêvé, même si cette idée le dérange tout de même un peu.

Une petite visite nocturne

Finalement, la vie va reprendre son cours et il va poursuivre son aventure en canoë en compagnie avec son ami Rod. Il va à cette occasion découvrir que l'inconnu venu du ciel avait raison, puisque ce sera effectivement un véritable calvaire que de remonter la rivière Mattawa, vu le nombre de débris qui dérivent à sa surface.

Un soir que Rod a déjà rejoint sa tente, Albert Coe se détend devant le feu allumé au centre de leur petit campement. Ses pensées vagabondent sans but précis. Il regarde les étoiles scintiller au-dessus de lui dans la nuit sombre, lorsque soudain, un éclair argenté va brièvement illuminer le ciel au-dessus de la cime des arbres qui lui font face. Le voilà interloqué car la nuit est étoilée et sans nuages. Pas d'orage en vue, donc. C'est alors qu'il va distinguer un disque identique à celui de l'homme blond qu'il a sauvé quelques jours auparavant. L'engin se rapproche lentement, jusqu'à venir planer à une vingtaine de mètres au-dessus de lui. Après avoir légèrement oscillé de droite et de gauche, il repartira silencieusement en glissant dans la nuit. Il a le cœur qui bat la chamade, car il est persuadé que c'est l'étrange jeune homme blond qui est revenu lui faire un petit signe mais il se demande comment il a bien pu faire pour le retrouver dans la nuit au fin fond d'une forêt. Il aura à ce moment la tentation de réveiller son ami Rod pour lui parler de cette aventure invraisemblable, mais il n'en fera rien. Et à chaque fois qu'il sera encore sur le point de céder, il se remémorera ce que lui a demandé le pilote aux cheveux blonds : *« N'oubliez pas de tenir votre promesse ! »* et il gardera le silence.

D'autres rencontres…

Six mois se sont écoulés depuis son étrange rencontre. Un matin, Coe reçoit un bref message signé « Xretsim », en fait une invitation à déjeuner au restaurant de l'hôtel Mac Alpine d'Ottawa pour le samedi suivant. Il a instinctivement compris qu'il ne s'agissait pas d'une blague et que l'invitation devait émaner de l'inconnu venu du ciel.

Il va donc se rendre au rendez-vous le jour dit. En chemin, il s'inquiète tout de même un peu. Comme il n'est pas du tout physionomiste, va-t-il le reconnaître ? Arrivé dans le hall de l'hôtel, son inquiétude se dissipe aussitôt. Très souriant, le jeune homme blond avance vers lui à grands pas pour l'accueillir. Cette fois, portant cravate et vêtu d'un élégant costume, il a belle prestance et semble en pleine forme. D'ailleurs, il confirme à Albert Coe qui l'interroge sur sa santé qu'il a parfaitement récupérée et ne souffre d'aucune séquelle de l'accident. La poignée de main qu'il va lui donner ne sera pas tout à fait ordinaire, puisqu'il tient en effet, caché dans le creux de la paume, un objet qu'il va plaquer contre la sienne. Coe apprendra plus tard que ce « gadget » sert à mesurer la fréquence vibratoire des humains et que les informations sont retransmises sur l'écran d'un vaisseau. Cette fréquence est comme une empreinte propre à chaque individu qui permet aux visiteurs de suivre les faits et gestes de la personne ciblée. Coe dira des années plus tard que le pilote avait utilisé ce système avec lui afin de vérifier qu'il avait bien tenu sa promesse de ne rien révéler…

Une fois installé à table, la première chose que le jeune homme va lui demander est comment il se nomme, ce à quoi il répondra avec une certaine désinvolture: « *Appelle-moi Zret pour le moment! Pour ce qui est du reste, tu comprendras plus tard.* » Puis, à nouveau, il va le remercier chaleureusement pour l'aide qu'il lui a apportée quelques mois plus tôt.

Albert Coe avait bien entendu prévu de lui poser nombre de questions, mais à sa grande frustration, c'est en fait Zret qui va le bombarder de questions sur sa vie sans lui laisser la moindre occasion de poser les siennes. Il va ainsi lui demander comment se sont terminées ses vacances mais aussi quelles études il poursuit, quels sont ses projets de vie, que fait-il durant ses loisirs, etc. Spontanément, il lui confirmera aussi que c'est bien lui qui l'a survolé avec son vaisseau la nuit où il rêvassait devant son feu de camp. À la fin du repas, il semble enchanté du bon moment qu'il vient de passer et lui annonce qu'ils se reverront d'ici deux à trois mois, car il serait très heureux d'aller pêcher en sa compagnie à la fin du printemps! Au moment des adieux, il lui dira également que la prochaine fois, il répondra volontiers à toutes les questions qu'il n'a pu poser durant le repas. Zret tiendra parole, puisqu'effectivement Albert Coe recevra un peu avant la Noël, un colis contenant du matériel de pêche dont une ligne, un moulinet, des mouches séchées pour appâter et même des vers de vase. Le cadeau sera suivi d'une nouvelle lettre à la toute fin du mois d'avril lui donnant rendez-vous à la gare d'Hastings pour le samedi suivant.

Le jour dit, le pilote l'attend devant la gare, au volant d'une automobile qu'il conduira d'ailleurs parfaitement bien jusqu'au lac Mahopac. Durant le voyage, il va lui demander s'il a parlé de leur rencontre à ses parents, ce à quoi Albert Coe répondra par la négative. Son interlocuteur semble satisfait et tout en le félicitant, il lui dit que leur secret est aussi précieux qu'une carte aux trésors et que c'est pour cette raison qu'il doit demeurer caché, car s'il était éventé, cela pourrait entraîner de graves conséquences. Normalement, il n'y avait qu'une petite chance sur quelques dizaines de millions pour qu'ils puissent se rencontrer, mais manifestement la Providence en a décidé autrement. Il va aussi ajouter qu'il a ressenti chez lui des traits de caractère communs tels que la compassion et qu'il éprouve pour lui une immense gratitude. C'est d'ailleurs pour cette raison qu'il lui a offert son amitié pour la vie et que pour le remercier, il a décidé de l'initier à la connaissance des merveilles de l'Univers…

Puis sans transition, Zret va lui révéler que, comme il l'a déjà certainement compris, il vient d'ailleurs et qu'il fait partie d'un groupe de scientifiques venus pour observer l'évolution ainsi que les progrès des Terriens. Comme d'autres de son groupe, il s'est intégré à la population. Il est d'ailleurs lui-même un étudiant en électronique. Quand ils se sont rencontrés, il prenait ses congés d'été et avait profité de ce laps de temps où il n'allait pas l'université, pour visiter certains des siens en poste sur différentes bases de la planète. Il leur avait alors emprunté un petit vaisseau pour aller s'offrir une petite escapade dans des endroits sauvages et inaccessibles du pays qu'il voulait explorer tranquillement, sans être dérangé. L'équipement qui était intégré à sa combinaison devait normalement lui permettre d'être relié à son vaisseau, qui lui-même émettait toutes les vingt minutes un signal capté par sa base d'attache. Avant son départ, il avait hélas commis l'erreur d'annoncer aux siens que s'ils ne captaient pas son signal durant une semaine, ils ne devraient pas pour autant s'inquiéter car il lui arriverait peut-être de couper le système de repérage. Une bien mauvaise idée, qui aurait pu lui être fatale.

Lorsque l'accident est arrivé, ses amis n'ont en effet pu être alertés puisque le boîtier de contrôle fixé à sa poitrine avait été endommagé. Coe aura droit aussi à quelques explications concernant son fonctionnement et apprendra ainsi que ce boîtier pectoral enregistre en continu les fréquences énergétiques émises par le corps, lesquelles sont amplifiées par le système de contrôle du vaisseau, qui retransmet en temps réel les informations à la base. Peut-être ne l'avait-il d'ailleurs pas remarqué en lui portant secours, mais deux électrodes étaient branchées sur sa nuque. Il précisera que celle de gauche enregistrait les ondes cérébrales et celles du corps tandis que l'autre captait les signaux émis par l'hypophyse, dont il dira qu'il s'agit du principal « interrupteur du corps ». Il ajoutera encore que dans sa combinaison étaient également intégrées des électrodes enregistrant les fréquences de divers centres nerveux de son corps. Malheureusement, une fois détérioré, son appareil pectoral n'avait plus été en mesure de transmettre les impulsions tonales de son stress physique et psychique au vaisseau. C'est pourquoi, sa base n'ayant pu alors être avisée de sa détresse, les siens n'avaient pu lui venir en aide dans les trois ou quatre heures suivantes. C'est ainsi qu'il s'était fait repérer en lui demandant de l'aide.

Zret va ajouter qu'en fait, il ne s'était pas immédiatement aperçu de la détérioration du système de repérage. Quand il a compris qu'il ne pouvait s'extraire seul de la crevasse, il a essayé de se détendre et d'évacuer le stress qui l'habitait en attendant l'arrivée des secours. C'est en fait lorsque le soleil est arrivé à son zénith qu'il a commencé à penser que quelque chose ne tournait pas rond. Quand la nuit est tombée, il a admis que la situation était vraiment critique et il a alors lutté de toutes ses forces pour ne pas perdre conscience. Il savait en effet que si cela avait été le cas, il ne se réveillerait plus. Quand il a entendu le lendemain matin le bruit de cailloux roulant sur les roches, l'espoir lui est soudain revenu. C'est pourquoi en dépit des consignes de ne pas se manifester aux Terriens, il a pris sur lui de demander de l'aide.

À plusieurs reprises, il dira à Coe que son destin aurait été tout autre s'il n'avait pas croisé sa route et lui exprimera toute sa reconnaissance pour l'avoir tiré de ce mauvais pas. Une fois installé dans le vaisseau, il n'a eu en effet que le temps de transmettre son SOS de détresse à la base avant de perdre conscience. C'est un de leurs grands vaisseaux-mères qui a finalement capté le signal et mis en œuvre la procédure de sauvetage afin qu'il puisse être récupéré rapidement. Une fois à bord, il a été soigné à l'aide de technologies électromagnétiques, qui ont permis de juguler l'infection qui avait déjà envahi son corps et d'accélérer la cicatrisation de ses plaies. Mais il lui aura fallu tout de même une bonne semaine pour se remettre sur pied.

Durant le voyage jusqu'au lac, Zret va également confier à Albert Coe qu'après cela, il a souhaité de tout son cœur qu'il ne trahisse jamais la promesse qu'il lui avait faite de se taire sur leur rencontre et sur ce qu'il avait vu. Coe a d'ailleurs cru comprendre qu'il avait dû rendre compte à un « conseil supérieur » de la grave erreur qu'il avait commise en se faisant aider par un humain. Outre cela, il avait dû solliciter son autorisation afin de pouvoir le revoir et pour qu'elle lui soit accordée, il avait été contraint de longuement plaider sa cause. Dans un premier temps, cette autorisation n'avait été que provisoire, Coe devant être au préalable « testé » avant qu'un visa définitif ne lui soit accordé. Testé de quelle manière ? Le stellaire ne donnera pas de précisions à ce sujet. Arrivé à destination, il dira au jeune homme, qu'il appelle désormais familièrement « Al », qu'il le considère comme un véritable ami et qu'il parie un café qu'il va pêcher le plus gros poisson.

Plus tard, alors qu'ils se reposent un peu, Zret va attirer son attention sur les diverses espèces qui peuplent le lac et ses abords. Il va ainsi désigner des tortues et lui expliquer qu'elles sont sur Terre depuis des millions d'années et constituent l'une de ces rares espèces qui a survécu à diverses phases d'évolution de la planète sans vraiment changer sa forme d'origine. Cette conversation va donner l'occasion au jeune homme de le questionner sur ce qui le taraude. Quel âge a-t-il ? D'où vient-il ? Croit-il en Dieu ? Où se trouve le paradis ? Qu'est-ce qui permet à son petit vaisseau de voler ? Est-il marié et a-t-il des enfants ? Sous l'avalanche de ses questions, Zret éclate de rire lève et les bras au ciel. C'est d'accord, il va lui répondre de son mieux, mais en attendant, ils vont d'abord aller déjeuner !

Premières révélations

Un peu plus tard dans la journée, il lui expliquera qu'en dépit des apparences et grâce à des méthodes de revitalisation influant sur leur processus de vieillissement, il a trois cent quatre ans de plus que lui. Lors d'une rencontre ultérieure, il lui confiera encore que leur longévité par rapport aux Terriens est due à un processus de rajeunissement dont chaque individu de sa race bénéficie tous les cent cinq ans. Un traitement leur est en effet administré par tranches de cent cinq ans, mais sans toutefois pouvoir excéder la limite des cinq fois. De ce fait, leur espérance de vie ne peut être supérieure à six cent trente ans. Il lui apprendra aussi qu'ils disposent d'un corps dont la fréquence vibratoire est plus subtile que celle des Terriens laquelle est nettement plus basse. Lorsqu'ils s'intègrent à la population humaine, lui et les siens doivent donc abaisser leur fréquence afin de pouvoir devenir pleinement matériels.

Puis Zret va lui révéler que son peuple vit alternativement sur Mars et sur Vénus, mais que depuis un certain temps, lui-même passerait beaucoup plus de temps sur la Terre. Il soulignera que Mars serait d'ailleurs en train d'arriver au terme de son évolution et aussi, que les paysages de Vénus auraient une certaine ressemblance avec ceux de sa planète, quoique ses processus évolutifs soient nettement plus récents. En entendant cela, Coe est stupéfait et va continuer de le bombarder de ses questions. Il va ainsi lui demander pourquoi lui et les siens, déjà installés sur Mars et Vénus, ont eu l'idée de venir sur Terre et de s'intégrer à sa population. Zret répondra que depuis toujours, l'histoire de l'humanité terrienne est une succession de guerres et de massacres. Que chaque invention, chaque découverte sont le plus souvent mises à profit pour servir la force militaire et provoquer des guerres. Les Terriens ont un génie inventif qui, hélas, tend toujours à les mener à leur destruction, avec des moyens toujours plus sophistiqués.

Lorsque ses ancêtres sont arrivés autrefois sur la Terre, ils ont trouvé des hommes primitifs dont les mœurs les ont pour le moins surpris, puisque tout n'était que brutalité entre eux ainsi qu'envers les animaux. Ils se sont aperçus que ce qui les incitait le plus souvent aux conflits mortels était la jalousie. C'est pourquoi ils auraient décidé de leur dispenser des enseignements afin de les faire évoluer et auraient alors créé cinq grands centres à cet effet sur la planète. À leur contact, les Terriens auraient alors évolué, au point d'acquérir des connaissances scientifiques. Durant un temps, ils se seraient donc nettement améliorés avant de retomber malheureusement dans leurs travers égoïstes dont le désir de possession, la cupidité les ayant amenés par ailleurs à inventer de monstrueuses armes pour se massacrer entre eux. Leurs conflits incessants et leur agressivité auraient finalement engendré une terrible catastrophe, qui aurait détruit en partie la Terre. Devant son air ébahi, Zret le rassurera aussitôt et lui confiera encore que, lui et les siens, ne sont pas revenus pour espionner les Terriens dans l'idée d'une conquête future de leur planète, mais pour les aider une fois de plus à évoluer. Voilà pourquoi ils sont encore présents aujourd'hui et qu'ils habitent et vivent comme les autres Terriens sur tous les continents, sans désir d'ingérence dans leurs affaires.

Il va ensuite répondre à la question de sa croyance en Dieu en donnant de multiples explications, si complexes que certaines vont dépasser le jeune homme, ainsi qu'il l'avouera plus tard. Ce qu'il comprendra, c'est que Zret et les siens croient en un être suprême et en l'amour. Il s'entendra dire aussi que ce qu'enseignent les religions et les philosophies terriennes ne sont que des parcelles de vérité. Que les divisions survenues entre les humains résultent en partie de leurs croyances en des dieux qu'ils se sont créés, chaque tribu ou chaque groupe imaginant que son dieu est meilleur que celui de son voisin et chacun voulant imposer au final sa propre conception de la divinité. Zret ajoutera que c'est seulement dans les enseignements du Christ que l'on peut entrevoir l'essence du Dieu universel. Il dira enfin à propos du paradis et de l'enfer que ce ne sont en fait que des illusions, des créations humaines issues de nos croyances en la loi primitive de la dualité.

Après la partie de pêche, Zret va l'inviter à dîner dans un restaurant. Durant le repas, le jeune homme va l'interroger sur le fonctionnement de son étrange vaisseau, qui l'a littéralement interloqué quand il a démarré à une vitesse vertigineuse avant de disparaître dans l'instant. Après un moment de silence, le stellaire va lui répondre qu'il ne lui est pas permis de divulguer les implications physiques et mathématiques de son mode de fonctionnement, d'autant que ce serait d'une grande complexité à expliquer à qui n'a pas de connaissances scientifiques. Puis en s'aidant de l'exemple de la tarte aux pommes posée dans leur assiette, il va dire que s'il leur est possible de voyager à de telles vitesses sans qu'ils soient pulvérisés sur leur siège ou les parois du vaisseau, c'est parce qu'il existe un état d'unicité synchronisée entre le vaisseau et l'équipage, qui ne forment plus alors qu'une seule masse. Il ajoutera aussi que jusqu'à nouvel ordre, il leur est impossible d'embarquer dans leurs engins quiconque n'est pas de leur race.

La Visite d'un vaisseau-mère

Six semaines après la partie de pêche, Albert Coe va recevoir un nouvel appel téléphonique de Zret, lui fixant à nouveau rendez-vous dans le hall de l'hôtel Mac Alpine d'Ottawa. Il veut en effet fêter dignement le premier anniversaire de leur rencontre ! Durant le dîner qui va suivre et qui s'avérera des plus agréables, ils vont surtout parler de pêche, de camping et de leur amour commun de la nature. À la fin du repas, Zret va le convier pour le week-end suivant à une randonnée dans la région des Catskill.

Durant ce week-end dans la nature sauvage où ils vont pêcher et faire du canoë, Zret va lui dispenser un véritable cours de biologie sur les végétaux et les espèces d'insectes qui y vivent. Après le dîner sous le ciel étoilé, assis devant le feu de camp qu'ils ont allumé, le stellaire va lui faire une belle surprise. Il va lui annoncer en effet que dans un petit moment, il va l'emmener faire un voyage qu'il pourra croire imaginaire, à bord de l'un de leurs grands vaisseaux, un voyage. Celui-ci les transportera dans le temps, en fait 20000 ans en arrière, à 70 millions de miles du système solaire, ceci pour aller visiter une planète nommée Norca. Il précisera à ce moment que ni Mars ni Vénus ne sont les planètes d'origine de ses ancêtres, puisque ceux-ci étaient en fait originaires de Norca.

D'après ce qu'il en dira, cette planète, plus petite que la Terre et entourée de quatre petites lunes dont trois artificielles, graviterait autour de l'étoile Tau Ceti. Rappelons que Tau Ceti est située à 12 millions années-lumière de la Terre dans la constellation de la Baleine, qui se trouve elle-même dans le bras d'Orion. D'après ce qu'en ont dit nos scientifiques, cette étoile aurait une masse et un spectre similaires à ceux de notre soleil. Et surtout, elle serait entourée de cinq planètes, dont l'une située dans une zone dite « habitable », comme cela a notamment été révélé par un article paru en décembre 2012 dans la revue *Astronomy and Astrophysics*. La relative proximité de cette étoile et ses similarités avec notre soleil ont attiré l'intérêt de nos scientifiques et elle a d'ailleurs fait l'objet de nombreuses études dans le cadre du programme SETI, consacré à la recherche de vies extraterrestres.

En terminant de boire une tasse de café, Zret va expliquer à son ami Al que pour rejoindre le grand vaisseau de retour d'une mission d'exploration qui doit les accueillir, dont il dira qu'il s'agit d' « une montagne de métal brillant » d'un diamètre de 9700 mètres surmontée d'un dôme central aussi haut qu'un grand building, il va leur falloir leur remonter le temps. Et comme ce vaisseau-mère ne se trouve pas dans les parages de la Terre, ils vont devoir alors se projeter dans le vide interstellaire, en fait rien de moins que dans l'espace-temps.

C'est ainsi que sans trop savoir comment, Albert Coe va se retrouver dans la salle de contrôle de ce gigantesque vaisseau où il va apercevoir une multitude d'écrans, de cadrans et de postes de contrôle devant lesquels s'affairent une quantité de personnes. Zret va alors se lancer dans des explications scientifiques complexes concernant leurs fonctions ainsi que sur le système de guidage du vaisseau. Il évoquera aussi longuement leurs voyages à travers la galaxie et lui dispensera ni plus ni moins qu'un cours simplifié d'astrophysique. Coe va ainsi recevoir nombre d'informations sur le fonctionnement de l'univers, la formation des galaxies et la naissance de la vie et son évolution sur la planète Terre. Pour illustrer son propos, Zret lui montrera au fur et à mesure des images et des schémas sur divers écrans de la salle de contrôle. Inutile de préciser qu'il en restera autant sidéré qu'ébloui. N'oublions pas qu'il n'est alors âgé que de 17 ans et que ceci se passe en 1921. Après cette visite mémorable, ils vont se retrouver comme par magie, allongés près du feu de camp. Al Coe dira des années plus tard, qu'à ce moment, il n'avait pas du tout eu l'impression d'avoir rêvé, mais au contraire, d'avoir réellement été à bord du vaisseau et de s'être assis devant les écrans, tandis que Zret lui dispensait ses incroyables informations.

Ils vont de nouveau aller pêcher comme si de rien n'était, en attendant leur seconde expédition sur le vaisseau-mère, que Zret a annoncée pour le dernier soir. Le moment tant attendu étant arrivé, une fois de plus et sans trop savoir comment, Al Coe va se retrouver à marcher aux côtés de son compagnon dans un long couloir qui va les mener jusqu'à une vaste salle circulaire. Zret va lui expliquer qu'il s'agit de la zone de propulsion magnétique du vaisseau. Là encore, il lui dispensera une multitude de données complexes avant de l'entraîner dans une autre partie de la nef, abritant un étage dédié à l'élevage des animaux et à la culture. Il découvrira que tout y est contrôlé par un système qui permet de gérer en permanence l'équilibre de la luminosité et de la température, celui des bactéries, de l'hydrométrie et bien d'autres choses encore.

Puis il l'emmènera visiter des champs de blé, d'orge, de maïs et autres céréales. Des champs de tubercules également, telles que des pommes de terre ou des betteraves. Puis ce sera une visite des pâturages, où paissent tranquillement des vaches au pelage brun doré, très étrangement mêlées à un troupeau d'antilopes. Coe va remarquer que leur taille est un peu inférieure à celle des vaches terriennes et apprendra qu'elles ne sont élevées que pour leur production de lait et non pour la consommation de leur viande. Il apercevra aussi des troupeaux de moutons, que l'on n'élève que pour leur laine et non pour leur chair. À un moment donné, il déambulera encore dans des prés fleuris où butinent papillons et abeilles et autres insectes. Avec surprise, il repérera au milieu des touffes d'herbe, des fleurs de trèfles et longera de petits ruisseaux qui traversent les pâturages. L'éclairage est bien entendu artificiel, mais donne vraiment l'illusion de la lumière du soleil. En fait, il se serait presque cru à la campagne s'il n'avait aperçu dans la zone située sur le pourtour de ces champs et pâturages nombre de salles de contrôle, de laboratoires et aussi de salles de traites pour les animaux.

Dans une vaste zone voisine, Coe visitera un grand verger où poussent des pommiers, des pruniers et autres arbres fruitiers. Certains arbres portent des fruits tandis que d'autres sont en fleurs. Dans une partie du vaisseau, il se retrouvera à marcher au milieu de petits bois de conifères qui ressemblent à s'y méprendre à des pins, des cèdres ou à des ifs, comme on en trouve sur la Terre. Zret lui expliquera alors qu'ils produisent de l'oxygène. Al Coe apercevra aussi quelques variétés d'oiseaux qui lui semblent familières, tels des pinsons ou des pics. Et la visite se terminera enfin devant un vaste étang entouré de fougères où grouille une vie aquatique.

Inutile de dire que le jeune homme est subjugué de se retrouver comme en pleine nature, alors qu'il se trouve à l'intérieur d'un vaisseau. Comme s'il lisait dans ses pensées, Zret lui fera alors remarquer malicieusement que sans qu'il s'en doute, celui-ci est en train de foncer dans l'espace intersidéral à la vitesse colossale de 61000 kilomètres à la seconde. Sans toutefois les lui faire visiter, il dira encore que leur immense vaisseau comporte divers étages abritant des appartements privés où logent 2200 familles. Qu'il y a également à bord une zone de boutiques où l'on peut se procurer des vêtements, des produits alimentaires et bien d'autres choses, exactement comme sur la Terre. Qu'il existe aussi des zones de loisirs tels des théâtres, des terrains de sport et même un espace dédié au tir à l'arc. Enfin, il précisera que d'immenses réservoirs d'eau se trouvent enfouis dans les profondeurs du vaisseau, ainsi que dans la zone la plus élevée de sa structure.

Puis ce sera enfin l'annonce de l'approche du vaisseau aux abords du système de Tau Ceti, après son vol expérimental de dix années. Zret va alors le ramener dans la salle de contrôle et il va à ce moment apercevoir sur un écran, un soleil autour duquel gravitent sept planètes. On lui précisera à ce moment que celle qui se trouve le plus à l'extérieur de leur système se nomme Ahreeca tandis que la plus proche de leur étoile a été baptisée Ne-Neeea. Puis, on va enfin lui désigner la planète Norca, entourée de ses quatre lunes. On lui expliquera que celle qui se trouve en orbite extérieure et paraît plus grosse que les autres est la seule lune naturelle de Norca. Quant aux trois autres, bien plus petites, elles seraient artificielles et auraient été construites pour tenter d'endiguer la catastrophe climatique qui va contraindre les Norcans à émigrer. Coe remarquera aussitôt l'émotion gagner Zret lorsque ce dernier lui confiera que la belle Norca qu'il va découvrir est celle qui existait il y a 20000 ans, tout en soulignant qu'elle n'est plus maintenant qu'une planète morte et désertée. Comme il le lui avait annoncé, ils sont donc effectivement remontés dans le temps…

Norca

Coe va suivre attentivement l'approche du vaisseau vers Norca, puis ce sera son survol. Il va d'abord contempler son Pôle Nord, avec ses pics enneigés émergeant d'immenses champs de glaces et ses cascades jaillissant de glaciers enveloppés d'une sorte de brume jaunâtre. Puis, le paysage va lentement évoluer. Ce sont désormais de belles forêts denses qui apparaissent sur l'écran ainsi que des prairies vertes, des mers et des lacs intérieurs. À un moment donné, ce sera aussi une zone très aride située au niveau de son équateur : un désert sans vie où tourbillonnent çà et là des nuages de poussière. Puis va apparaître un immense lac alimenté par de multiples rivières et bordé d'une grande falaise blanche.

Alors que leur nef survole une vaste vallée, de petits vaisseaux vont surgir pour l'accueillir et la guider jusqu'à son port d'attache, après ses dix longues années d'absence. Et soudain ce sera l'éblouissement, au moment du survol d'une immense ville aux bâtiments dont les formes arrondies sont surmontées de dômes de pierre d'un blanc subtilement rosé, perdus au creux d'une végétation luxuriante. C'est un foisonnement de verdure et de fleurs multicolores. Al Coe distingue çà et là de belles fontaines de pierre d'où jaillit une eau claire, ainsi que des bannières colorées qui flottent au vent. Zret murmure que la merveille qu'ils sont en train de contempler n'est autre que Norma, la première des trois plus grandes cités de Norca.

Puis le vaisseau va venir lentement se positionner à la verticale d'une vaste aire d'atterrissage recouverte d'alvéoles un peu semblables à celles d'une ruche. Al Coe apprendra alors que ce système permet au vaisseau de se décharger de son électricité statique et de son rayonnement nocif, pour un atterrissage en toute sécurité. Il apercevra encore plusieurs milliers d'hommes, de femmes et d'enfants qui se sont réunis afin d'acclamer l'arrivée du grand vaisseau. Et c'est à ce moment précis que comme par un coup de baguette magique, il va se retrouver aux côtés de son compagnon dans le canoë qui dérive lentement au milieu de la rivière. En une fraction de seconde, ils viennent de se retrouver 20000 années plus tard dans le temps !

La mort d'une planète

Ces premières rencontres entre les deux hommes marqueront le début d'une belle amitié qui se poursuivra lors de contacts ultérieurs qui vont s'échelonner sur près de soixante ans, à raison d'une douzaine par an. Zret révélera peu à peu à Albert Coe la terrible histoire de la planète Norca et de ses habitants, contraints d'émigrer dans la galaxie pour ne pas périr.

Il va ainsi lui relater les graves problèmes de climat et de réchauffement qu'elle a dû affronter dans son passé. Dans un premier temps, ses habitants ont tenté de compenser un processus de réchauffement inéluctable en construisant successivement trois lunes artificielles afin d'alterner le jour et la nuit et de stabiliser les températures très basses la nuit et étouffantes le jour, tout en limitant l'évaporation de son atmosphère. Hélas, il y a 14000 de nos années terriennes, son atmosphère a commencé de s'évaporer, ce qui a provoqué dans un premier temps une période de glaciation entraînant le gel des étangs et des lacs et même des mers, durant plusieurs centaines d'années. Puis la situation s'est inversée et le processus de réchauffement inéluctable de la planète s'est enclenché, entraînant des phénomènes climatiques insupportables. Après des périodes de pluies diluviennes résultant de l'évaporation de l'atmosphère, une terrible sécheresse est apparue peu à peu, menant à une déshydratation irréversible des sols. L'oxygène a fini par se raréfier au point que la vie a disparu. En y réfléchissant, cela pourrait ressembler au phénomène qui aurait pu se produire sur Mars, si l'on s'en tient aux dernières révélations de nos scientifiques.

L'errance des Norcans

La vie étant désormais devenue impossible sur Norca, ses habitants n'auront d'autre choix que celui de se préparer à émigrer ailleurs et de rejoindre d'autres planètes habitables. Leurs scientifiques se sont mis alors à la recherche de divers systèmes solaires proches afin de tenter de trouver le point de chute susceptible de sauver leur civilisation.

Des expéditions ont donc été envoyées çà et là afin de repérer une planète d'accueil. C'est au cours de l'une de ces expéditions que la Terre aurait été découverte par les Norcans. Ils auraient eu alors des contacts rapprochés avec nos ancêtres préhistoriques et comme leurs relations avec eux se seraient révélées acceptables, ils auraient alors décidé d'envoyer 243 000 des leurs pour coloniser la Terre.

C'est ainsi que par vagues, de grands vaisseaux vont un jour s'envoler de Norca pour un voyage sans retour. Il y en aura soixante-deux au total, tous construits à l'identique. Quarante d'entre eux transporteront les familles, les vingt-deux autres étant des vaisseaux de transport abritant des personnels techniques ainsi que des machines, de petits vaisseaux et des matériels de tous types destinés à reconstruire des laboratoires. Telles de grandes arches de Noé, ces vaisseaux transportaient aussi toutes sortes d'animaux : bovins, ovins, chevaux et autres animaux et même des chats et des chiens, ainsi qu'une quinzaine d'espèces d'oiseaux. De multiples espèces de végétaux seront également embarquées à bord de ces gigantesques nefs.

D'après Zret, leur voyage aurait duré cinquante-huit ans et sept mois. Hélas, aux abords de notre système solaire, une épouvantable catastrophe serait survenue à la suite d'erreurs de calcul. Les immenses vaisseaux lancés à pleine vitesse seraient en effet devenus incontrôlables et auraient foncé droit vers notre Soleil, que les Norcans nomment Ni-Runth, qui les aurait attirés comme un aimant. Nombre d'entre eux seraient allés se perdre dans sa masse en fusion et deux se seraient écrasés : l'un sur Jupiter et l'autre sur Vénus.

D'après Zret, les seuls rescapés de cette horreur seront ceux se trouvant à bord d'une arche qui s'est écrasée sur Mars. La chance voudra toutefois qu'elle ricoche au sol et finisse sa course à demi encastrée dans une dune. Ce sera un grand soulagement pour ceux qui sont à bord, car elle n'aura pas explosé en heurtant le sol. Cependant les victimes seront nombreuses, puisque sur les 5 000 passagers qu'elle transportait, il n'y aura que 3 700 survivants, sans compter la multitude d'animaux qui auront aussi péri.

La vie sur Mars

Pour ces survivants à peine remis de leurs peines et de leurs émotions, les conditions de vie ne vont pas être faciles. Il leur faudra d'abord procéder à la crémation de leurs défunts et s'occuper des nombreux blessés, humains et animaux avant de remettre tout en ordre pour que la vie reprenne son cours. Les rescapés vont réparer leurs machines et leurs matériels, qui ont pour la plupart été très endommagés. Tous vont se remettre à l'ouvrage avec courage. Hélas, la planète Mars est hostile. Zret va expliquer à Albert Coe que son atmosphère était alors déjà presque aussi raréfiée que celle leur planète d'origine, quoiqu'un peu plus dense au nord et au sud. L'environnement est de ce fait désertique et aride mais il y a tout de même encore un peu d'eau. Alors qu'il ne subsiste aucune vie dans la région équatoriale où leur nef s'est écrasée, les survivants norcans vont découvrir dans les régions proches des pôles que des espèces de petits animaux y vivent, notamment des rongeurs et des reptiles, de même que des insectes et de petits poissons. Mais de traces d'humanoïdes, *que nenni*. La planète est vide de tout habitant.

La première décennie sur Mars va s'avérer des plus difficiles, mais les Norcans vont réussir cependant à survivre puisque nombre d'appareils et de technologies ont été épargnés par le crash. Ce qui est potentiellement encore utilisable sera réparé. L'eau étant vitale, les survivants vont utiliser leur ingénierie pour prélever l'eau des calottes polaires. Les agronomes et les biologistes vont quant à eux travailler d'arrache-pied pour trouver des solutions afin de permettre de nourrir les survivants. Avec des procédés complexes, ils vont ainsi réussir à créer des aliments protéinés très nutritifs fabriqués à base d'insectes et de minéraux. C'est ainsi que la civilisation de ces courageux Norcans va peu à peu renaître sur cette planète inhospitalière, dont ils vont découvrir qu'elle possède une particularité, en l'occurrence celle de disposer de champs magnétiques spécifiques permettant des conditions de réception idéales pour des communications avec d'autres points de la galaxie. Les siècles passant, ils vont construire de nouveaux vaisseaux, après avoir envoyé dans un premier temps des sondes d'exploration sur Vénus et sur la Terre.

Ils vont pourtant rester neuf siècles terriens sur Mars avant de tenter une expédition sur Vénus, qui leur paraît la mieux adaptée à cette époque, par rapport à la Terre. C'est donc sur Vénus qu'ils vont d'abord installer leurs premières bases afin d'étudier son atmosphère, sa géologie et la complexité de ses formes de vie à l'état primitif, car à cette époque, elle n'est pas encore habitée. Les Norcans vont finalement s'y implanter et y fonder une importante colonie dans le « Haut Pays », qui est une zone montagneuse tempérée. Cette zone deviendra leur base d'implantation principale, Mars n'étant qu'une demeure secondaire.

Lorsque l'on regarde les images transmises par nos sondes spatiales, l'on ne peut que constater que les conditions de vie sur Vénus paraissent impossibles et que la belle histoire contée par Zret à Albert Coe semble a priori difficilement crédible. Mais peut-être pas tant que cela en réalité, puisque Zret va lui préciser que leurs colonies sur Vénus se trouvent sur un plan de fréquence vibratoire plus élevée. Vu sous cet angle, ceci pourrait en effet expliquer la raison pour laquelle nos sondes actuelles n'ont pu jusqu'ici déceler la moindre trace de vie sur cette planète.

L'arrivée sur Terre des Norcans

C'est néanmoins la Terre qui va intéresser les émigrés de Norca. D'après le stellaire, ils y auraient atterri pour la première fois il y a 13000 ans. Auparavant, ils y avaient effectué des vols de reconnaissance, réalisé des tests sur le rayonnement solaire et sur son atmosphère. Ils vont découvrir que la vie semble y être primitive, puisqu'ils n'ont pas repéré de cités ou d'autres signes d'une vie civilisée, sinon quelques groupes humains surpris par l'apparition de leurs petits vaisseaux de reconnaissance. Toujours est-il qu'ils vont décider d'une expédition sur le terrain afin de mieux explorer ses possibilités, en vue de l'implantation ultérieure d'une colonie.

Le jour dit, c'est l'effervescence. Deux vaisseaux doivent décoller. Sur chacun, quinze hommes et leurs compagnes et tout le matériel pour survivre, des vivres, naturellement, et même des cadeaux destinés aux autochtones qu'ils pourraient rencontrer. Le site qu'ils ont choisi se trouve à l'ouest du Cap-Vert. Il s'agit d'une petite vallée verdoyante où la flore est magnifique. Après un voyage de 497 jours, ils vont enfin arriver à destination. Dans cette vallée à la flore luxuriante, ils découvrent des oiseaux aux couleurs chatoyantes, dont les chants les enchantent. La première chose qu'ils vont faire est d'y planter un drapeau blanc où figure une belle étoile bleue, symbole de leur civilisation.

Dès les premiers jours, ils vont immédiatement se mettre au travail, en étudiant scientifiquement le terrain, l'eau, le sol, les pierres, mais aussi tout ce qui y pousse et y vit. Ils vont classifier ainsi les espèces d'oiseaux, d'insectes, de lézards, de serpents et de poissons. Et ils vont bien vite s'apercevoir que dès la nuit tombée, de grands feux s'allument çà et là alentour. L'idée va alors leur venir d'en allumer aussi pour attirer des visiteurs. Mais ce sera peine perdue, car personne ne viendra. Ils en comprendront plus tard la raison : les Terriens ne se déplacent jamais la nuit en raison du danger et les grands brasiers qu'ils allument sont destinés à les protéger des animaux et des mauvais esprits qui pourraient les attaquer. Comme leurs feux n'ont pas provoqué pas la réaction attendue, les Norcans vont alors disposer, çà et là, les cadeaux qu'ils sont amenés avec eux et allumer aussi des feux dans la journée afin que leurs fumées soient visibles de leurs voisins. Cela ne donnera rien encore, jusqu'au jour où les feuillages des arbustes vont enfin s'agiter et que six enfants vont apparaître au bord de la clairière.

Assis en cercle à même le sol, les Norcans sont alors en train de prendre leur petit-déjeuner. En voyant les enfants approcher en hésitant, ils vont poursuivre leur repas comme si de rien n'était afin de ne pas les effrayer. Ce sont six petites filles qui se trouvent désormais à quelques mètres de leur cercle. Elles sont nues et ils constatent que leur peau est bleu clair. Elles ont des cheveux noirs et raides et les yeux sombres. L'une d'elles va se risquer jusqu'à un plateau où sont disposées des galettes faites de semoule de maïs et de miel cristallisé qu'ils ont placées là en guise d'offrande. Ils vont leur indiquer avec des signes qu'elles peuvent les manger, mais ce sera peine perdue car les fillettes n'approcheront pas. Ils vont alors déposer les friandises à même le sol et aussitôt, elles vont se précipiter pour les dévorer avant de détaler dans la forêt.

Un peu plus tard, les Norcans vont voir en émerger un groupe d'environ cent trente personnes, manifestement poussées par la curiosité. Des hommes, des femmes et des enfants. Tous sont presque nus et ont la peau bleu clair. Les hommes qui ont des corps bien proportionnés et mesurent plus deux mètres de haut tiennent à la main des massues, des haches de pierre et des lances à pointe de silex. Alors qu'ils ne seront plus qu'à une quinzaine de mètres des Norcans, ils vont alors lever leurs armes et les placer en travers, au-dessus de leurs têtes. Comprenant que c'est probablement un signe de paix et d'amitié, les stellaires vont alors leur présenter les cadeaux préparés à leur attention. Des vêtements colorés, des rubans, des colliers et divers autres colifichets. La réaction sera immédiate, car tous vont se mettre à rire, à courir, à sauter en l'air et à crier comme des enfants. Les Norcans vont alors leur offrir une collation qui va les enchanter: du poisson fumé, une sorte de pain, des légumes et des fruits. Des jus de fruits, aussi. Zret soulignera que ce premier contact chaleureux avec les Terriens fut pour ses ancêtres un grand jour de joie partagée.

Après cela, les femmes de Norca vont apprendre aux Terriennes à se vêtir, à mettre des rubans dans leurs cheveux, à se parer de bracelets et de colliers, tandis que Terriens apprendront de leurs homologues mâles norcans à utiliser des couteaux et des haches de métal, ainsi que des hameçons et des filets pour chasser. Quand les stellaires leur dévoileront certaines de leurs connaissances ainsi que des éléments de leur culture, cela s'avérera en revanche plus compliqué. Ils constateront en effet que c'est au-delà de leur compréhension. Ces Terriens vivant à l'état sauvage n'auront en fait d'intérêt que pour leur musique, qui les envoûtera littéralement.

Après cela, ils vont se montrer très ouverts et chaleureux, de même que très reconnaissants. Les relations seront si bonnes qu'ils inviteront même les Norcans à les accompagner sur leurs territoires, leur permettant ainsi de découvrir la faune locale, avec des animaux tels que des crocodiles, des rhinocéros et des hippopotames. Ils croiseront aussi des sangliers et des buffles d'eau, ainsi que des antilopes et des éléphants. Nombre de félins également, dont des tigres, des léopards et des jaguars.

Afin de pouvoir communiquer entre eux, une langue des signes va se développer et les Norcans vont aussi apprendre leurs mots et phrases les plus usuelles. Ils vont très vite comprendre que ces gens vivent en nomades et que leurs campements ne sont toujours que très temporaires. Leurs abris sont faits de feuilles de palmiers, de pieux de bois, d'herbes et de boue. Ils sont organisés en groupes, en tribus, où la seule loi qui règne est celle de la force. Ils vont également découvrir qu'ils n'ont pas de religion. Ce sont en fait des animistes, qui croient en l'existence d'esprits qu'ils redoutent. Ces esprits sont partout, dans chaque plante, pierre, animal, lieu, rivière ou montagne. Dès que la nuit tombe, ils paraissent terrifiés. La peur agite aussi leurs rêves, qui deviennent souvent cauchemars. Ce qui va le plus étonner les Norcans, ce sera leur tendance à donner plus de crédit aux esprits qu'à la simple réalité. Ils assisteront aussi à leurs rituels funéraires durant lesquels ces gens enveloppent soigneusement leurs morts dans des linceuls faits d'herbes, de feuilles de palmier et de boue avant de les déposer dans des grottes spécifiques. Ils découvriront à cette occasion que ces Terriens antiques n'ont pas vraiment la compréhension de ce qu'est la mort et qu'ils pensent que leurs défunts continuent de les accompagner à la chasse ou au combat et aussi, qu'ils leur rendent visite dans leurs rêves.

Les Norcans vont leur présenter certains de leurs objets et ustensiles et leur dévoiler aussi un peu de leur technologie, ce qui ne va pas manquer de les émerveiller. Ils vont également tenter de leur faire comprendre qu'ils ne sont pas issus de leur planète, mais qu'ils viennent de l'une des étoiles du ciel. Ce ne sera pas simple, mais ils vont tout de même finir par y réussir. Une fois que ces braves gens auront saisi, ce sera la stupeur. Puis, le temps passant, viendra hélas le moment des adieux. Les Norcans vont alors leur confier leur bannière et leur demander de bien la conserver, mais aussi de bien surveiller le ciel, car, en effet, promesse leur sera faite qu'ils reviendront avec d'autres, afin de leur transmettre des enseignements et les libérer de leurs peurs ainsi que des conflits et du besoin.

Durant les deux mois qui vont suivre leur départ du Cap-Vert, les Norcans vont continuer d'explorer la Terre et de la cartographier. Souvent, ils tomberont sur des peuplades hostiles, qu'ils désarmeront. Leur confiance sera ensuite gagnée par des offrandes de nourriture. Ils riront aussi parfois de l'usage qu'ils auront fait de leurs cadeaux, puisqu'à maintes occasions, ils verront des hommes se coiffer de leurs ustensiles de cuisine qu'ils avaient pris pour des casques !

À l'issue de leurs multiples explorations, les Norcans vont classifier les Terriens en cinq groupes majeurs en fonction de leur couleur de peau. La race d'or de loin est la plus importante en nombre d'individus. La plus récente aussi comparée aux autres races. Elle peuplait alors essentiellement les territoires du sud-est de l'Europe, une partie de l'Asie ainsi que la Lémurie, jusqu'aux rivages de l'Amérique centrale. La race blanche, originellement née en Lémurie et sur le continent africain, vivait au Groenland, en Europe du Nord et en Europe centrale, de même que sur des territoires allant de l'Asie à la Sibérie. La race cuivrée occupait la Sibérie et la côte ouest américaine, jusqu'à la pointe de l'Amérique du Sud. Cette race rouge, qui est celle des premiers habitants de la Lémurie, s'expliquerait selon Zret par la grande quantité de sulfure de fer et d'oxyde de fer présents dans les sols de ce continent, qui aurait influé sur la pigmentation de leur peau.

Zret évoquera aussi l'existence d'une mystérieuse race bleue. Elle vivait alors sur les territoires du centre et du nord de l'Atlantide, ainsi que sur ceux du nord de l'Afrique centrale. Il précisera que cette race bleue, qui était la race originelle de l'Atlantide, disparaîtra définitivement dans le temps sans toutefois en préciser les raisons. D'après le Norcan, les individus de race bleue avaient la particularité d'être de grande taille, puisqu'ils mesuraient au moins 1,80 mètre sinon 2 mètres, alors que les individus des autres races dépassaient rarement le mètre vingt. Au Sud de l'Atlantide et ainsi que sur tout le reste de l'Afrique jusqu'à Bornéo, vivait enfin la race noire. Les individus de ces cinq races étaient certes différents mais avaient toutefois des points communs : tous avaient les cheveux noirs et la couleur de leurs yeux variait du marron clair au noir. Avec les métissages qui interviendront plus tard, puisque les Norcans qui ont les cheveux et les yeux clairs ainsi que le teint pâle se mêleront aux populations autochtones terriennes et fonderont des familles, les physiques terriens évolueront pour devenir ce qu'ils sont encore de nos jours.

Les débuts de la colonisation et les premières difficultés

À la suite de ces premiers contacts on ne peut plus prometteurs, les Norcans vont regagner leur base de Mars en ramenant avec eux divers échantillons de sol et de minéraux, des variétés de plantes, des insectes, ainsi que certaines espèces d'animaux afin de mieux préparer leur projet de colonisation de la planète Terre. Quelque temps plus tard, ils reviendront pour installer des colonies à divers endroits de notre planète.

La première sera créée sur le lieu même de leur premier atterrissage, c'est-à-dire au Cap-Vert, qui était alors un territoire du continent atlante. Après l'installation de cette première colonie, d'autres seront implantées en quatre endroits de notre planète. Une dans la vallée de Cuzco au Pérou, une en Lémurie, dont Zret précisera à Coe qu'elle se situe à 1600 kilomètres à l'est des Îles Marshall. Une autre sera implantée dans le sud du Tibet et la dernière au Liban.

Les populations vont toujours bien les accueillir et ils connaîtront en fait peu de problèmes avec elles. Tous ces gens étaient en effet heureux de les voir arriver, de travailler avec eux et aussi d'apprendre. Ce qui a le plus souvent posé difficulté étaient toutefois les guerres incessantes qu'ils se faisaient entre eux, comme seul moyen de régler leurs différends internes. Durant trois siècles, les Norcans vont les instruire et leur transmettre leurs connaissances scientifiques.

Hélas, une fois ces connaissances acquises, les Terriens vont devenir encore plus belliqueux, si bien qu'ils vont se voir contraints d'édicter dans un premier temps des lois strictes, dont certaines du type « œil pour œil, dent pour dent » afin de leur démontrer que la puissance et la violence ne règlent rien. Ces lois seront un peu adoucies par la suite et l'on aura plus souvent recours à l'arbitrage pour régler les conflits. Pour les individus qui ne voulaient pas se plier aux règles, les sanctions pouvaient être lourdes. Tuer était ainsi puni d'un bannissement à vie dans des territoires éloignés et inaccessibles. Les infractions communes aux règles ou la désobéissance étaient sanctionnées quant à elles, par des interdictions ponctuelles de travailler, des interdictions de participer aux activités sociales, ainsi que par des bannissements temporaires dans une forêt. Selon la gravité de l'infraction, la durée des sanctions était plus ou moins longue.

Zret expliquera aussi à Coe qu'au bout d'une vingtaine d'années, en s'armant de patience et de tolérance et en développant une philosophie fondée sur la beauté de la pensée et l'amour ainsi qu'en privilégiant davantage encore l'éducation des enfants, les cinq communautés ainsi créées par les Norcans avaient notablement évolué : elles étaient désormais peuplées d'individus plus intelligents et culturellement avancés.

Les stellaires vont en outre leur apprendre l'élevage et l'agriculture en introduisant sur Terre diverses espèces de végétaux, tels le blé, l'orge et le maïs, les haricots, les ignames, les pommes de terre, les prunes et les pommes. Parmi les espèces d'animaux, seront importés sur Terre les vaches, les moutons et les chevaux, mais aussi les chats et les chiens de la race des lévriers. Nombre de Terriens se tourneront aussi vers l'art et l'artisanat. Zret dira que toutes les races de la Terre s'étaient à ce moment développées dans l'égalité, sans qu'il soit question de distinction entre les individus du fait de leur couleur de peau ou de leur statut. Seuls toutefois les enseignants et ceux qui guidaient les autres dans leur nouveau mode de vie bénéficiaient d'un statut quelque peu supérieur. En un siècle seulement après leur arrivée, de grandes villes s'étaient développées, dotées d'universités, de centres de recherche, mais aussi de stades où l'on pratiquait divers sports et où des jeux étaient organisés.

Le début de la fin

Hélas, la situation va dégénérer durant les quarante dernières années de la présence sur Terre des Norcans, en raison des ardeurs belliqueuses que les Terriens n'avaient jamais éradiquées de leurs esprits. Le premier incident va survenir du fait du ressentiment éprouvé par ceux qui ne pouvaient avoir accès à certains centres scientifiques strictement réservés aux scientifiques norcans où se poursuivaient des recherches sur les métaux, les modes de propulsion, les rayonnements et l'électronique. Un seul Terrien de souche avait alors été autorisé à travailler avec les scientifiques de Norca. Le projet sur lequel celui-ci œuvrait avec eux touchait à l'énergie de l'atome qui avait jusque-là, toujours été développé dans la plus stricte confidentialité, eu égard aux dangers potentiels qu'il pouvait impliquer si un mauvais usage en était fait.

Pléthore de rumeurs imaginaires avaient alors commencé de circuler sur ceux qu'ils qualifiaient désormais « d'envahisseurs venus des étoiles ». Les Terriens avaient alors créé certains groupes et sociétés, dont l'accès était interdit aux Norcans. Dans le passé, ceux-là étaient restés magnanimes et bienveillants vis-à-vis des travers des Terriens et notamment de leurs petites jalousies, mais quand ils vont commencer à comprendre que la menace est devenue sérieuse, ils vont s'inquiéter. À raison d'ailleurs, puisqu'ils vont bien vite se rendre compte de ce que si la majorité de la population terrienne leur est restée fidèle, l'autre partie s'est organisée pour fomenter une rébellion. Bien pire, ils vont aussi découvrir avec horreur que la formule de la fission de l'atome leur a été dérobée et qu'un plan de destruction massive a été élaboré. Ce sera alors l'effarement en même temps que la panique. N'étant pas des apprentis sorciers comme les Terriens, ils savent en effet ce que représentent les dangers de l'atome. Ainsi, quand ils vont comprendre ce qui est sur le point de se produire, ils vont lancer un message de détresse à leurs bases martiennes et vénusiennes et réunir dans l'urgence un maximum de femmes et d'enfants afin de les faire évacuer au plus vite.

La grande catastrophe

Hélas, malgré leurs efforts désespérés, ceux qui n'ont pas évacué ne pourront rien empêcher. Une concentration massive d'énergie sera ainsi envoyée par des groupes rebelles vers les belles cités d'Atlantide et de Lémurie. Les ondes de destruction émises vont voyager en s'amplifiant, détruisant tout sur leur passage, y compris des montagnes, provoquant des éruptions volcaniques, de violents séismes et enfin de monstrueux tsunamis. Des pans entiers de continents vont exploser et devenir poussière ou s'effondrer au fond des océans.

La catastrophe a été telle que la planète en a été ébranlée. Sa vitesse de rotation s'est accélérée et son axe s'est incliné. Elle se serait aussi un peu rapprochée du Soleil. À ce désastre va succéder une période de glaciation qui va affecter les deux tiers de la Terre et aurait duré près de trois mille ans. Zret dira d'ailleurs que c'est presque un miracle que la vie ait pu y reprendre plus tard. Lorsque les glaces vont enfin commencer de fondre, la végétation recommencera lentement à pousser, puis la population des animaux survivants à croître. Quant aux humains qui en auront réchappé, ils se seront à nouveau organisés en tribus, plus belliqueuses que jamais. Après leur départ de la planète, les Norcans vont tout de même continuer de contrôler de loin la situation de la Terre, jusqu'à ce qu'ils décident bien plus tard d'y revenir, mais cette fois dans la plus grande discrétion.

Le retour des Norcans sur Terre

Un peu plus tard, Zret va demander à Albert Coe s'il a parlé à ses parents de sa relation avec lui. Celui-là répondra encore par la négative, en insistant sur le fait qu'il a toujours tenu sa promesse de ne rien révéler. Très étrangement, Zret lui dira à nouveau que c'est de sa seule initiative qu'il lui a fait toutes ces révélations et ceci parce qu'il lui devait la vie. Cela ajouté au fait qu'il a été témoin de choses qu'il n'aurait pas dû voir, de fil en aiguille, tout cela l'a amené à rompre la « loi du silence » à laquelle il était strictement astreint et à lui révéler la présence des Norcans sur la Terre depuis des lustres. Il insistera alors sur le fait qu'il s'est montré digne de confiance et qu'il est impératif qu'il continue de garder le silence, car la mission des Norcans sur Terre doit vraiment rester absolument secrète.

Très mystérieusement, il ajoutera encore que si les événements qu'ils ont prévus se réalisent, les Terriens ne sauront jamais rien de leur présence sur leur planète. Coe ne comprendra pas trop où il veut en venir, mais pour autant, il ne lui posera aucune question. À l'issue de leur discussion, Zret, qui semble pour une fois étonnamment peu à l'aise, va lui préciser clairement que si un jour l'envie lui prenait de tout révéler, cela pourrait avoir de graves conséquences. Coe a bien saisi l'avertissement et Zret, qui a dû le comprendre, va alors se lancer dans de nouvelles confidences, en lui expliquant que sous sa couverture d'étudiant, il appartient en réalité à un groupe de scientifiques venus en mission secrète sur Terre afin d'étudier ses habitants et d'évaluer leurs connaissances dans ce domaine.

À l'en croire, les Norcans seraient revenus au début du XXe siècle. Ainsi, en l'année 1901 de notre Terre, un conseil composé de vingt-huit hommes et de vingt-huit femmes parmi les plus éminents de leur civilisation, se serait réuni pour faire le point concernant la situation de la Terre, son évolution technologique et scientifique rapide depuis l'avènement de l'ère industrielle, l'apparition des locomotives, des automobiles et des avions, à ceci ajoutée la découverte de la radioactivité. Ce bond technologique notoire les aurait amenés à penser que la situation sur la planète pourrait à nouveau se gâter et que les plus belles trouvailles de ses scientifiques, risquaient d'être utilisées à des fins militaires destructrices. Il fut donc décidé lors de ce conseil, d'une infiltration discrète de la population terrienne et notamment de ses milieux scientifiques. Le mieux encore était de travailler avec eux, ce qui permettrait ainsi à la fois de les surveiller et d'évaluer les risques de dérapage, et le cas échéant, de neutraliser tout programme ou action susceptibles de mener à un nouvel holocauste.

C'est ainsi que Coe va apprendre que de février à juin 1904, une centaine de volontaires, hommes et femmes, auraient été transportés jusqu'à diverses villes des grandes nations terriennes. Chaque volontaire norcan s'était engagé pour une mission spéciale d'une durée de cent ans. Des règles strictes leur avaient été imposées, à commencer par un secret absolu sur leur origine et leur mission et l'obligation de ne rien dévoiler aux Terriens de leurs connaissances scientifiques, en particulier celles pouvant servir à des fins militaires. L'interdiction absolue leur avait également été faite de participer à des conflits armés, de s'ingérer dans les systèmes économiques ou sociaux de la planète et bien entendu d'amener des Terriens sur leurs vaisseaux.

Toutefois, ces Norcans infiltrés se seraient vus accorder la possibilité de se marier avec des Terriens ou des Terriennes, mais sous la condition stricte de ne jamais procréer pour ne pas laisser de descendance. À cette fin, toutes et tous auraient été traités pour devenir stériles. Il leur sera aussi demandé de respecter les bonnes manières en vigueur, de faire preuve de gentillesse et de tolérance et de dispenser autant que faire se peut, la philosophie de vie de leur civilisation, en vue d'apporter le bonheur aux Terriens. Si ces infiltrés volontaires se risquaient à déroger à une seule de ces règles, il était aussi prévu qu'ils soient alors immédiatement exclus de leur mission et exfiltrés. Zret expliquera ainsi à Al Coe que s'il s'était avisé de parler à quiconque de ce qu'il lui avait montré et révélé, il aurait été alors immédiatement sanctionné et aurait dû ainsi quitter la Terre sans tarder. Une fois de plus, il lui témoignera toute sa gratitude pour avoir respecté ses engagements. À la suite de cela, il va lui exposer dans quelles conditions se sont déroulés les débuts de leur mission.

C'est ainsi qu'il va lui dire que les premiers volontaires arrivés vont plutôt rester sur la réserve dans leurs rapports avec les humains de la Terre, tant ils sont persuadés de leur animalité belliqueuse. Mais finalement, ils vont assez vite se détendre. Comme ils maîtrisent parfaitement les différentes langues terriennes, même s'ils communiquent essentiellement par télépathie entre eux, des amitiés et des relations amoureuses vont rapidement se créer avec les Terriens, auxquels ils vont même finir par trouver des qualités multiples, dont certaines en sommeil ne demandant qu'à être réveillées.

Des années plus tard, Zret révélera à Albert Coe que dès 1937, certains des siens basés en Allemagne ont découvert que les Nazis menaient des expériences sur l'atome et que dès 1939, ceux-là auraient mis au point cette science de l'atome dans le but de fabriquer des armes nucléaires. Et ils n'auraient pas été les seuls, puisque des armes à forte puissance de destruction auraient également été élaborées par certaines autres grandes nations de la Terre. En constatant cela, les Norcans vont alors comprendre que le développement de ces sinistres programmes pourrait une nouvelle fois se révéler tragique, puisque cela risquait d'éradiquer l'humanité si une guerre mondiale éclatait. Inutile de préciser que ces révélations vont laisser Albert Coe sous le choc. Imperturbable, Zret va poursuivre son exposé et expliquer que ce qui a également intéressé au plus haut point les scientifiques de Norca, c'est la manière dont les Terriens ont pu, en un temps aussi bref, passer du simple génie inventif à un stade où ils se sont métamorphosés en inventeurs de forces de destruction de plus en plus puissantes susceptibles de les anéantir.

Plus tard encore, Zret lui révélera que lorsque les Norcans ont compris que les Terriens étaient sur le point de faire usage de la force nucléaire, ils ont alors entrepris de fabriquer un écran de neutralisation des radiations qui envelopperait la Terre. Cette ceinture de protection mise en place au fil des années aurait été activée en 1958. Serait-ce cette ceinture de protection décrite pour la première fois par un scientifique du nom de James Alfred Van Hallen, qui lui a donné son nom et qui l'a découverte à partir de mesures effectuées par des compteurs Geiger, embarqués sur les satellites Explorer 1 et 3 ? Il semblerait qu'il y en aurait en fait trois, dont la dernière a été découverte en 2012, mais qui semblerait non permanente. Ainsi donc, Zret aurait-il fait allusion à cette fameuse ceinture de Van Hallen ?

Révélations diverses

Albert Coe, qui une fois adulte, a exercé la profession d'ingénieur en mécanique, soutiendra avoir eu des contacts réguliers avec Zret jusqu'à la fin des années 1970 à une fréquence de dix à douze par an. Il dira aussi avoir reçu de sa part de nombreuses lettres, que celui-ci lui a demandé de détruire systématiquement une fois qu'il les avait lues, ce qu'il a évidemment fait. Ces lettres donnaient de nombreuses indications scientifiques en tous domaines. Elles transmettaient aussi nombre d'informations sur les cycles galactiques influant sur l'évolution de la vie des planètes, ainsi que sur leur évolution géologique et climatique, tout en expliquant les cycles d'évolution de la Terre.

Il sera aussi question dans l'une d'elles d'une catastrophe liée à des cycles galactiques qui auraient considérablement affecté notre système solaire à la fin du Carbonifère. La neuvième planète qui se trouvait alors entre Uranus et Neptune aurait en effet été éjectée de son orbite ; quant à la cinquième planète, qui se trouvait entre Mars et Jupiter, elle aurait purement et simplement été désintégrée. Les lunes de Jupiter seraient d'ailleurs des fragments de cette planète disparue, tout comme Pluton. Ce cataclysme n'aurait évidemment pas épargné la Terre, dont l'axe aurait basculé de vingt-quatre degrés. Ce basculement brutal et tragique aurait fendu ses continents et d'énormes montagnes auraient alors émergé de l'épaisse couche de glace qui recouvrait à ce moment 60 % de sa surface. Pratiquement tous les organismes vivants auraient alors disparu. Zret évoquera aussi dans ses missives les travaux d'Albert Einstein, pour lequel il semblait avoir une belle estime et discutera de certains points de sa théorie sur la relativité générale.

À de nombreuses reprises, Zret avertira également Coe du danger que courent les Terriens s'ils ne limitent pas l'explosion démographique de leur population, pillent les ressources de leur planète et ne respectent pas la nature et continuent de la souiller de leurs déchets. Il préconisera d'ailleurs une étude approfondie de l'écologie. Il soulignera que l'être humain terrien est un destructeur à peine plus évolué qu'un animal et qu'il se trompe lourdement en voulant imposer ses lois. S'il persiste dans cette mauvaise voie, cela provoquera de graves changements climatiques qui entraîneront des extinctions massives de nombre d'espèces. Il y aura une montée des eaux et des modifications de la croûte terrestre engendrant des séismes et une modification des paysages. Le moins que l'on puisse dire, c'est que ces mises en garde faites dès les années 1950 sont prémonitoires et qu'elles prennent hélas tout leur sens aujourd'hui…

Albert Coe, réel contacté ou affabulateur ?

Albert Coe n'a jamais rien révélé à personne jusqu'en 1958, où il s'est senti le besoin d'en parler à sa femme qui a d'abord éclaté de rire en prenant ses révélations pour une grosse plaisanterie ! Comme il insistait, elle a répliqué qu'il n'avait alors qu'à lui présenter Zret afin qu'elle puisse le vérifier de ses yeux, ce à quoi il a naturellement répondu que cela lui était impossible, et pour cause.

L'homme déclarera également plus tard que dès 1958, il aurait été surveillé de très près par le FBI, ce qui pourrait peut-être expliquer, la peur aidant, cet aveu tardif à son épouse d'un naturel plutôt sceptique. Probablement a-t-elle révisé son point de vue en 1969 lorsqu'il a fait paraître un livre titré *The Shoking Truth* relatant ses relations avec Zret. Quoique le livre ait été publié à compte d'auteur, il a connu en effet un certain succès. Albert Coe a aussi donné quelques interviews à la radio et la télévision américaine, avant de tomber dans l'oubli. La question que l'on peut se poser tout de même est de savoir la raison pour laquelle il s'est décidé soudainement à tout révéler. Les Norcans auraient-ils quitté la Terre, ce qui l'aurait alors délié de sa promesse ou l'y auraient-ils autorisé ? Cela, on ne le saura jamais, car à ma connaissance, Albert Coe ne s'est jamais expliqué sur ce point.

Alors, que penser d'Albert Coe ? Réel contacté ou affabulateur ? Ce qui est certain, c'est que quelques ufologues américains ont pris ses dires au sérieux, d'autant qu'il a accepté sans difficulté d'être examiné par des psychiatres. L'un d'eux, un certain Dr Schwarcz, a déclaré qu'il ne souffrait d'aucune pathologie du cerveau ni d'hallucination, pas plus qu'il n'était paranoïaque ou schizophrène. Le praticien a conclu au contraire qu'il était parfaitement équilibré et sain d'esprit et que par conséquent, il ne pouvait le classifier dans la catégorie des affabulateurs. Ce médecin a même précisé que lorsqu'il lui avait demandé ce qu'il pensait d'Adamski, Coe lui a déclaré qu'il était un imposteur ! À vous donc de vous faire une opinion.

2.
Pierre Monnet et les visiteurs de Véga

L'aventure vécue par Pierre Monnet au tout début des années 1950, n'est pas banale non plus. Elle a en tout cas le mérite de nous éclairer sur les buts qui pourraient être poursuivis par ces humains venus d'outre-espace, qui visitent ponctuellement la Terre. Né en 1932, il est un tout jeune homme âgé de dix-neuf ans qui mène une vie sans histoire dans le sud de la France, lorsqu'il va faire une rencontre pour le moins inattendue qui va le marquer pour toujours.

La rencontre

Tout commence par une belle nuit de juillet 1951. Après avoir passé la soirée avec sa fiancée, Pierre Monnet qui demeure alors à Orange, rentre chez lui à bicyclette. Comme il le fait régulièrement depuis un temps, il a emprunté la Nationale 7 qui, à cette époque, n'est pas très fréquentée à cette heure tardive. En traversant la petite ville de Courthézon, il n'a évidemment pas manqué de consulter l'heure sur la grosse horloge qui orne le fronton d'une ancienne porte romaine. Il constate qu'il est 1 heure 30 du matin et il sait donc que d'ici quinze à vingt minutes, il sera rendu chez lui. L'itinéraire et le temps qu'il lui faut pour parcourir les huit kilomètres qui séparent les deux villes, il les connaît par cœur puisque depuis qu'il est tombé amoureux, il fait le trajet deux fois par semaine toujours à peu près à la même heure. Mais en cette nuit chaude de juillet, les choses ne vont pas exactement se dérouler comme à l'habitude.

À peine sorti de Courthézon, il va en effet se retrouver dans l'instant et sans trop savoir comment, transporté jusqu'à l'entrée d'une grande carrière de sable et de gravier, située à cinq kilomètres de là. La surprise est totale et sur le moment il n'y comprend vraiment rien, pas plus qu'à la sensation qu'il éprouve d'avoir tout à coup le cerveau vide. Il dira s'être alors senti comme « hébété ». Et il n'est pas au bout de ses surprises puisque voilà qu'il se sent soudain envahi par une force irrésistible qui semble avoir pris le contrôle de sa personne. Descendu de sa bicyclette, il se dirige maintenant comme un automate, vers le creux de la carrière. Si son cerveau fonctionne normalement, en revanche il n'a plus la maîtrise de son corps. Il remarque d'ailleurs qu'il se sent allégé, avec l'étrange impression que ses pieds ne touchent plus terre. Une légère oppression lui comprime aussi les poumons et lui laisse le souffle court alors que par ailleurs il ne sent pas fatigué le moins du monde.

C'est à ce moment qu'il va apercevoir à quelques dizaines de mètres de lui, une étrange lueur qui émane de derrière un petit monticule de terre. En s'approchant, il constate qu'elle provient d'un engin circulaire qui flotte au-dessus du sol. Il est de forme discoïdale, d'un diamètre de quinze à vingt-cinq mètres et surmonté d'un dôme. Sa hauteur est d'environ trois mètres, de sa base au sommet de son dôme. Son fuselage qui a l'aspect du métal irradie, par « pulsations lentes », une douce lumière blanc-argent-bleuté qui éclaire toute la carrière. Sa beauté et son apparence à la fois matérielle et immatérielle qui semble animée d'une sorte de mouvement interne, le fascinent. Il ne ressent pas la peur mais simplement l'éblouissement de contempler une telle chose. Très vite, il va réaliser que tout l'environnement est désormais plongé dans un profond silence. Le chant bruyant des grillons a cessé et curieusement, il ne perçoit plus le crissement de ses pas sur le gravier ni le bruit des véhicules qui circulent à une soixantaine de mètres de là sur la nationale. Loin de se sentir inquiet, il constate au contraire qu'une grande sérénité l'a envahi.

En cet instant de félicité et alors qu'il a la sensation de ne plus sentir son corps, il va apercevoir quatre êtres humains postés près de l'engin. Ces personnages qui paraissent sortis tout droit d'un rêve portent des combinaisons collantes qui semblent faites d'écailles métalliques de couleur gris-argent et diffusent une lueur qui les éclaire sur au moins cinq mètres alentour. Il les contemple maintenant tranquillement : de grande taille, ils mesurent au moins 1,85 mètre. Leurs corps élancés sont parfaitement proportionnés et leurs pieds sont nus. Leurs cheveux longs jusqu'aux épaules sont d'un blond si clair qu'ils en paraissent presque blancs. Mais ce qui le frappe encore davantage, c'est la beauté inouïe de leurs visages. Leurs traits fins sont la perfection même. De sa vie il n'a jamais vu des êtres d'une telle beauté. Ceux-là le regardent approcher en souriant et Monnet écrira plus tard que tous rayonnaient la bonté et la paix et que leurs regards d'une troublante clarté, étaient empreints de douceur et de franchise. Leur beauté est si féminine qu'il se demande d'ailleurs à qui il a affaire. Hommes ou femmes ? En fait non, ce ne sont pas des femmes mais des êtres masculins, puisqu'il remarque qu'ils n'ont pas de seins et qu'ils sont taillés comme des athlètes.

Ils vont lentement se rapprocher de lui. En signe de salut, ils vont lever simultanément leur bras droit, la paume tournée vers le haut. C'est alors qu'il va ressentir un grand frisson le parcourir quand il va recevoir d'eux, ce qu'il qualifiera de « pensées codées, sous forme d'impulsions ». Ce que son cerveau perçoit est en fait difficilement traduisible instantanément et ce ne sera en fait qu'au fil des années qui vont suivre, que l'intégralité du message qu'ils lui ont communiqué cette nuit-là va se débloquer progressivement. Les quelques phrases éparses dont il se souviendra sur le moment sont celles-ci :

> « NOUS SENTONS DE LA CRAINTE EN TOI… QUE CETTE CRAINTE TE QUITTE, NOUS VOULONS LE BIEN

DE TOUS LES ÊTRES VIVANTS, SURTOUT S'ILS NE SONT PAS AGRESSIFS…

… NE T'APPROCHE PAS DAVANTAGE DE NOTRE VÉHICULE ; IL EST DANGEREUX POUR TOUT ÊTRE VIVANT QUI N'EST PAS ACCORDÉ À SA LONGUEUR D'ONDE. LES VIBRATIONS QU'IL ÉMET DÉTRUIRAIENT LES CELLULES DE TON CORPS.

… CETTE ENTREVUE AVEC NOUS VA, PAR LA SUITE, TE CAUSER DES DÉSAGRÉMENTS QUI INFLUERONT SUR TA SANTÉ ; TU AURAS DES TROUBLES NERVEUX PENDANT UN CERTAIN TEMPS ET CELA PASSERA. APRÈS QUOI, NOTRE CONVERSATION S'ÉCLAIRCIRA, ET TU POURRAS TRANSMETTRE AUX HOMMES DE LA PLANÈTE CE QUE NOUS T'AVONS DIT…

… NOUS SAVONS QUE VOUS EMPLOYEZ ENTRE VOUS LE LANGAGE PAR LE CANAL DE L'ÉCRITURE. SI CE MODE TE PARAÎT LE PLUS RAPIDE, EMPLOIE-LE, MAIS FAIS TRÈS ATTENTION DE NE PAS TE LAISSER ALLER PAR L'ADOPTION DE TES CONCEPTS HABITUELS, NOTRE MESSAGE EN SERAIT FAUSSÉ PAR DÉFORMATION…

…. NOUS T'AVONS LONGUEMENT PARLÉ… TU METTRAS LONGTEMPS POUR TRADUIRE, MAIS QUAND TU L'AURAS FAIT, DIS AUX HOMMES DE TA RACE CE QU'IL T'EST PERMIS DE DIRE…

… NOUS SOMMES LÀ POUR LE BIEN DES HOMMES DE CETTE PLANÈTE… FAIS LEUR COMPRENDRE…

… CE MESSAGE EST DÉPOSE EN TOI DE FAÇON INDÉLÉBILE… SACHE T'EN SERVIR AVEC SAGESSE ET NOUS SERONS HEUREUX DE TA COLLABORATION…

… TU N'ES PAS LE SEUL DE TA PLANÈTE À AVOIR CONVERSÉ AVEC NOUS… HÉLAS, LA PLUPART REFU-

SENT DE PARLER DE NOUS ET LES AUTRES NE SONT PAS CRUS PAR LES TIENS…

… AU FUR ET À MESURE DE TA TRADUCTION, ÉCRIS ET FAIS SAVOIR QUI NOUS SOMMES ET CE QUE NOUS SOMMES…

… NOUS TE PROTÉGERONS DU MIEUX POSSIBLE, A CONDITION QUE TU GARDES LE CONTACT AVEC NOUS, COMME NOUS TE L'AVONS APPRIS…

… TU N'AURAIS PAS ASSEZ DE LA LONGUEUR DE TA VIE ACTUELLE. POUR CETTE RAISON, NOUS TE PROPOSONS DE RÉGÉNÉRER LES CELLULES DE TON CORPS POUR QUE TU VIVES LA VALEUR DE CENTS-VINGT DE TES ANNÉES. NOUS NE POUVONS FAIRE MIEUX POUR TOI. NOUS PRATIQUERONS CETTE RÉGÉNÉRATION À L'INTÉRIEUR MÊME DE CE VÉHICULE, APRÈS NOTRE ENTREVUE ; VEUILLE NOUS PARDONNER : NOUS AVONS JUGÉ NÉCESSAIRE (ET AGI EN CE SENS) QUE TU NE TE SOUVIENNES PAS DE L'OPÉRATION… ».

Entre-temps, une ouverture est apparue sur le devant de la coupole dans l'encadrement de laquelle se tiennent deux autres êtres. Il remarque également que l'intérieur de l'engin baigne dans une lumière blanc-orangée si vive, qu'elle est difficile à regarder. C'est alors que presque mécaniquement, il va relever son vélo qui gît à terre et sans même prendre la peine de les saluer, il va leur tourner le dos pour remonter vers la route nationale. Et une fois de plus, sans pouvoir davantage se l'expliquer, il se retrouvera, dans l'instant, transporté à l'entrée de la ville d'Orange.

Le premier réflexe qui va lui venir en tête est de consulter le cadran de sa montre, lequel affiche 1 heure 30. Il se dit que quelque chose ne tourne pas rond puisque c'est exactement l'heure que marquait l'horloge de Courthézon. Afin de vérifier si sa montre ne s'est pas arrêtée, il décide de faire un détour et de pédaler jusqu'à la mairie d'Orange qui se trouve à cinq minutes de là. Lorsqu'il arrive, la pendule de son fronton marque 1 heure 35, exactement comme le cadran de sa montre. Cette constatation le plonge dans la stupéfaction la plus totale car il ne se souvient absolument pas avoir parcouru le trajet entre Courthézon et Orange, distantes de huit kilomètres. De plus, il ne se sent ni fatigué, ni essoufflé comme il aurait dû l'être normalement s'il avait pédalé comme un dératé, ce qui de toute façon n'aurait pu être le cas, puisque l'heure était exactement la même lors de son passage dans les deux villes.

Dans les jours qui vont suivre, cette histoire de temps manquant va sérieusement le travailler, au point qu'il se sentira obligé de refaire à plusieurs reprises le trajet à vélo entre Courthézon et Orange. À chaque fois, il prendra bien soin de consulter sa montre ainsi que les horloges, au départ comme à l'arrivée. Mais il a beau faire et refaire le parcours, cela ne sert à rien. D'ailleurs tout au fond de lui, il sait que c'est parfaitement inutile, même si sa nature profondément rationnelle l'a poussé à opérer ces vérifications un peu absurdes. Reste à savoir maintenant ce qui a bien pu lui arriver. Aurait-il dormi profondément durant ce trajet de huit kilomètres tout en pédalant ? Non, cela ne tient pas debout. Aurait-il vécu un épisode amnésique ? Hélas non, cela ne colle pas davantage puisque le temps ne s'est pas écoulé. Et puis, il se souvient tout de même parfaitement du disque lumineux posé dans la carrière et de ces beaux êtres dont le message est toujours aussi clairement gravé dans son esprit. Alors, qu'a-t-il bien pu lui arriver ?

Pierre Monnet va garder son secret pour lui durant une douzaine d'années. Dans un premier temps, des émotions contradictoires vont le submerger et il ne sait que faire. Il sent bien que s'il raconte son aventure, il risque de passer pour un fou et de finir à l'asile. D'ailleurs, lorsqu'il a commencé de l'évoquer avec sa famille, il a vu sa réaction : de ce jour-là, on ne l'a plus jamais pris pour quelqu'un de normal. Il a donc préféré faire silence et tenter d'oublier même si cela n'a pas été simple. Il y a aussi une autre raison qui l'a incité à taire son incroyable aventure durant toutes ces années : il lui aura fallu en effet traduire en mots les informations et les concepts qui lui ont été transmis. Et cela ne s'est pas fait en un jour, d'abord parce que la mémoire ne lui revenait que par vagues, et aussi parce que lorsque les souvenirs surgissaient dans son esprit, il lui fallait d'abord les assimiler progressivement afin de pouvoir ensuite les exprimer clairement, sans les dénaturer. Ce n'est en fait qu'en 1962 qu'il va commencer d'éprouver le besoin intense de parler de son expérience insolite. Comme il le dira plus tard, c'était comme si une force indépendante de sa volonté l'avait soudain poussé à le faire. Au début évidemment, il va attirer rires et quolibets, mais au fil du temps, certains ufologues s'intéresseront à son histoire, ce qui lui donnera une certaine crédibilité.

D'étranges conséquences physiques et psychiques

Les années qui vont suivre, Pierre Monnet va s'apercevoir de ce qu'il ne contracte plus la moindre maladie passagère, pas même un simple rhume. En fait, sa santé n'a jamais été aussi florissante. Ses Visiteurs auraient-ils tenu parole ? Lors de la rencontre, ils lui avaient en effet proposé de régénérer son corps, ce qu'il avait accepté. Ils l'avaient aussi prévenu de ce qu'il ne garderait pas en mémoire cette opération de régénération. Effectivement, il ne s'en souviendra jamais même s'il dira toujours clairement sa certitude d'avoir été régénéré dans le vaisseau et sa conviction de pouvoir vivre jusqu'à cent vingt ans, sauf accident mortel, selon la promesse faite par ses Visiteurs. Hélas, ce ne sera pas le cas puisqu'il décédera en fait à l'hôpital de Tarascon le 30 janvier 2009, âgé seulement de soixante-dix-sept ans.

S'il ressent un renouveau d'énergie physique qui ne s'altérera jamais au fil du temps, il développera aussi de surprenantes capacités psychiques qui, curieusement, s'accentueront une vingtaine d'années après sa rencontre. Dès 1972, il va en effet avoir comme des « flashs » qui se produiront deux à trois fois par an. Durant les deux premières années les images seront floues, pour ne devenir très nettes que dans le courant de l'année 1974. La première fois que le phénomène se manifestera, il verra fugacement une image en couleur et très réaliste, de ce qui semble être une salle circulaire. Au fur et à mesure que les flashs se succéderont dans le temps, les images s'avéreront plus nettes et il finira par distinguer clairement une salle circulaire de dix à douze mètres de diamètre, dont les murs, sol et plafonds semblent être faits d'acier bleuté. Lors de flashs ultérieurs, d'autres images apparaîtront, montrant systématiquement au fond de cette salle circulaire, une sorte de cloison plate et lisse, faite d'une sorte d'acier chromé de trois à quatre mètres de long sur environ deux mètres de haut. À environ un mètre du sol et sur toute sa longueur, est enclavée une sorte de bande d'acier bleuté d'une cinquantaine de centimètres de large. Lisse comme un miroir, elle réfléchit tout ce qui se trouve dans la salle.

Rapidement, il va constater que cette cloison semble fonctionner comme un grand tableau de bord puisqu'il aperçoit de nombreux rectangles rouge, vert, bleu, jaune et blanc qui s'allument de façon intermittente à sa surface. Dans le reflet de sa bande centrale faite d'acier bleuté, il finira aussi un jour par apercevoir une sorte d'escalier d'acier reposant contre la partie circulaire de la salle : un escalier inachevé constitué de quelques marches qui s'arrête à un mètre du sol. Et ce ne sera pas tout, puisqu'il remarquera aussi qu'au beau milieu de la salle circulaire, trône une grande sphère translucide d'environ un mètre cinquante de diamètre posée sur une sorte de pied en forme de tulipe. À l'intérieur de cette sphère tournoie une masse d'énergie d'un blanc aveuglant, qui a la forme d'un ballon de rugby. Au fil des flashs, il va toutefois constater qu'elle n'est pas toujours en action. En ce cas, elle n'est plus alors qu'une sphère miroir qui réfléchit à sa surface tout ce qui se trouve alentour. À une distance d'environ trois mètres d'elle, il repérera aussi quatre supports en forme de tulipe émergeant du sol et disposés en carré, au sommet desquels se trouvent des poignées qui ressemblent à s'y méprendre à des guidons de bicyclette. En arrière de chaque guidon se trouve fixée au bout d'une tige chromée, une petite plaque de cuivre légèrement convexe. Pierre Monnet se dira à peu près certain que ces flashs lui montraient l'intérieur du vaisseau où il a été régénéré. Ceux-là ne se produiront que durant trois ans, puisqu'ils cesseront définitivement en 1975.

La seconde rencontre

Un samedi ensoleillé de juin 1974, aux alentours de dix heures du matin, Pierre Monnet s'est rendu dans une station-service afin de faire le plein d'essence. Alors qu'il se trouve dans le petit bâtiment de la station en train de rédiger son chèque de règlement, il va avoir la soudaine impression que son cerveau s'est comme vidé. Cela n'a duré que quatre à cinq secondes, mais a eu pour effet immédiat de le figer sur place. Puis il va ressentir un long frisson lui parcourir la colonne vertébrale, suivi d'une impression de douce chaleur qui lui envahit la tête. Instinctivement, il se retourne et ce qu'il voit alors le laisse stupéfait, en même temps qu'il se sent submergé dans l'instant par une joie immense. Il vient en effet de reconnaître deux des stellaires rencontrés durant cette étrange nuit de juillet 1951. Ils sont postés aux côtés du pompiste qui est en train de faire le plein d'essence de leur véhicule, une Renault 16 gris métallisé rutilante aux vitres fumées bleu foncé. Cette vision inattendue le met carrément en extase. Il se sent empli d'un bien-être indicible. Leur beauté exceptionnelle le frappe à nouveau, d'autant qu'en plein jour il les voit nettement mieux. Ils sont effectivement très grands – environ un 1,90 mètre - et très athlétiques. Cette fois, leurs cheveux sont un peu différents. Coupés courts, ils sont d'un brun légèrement cendré aux tempes. Ils portent aussi une très fine moustache et paraissent avoir entre quarante-cinq et cinquante ans. Un détail va toutefois le surprendre : ils sont strictement vêtus à l'identique d'élégants costumes gris clair, agrémentés d'une pochette. Leurs cravates gris anthracite sont ornées de motifs géométriques en forme de petits losanges rouge et une belle perle fait office d'épingle de cravate. Cette fois, leurs pieds nus ne sont pas nus, mais chaussés de souliers vernis. Leur allure élégante lui fait penser à celle de mannequins tous droits sortis d'une revue de mode !

Leurs physiques parfaitement identiques vont beaucoup surprendre Pierre Monnet qui dira qu'ils avaient plus l'air de duplicatas, que de jumeaux. De nos jours, on évoquerait plutôt des clones. Et ce n'est pas tout, puisqu'alors qu'il est perdu dans sa contemplation, il va remarquer que tous les bruits environnants se sont soudainement estompés comme cela avait été le cas dans la carrière des années plus tôt, et aussi que le pompiste paraît agir comme un automate. Il les verra lui remettre deux billets de banque, sans qu'aucune parole ne soit échangée entre eux. Alors que l'employé de la station semble toujours déconnecté, ils vont se retourner et lui adresser de loin un long et intense regard, tout en affichant un large sourire. L'effet de cet échange muet sera immédiat car Monnet rapportera avoir aussitôt ressenti une grande paix intérieure l'envahir, comme s'il venait de capter toute la bonté et l'amour qui émanaient d'eux. Au creux de sa tête résonnera aussi une voix et il entendra clairement: *« À bientôt! »*. Ils lui adresseront encore un ultime sourire avant de remonter en voiture et de démarrer.

Messages télépathiques

C'est au cours de cette même année 1974 que Pierre Monnet va recevoir de multiples messages par la voie télépathique, mais également sous forme d'impulsions psychiques. Il les reproduira par le biais de l'écriture automatique ou de l'écriture inspirée. Le phénomène peut se produire à tout moment et n'importe où, mais le plus souvent c'est au milieu de la nuit. Il se réveille alors brusquement et se retrouve les yeux grands ouverts, envahi par un sentiment de calme absolu. À cet instant, il a en mémoire visuelle, un long texte qu'il dira toujours voir, à la fois dans sa globalité et dans le détail. Après cela, une impulsion irrépressible le prend de se lever pour aller le retranscrire. Il se trouve alors dans une sorte d'état second, au point de ne même pas avoir besoin de regarder la feuille de papier sur laquelle il écrit. À ce moment, il se sent comme dédoublé. *« Mon cerveau se trouve nettement à côté de moi et très normalement me regarde écrire. Ce que voit cette autre partie de moi-même est aussi net que ce que je verrais si j'étais aux côtés d'une autre personne qui serait en train d'écrire »*, écrira-t-il. Puis tout rentre dans l'ordre une fois qu'il en a terminé. Mieux encore et même s'il a passé une partie de la nuit à retranscrire, il se sent « frais et dispos », comme s'il avait été « régénéré ».

Pierre Monnet dira souvent qu'il pressentait toujours à l'avance les messages qu'il allait recevoir. Cela allait de quelques minutes à quelques heures avant que le phénomène ne se déclenche. Il expliquera aussi que lorsqu'il a tenté, à diverses reprises, de réprimer cette force qui semblait neutraliser son cerveau et téléguider son corps, il se sentait alors envahi par un « énervement » qui le faisait sortir de son lit et courir jusqu'à sa table d'écriture. Il expliquera que la seule fois où il a réussi à résister, s'en est suivie, durant 48 heures, une « atroce insomnie totale », accompagnée d'une grosse fatigue et d'une « humeur fracassante ». Il dira également avoir compris assez rapidement que ses interlocuteurs s'ajustaient à sa longueur d'onde afin de pouvoir communiquer avec lui.

Si l'irrésistible envie d'écrire se produit dans la journée, en général quand il écoute la radio ou lorsqu'il est en train de lire, il lui est alors impossible de se concentrer sur ce qu'il est en train de faire. Ainsi, si cette pulsion le prend alors qu'il est en pleine lecture, il doit relire plusieurs fois la même phrase. Au final, comme il n'a plus la capacité de concentration qui permet la compréhension, il doit finalement renoncer. Rapidement, il se retrouve dans un état second et afin de « dissiper la perturbation » qui l'a envahi, il sent son « regard comme presque forcé de s'accrocher à un coin de meuble ». Un « objet attirant ou un point brillant » capte alors irrésistiblement son regard et il ne peut plus s'en détacher. À ce moment, il a le sentiment que son cerveau s'est vidé de tout. C'est seulement lorsqu'il a atteint cet état, que les mots et les phrases commencent enfin à arriver. Durant tout le temps de la transmission, les bruits extérieurs sont considérablement atténués et il a le sentiment de se trouver isolé de tout et d'être comme « au centre d'une coquille invisible, épaisse et molle ». Parvenu à ce stade, il n'a plus d'autres choix que celui de s'attabler pour écrire et écrire encore.

Un ami ufologue belge avec lequel il discutait un soir d'un sujet banal a pu le voir dans cet état particulier. Il lui a rapporté qu'à ce moment, ses yeux étaient largement ouverts avec un regard vide, sans clignement des paupières.

Le contenu des messages

Au soir du 20 novembre 1974, alors que précisément cet ami se trouve à ses côtés, Monnet va recevoir un message fort intéressant. Il va entendre cette voix intérieure qui lui est maintenant devenue familière, lui expliquer que ses Visiteurs sont issus d'une planète lointaine du nom de Silxtra, appartenant au système de Véga Alpha, un système assez semblable à notre système solaire, situé dans la constellation de la Lyre. Quatorze planètes graviteraient autour de Véga, dont neuf seraient habitées et de très grande taille. La leur aurait d'ailleurs près de vingt et une fois la taille de la Terre et son climat serait maintenu stable du fait d'une rotation artificielle autour de son soleil. Sur un planétoïde nommé également Silxtra, dépendant du même système stellaire, seraient construits leurs grands vaisseaux. Silxtra serait aussi le nom du vaisseau-amiral de leur flotte, lequel serait d'ailleurs stationné aux abords de notre système solaire.

Petit voyage autour de la planète SILXTRA

Une nuit de décembre entre 1974 et 1976 vers 3 heures 45 du matin, alors qu'il est en train de faire des calculs de fiches horaires puisqu'il occupe un emploi de nuit, le voilà pris d'une soudaine torpeur. Ses gestes et son cerveau sont comme figés, alors qu'il avait encore l'esprit vif quelques instants plus tôt. À ce moment, il constate avec stupeur qu'il ne voit plus rien de ce qui l'entourait. Son bureau, les tables ou les chaises se sont évaporés. Il se trouve désormais entouré d'une sorte de vide, baigné d'une luminosité gris-clair. Dès lors, son cerveau est comme nettoyé de « toutes pensées parasites »: il comprend que son esprit a retrouvé toute sa clarté. Simultanément et tout en cheminant dans cet espace envahi de lumière grise, il se sent étrangement léger. Mais soudain, tout va changer puisque l'espace va se consteller de petits points noirs. Dans la seconde, il va se retrouver, sans trop savoir comment, à bord d'un vaisseau de forme discoïdale, surmonté d'un dôme translucide d'environ six mètres de diamètre, assis et sanglé dans un confortable fauteuil. Les parois intérieures de l'engin ressemblent à du métal argenté et diffusent une lumière subtile. Face à lui, les points noirs continuent de défiler à une vitesse sidérante jusqu'à devenir blancs. C'est alors que l'espace qui l'entoure va encore se transformer. Il finira par évoluer dans un environnement bleu foncé, jusqu'à ce qu'il aperçoive devant lui une masse d'étoiles qui semblent s'écarter sur son passage. L'une d'elles va cependant rester fixe et se mettre à grossir rapidement. Quelques instants plus tard, il va distinguer une grosse planète blanche qui semble se rapprocher rapidement. Elle est entourée d'une belle atmosphère bleue et sa taille lui paraît gigantesque en comparaison de celle de la Terre.

Son vaisseau va lentement descendre pour en survoler la surface. Il aperçoit maintenant trois immenses continents presque entièrement recouverts de forêts, au-dessus desquelles flottent parfois de petites sphères argentées. Défilent sous ses yeux de vastes mers mais aussi des lacs intérieurs bordés de belles plages et parsemés à l'occasion de petites îles volcaniques. Alors que le vaisseau plane au-dessus de l'une de ces mers, il va observer, flottant à sa surface, de curieuses sphères translucides de quinze à vingt mètres de diamètre. Allongés sur un plancher à l'intérieur de chaque globe, des hommes et des femmes en maillots de bain lui adressent des signes de la main ! Un peu plus loin, il va distinguer de longs cylindres flottant sur les eaux, dont la partie émergente est translucide et doit bien mesurer soixante mètres de haut. Sur la plate-forme supérieure de certains, sont posés des vaisseaux discoïdaux. Mais ce qui va le surprendre le plus, ce sont les villes sous-marines qu'il va survoler. Immergées dans des eaux peu profondes, elles sont protégées par de grands dômes transparents d'environ cinq kilomètres de diamètre. À l'intérieur de chacun d'eux, il aperçoit des bâtiments cubiques entre lesquels sont alignés des monticules de matières diverses : des minerais peut-être, de couleur jaune brillant, argent ou blanc mat. Toutes ces villes sont reliées entre elles par des tunnels sous-marins.

Les paysages terrestres qu'il va survoler sont assez semblables à ceux la Terre, à ceci près que la végétation y est partout luxuriante et sauvage. Les arbres aussi paraissent un peu plus grands. Il reconnaît notamment des sortes de grands pins et distingue aussi des fleurs, dont certaines espèces lui sont inconnues. Ce sont également des prairies et des champs cultivés traversés par des rivières ou des canaux qui vont défiler sous ses yeux. À sa grande surprise, il va découvrir des routes sur lesquelles circulent parfois des véhicules. Puis apparaîtront enfin des villes. Leurs bâtiments ont des formes architecturales étranges dont certaines lui rappelleront un peu le style de Le Corbusier, mais « en beaucoup plus beau et harmonieux ». À plusieurs reprises, il va survoler des sortes d'aires de bétons assez vastes, sur lesquelles se dressent des édifices de formes cubiques, surmontés de hautes tours dont les sommets sont sphériques et hérissés de sortes d'antennes faisant penser un peu à des paraboles de radars.

Après avoir plané au-dessus d'un gigantesque cratère volcanique d'au moins dix kilomètres de diamètre, parsemé d'immenses geysers crachant leur eau fumante jusqu'à parfois cinquante mètres de hauteur, son vaisseau va tout à coup remonter vers le ciel à une vitesse fulgurante. En quelques minutes, la belle planète ne sera pas plus grosse qu'une orange. Un grand flash lumineux va alors se produire et il va se retrouver, dans l'instant, assis bien droit sur son siège devant son bureau, son crayon à la main, comme si rien ne s'était passé. Il dira avoir fait un « voyage télépathique » qui n'aura duré que de cinq à sept minutes. À l'en croire, cela n'avait rien à voir avec un rêve puisqu'il était parfaitement lucide et conscient durant tout le temps du voyage, au point même de ressentir les accélérations du vaisseau dans lequel il se trouvait, comme s'il s'y trouvait réellement.

Une civilisation de scientifiques

Aux dires de Pierre Monnet, ses Visiteurs de Silxtra étaient des humains biologiquement et morphologiquement assez identiques aux Terriens, mais de plus haute stature. Il évoquera souvent leur beauté et l'incroyable douceur qui émane d'eux, de même que les rapports chaleureux qu'il a entretenus avec eux. Il précisera que d'autres stellaires contactent les Terriens mais que ceux-là n'ont ni leur apparence, ni leurs mœurs. D'ailleurs, leurs agissements sont totalement opposés à ceux des êtres qu'il a rencontrés. Bien qu'il n'ait pas donné de précisions à leur sujet, l'on peut supposer qu'il évoquait alors les Gris.

Il dira encore de ses Visiteurs qu'ils sont télépathes et qu'ils auraient naturellement développé de grandes capacités psychiques qu'ils mettraient essentiellement au service de leurs travaux, car leur civilisation est avant tout scientifique. En usant d'un procédé naturel de régénération cellulaire, ils seraient également parvenus à allonger notablement la durée de leur vie physique, qui serait de 2800 ans. Grâce à ce processus de régénération des cellules, ce n'est en fait qu'à partir de 2400 ans d'âge que le vieillissement commencerait à se manifester. Ils ne connaîtraient plus la maladie, pas plus que les tares héréditaires ou les malformations congénitales.

Ces stellaires consacreraient donc leur vie à la recherche scientifique fondée sur l'utilisation rationnelle et sans pollution des éléments de la Nature, ceci dans le profond respect de tout ce qui y vit. L'essentiel de leurs travaux porterait sur l'électromagnétisme, l'électrostatique, les ultrasons et les infrasons et bien d'autres énergies que les Terriens n'ont pas encore découvertes. Ils insisteront toujours sur le fait que leurs actes et leurs créations sont réalisés dans le strict respect des Lois Cosmiques Universelles. Ils seraient aussi d'infatigables voyageurs galactiques et intergalactiques. Depuis des millions d'années, leurs vaisseaux auraient la capacité de se déplacer à six fois la vitesse de la lumière, dans le passé comme dans le futur. Ils expliqueront d'ailleurs que pour eux, *« la distance ne compte pas, car l'esprit voyage dans l'esprit. Le temps d'une pensée est plus rapide qu'un trait de lumière »*.

Avec l'objectif de nouvelles découvertes scientifiques, ils se déplaceraient sans discontinuer dans des mondes et des univers voisins du leur, afin de parfaire leurs connaissances. De temps à autre, ils seraient aussi amenés à sauver des vies humaines dans des mondes en péril. Ils se seraient par ailleurs donné pour mission d'aider techniquement les civilisations en voie de développement qu'ils visitent, tout en leur transmettant la connaissance. Ils s'attacheraient également à protéger les celles qui auraient perdu leur sagesse et s'orienteraient vers des processus d'autodestruction. Pierre Monnet apprendra que dans les nombreux systèmes stellaires qu'ils auraient visités, existeraient des civilisations de toutes sortes, avec des niveaux d'évolution différents. Certaines d'entre elles seraient composées d'êtres d'une « qualité spirituelle très pure ». C'est d'ailleurs avec ces stellaires très évolués spirituellement, qu'ils auraient fondé les bases d'une Confédération Galactique à laquelle ils souhaiteraient que les Terriens puissent être un jour intégrés. Ils préciseront toutefois que notre civilisation encore jeune, est pour l'instant bien trop divisée et surtout bien trop agressive, pour que cette intégration puisse être réalisée dans l'immédiat. Le programme prévu pour la Terre aurait d'ailleurs été considérablement retardé, notamment le contact officiel qu'ils auraient envisagé d'avoir avec ses plus importants gouvernants.

L'organisation sociale de leur civilisation

Aux dires de Monnet, les stellaires de Silxtra nourriraient un profond respect pour la nature et pour tout ce qui vit dans la Création. Ils organiseraient d'ailleurs des fêtes pour célébrer les saisons, l'amour et la vie. Sur leur planète, la notion d'argent serait totalement absente. Seul l'amour et les valeurs humaines au service de la société, seraient reconnus. L'amour gouvernerait d'ailleurs leur vie en tout. Pacifistes, ils ne connaîtraient pas la guerre et vivraient heureux et en paix. Leur société ne ferait pas de politique et il n'existerait donc ni partis, ni syndicats, pas plus que de religions organisées ou la pratique de rites.

Ils croiraient en une énergie suprême, pure et intelligente, qui organiserait toute la vie dans sa Création. Toutefois, cette énergie créatrice, dont ils diront ressentir en permanence les vibrations bénéfiques, ne porterait aucun nom. Ils donneront un jour à Monnet cette précision que tout a été créé par *« le Grand Constructeur auquel il est sacrilège de donner un nom et une forme matérielle »*. Pour eux, tous les éléments de la Création seraient le produit de l'amour et par conséquent, il est fondamental que tous les êtres créés, vibrent en harmonie. Hélas ce ne serait pas toujours le cas dans les mondes qu'ils visitent. Ils se désoleraient d'ailleurs grandement de la propension des Terriens à détruire cette harmonie par manque d'amour. Ils diront que du fait de leurs actes inconsidérés, ils en « goûtent maintenant les fruits amers ».

Comment perçoivent-ils les terriens ?

Pour les stellaires de Silxtra, notre civilisation qu'ils considèrent comme sous-développée aurait été à l'origine, importée sur la Terre. Les Terriens auraient 15000 ans de retard sur eux d'un point de vue intellectuel, technologique et spirituel. Parmi les civilisations de notre secteur galactique, la civilisation terrienne serait particulièrement à la traîne. Catastrophés par notre retard, ils souhaiteraient donc nous offrir les moyens d'accélérer notre évolution d'un point de vue mental et technologique, ce, avant que ne se produise dans 5000 ans, une catastrophe naturelle ultime qui devrait mettre fin à toute vie sur notre planète. Ce serait donc avec une certaine impatience qu'ils attendent que nous soyons suffisamment évolués, pour rejoindre enfin le *« grand rassemblement interstellaire de la pensée »* qui se prépare au niveau de notre galaxie.

La puissance des ondes-pensées terriennes

Ceux de Silxtra vont également révéler à Pierre Monnet avoir découvert la puissance de nos forces psychiques. Des forces que nous ne soupçonnons même pas, avec lesquelles nous créerions à notre insu de véritables catastrophes, puisque nous sommes incapables de contrôler les fréquences de nos pensées. D'après eux, ces capacités pourraient influer sur la matière, voire la créer.

Ainsi, les pensées nocives de notre humanité, formeraient actuellement une masse d'énergie psychique négative, de nature à provoquer à court terme des bouleversements géologiques majeurs affectant de grandes surfaces de notre planète : « *La conjugaison des pensées nocives des hommes de ta planète forme actuellement une masse d'énergie psychique négative, capable de provoquer très bientôt des bouleversements géologiques considérables. Des failles internes que vous ne pouvez soupçonner pour l'instant, vont menacer votre planète sur une courbe de 5000 km, du sud des Indes jusqu'à la Mer Méditerranée où il est possible que de nouvelles îles naissent* ». Ces bouleversements auraient toutefois un avantage, puisque seraient alors mis à jour des vestiges très anciens, révélant l'existence d'une civilisation disparue depuis plusieurs dizaines de milliers d'années. Cette découverte pourrait ouvrir de nouveaux horizons à l'humanité terrienne, notamment du point de vue de ses connaissances scientifiques. Serait-ce une allusion à la civilisation de Mu, à moins que ce ne le soit à celle de l'Atlantide ?

Fort des informations qui lui ont été transmises, Pierre Monnet expliquera que sans en avoir conscience, le cerveau humain dispose de la capacité de développer une considérable puissance psychique, susceptible d'agir sur les éléments de la nature et d'en modifier sensiblement l'action. Les ondes-pensées que le cerveau humain émet créeraient en effet des charges électromagnétiques statiques qui, en s'accumulant autour de la planète, constitueraient un véritable « réseau de forces » susceptibles d'avoir des effets matériels positifs ou négatifs. De fait, si la population d'une nation se mettait à émettre des pensées d'amour, elle pourrait alors devenir à terme, un havre de paix et d'harmonie. Mais a contrario, s'il lui prenait d'émettre des pensées négatives et agressives, ce serait alors pour elle, le déséquilibre, voir le chaos assuré. Monnet n'aura donc de cesse de clamer que si l'humanité veut éviter le pire, elle doit modifier radicalement sa façon de penser, afin que l'ordre universel des choses se rétablisse pour atteindre enfin l'harmonie et le bonheur. L'homme doit donc cesser d'être agressif et violent et revenir à la notion d'amour. Il doit modifier ses fréquences vibratoires et les élever dans le positif.

Ils lui expliqueront encore que l'humain doit cesser de se complaire dans l'immobilité. Monnet précisera à ce sujet que le temps n'existe pas, sinon sous forme illusoire et que la *« notion de temps n'est autre que le produit de l'immobilité de l'homme, dans la vie et dans l'espace »*. C'est pourquoi son cerveau ne fonctionnerait qu'à 10 % de ses capacités réelles. De fait, si l'humain veut accéder à l'infini et à une « relative éternité », il devra impérativement sortir de son immobilité et vibrer à nouveau sur la fréquence universelle. S'il y parvient, se déclenchera alors le processus de régénération spontanée de ses cellules.

La désastreuse agressivité humaine

Ses interlocuteurs d'outre-espace lui diront aussi à quel point ils sont affligés par notre agressivité chronique. D'ailleurs, il recevra d'eux une prédiction selon laquelle notre civilisation aurait 99 % de chance de s'auto-anéantir à quatre ou cinq occasions, dans les 15000 ans à venir. Notre anéantissement pourrait ne pas avoir seulement pour cause nos délires guerriers, mais également être la conséquence de nos inventions scientifiques hasardeuses et hautement dangereuses. Sur ce dernier point, ils révéleront à Monnet avoir fait tout ce qu'ils pouvaient pour que les énergies colossales qu'ils sont parvenus à domestiquer il y a des lustres, ne tombent jamais entre nos mains. Ce serait d'ailleurs la raison pour laquelle nos scientifiques ne parviendront pas à découvrir de sitôt comment utiliser les forces cosmiques indispensables à notre expansion galactique. Il en sera ainsi, tant que notre civilisation n'aura pas acquis le degré de sagesse requis et qu'elle n'aura pas compris ce que sont la Vie et le respect dû à toute chose. À diverses reprises, ses Visiteurs souligneront avec force que nos inventions scientifiques délirantes risquent d'endommager très sérieusement les cellules de nos enveloppes physiques et, pire encore, d'anéantir toute vie sur notre planète et même ailleurs : « *Vous devez considérer et ne pas oublier que vous n'êtes pas seuls dans l'Univers. Les multiples mondes évolués et pacifiques existant dans votre galaxie vous observent ; ils n'accepteront pas que vous soyez un élément dangereux de déséquilibre de votre galaxie et au-delà. Vous détenez un potentiel trop élevé de forces négatives ; notre devoir sera de neutraliser ces forces avant que vous ne les déclenchiez ; nous en avons le pouvoir* ». Le message ne peut être plus clair !

À cette occasion, ils lui transmettront un avertissement dénué de toute ambiguïté, savoir que s'ils sont pacifistes, ils disposent néanmoins d'une puissance de dissuasion que nous ne pouvons même pas concevoir. Elle leur permettrait ainsi de neutraliser, sans effusion de sang, toute tentative de guerre nucléaire mettant en péril la Terre. Afin de nous empêcher d'aller trop loin, ils pourraient aussi user d'une force psychique suffisante pour influer sur nos cerveaux, ainsi que de technologies susceptibles de mettre hors services tous nos réseaux électriques, électromagnétiques et bien d'autres choses encore. Ils rappelleront d'ailleurs à Monnet qu'ils en auraient déjà fait la démonstration en provoquant une grande panne électrique de plusieurs heures au-dessus d'une grande métropole étasunienne. Pour ce faire, l'un de leurs vaisseaux-mères aurait alors stationné à haute altitude au-dessus de cette ville. Le message ayant été reçu au début des années 1970, l'on peut se demander s'il ne s'agirait pas d'une allusion à la grande panne qui a paralysé New York en 1965. Ses interlocuteurs stellaires insisteront en tout cas et à diverses reprises, sur le fait que s'ils le veulent, ils peuvent paralyser à tout moment le fonctionnement de notre civilisation.

Une présence constante dans notre système solaire

Ils vont également lui révéler que dix millions des leurs seraient présents à divers endroits de notre système solaire depuis des milliers d'années à bord de 200 vaisseaux-mères, chacun abritant 3 500 disques. Ce seraient ainsi 700 000 de leurs disques qui y évolueraient en permanence. Ils auraient également des bases sur Saturne et l'un de ses anneaux ainsi que sur l'un des satellites de Vénus, comme sur l'un de ceux de Jupiter. Certaines de leurs bases seraient également implantées sur la Lune, de même que sur Mars. Les Russes et les Américains seraient parfaitement au courant de cet état de fait et c'est pourquoi ils auraient cessé de s'intéresser à la Lune.

Ils disposeraient également de bases sur la Terre, lesquelles seraient protégées par de puissants champs électromagnétiques les rendant invisibles. De surcroît, des trains d'ondes télépathiques seraient également projetés vers d'éventuels promeneurs qui en approcheraient, ce qui les inciteraient à changer spontanément de direction afin de ne pas se diriger vers leurs installations. Monnet apprendra aussi que dans les années 1940, un avion de ligne transportant trente-cinq personnes se serait crashé sur l'une de leurs bases en causant de graves dommages. Tous les passagers auraient été grièvement blessés mais auraient été transportés immédiatement après le crash, sur l'un des vaisseaux-mères où ils auraient été soignés et régénérés, ce qui leur aurait permis de retrouver une santé parfaite. Une fois rétablis, ils seraient restés à bord et auraient été instruits sur les principes de la vie sociale sur Silxtra, ainsi que sur leurs concepts cosmiques. Ces personnes auraient été si séduites, qu'elles auraient alors exprimé le désir de rester avec eux. C'est ainsi qu'elles auraient rejoint Silxtra où elles vivraient heureuses. Elles se seraient d'ailleurs parfaitement intégrées à sa société : huit d'entre elles seraient ainsi devenues d'éminents chercheurs et cinq autres, de brillants explorateurs du Cosmos.

À propos des vaisseaux de Silxtra

Aux dires de Monnet, leurs vaisseaux-mères restent toujours très éloignés de notre atmosphère afin de ne pas causer de perturbations. S'ils étaient stationnés, ne serait-ce qu'à 5000 mètres d'altitude, ils seraient en effet susceptibles de provoquer de graves séismes et de causer des dégâts en tous genres, du fait des puissantes vibrations infra et ultrasonores émises par leurs systèmes de sustentation. La taille de certains d'entre eux serait si impressionnante que la plupart des humains ne supporteraient d'ailleurs pas leur vue, tant elle pourrait être mentalement choquante. Ceux qui, à de très rares occasions les auraient aperçus, auraient même été victimes de troubles mentaux irréversibles, tant ils en auraient éprouvé de la frayeur. C'est la raison pour laquelle ils auraient pris depuis le parti d'opter pour des vaisseaux de taille plus raisonnable. Ces nouveaux engins seraient constitués de molécules instables de silice et d'alliages métalliques très résistants et très légers. Chaque molécule réagirait sous l'effet de variations électromagnétiques qui modifieraient l'état de la matière. C'est ainsi qu'ils pourraient devenir invisibles et dans certains cas, se laisser traverser par un humain sans même que celui-ci ne s'en aperçoive et bien entendu, sans que cela ne cause le moindre dommage de part et d'autre. L'on comprendra donc que ces engins auraient ainsi la capacité de se dématérialiser.

Leurs vaisseaux disposeraient également de la capacité de passer d'une dimension à une autre. Dans la Création, il existerait d'ailleurs une multiplicité de dimensions, dont la gamme s'inscrirait à l'infini. Pour atteindre une autre dimension, il leur suffirait de changer la polarité magnétique de leur vaisseau, ce qui modifierait la fréquence vibratoire de la structure atomique de la matière qui les compose. Si un observateur se trouvait présent à ce moment, il verrait d'abord le disque vibrer, puis changer de couleur, se déformer avant de devenir une sphère d'énergie intense rouge-orangée qui disparaîtrait au final, de façon instantanée. Ce changement de couleur, suivi de l'apparition d'une sphère d'énergie, s'expliquerait par la formation de l'enveloppe ionisée dont va s'entourer le vaisseau au moment de son saut d'une dimension dans une autre.

Chacun de leurs vaisseaux disposerait de quatre types de propulsion : la propulsion magnétique pour les déplacements autour des planètes, la propulsion atomique utilisée pour les voyages interplanétaires et la propulsion ionique pour les voyages galactiques. Ils n'useraient de la propulsion hyper-dimensionnelle que pour les voyages intergalactiques et dans les différents univers de la Création mais aussi pour réaliser des voyages dans le temps. Leurs disques de petite taille, servant à l'exploration de surface d'une planète, recevraient leur influx d'ondes magnétiques et ultra-soniques depuis les vaisseaux-mères, lesquels seraient eux-mêmes équipés de générateurs d'énergie cosmique. Ces disques auraient la spécificité d'être téléguidés à partir des vaisseaux-mères ou bien d'être pilotés par des équipages, au moyen de la pensée. Les ordres-pensées des pilotes seraient alors traités par des ordinateurs de bord qui les transformeraient en impulsions électromagnétiques.

Les raisons de leur présence sur Terre

Ceux de Silxtra visiteraient la Terre depuis des milliers d'années afin d'observer notre évolution. De nos jours, ce serait plutôt dans le but d'éviter à notre civilisation une catastrophe imminente ainsi que pour nous protéger de nous-mêmes, comme également d'éventuelles atteintes provenant de l'extérieur. D'autres civilisations extraterrestres dénuées de toute bienveillance, nous visiteraient en effet. Certaines seraient matérialistes et très agressives. Ils nous assureraient donc une protection contre leurs potentielles exactions.

Ils insisteront à diverses reprises sur le fait qu'ils ne viennent pas en conquérants mais avec des intentions pacifistes. À sa grande surprise, Monnet apprendra qu'ils se seraient mêlés depuis fort longtemps à la population terrienne. Leur présence serait si discrète qu'elle passerait d'ailleurs totalement inaperçu. Ils ne seraient en fait reconnaissables que par quelques détails insignifiants. Seuls de très bons médiums ou de rares personnes dotées de grandes facultés télépathiques seraient capables de remarquer leur présence, en décelant notamment le « rayonnement vibratoire » émanant de leurs cerveaux. Monnet soutiendra qu'un humain qui a eu un premier contact avec eux les décèlera toujours par la suite, même parmi de simples passants en train de vaquer à des tâches ordinaires. Cependant, cette reconnaissance ne sera possible que si le stellaire concerné l'y autorise. Les rares humains qui les auront approchés remarqueront d'ailleurs qu'après le premier contact, leurs facultés de perceptions sensorielles et extrasensorielles se seront accrues. Quand il leur arrivera de les rencontrer à nouveau par la suite, a priori par hasard, ils se sentiront alors comme téléguidés vers eux mais ne pourront pas suivre leur piste, car ils seront soudain ralentis dans leurs mouvements. Quand ils retrouveront enfin leurs capacités motrices, leurs Visiteurs seront déjà loin. Le témoin ne pourra donc que douter de ce qu'il vient de lui arriver. D'après Monnet, cette façon de procéder résulterait du souci des stellaires de ne pas interférer dans notre évolution, de respecter notre libre arbitre de croire ou pas, mais aussi de ne pas trop choquer mentalement.

En novembre 1975, un message va lui expliquer que 296000 individus auraient déjà été contactés sur la Terre. À une autre occasion, il lui sera précisé que dans les décennies à venir, les contacts individuels avec les humains devraient se multiplier.

L'histoire de l'humanité terrestre

Ses Visiteurs vont aussi lui révéler l'histoire de notre humanité: à l'origine de la Création, les premières civilisations qui se seraient développées dans notre Univers bénéficiaient alors de la jeunesse éternelle, en tout cas d'une grande longévité, en raison d'un processus de régénération cellulaire spontanée. Ces civilisations premières détenaient la connaissance des énergies naturelles de l'Univers et collaboraient alors étroitement avec la nature. Plus époustouflant encore, Pierre Monnet apprendra qu'elles maîtrisaient la gravitation et l'antigravitation, ce qui leur permettait ainsi de voyager dans les différentes parties de l'Univers et d'accomplir des voyages dans le temps, mais aussi de maîtriser la lévitation, même celle d'objets pesants.

Ce serait des Galactiques des premiers temps, qui auraient d'ailleurs découvert notre système solaire. Ils auraient d'abord établi des bases sur Saturne, Vénus et Mars, puis sur la Lune, afin de surveiller notre Terre alors en période de glaciation. Ce serait eux qui auraient mis fin à cette période de glaciation, en traitant artificiellement l'atmosphère nuageuse de la Terre afin de permettre que le soleil rayonne sur toute sa surface. Des centaines d'années plus tard, alors que le développement de la vie était enfin devenu possible pour les humains, ils auraient édifié leurs premières installations sur notre planète.

Les humains qu'ils y auraient amenés ensuite, étaient peu évolués. Il s'agissait de rescapés de diverses planètes, qui avaient affronté de terrifiants cataclysmes naturels. Dans un premier temps, ces Galactiques les avaient « rééduqués » puis remaniés biologiquement, physiologiquement et intellectuellement. Au fil des siècles et des millénaires, ces Terriens de l'origine seraient parvenus à développer de grandes et brillantes civilisations qui prospérèrent un certain temps, jusqu'à ce qu'elles commencent à violer les Lois Cosmiques Naturelles, pour finir par se montrer belliqueuses avec leurs « éducateurs ». Ceux-là décidèrent alors d'un plan de neutralisation de leur espèce, consistant à effacer de leurs mémoires les connaissances acquises, avant de cacher leurs inventions dans le sous-sol de l'unique continent existant à l'époque. Ceci fait, les Galactiques « éducateurs » quittèrent la

Terre, en abandonnant ces humains décadents, mais en y laissant tout de même un effectif de 50000 des leurs cachés dans les sous-sols du continent, afin de les surveiller.

À la surface, ces humains désormais livrés à eux-mêmes qui ne s'entendaient pas et se livraient des guerres perpétuelles, auraient finalement déclenché un conflit majeur qui aurait changé à jamais l'aspect physique et chimique de la Terre. Son unique continent se serait en effet morcelé pour former cinq continents plus petits, qui continuent de dériver aujourd'hui à la surface du globe. Les effets de cette monstrueuse catastrophe auraient été visibles durant 50000 ans et les survivants qui avaient dégénéré, seraient alors redevenus des sortes d'animaux aux mœurs primitives et toujours aussi violentes.

Des lustres plus tard, une nouvelle expédition de Galactiques serait revenue sur Terre et se serait répartie en divers points du globe. Ils auraient alors découvert que les descendants des humains survivants avaient atteint un niveau si bas, qu'une rééducation avait à nouveau été nécessaire. Au fil du temps, une civilisation puissante se serait reformée. Or, en dépit des enseignements de sagesse et d'amour qui avaient été enseignés à ces Terriens rééduqués, leur nature belliqueuse ayant une fois de plus repris le dessus, leurs différends auraient dégénéré en conflits nucléaires. Cette fois hélas, tout le système solaire en aurait été affecté. Une planète aurait été ainsi totalement détruite et la Lune gravement endommagée. Suite à cette nouvelle catastrophe apocalyptique, les Galactiques cachés dans les sous-sols de la planète auraient décidé de l'évacuer en urgence pour aller se réfugier sur des bases situées sur la Lune qu'ils auraient reconstruites, de même que sur d'autres bases installées sur Jupiter et Saturne. Il leur aurait en revanche été impossible de regagner celles qui se trouvaient sur Mars car elles étaient inutilisables. Celle de Vénus ne l'était pas davantage, puisqu'elle avait entamé à son tour une période de glaciation. Ces Galactiques auraient laissé dans les sous-sols de la Terre des installations intactes et ainsi que diverses preuves des connaissances premières. Elles s'y trouveraient toujours stockées depuis lors, c'est-à-dire depuis 100000 ans.

Manipulations génétiques

Bien plus tard, ces stellaires seraient une nouvelle fois revenus sur la Terre afin de régénérer la race humaine ou du moins ce qu'il en restait, puisqu'ils l'avaient à nouveau trouvée bien mal en point. Des individus parmi les plus purs et les moins dégénérés, auraient alors été soigneusement sélectionnés. Il aurait été pratiqué sur eux la « parthénogénèse artificielle » afin que leur race s'améliore par la descendance. C'est ainsi que des femmes terriennes « choisies pour leur pureté biologique » auraient été enlevées et transportées dans des vaisseaux pour que ce processus de parthénogénèse puisse être réalisé. On aurait alors projeté sur elles des rayons d'énergie vitale, qui aurait déclenché la formation spontanée d'embryons dans leurs ovules, sans l'apport de spermatozoïdes. De ces femmes serait née une nouvelle race d'individus, en partie régénérés et dotés d'une transmission héréditaire de leurs mémoires qui avaient été intégrées dans leurs chromosomes.

Pierre Monnet précisera que les Elohims, ces anges de la Bible venus du ciel, étaient en réalité des Galactiques, ceux-là mêmes qui auraient approché, il y a quelque 2000 ans, une jeune femme qui présentait, elle aussi, les conditions biologiques les plus idéales. Elle aurait subi la fameuse opération de parthénogénèse artificielle. Pour le cas où vous ne l'auriez pas deviné cette jeune femme n'était autre que de la Vierge Marie !

Ceux de Silxtra donneront à Monnet des précisions sur le protocole utilisé durant sa grossesse. Ainsi, un suivi embryonnaire aurait été réalisé à partir d'un vaisseau stationné en haute altitude. Pour l'enfant à venir, un programme spécifique aurait été appliqué, car il était prévu qu'il serait un modèle nouveau d'être humain et le futur messager officiel de ces Galactiques. Dès sa naissance, le bébé aurait été mentalement conditionné afin de pouvoir transmettre plus tard à l'humanité terrienne toutes les Lois Naturelles Universelles qu'elle avait oubliées depuis bien longtemps.

Ainsi donc, à en croire Pierre Monnet, Jésus de Nazareth aurait été génétiquement et spirituellement configuré par des stellaires pour devenir un être quasi-parfait, qui enseignerait plus tard aux humains la façon de vivre harmonieusement avec les forces créatrices. Hélas, son message n'aurait pas été compris, ni à son époque, ni même plus tard. Son sacrifice n'aurait ainsi servi à rien puisque très vite, l'initiation et l'enseignement qu'il avait dispensés seront déformés, en particulier par les religions qui vont largement profiter de la crédulité des humains. En usant d'un langage de peur et en créant la culpabilité dans les esprits, elles ont ainsi exercé un pouvoir sur leurs ouailles en menaçant de la sanction de l'enfer toutes celles qui n'observaient pas les Lois de Dieu telles qu'elles les avaient édictées. Pierre Monnet soulignera que le message diffusé par les religions serait en fait l'initiation première délivrée par les Galactiques, qui aurait été manipulée. En réalité, cette initiation première aurait dû s'interpréter comme un avertissement à l'homme, visant à l'inciter à utiliser la science avec Sagesse au regard des Lois Naturelles Universelles, à défaut de quoi il détruirait son espèce tout comme sa planète.

Dans ses écrits, Monnet a ainsi évoqué Jésus en tant que création biologique des Galactiques et transmetteur de leur initiation. Il en profitera pour lancer un avertissement prémonitoire consistant à dire que si l'on ne respecte pas les paroles délivrées par le Nazaréen, en particulier celle de s'aimer les uns les autres, la situation dégénérera pour l'humanité avant l'an 2000. Force est de constater, hélas, que son avertissement semble se vérifier puisque depuis vingt ans tout se dégrade de toutes parts à une vitesse vertigineuse.

Le Grand Constructeur

Un jour, ses Visiteurs lui feront également des révélations sur ce qu'ils nomment respectueusement le « Grand Constructeur ». Cette Intelligence aurait créé l'Univers infini afin que puisse y évoluer l'homme, lequel serait sa « plus merveilleuse créature vivante pensante ». L'espèce humaine aurait été créée pour vivre éternellement dans l'Univers entier dans lequel elle a été disséminée. Une Loi de Liberté, dénommée plus précisément « libre arbitre » permettrait à l'humain de se développer selon sa propre volonté, afin de le mener à un état de perfection. Chaque planète sur laquelle est apparue l'espèce humaine aurait été dotée, dès sa formation, de tous les éléments nécessaires à la constitution et à l'évolution d'un processus naturel de régénération cellulaire spontanée, que les Terriens ont hélas perdu depuis bien longtemps. Une perte bien regrettable d'ailleurs car, en l'absence de vieillissement, l'humain serait presque devenu immortel. Cette catastrophe se serait produite puisqu'il n'aurait pas respecté les Lois Cosmiques Universelles permettant la continuité de l'esprit et de la matière. En l'occurrence, il aurait oublié que la perfection était la loi première qui lui assurait l'éternité.

La révélation du Plan Divin

Pierre Monnet dira aussi que ses interlocuteurs stellaires lui auraient révélé l'existence d'une sorte de « Plan Divin » concernant notre humanité. À y regarder de près, ce plan ressemble davantage à une sorte de programme que devrait suivre l'humanité si elle veut survivre et ne pas replonger dans ses erreurs passées. Il va en effet préciser qu'il ne faut pas *« associer ici le mot « Divin » à Dieu, mais plutôt à un état d'être n'existant plus en l'être humain de notre planète depuis fort longtemps et qu'il serait nécessaire de rechercher par un retour aux sources »*. À l'en croire, si l'humanité terrienne parvenait à atteindre *« un degré d'évolution mentale, morale, psychique, psychique, spirituel et scientifique s'approchant du plus haut degré de la perfection »*, ainsi qu'une sagesse dans le respect des Lois Universelles Cosmiques, il lui serait alors possible de passer sur un autre plan dimensionnel. Ces interlocuteurs d'outre-espace lui auraient aussi annoncé que si les humains comprenaient enfin l'importance de l'enseignement et le message d'amour, de paix et de fraternité qu'ils ont entrepris de transmettre à divers contactés tels que lui, alors et seulement alors, ils se montreraient enfin aux yeux de tous. En attendant, ils diront tout de même un jour à Monnet que leurs vaisseaux seront de plus en plus visibles dans nos cieux au fil du temps.

Ces stellaires auraient aussi insisté sur le fait qu'ils veillent sur nous mais qu'ils ne peuvent en aucun cas nous aider si nous ne sommes pas consentants, ce en raison de la Loi Cosmique Universelle de non-ingérence dans l'évolution des civilisations. Il semble toutefois y avoir un bémol à ce respect de la loi de non-ingérence qu'ils prônent, puisqu'ils ont indiqué dans un message transmis le 20 avril 1976: *« Si par bonheur vous acceptez notre aide, nous vous apporterons, sur le plan terrestre, des changements définitifs et absolus. De toute façon, un programme est dressé pour vous par nos soins et rien ne pourra faire obstacle à nos plans »*. Ainsi donc si on lit bien, certes cela signifie non-ingérence dans vos affaires de Terriens, mais que vous le vouliez ou non, c'est tout de même nous qui décidons. Un peu contradictoire tout de même, non? Et ils enfonceront le clou, en étant encore plus explicites dans un message ultérieur: *« Chacun dispose d'une des plus importantes lois cosmiques; nous voulons parler de la loi du libre arbitre. À un moment précis de l'évolution de la conscience collective de vos peuples, chacun pourra décider, à ses risques et périls, de vivre comme il l'entend les derniers temps futurs du laps de temps très court, qu'il a à sa disposition sur cette planète. Toutefois, dans un cas comme dans l'autre, rien ne peut échapper à notre contrôle; rien ne pourra désorganiser notre façon d'accomplir notre mission auprès de vous »*. Voilà qui a au moins le mérite d'être clair!

L'opération-influence

Un jour, ses Visiteurs vont lui transmettre l'information voulant que tous les stimulants que prennent certains humains, pour chercher des moyens d'évasion à un monde mauvais, créent dans leur esprit un monde artificiel auquel il est dangereux de s'attacher. L'on peut supposer que ces « stimulants » ne sont autres que l'alcool et les drogues de toutes sortes. Afin d'éviter le recours à ces dangereux palliatifs, ils auraient donc prévu une opération baptisée « opération-influence ». Elle consisterait en une « stimulation télépathique » qui serait réalisée la nuit durant le sommeil, via des émetteurs d'ondes psychiques situés sur leurs vaisseaux-mères stationnés aux abords de notre système solaire. Le hic, c'est que les Visiteurs ne seraient pas certains toutefois du succès de leur opération, puisque 90 % des cellules de notre cerveau seraient atrophiées depuis plus d'un million d'années. Néanmoins, si cette opération devait fonctionner ne serait-ce que sur 30 % des individus, tout pourrait notablement changer, puisque notre civilisation ferait tout à coup un bond vertigineux dans ses connaissances mathématiques ainsi que dans celle des énergies renouvelables et non polluantes.

À en croire Pierre Monnet, il y aurait encore un « petit plus » prévu dans leur programme, puisque notre civilisation terrienne devrait « redécouvrir » à terme cette fameuse régénération cellulaire spontanée, qui permettrait à chaque individu de vivre à nouveau très longtemps et même dans un premier temps de rajeunir ! Hélas, il existerait un bémol à la réalisation de ce programme : en effet, compte tenu de la situation actuelle et des évènements dramatiques qui se préparent, ceci ajouté aux états de conscience négatifs qui animent la plupart des Terriens, les stellaires de Silxtra préféreraient tout de même attendre un peu avant de le mettre en œuvre. Du fait de notre agressivité maladive, nous risquerions en effet de faire mauvais usage de ces nouvelles connaissances qu'ils entendent nous divulguer.

De façon pour le moins surprenante, ils vont aussi expliquer à Pierre Monnet que notre planète doit, avant toute intervention de leur part, être impérativement épurée de tous les éléments négatifs humains, ce afin d'éradiquer l'agressivité chronique qui y règne. Ils l'informeront ainsi clairement de ce qu'une fois que les Terriens se seront entre-tués et qu'ils n'auront alors plus les moyens ni la force de reconstruire une nouvelle civilisation, ils interviendront alors directement. Débutera alors l'opération qu'ils ont prévue. Très généreusement toutefois, ils vont tout de même faire savoir qu'ils nous supplient d'éviter d'en arriver à la destruction et de faire en sorte de nous entendre rapidement entre nous, afin de pouvoir bâtir enfin, dans l'Amour, les États-Unis du Monde ! Et bien entendu, comme on le retrouve quasi systématiquement dans les messages reçus par les contactés, il sera délivré à Pierre Monnet le classique discours apocalyptique prédisant que de grands évènements pas toujours très agréables, vont désormais se multiplier sur la Terre mais qu'il ne faudra pas pour autant s'en effrayer car ils contrôlent la situation, notamment celle de notre énergie nucléaire. Ils préciseront d'ailleurs à ce sujet avoir détruit une base de missiles nucléaires, ce dont le public n'a pu avoir connaissance puisque l'affaire aurait été étouffée par le secret.

Prédictions apocalyptiques

C'est ainsi qu'ils vont prédire que le début de la fin commencerait par de grands évènements qui se produiront en Chine pour évoluer ensuite vers l'URSS et l'Europe. Ceci aura pour conséquence d'amener l'enfer sur la Terre. C'est à ce moment qu'ils déclencheront le plan d'évacuation des survivants, lesquels seront transportés sur d'autres planètes hors de notre système solaire. Ces survivants recevront alors des enseignements spirituels et scientifiques afin de reconstruire la Terre où ils seront plus tard redéposés, avec toute la technologie nécessaire, afin que puisse y être développée une civilisation dix fois plus évoluée que la précédente.

Afin d'adoucir un peu la dureté de leur message, ils préciseront que quoiqu'il arrive, la Loi de non-ingérence sera toujours respectée, sauf bien sûr en cas de nécessité absolue, ceci tout en insistant sur la confiance sans faille que les Terriens doivent avoir en eux. Sera également révélé à Monnet que durant ces temps de chaos, se dérouleront sur Terre des évènements prodigieux auxquels les humains auront du mal à croire: *« Au moment où vous vous y attendrez le moins, vous serez changés, ainsi que tout ce que vous avez l'habitude de voir ; ce changement surviendra de façon si rapide que chaque Être humain ne se reconnaîtra et ne reconnaîtra plus rien de ce qu'il connaissait ; cela se passera d'un jour à l'autre »*.

Révélations diverses

Pierre Monnet, comme tant d'autres, recevra de la part de ses interlocuteurs diverses révélations sur les sujets variés. C'est ainsi qu'à propos de la vie et de la mort, ceux de Silxtra vont lui transmettre le message suivant : *« La réalité est que l'être humain, quel qu'il soit, ne vit dans le présent qu'un moment seulement des vibrations de son futur qui devient aussitôt vibrations de son passé. Le présent, le futur et le passé ne sont que des images fictives fractionnant le temps en moments de vie matérielle. Vos schémas de compréhension ne peuvent concevoir qu'en réalité, le temps n'existe pas.*

Le laps de temps dont vous avez conscience n'est autre que l'une des multiples vibrations de l'acte de vie énergétique que votre moi immortel a imprimé à votre enveloppe physique. Votre moi intérieur, d'origine divine, est le propre créateur de l'être humain tout entier que vous êtes, corps et esprit ».

Ils vont également lui expliquer que notre enveloppe physique dégénère, par manque d'application et de respect des Lois Universelles Cosmiques, jusqu'à ce que se produise sa mort. À ce moment, ce qu'ils vont qualifier de *« moi intérieur »* ou *« d'énergie-vie impérissable »* rejoindra la masse énergétique universelle. C'est à ce stade que celle-ci devra attendre que divers éléments soient réunis afin de permettre à ce *« moi intérieur »*, soit de se réincarner sur la Terre, soit sur une autre planète, soit encore dans une autre dimension aux vibrations plus élevées. Tout dépendra en fait du degré d'évolution spirituelle de la conscience de l'individu concerné. Les stellaires de Silxtra diront ne pas comprendre pourquoi nos religions ont déformé à ce point l'information sur le processus de vie et de mort qui est à leurs yeux, on ne peut plus naturel.

Dans un autre message, ils évoqueront aussi le Triangle des Bermudes. Selon eux, l'axe de la Terre aurait basculé de multiples fois. L'ancien axe magnétique n'aurait cependant disparu que très progressivement et le phénomène qui se produirait dans cette zone ne serait en fait que l'empreinte de l'ancien axe de la Terre, lequel se manifesterait encore sporadiquement dans le temps sur son ancien emplacement, ce qui aurait pour effet de provoquer des distorsions de l'espace-temps dans cette zone.

La mission de Pierre Monnet

Ses Visiteurs vont investir Pierre Monnet, en l'occurrence celle de mettre en place une sorte de programme d'information à l'attention des humains. C'est ainsi qu'ils vont lui suggérer d'organiser dans un premier temps, un rassemblement de « soucoupistes ». Celui-là ne devra pas être composé en particulier de contactés, mais aussi de personnes qui accepteront l'idée que des vaisseaux extraterrestres puissent croiser dans notre système solaire. On lui recommandera de former d'abord divers groupements de recherches à l'échelle de la France et dans un second temps, à l'échelle de la planète. Devront être sélectionnés les individus réellement contactés, ceci dans le souci d'éliminer les illuminés, les mythomanes, les escrocs ainsi que les plaisantins de tous poils. Ceci fait, suivra une étude approfondie des contacts et des divers messages reçus ainsi que l'organisation de colloques internationaux où les contactés pourront enfin les divulguer aux populations.

La mission confiée à Pierre Monnet par ses interlocuteurs stellaires prévoyait également l'élaboration d'un *« programme social, scientifique et spirituel international »,* basé sur les règles cosmiques qu'ils avaient transmises, ceci dans l'optique finale de créer sur Terre les « États-Unis du Monde ». À l'issue de dix années de bon fonctionnement de cette organisation qui aurait été baptisée « La Fraternité sur la Terre », laquelle aurait alors réuni tous les peuples de la Terre, l'admission de la planète aurait alors été envisageable, au sein de la Confédération Interplanétaire Universelle regroupant des civilisations extraterrestres issues de multiples mondes habités qui observent depuis bien longtemps notre évolution. Ce n'est qu'à ce stade du programme que les stellaires, regroupés dans cette Confédération Interplanétaire Universelle, se seraient enfin montrés aux Terriens et qu'un contact officiel avec nos gouvernants aurait alors été programmé.

Pierre Monnet qui n'est pas à proprement parler un rêveur dira avoir à ce moment exprimé clairement et sans réserve son point de vue sur leur projet et leur avoir signifié que tout ce ceci était bel et bon, mais que leur programme semblait tout de même plutôt relever « d'un roman de science-fiction » !

L'Étoile d'Argent

Pour autant, ses interlocuteurs ne vont pas se décourager puisqu'ils vont lui demander cette fois de rechercher des êtres *« épris d'Amour vrai »,* en lui précisant qu'il les reconnaîtrait au premier abord quand il les croiserait. Il lui appartiendrait alors de leur proposer de se joindre à une communauté planétaire qu'il se devrait de créer et de baptiser « l'Étoile d'Argent ». Cette « Étoile d'Argent » ne serait rien de moins que le symbole de l'alliance entre la Terre et la Confédération Galactique des planètes Unies dans l'Amour. Sa mission au sein de cette communauté planétaire, consisterait à faire en sorte que le programme de la Lumière se réalise enfin, étant entendu que les membres de cette communauté devraient devenir des Chevaliers de l'Amour ayant pour objectif principal, celui de sauver la Terre en péril ! Tous les recrutés devraient alors tout abandonner de leurs anciens concepts, qu'ils soient politiques ou religieux, de même que leur mode de vie. Au sein de cette communauté où ils vivraient désormais d'une autre manière, il leur appartiendrait de donner le meilleur d'eux-mêmes dans l'Amour, le travail et la transmission de leur propre savoir et de leurs connaissances. Tous devraient aussi prêter serment, un serment dont ses Visiteurs lui transmettront d'ailleurs le contenu.

À diverses reprises, Pierre Monnet recevra des messages le pressant de fonder cette communauté, laquelle au final, ne verra jamais le jour. En définitive, il se contentera de créer et d'animer une association ufologique, le GREPO, dont il sera le Président.

Pierre Monnet et sa vision des contactés

Fait plutôt rare pour un contacté, Pierre Monnet va beaucoup s'épancher sur le profil et la mission des contactés de tous poils. Les raisons en sont simples puisque comme il le révélera, ses interlocuteurs de Silxtra lui avaient demandé de transmettre le message selon lequel les humains devraient se réunir autour de ces contactés et qu'il avait lui-même été chargé par eux d'élaborer la « Fraternité sur la Terre » avec la mission qu'on lui connaît. Ce qui est intéressant, c'est qu'il déclarera clairement que les contactés sont « programmés » par les stellaires. Un peu contradictoire tout de même avec la notion de libre arbitre qu'ils ont prôné à tour de messages…

Décrivant le profil d'un contacté, Monnet dira qu'il peut être de n'importe quel sexe, jeune ou vieux. Le plus souvent, il fera une rencontre dans un endroit isolé, généralement en pleine nature et à un moment où il ne s'y attend pas. L'échange avec ses interlocuteurs venus des étoiles sera généralement de nature télépathique, quoiqu'il puisse se faire aussi parfois dans sa langue maternelle. À en croire Monnet, les contacts individuels avec des extraterrestres ne peuvent être réalisés qu'avec des individus pacifistes, ouverts à l'Amour, la Sagesse et la Fraternité, réceptifs à la télépathie et croyant à leur existence, et ce même s'ils n'en ont jamais vu.

Pierre Monnet dira aussi que ceux de Silxtra l'avaient mis en garde sur les profils et les réactions souvent bien différentes des contactés. Ainsi, nombre d'entre eux qui craindront d'être pris pour des fous, se tairont ou parleront très peu de leurs contacts, le plus souvent de façon confidentielle et généralement à des proches. D'autres dénatureront les informations et messages reçus en fonction de leurs croyances et de leurs traits de personnalité. Ceux-là deviendront bien souvent des gourous, créateurs de nouvelles religions ou des sectes. Ils se présenteront ainsi comme des « élus cosmiques », convaincus de ce que les extraterrestres viendront un jour le chercher avec leurs vaisseaux, lui comme les adeptes de leur mouvement. Certains contactés pourront être également à l'origine de la création de sociétés secrètes.

Enfin, toujours selon Monnet, il existerait un dernier type de contacté beaucoup plus rare. Celui-là est généralement doté d'une personnalité rationnelle et tente autant que faire se peut de demeurer objectif. Qui plus est, il est généralement bien ennuyé de l'honneur qui lui a été fait d'avoir été choisi et se demande comment il va procéder pour transmettre les messages, sans pour autant passer pour un agité ou un illuminé. De prime abord, il a généralement bien du mal à accepter la teneur des messages reçus, tant ils lui paraissent éloignés des concepts humains de tous ordres. Quand il reprend ses esprits et se sent moins bouleversé, il est alors submergé par un « cas de conscience »: Que faire ? Parler ou se taire ? Ce type de contacté finit souvent par se décider à se lancer dans l'arène, en prenant le risque inévitable de voir sa vie et sa réputation fracassées. Monnet soulignera que le contacté honnête se reconnaît à sa simplicité et à sa façon de raconter clairement et sans fioritures ce qu'il a vécu. Il soulignera encore que ces Visiteurs l'ont averti de ce qu'il existait nombre de faux contactés dont il convenait de se méfier.

Tant qu'à faire, Pierre Monnet n'hésitera pas à lancer des messages à l'adresse de ces différentes catégories de contactés, notamment celui de ne pas dénaturer les messages qu'ils reçoivent, en les déformant via les prismes de leur pensée, de leur passion ou de leurs croyances, voire en raison de leur agressivité. Ceux-là devront aussi faire preuve de discernement. Ainsi, les « vrais extraterrestres » n'imposent aucune religion aux humains, ne parlent pas politique et encore moins d'argent. S'ils décident d'accomplir leur mission, ces contactés ne devront pas avoir peur du ridicule.

Les autres types de contacts

Monnet précisera également que les contacts avec les stellaires peuvent se produire aussi par d'autres moyens, tels que par des signaux d'ondes captés par les radiotélescopes. Des contacts psychiques peuvent être également émis depuis de leurs vaisseaux, stationnés aux abords de notre système solaire. Ces émissions d'ordre télépathique se feraient d'ailleurs en continu, durant les phases nocturnes, afin de toucher le maximum d'humains durant leur sommeil. Hélas, la plupart des Terriens seraient plutôt réfractaires à la télépathie et bien peu seraient capables de les capter. Quelques dizaines de milliers en fait sur la planète détiendraient cette aptitude. Les contacts pourraient aussi se produire par le biais de manifestations visuelles de vaisseaux postés à basse ou moyenne altitude, afin de familiariser la population humaine à la présence extraterrestre. Ce moyen ne serait toutefois pas encore très satisfaisant puisque les manifestations de vaisseaux causeraient le plus souvent de la frayeur.

Pierre Monnet évoquera également des contacts directs de stellaires avec des gouvernants de notre planète. Il dira ainsi avoir reçu télépathiquement en 1978 l'information selon laquelle des extraterrestres auraient tenté d'établir un contact avec certains chefs d'États. Tous les autres chefs de gouvernements de la planète en auraient alors été informés. Hélas, le secret aurait été trahi et la chose tournée ensuite en ridicule, par le biais de différents moyens de désinformation. Des services de renseignements auraient en effet organisé et peaufiné l'opération de désinformation, en suggérant à certaines firmes cinématographiques de multiplier les films de science-fiction, ceci dans le but d'inciter les populations à penser que les histoires de soucoupes volantes ne relèvent en fait que de la science-fiction et n'ont aucune base réelle. Dès lors, tous ceux qui se seraient risqués à rapporter des histoires de contacts avec des extraterrestres, n'auraient plus été désormais considérés que comme des illuminés ou pris pour de « doux dingues ».

Monnet précisera également que c'est volontairement et pour éviter de s'attirer de « sérieux ennuis », qu'il ne révélera jamais l'identité du chef d'État concerné. Il se bornera donc à préciser que ce contact aurait eu lieu à huis clos et durant vingt-quatre heures, avec des extraterrestres originaires de Véga de la Lyre. Leur vaisseau en forme de disque aurait atterri de jour sur une piste désaffectée d'une importante base militaire, avant même que les radars aient pu le détecter. Le but de ce contact aurait été de prévenir du danger de certaines de nos expériences scientifiques. Quoiqu'il n'ait pas donné de précisions sur ces expériences, l'on peut supposer qu'il s'agissait des tests et de l'utilisation d'armes nucléaires. D'après Monnet, ces êtres seraient également venus offrir aux Terriens les moyens technologiques de se déplacer dans l'espace, ainsi que la connaissance pour guérir 80 % de nos maladies graves. Plus philosophiquement, ils auraient aussi proposé un type de système social, excluant totalement la notion d'argent.

Il semble qu'en évoquant ce contact, Pierre Monnet ait peut-être fait référence à une rencontre que le Président Eisenhower aurait eue avec des stellaires considérés comme bénéfiques selon certaines rumeurs, précédant celle qui aurait eu lieu, selon d'autres rumeurs, avec des races stellaires aux intentions beaucoup moins reluisantes. Rappelons à ce sujet qu'il y a quelques années, l'ufologue américain Timothy Good, par ailleurs ancien consultant auprès du gouvernement américain, a déclaré lors d'un talk-show de la chaîne de télévision britannique BBC 2, que le Président Einsenhower aurait rencontré des extraterrestres à trois reprises entre 1953 et 1961. Il avait alors précisé que le premier contact avait eu lieu avec des aliens de type nordique et que les contacts suivants, lors desquels des accords auraient été signés, l'avaient été avec des aliens Gris.

Le message de Pierre Monnet

L'humanité terrestre doit d'abord prendre conscience de sa situation critique en devenant enfin lucide. Il lui appartient de développer des pensées lumineuses et cela doit passer par un enseignement dispensé dès l'enfance. Pour Monnet l'agressivité des enfants n'est pas naturelle et serait le fruit d'un conditionnement héréditaire qui s'est éloigné des Lois Universelles en les oubliant. La façon dont on raconte et explique l'histoire à l'école est désastreuse, car en évoquant les guerres, l'on suscite l'idée d'un ennemi. Il faudrait en fait selon lui, plutôt enseigner la spiritualité.

Il dira encore que l'humanité se détruit non seulement physiquement mais aussi psychologiquement. Il insistera souvent sur le fait qu'il est grand temps qu'elle se réveille car elle n'en est pratiquement qu'au début de son évolution spirituelle. Pour l'instant, elle se dirige plutôt en sens contraire, du fait de son orgueil et son égoïsme incommensurables. Outre le fait qu'ils sont agressifs et destructeurs, les Terriens refusent en effet de se rendre compte de la place de l'Esprit dans l'équilibre de la personnalité humaine. Trop attachés à la matérialité, ils ne peuvent de ce fait accéder à la sagesse. Ses Visiteurs estimeraient d'ailleurs que nos religions, dont l'état d'esprit est déplorable et absurde, ont été à 80 % la cause des troubles et des guerres qui ont ravagé notre planète. Actuellement, l'humanité terrestre se trouverait à un grand tournant de son histoire. D'après Monnet, elle ne pourra rejoindre la Confédération Galactique, que si elle accepte d'évoluer et de changer radicalement son fusil d'épaule. C'est pourquoi les humains doivent, dès à présent, apprendre à ne plus haïr et admettre le fait que *« Nul geste, nulle pensée ne peut plus être effacée. Dès son émission dans l'espace, elle devient créatrice de haine ou d'Amour, de destruction ou de vie »*. Ils doivent aussi comprendre que *« La Sagesse ne s'acquiert que par un travail intérieur individuel de chaque homme, face à face avec lui-même »*. Chaque humain doit aussi être conscient de sa part de responsabilité vis-à-vis du reste de l'humanité. Dès les années 1970, ses interlocuteurs stellaires ont insisté sur cette nécessité, pour l'humanité, de modifier rapidement ses comportements en soulignant qu'elle était d'ores et déjà au bord de l'abîme : elle ne disposerait plus en fait que de quelques décennies pour corriger ses erreurs. Pour y remédier, il lui faudrait en premier lieu éradiquer cette notion de profit et d'argent qui a de tout temps fait son malheur, puis remettre en exergue les valeurs humaines au service de la Vie.

On l'aura donc compris, il semblerait que désormais le temps presse. Monnet répétera enfin inlassablement que les extraterrestres peuvent nous apporter les moyens d'accéder à la sagesse et au bonheur mais que si nous refusons d'évoluer, ils ne se manifesteront pas et nous abandonneront alors à notre triste sort, en se désintéressant de nous. En attendant et comme déjà dit, leurs vaisseaux devraient être de plus en plus visibles dans nos cieux au fil du temps.

Au fil des années, quand il évoquera son aventure avec des parapsychologues ou à l'occasion de ses conférences, Pierre Monnet finira par déclarer que ce contact aurait pu être une projection à trois dimensions, permise par la puissance psychique des êtres qu'il a rencontrés. Que ceux-là, auraient peut-être « pratiqué une coupure d'un morceau de sa vie – comme on coupe un morceau de film ». Il insistera également de façon constante, tant dans ses écrits que lors de ses conférences ou interviews, sur le fait qu'il n'est ni religieux ni athée et encore moins mystique, philosophe ou savant, mais simplement un homme tout ce qu'il y a de plus normal qui recherche toujours des solutions simples. Il se défendra toujours d'être un élu cosmique et dira se démarquer de tous ces dangereux farfelus qui transmettent des messages délirants en soulignant qu'il lui est toujours fort désagréable d'être assimilé à ceux-là.

Il finira par écrire le récit de son contact survenu en 1951 en dévoilant le contenu des messages qu'il a reçus de manière intensive dès l'année 1974, dans un premier livre qui sera publié en 1978 sous le titre LES EXTRATERRESTRES m'ont dit, lequel sera préfacé par Guy Tarade. Un second ouvrage, Contacts d'Outre-Espace, sera également publié en 1994. L'on peut y retrouver quelques phrases significatives de la transformation spirituelle qui s'est opérée en lui, telle que celle-ci : *« … Je crois pouvoir affirmer qu'après avoir trouvé « l'essentiel », c'est-à-dire l'Amour : le Verbe, Dieu, cette énergie pure et intelligente qui a tout organisé et que moi, non croyant, j'appellerai « le Grand Constructeur de toutes choses » (A ne pas confondre avec le Grand Architecte des Maçons qui a été compris et enseigné d'une manière différente puisqu'il exclut la notion d'Amour et de la nature même de Dieu). C'est cette énergie dont nous sommes parcelles ; parcelles qui doivent grandir par l'Amour et dans l'Amour, si elles veulent devenir « éternelles » dans l'union totale avec cette énergie pure d'où elles sont sorties et que les croyants appellent « Dieu »*. Ou encore cette autre : *« Point n'est besoin de chercher au loin ce qui est en nous-même et dont on ne sait se servir si l'on n'a pas la sagesse… Là est tout le secret. Un secret qui n'en est pas un, car il est à la portée de tout le monde… Lorsque l'homme cessera d'être anti-naturel, il comprendra et deviendra éternel corps et âme… »*.

De cette aventure peu banale, Pierre Monnet dira avoir acquis la certitude que rien n'est surnaturel ou mystérieux dans l'Univers. Il se dira aussi convaincu de ce que lorsqu'il quittera cette vie, il renaîtra encore et encore. Il aura ainsi compris, à travers son expérience peu commune, la nature immortelle de chaque être et surtout que le temps n'existe pas, sinon dans « l'ignorance de l'homme ».

3.
Roseline Pallascio et les galactiques d'Agni

En ce mois de juillet 1966, Roseline Pallascio, une jeune femme québécoise de vingt-quatre ans qui vit seule avec Valo sa petite fille de trois ans, se sent inexplicablement fatiguée. Comme elle a une soudaine envie de changer d'air, elle se dit qu'elle irait bien rendre une petite visite à Monique, une amie de longue date avec laquelle elle s'entend bien, qui a épousé un Mexicain et vit désormais au Mexique. C'est ainsi que trois jours plus tard, elle va s'envoler pour Mexico, après avoir confié sa fille à la garde de ses parents. Le 22 juillet, elle est arrivée à bon port et prête à passer des vacances de rêve. Hélas, le lendemain, voilà qu'elle se réveille malade comme un chien, ce qui la contraint à rester alitée. Ses deux premiers jours de vacances commenceront donc plutôt mal.

Un ovni sur la plage

Le 26 juillet 1966, elle se sent enfin en forme et cela tombe bien car son amie a projeté d'aller passer une journée de détente sur la plage de Celestum de Punta Nimum au Yucatan. Pedro, le mari de Monique, les y a déposées avec les enfants et prévoit de venir les rechercher en fin d'après-midi. La journée se déroule sans histoire et tous profitent avec bonheur des plaisirs de la plage. Vers 17 heures 30, il faut remonter car Pedro ne va pas tarder. On plie bagage et l'on va s'installer pour l'attendre sur le bord de la route. Comme il tarde un peu, les deux femmes décident de faire un peu de yoga. Les voilà donc assises face à face dans la position du lotus, tandis que les enfants s'amusent autour d'elles. C'est alors que va se mettre à résonner une sorte de vrombissement semblant provenir de derrière une petite montagne proche. Cela s'amplifie au point que l'air semble vibrer. Roseline Pallascio remarque à ce moment que son amie et ses deux enfants ont le regard fixé sur un point du ciel qui semble les hypnotiser. Le point brillant qui les fascine tant, est une sorte d'objet ovoïdal qui scintille sous le soleil et semble fait d'acier poli. C'est à ce moment précis qu'elle va se rendre compte de ce qu'elle ne peut plus bouger, ne serait-ce que le petit doigt. La voici paralysée !

Les minutes passant, le vrombissement va encore s'accentuer, avec des tonalités irrégulières tandis qu'elle voit l'engin amorcer soudainement une descente rapide vers la plage où il va venir se poser en douceur sur l'eau tout près du rivage. Ce qui va la surprendre, c'est que les vagues déferlent sur lui en rouleaux puissants, sans pour autant le faire tanguer ou dériver. Soudain, elle se sent mal, comme presque au bord du malaise. Elle se demande comment vont les autres mais comme elle ne peut tourner la tête du fait de sa paralysie, elle n'en saura pas davantage. Sa dernière pensée sera pour eux, avant qu'elle ne perde complètement la notion du temps et de l'espace.

La rencontre avec l'être d'Agni

Dans l'instant, elle a eu la sensation insoutenable d'être intégrée au paysage qui l'entourait et de n'être plus qu'un « pic de pierre que le vent effriterait ». Figée comme une statue, elle voit maintenant des roches dévaler en éboulis sur les flancs des collines avoisinantes et constate que le ciel semble s'être soudain assombri. Un impressionnant nuage noir a aussi recouvert la petite baie encore ensoleillée quelques instants plus tôt et le plus incroyable, c'est qu'il semble bouillonner !

C'est alors qu'elle va comprendre que ce nuage étrange n'en est pas un. Il s'agit en fait d'un immense vaisseau, si gigantesque que sa masse recouvre toute la baie et même au-delà. Cette vision la dépasse et la perturbe d'autant plus, qu'elle remarque des sortes de portes qui sont en train de s'ouvrir sous le monstrueux engin. De ses ouvertures s'échappe un puissant faisceau lumineux. Il va se transformer en une traînée dorée qui envahira rapidement la baie et provoquer un phénomène surprenant. Une sorte de paroi s'est en effet formée qui semble s'enfoncer dans l'eau, tout en délimitant un périmètre à l'intérieur duquel la mer est absolument calme, alors que tout autour, les vagues continuent de déferler. Et ce n'est pas tout, puisque la jeune femme constate aussi que le son puissant qui résonne dans la baie est devenu plus grave. Quant à l'objet ovoïde qui flottait un instant plus tôt près du rivage, il est désormais en train de s'élever lentement vers l'immense vaisseau. Elle le verra disparaître en douceur dans ses entrailles.

C'est à ce moment qu'elle va avoir la stupeur de se sentir soulevée de terre dans la position du lotus dans laquelle elle est restée figée, dès que la paralysie l'a saisie. Voilà que maintenant elle se met à léviter à proximité du faisceau de lumière que diffuse l'immense nef sombre. Dans le même temps, elle a la sensation que la chaleur de la plage s'est évanouie et que l'atmosphère alentour est plus fraîche, comme si elle était climatisée. Lorsqu'elle va pénétrer dans le champ du rayon de lumière, composé de milliers de petites particules transparentes et lumineuses, elle a soudain l'impression d'exploser. Son cœur s'emballe au point qu'elle est persuadée qu'il va bondir de sa poitrine et que ses tempes vont éclater sous la pression. Puis le calme va revenir aussi vite que la tourmente l'a saisie. Elle se sent désormais inexplicablement sereine et apaisée tandis qu'elle continue de s'élever lentement dans la lumière, jusque sous le ventre du monstrueux vaisseau-mère où elle va pénétrer en douceur, toujours en flottant.

Une fois à l'intérieur, elle va apercevoir l'engin ovoïde en train de manœuvrer avant de disparaître à sa vue derrière une sorte de panneau coulissant. La voici désormais seule dans un endroit immense. Stupéfaite, elle ne distingue ni murs, ni sol, ni plafond. Toujours paralysée, elle tangue dans une sorte de néant orangé dont la luminosité décroît peu à peu. Un instant plus tard, elle va virer au jaune, puis au blanc, avant de devenir si éblouissante qu'elle en sera aveuglée. Puis elle va se sentir basculer en arrière et se retrouver allongée sur un support qui lui semble solide. La lumière blanche va à ce moment devenir bleutée et se tamiser graduellement pour devenir une sorte de brume qui va d'abord l'envelopper puis s'évanouir rapidement.

Elle distingue maintenant face à elle un petit cristal haut d'une vingtaine de centimètres, reposant sur un socle qui semble flotter. En tournant lentement sur lui-même, il émet de petits éclairs bleus. Elle est un peu inquiète et se demande ce qui va se passer. C'est alors que son attention va être attirée par une forme qui est en train de se dessiner peu à peu pour devenir une silhouette formée de milliers de minuscules particules scintillantes. Les contours d'un visage vont d'abord se former, puis ceux d'un corps. Le visage qui s'est matérialisé s'est rapproché du sien et elle peut maintenant contempler ses yeux immenses. Ils sont uniformément marrons et dépourvus de blanc et d'iris. Cela pourrait la terrifier d'autant qu'elle est toujours paralysée, mais curieusement, elle n'éprouve aucune peur. Tout au contraire, elle sent une émotion qui la gagne et la bouleverse infiniment. Est-ce la douceur infinie qui émane de ce regard qui la pénètre jusqu'au plus profond de l'âme qui la provoque ? Elle ne le sait pas.

Elle distingue aussi maintenant d'autres entités qui se déplacent en glissant autour d'elle. Celle qui est la plus proche va lever un bras. Un bras ? Non, plutôt une sorte d'aile, dont l'extrémité serait dénuée de main et de doigts. Pourtant cette étrange extrémité lui présente une sorte de cylindre argenté d'une dizaine de centimètres de long, orné d'une petite lumière rouge scintillante. L'entité va promener ce curieux objet tout autour de son corps et de rouge, sa petite lumière va devenir dorée. Lorsqu'elle va ensuite le faire tourner autour de son nombril, elle va alors entendre une voix résonner dans sa tête lui annonçant que dans six mois, elle accouchera un fils. C'est ainsi qu'elle apprendra qu'elle est enceinte, ce qu'elle ignorait totalement.

L'être dont elle ressent que son énergie est féminine, va ensuite faire remonter le petit cylindre jusqu'à son estomac, ce qui lui provoquera une sensation de pincement. Une idée incongrue va alors lui traverser l'esprit: elle se demande tout à coup si elle ne serait pas morte. Un message de l'entité va immédiatement la réconforter en lui assurant que ça n'est pas le cas. La voix qui continue de résonner au creux de sa tête va lui aussi révéler qu'elle et les siens, viennent de la Galaxie d'Agni. Qu'ils se trouvent là, afin de récupérer l'un de leurs vaisseaux en difficulté. Leur rencontre avec elle n'était donc pas prévue. En fait, elle s'est malencontreusement retrouvée dans un champ de radiations et maintenant, ils vont devoir vérifier si cette exposition inopinée aurait pu lui causer des dommages physiques ainsi qu'à son fœtus.

L'entité va également lui expliquer que sa civilisation n'est pas la seule à venir visiter la Terre et qu'il existe au moins 122 autres espèces stellaires qui font de même. Elle dira encore que normalement, ceux de sa race restent invisibles aux humains. Pour qu'ils soient vus d'eux, il leur faut en effet abaisser leurs vibrations. Cependant, il leur est impossible de se matérialiser totalement, car à défaut, cela risquerait d'affecter leur état premier. L'entité ajoutera enfin que Terra est une planète très jeune utilisée par de nombreuses civilisations extraterrestres telle un « incubateur »…

La planète blanche

À ce moment, la luminosité ambiante va soudainement s'assombrir et Roseline Pallascio va se retrouver en train de flotter à la verticale. Elle constate que le cristal diamant émet désormais des images qui flottent tout autour d'elle, telles des sortes d'hologrammes. L'un d'eux montre un système solaire qui ne lui semble pas être celui de la Terre. C'est alors qu'elle va apercevoir une planète blanche très lumineuse, vers laquelle elle va se sentir soudain projetée. Voilà maintenant qu'elle plane au-dessus de sa surface et survole des bâtiments qui semblent faits de verre opaque. Tout autour, le paysage est d'un blanc immaculé, tel un vaste désert de craie qui serait dépourvu de végétation. Mais ce sont surtout les édifices qu'elle distingue qui l'attirent. Sans trop comprendre comment, elle va traverser le toit de l'un d'eux et se retrouver dans une immense salle où se tient une assemblée. Des milliers d'entités semblables à celle qui l'a examinée dans le vaisseau, sont réunies. Dans l'instant, la jeune femme va se sentir comme aspirée à l'intérieur de l'une d'elles. Celle dont elle vient d'intégrer l'enveloppe va être choisie avec onze autres. Comme elle, toutes sont vêtues de robes d'un blanc immaculé et ont la tête couronnée de fleurs blanches. Lentement, elles vont se déplacer jusqu'à un immense autel et se disposer en demi-cercles sur chacun de ses côtés, pour former ainsi deux groupes de six entités.

Devant cet autel se tient une étrange silhouette formée de milliers de petites particules scintillantes et vibrantes. Peu à peu, elle va se matérialiser et se transformer en une femme magnifique, vêtue d'une somptueuse robe violette. D'apparence parfaitement humaine, elle paraît sans âge. Elle a la peau très blanche, de beaux yeux noirs et une épaisse chevelure également noire qui lui recouvre les épaules. Sa tête est ceinte d'une petite couronne ornée d'un superbe rubis. Il vient aussitôt à l'esprit de Roseline Pallascio qu'il pourrait peut-être s'agir d'une sorte de prêtresse. Elle va d'ailleurs la voir accomplir une sorte de rituel consistant à extirper de sa poitrine au niveau de son cœur, un cristal qui va aussitôt s'illuminer et qu'elle déposera au creux de la main de chaque jeune fille. Puis elle va venir saisir les mains de celle dont Roseline a intégré le corps, et les lui placer sur le ventre. Après qu'elle les ait recouvertes des siennes, Roseline aura la nette impression qu'elle a fait pénétrer à l'intérieur de son abdomen, un objet qui s'est illuminé au moment précis où il effleurait sa peau. La prêtresse pratiquera le même rituel sur les six jeunes filles. Quant aux six autres qui tiennent une sorte d'éprouvette contenant un liquide blanchâtre, elles viendront ensuite se placer derrière chacune des six premières et poseront leur main droite sur leur épaule droite. La prêtresse va alors lever les mains et les fins rayons de lumière qu'elles émettent, vont atteindre celles du premier rang qui vont alors fusionner avec celles qui se trouvent derrière elles, pour ne plus faire qu'une. Et dans l'instant, Roseline Pallascio va voir la scène s'évanouir comme si elle avait été effacée.

Révélations sur une entité nommée Lucibel

À peine est-elle remise de sa surprise, que défilent devant ses yeux les images d'une nouvelle planète qu'elle est en train de survoler. Celle-là est bien différente de la précédente, puisque sa surface est couverte de volcans en éruption. Une voix résonne alors dans sa tête disant que dans la Galaxie d'Agni, existe une planète du nom d'Hermaton située dans le système d'Eda, dont la civilisation est sur le point de s'effondrer. Ceux d'Hermaton qui sont des hermaphrodites ont en effet peu à peu dégénéré. Comprenant que leur fin était proche, ils ont demandé de l'aide à la Fédération Universelle. Le Maître de cette Fédération a alors eu l'idée de les unir aux entités féminines de la planète Meratos, de brillantes généticiennes qui ont mené nombre de projets de création dans notre univers, ce afin de créer une nouvelle race humaine. C'est ainsi que verra le jour la première race terrestre blanche.

Par la voix qui continue de résonner au creux de sa tête, Roseline Pallascio va aussi apprendre que l'histoire de la Création n'est pas exactement celle que rapportent les récits bibliques et qu'en des temps bien antérieurs, d'autres races ont déjà vécu sur la Terre. Que le Plan Divin a été conçu des lustres, avant même la naissance de notre système solaire. Que d'autres systèmes sont nés bien avant lui, où ont évolué des êtres vivant sous différentes formes, dans le pur respect des Lois Divines.

La voix va aussi évoquer une entité pétrie d'orgueil du nom de Lucibel. Celle-là était considérée comme une autorité scientifique, qui recrutait ses savants parmi ceux de la grande race stellaire des Elohims. Hélas, ses expériences ont fini par dégénérer en raison de graves manquements aux Lois Divines, menant ainsi à des abominations. Après plusieurs mises en garde, Gabriel, le Maître de la Fédération Universelle l'a mise à l'index tout en lui ordonnant de cesser ses expériences et de réparer au plus vite ses erreurs. Pour toute réponse, Lucibel a alors fait savoir que puisqu'il en était ainsi, il s'emparerait de toute la galaxie !

Devant cet acte insensé de rébellion, une lutte sans merci va alors s'engager sur décision du Créateur Divin afin de combattre l'insoumis. Elle sera menée par Gabriel, le Maître de la Fédération, assisté de Mikaël représentant la Justice Divine et de Raphaël, celui qui préserve la Vie. C'est ainsi que Lucibel le rebelle va, durant des millénaires, user des armes les plus effroyables pour combattre la Divinité Suprême et tenter d'anéantir sa Création. Durant cet affrontement titanesque, il va hélas détruire nombre de planètes et éradiquer à tout jamais de multiples espèces. La voix dira encore la Divinité Suprême a fini par ordonner que Lucibel soit confiné sur la Terre afin de pouvoir y méditer, en attendant de se soumettre à son autorité. Cependant l'insoumis ne cédera finalement en rien et pire encore, fera savoir que cette sanction ne contrariera certainement pas les plans qui sont les siens et que puisqu'il en est ainsi, il va se charger de démontrer que tout ce qui vit sur le plan terrestre ne parviendra jamais à évoluer jusqu'à la Source Divine.

Le plan terrestre serait-il donc encore enfermé dans une sphère contrôlée par ce maudit Lucibel ? Ce qui est certain, c'est que la dualité y règne toujours en maître, ainsi que l'on peut le constater chaque jour et ce, depuis la nuit des temps si l'on se réfère à l'histoire de nos civilisations.

Hermaton

Sans transition, Roseline Pallascio va poursuive son survol d'Hermaton. Le chaos qui s'offre à ses yeux est absolument terrifiant, puisqu'elle découvre une planète fendue de failles gigantesques où de grands volcans vomissent en permanence des torrents de feu. À un moment, elle va distinguer dans une vallée la présence de vaisseaux émergeant d'une caverne et comme par enchantement, elle va soudainement s'y trouver transportée. Dans ce vaste endroit, sont stationnés de nombreux engins. L'instant d'après, elle se retrouvera dans une sorte de temple où elle découvrira, assis un trône surdimensionné, un homme aux longs cheveux blancs portant une cape de velours violet. À ses côtés, joue un petit garçon joufflu aux longs cheveux blonds, simplement vêtu d'un pagne. Il semble avoir quatre ans et tient entre ses petites mains potelées un lourd sceptre d'argent, sur lequel est enroulé un serpent d'or à tête de cristal.

Du fond du temple, vont alors arriver des jeunes gens cheminant en file indienne. Certains ont les cheveux blond cendré et les yeux bleus, tandis que d'autres ont les cheveux châtain clair et les yeux verts. Leur expression sera empreinte d'un profond respect quand ils se présenteront un à un devant l'être majestueux assis sur le trône. De ses doigts, celui-là forme un symbole qu'il applique sur le troisième œil de chacun, tout en s'adressant à eux avec une grande douceur. Roseline Pallascio va les voir ensuite se regrouper de chaque côté du trône. C'est alors que des jets de lumière vont jaillir où ils vont pénétrer un à un, pour se volatiliser comme par enchantement. Sans savoir comment, la jeune femme va se retrouver à son tour aux pieds de l'homme aux cheveux de neige. Elle remarque que sous sa lourde cape, il porte une combinaison qui épouse sa stature parfaite. Sa beauté stupéfiante et l'amour qui se dégage de son regard l'ébranlent à un point tel, qu'elle se sent chavirer. Éblouie, elle contemple la perfection de son visage. Sa peau lisse est mate et ses grands yeux de couleur noisette sont étirés en amande. Il a le nez fin et des lèvres charnues. Et merveille, lorsqu'il ouvre la bouche pour s'exprimer, il en sort des auras dorées. Elle comprend qu'il s'appelle Nové et constate avec étonnement, qu'il la voit parfaitement. Soudain, le petit garçon blond va se précipiter et lui remettre le sceptre, avant de se prosterner devant lui à plat ventre. Elle n'en verra pas davantage car, à ce moment, l'image va se dissoudre pour faire place à une autre.

Le continent de Mu

À peine a-t-elle réalisé ce qui vient d'arriver, que la voix lui annonce qu'elle contemple désormais Terra. La voilà bien étonnée car ce qu'elle voit de Terra ne ressemble pas vraiment à la Terre. Elle est en effet entourée d'une couche nuageuse ressemblant à de la vapeur. C'est en traversant ce manteau de brouillard épais qu'elle va enfin la reconnaître. Sa surprise est grande, car elle est loin de présenter son aspect habituel. Au milieu de l'Atlantique, elle repère en effet une terre immense et la même chose au milieu du Pacifique. C'est finalement sur la grande terre du Pacifique qu'elle va atterrir.

Celle-ci est recouverte d'une forêt primaire où, dans la moiteur étouffante d'un climat tropical, s'élèvent des arbres gigantesques. Sous la lumière tamisée du soleil qui filtre à travers la couche nuageuse, elle distingue quelques animaux préhistoriques et d'inquiétants volatiles géants. Elle apercevra aussi à un moment, émergeant d'une caverne creusée dans une montagne, des sortes de rapaces noirs à l'aspect terrifiant. La voix lui explique que ce qu'elle contemple, *« sont les conséquences des expériences décadentes des savants Elohims »*.

En survolant une vaste carrière, elle va découvrir des humains aux cheveux argentés en train d'extraire de la montagne de lourdes roches qu'ils chargent sur de grands traîneaux, chacun tractés par six hommes. C'est à ce moment qu'elle va être le témoin d'une scène abominable. L'un de ces oiseaux géants va en effet piquer sur le groupe d'hommes et sous ses yeux effarés, va en dévorer vivants quelques-uns, avec une telle férocité qu'elle en sera bouleversée. Elle le verra ensuite en tuer d'autres, qu'il emportera entre ses immenses serres. Alors qu'elle contemple avec émotion ceux qui ont échappé au carnage en train de se réconforter mutuellement, la voix monocorde va lui expliquer que ces pauvres gens sont les premiers bâtisseurs de la civilisation de Mu.

L'instant d'après, elle va survoler une cité grouillante de monde, surplombée d'une forteresse dont elle devine intuitivement qu'il s'agit de l'endroit où vit la classe dirigeante. Dans la cour de l'imposante citadelle, elle va découvrir avec surprise une immense statue noire à l'effigie du grand rapace assassin. Et dans la seconde, elle se retrouvera dans une vaste salle de l'édifice, où sont alignés, face à face, des personnages aux allures bien différentes. D'un côté, se trouvent des humains aux longs cheveux argentés et aux yeux noisette, vêtus de longues robes. Leur apparence lui rappelle un peu celle de Nové, le bel être d'Hermaton. Tous attendent silencieusement, un parchemin enroulé au creux de leur main. Un alignement d'êtres hideux, aux membres et aux crânes difformes, leur fait face. Ceux-là ont le cou charnu et des traits masculins, mais leurs corps, en revanche, ont curieusement une apparence féminine. Tout au fond de la salle, assise sur un trône imposant, une femme au front ceint d'une couronne d'argent, vêtue d'une longue robe et parée de lourds bijoux, préside cette surprenante assemblée. En se rapprochant d'elle, Roseline découvre avec stupeur que les traits de la créature sont en fait nettement masculins et que sa robe dissimule une puissante musculature. À ses pieds, deux adolescents se font caresser les épaules par cette monstruosité.

Trois des humains aux cheveux argentés vont alors s'approcher de son trône avec déférence et se prosterner devant elle pour lui présenter leurs parchemins. L'affreux personnage couronné va aussitôt se lever et les invectiver avec mépris, avant de braquer brusquement sur eux une sorte d'arme. Elle émettra un rayon qui, tour à tour, les brûlera vifs. Horrifiée, Roseline Pallascio va voir à ce moment tous les êtres difformes se précipiter sur les humains aux cheveux argentés qui leur font encore face et les attaquer sauvagement.

Tous ceux qui arriveront à leur échapper fuiront hors de la citadelle pour aller se réfugier dans un temple édifié sur une haute falaise surplombant la mer. Là-bas, deux hommes de race noire, vêtus de robes de bure à capuches rouges, les accueilleront avec compassion. À sa grande surprise, elle apercevra dans le temple d'autres hommes de race noire léviter tout en méditant. Dans la seconde, elle sera brutalement éjectée du temple, juste à temps pour apercevoir, jaillissant de la forteresse, un puissant rayon qui viendra détruire son toit. Elle n'aura pas le temps de se dire qu'elle l'a échappé belle qu'elle se retrouvera à nouveau projetée à l'intérieur de la forteresse où elle découvrira l'arme de mort qui vient d'être utilisée. Elle est massive et noire et repose sur un trépied.

Dans la citadelle, c'est la joie. Les êtres difformes hurlent leur bonheur de s'être enfin débarrassés des grands prêtres aux cheveux d'argent, tandis que les humains de la citadelle courent se terrer chez eux, l'air absolument terrifié. C'est alors qu'elle va se retrouver en train de flotter aux abords d'un gigantesque vaisseau cylindrique. De sous son ventre va jaillir un essaim de sphères lumineuses qui vont réduire à néant la citadelle maudite. Ceci fait, le vaisseau va émettre quatre puissants rayons qui vont découper les montagnes aussi facilement que des mottes de beurre. Simultanément, une partie du continent commencera alors de s'affaisser et de sombrer dans les eaux, pour être finalement englouti par un gigantesque tsunami. Roseline Pallascio aura ainsi assisté à la destruction d'un tiers du continent de Mu.

Pancal l'Atlante

À peine remise de sa terrifiante vision, elle va se sentir de nouveau aspirée par une force invisible qui va la faire basculer tête la première au coeur d'une spirale d'énergie. C'est ainsi qu'elle va se retrouver dans un magnifique jardin posé en surplomb d'une falaise. Dans la lumière tamisée, elle aperçoit un temple blotti dans un sous-bois au sol moussu. À ce moment, elle va remarquer deux adolescentes vêtues de longues robes blanches, assises sur un banc de pierre. En contemplant la scène, elle va ressentir comme une inexplicable déchirure dans sa poitrine et se retrouver dans l'instant, incorporée dans le corps de l'une des deux jeunes filles. Elle va percevoir alors une voix qui les appelle Pancal et Ismalie et leur demande de regagner leur « Hara ». Roseline Pallascio qui réalise soudain qu'elle se trouve dans le corps de Pancal, va ressentir une surprenante impression. En fait celle d'être double, ce qui la met un peu mal à l'aise. Cependant, la langue qu'elle entend parler résonne si étrangement en elle et lui paraît si familière, que ça la rassure aussitôt.

Les deux adolescentes vont regagner un bâtiment où d'autres jeunes filles sont en train de méditer, tout en faisant virevolter des objets de cristal sacrés, dont elle sait intuitivement qu'il s'agit de « nischtes ». Elle va rapidement apprendre que la jeune Pancal dont elle vient d'intégrer l'enveloppe physique, est destinée à devenir la Sharalée de l'empereur. La voix susurre alors dans sa tête qu'une Sharalée est une jeune fille vierge, issue de la noblesse, destinée à donner naissance à l'Inkali, le grand prêtre chargé de guider spirituellement le peuple. Roseline, devenue Pancal, a été confiée au temple par ses parents nobles, dès sa plus tendre enfance. Toutefois, comme l'impose la règle, elle ignore qui ils sont et bien entendu, elle ne les a jamais vus. La seule chose qui la relie à eux, ce sont ses « nischtes » au pouvoir énergétique, qui proviennent de sa famille. La voix va aussi annoncer que, traditionnellement, les jeunes filles élevées au « Hara » l'abandonnent le jour anniversaire de leurs treize ans, afin d'aller vivre au « Théril » où elles vont recevoir un enseignement supérieur.

Le jour de son entrée au Théril, une cérémonie va être organisée en l'honneur de cette jeune fille dénommée Pancal, qu'elle est subitement devenue. Lors du cérémonial, elle sera présentée au Raï, un personnage infiniment puissant qui détient le pouvoir absolu sur les empereurs et les Inkalis. Le Raï III qu'elle va rencontrer, vêtue pour l'occasion d'une robe blanche et couronnée de fleurs, est adipeux et chauve mais son expression est d'une extrême bienveillance. Du haut du trône où il siège, il l'adoubera Sharalée en posant simplement sa main sur sa tête. Quand elle rejoindra ensuite le « Théril », devenu sa nouvelle demeure, elle sera accueillie par une haie d'honneur. Cette fois, ce sont les Vénérées Mères qui s'inclineront devant elle et la guideront jusqu'à une pièce richement meublée et décorée qu'on lui présentera comme étant son nouveau lieu de vie. Après un premier dîner où lui seront servis les mets les plus fins, l'heure viendra enfin d'aller se mettre au lit. La Vénérée Mère assignée à son service lui apportera alors une sorte de tisane. D'un ton respectueux, elle lui annoncera aussi que durant cette nuit un peu particulière, elle sera consacrée à l'Inkal qui n'est autre que la Divinité Suprême. À peine Pancal aura-t-elle bu quelques gouttes du breuvage, qu'elle perdra connaissance.

Une autre scène va alors surgir sous les yeux de Roseline Pallascio qui la fait se retrouver face à un personnage d'une grande beauté. La voix annonce que les années ont passé et qu'en sa qualité d'épouse terrestre de l'Inkal, elle doit désormais accomplir la tâche de Sharalée pour laquelle elle a été choisie. Elle va ainsi devoir quitter l'Atlantide, pour se rendre en Incalie, l'une de ses colonies. Arrivée là-bas, elle sera alors amenée jusqu'à la belle cité de Talta où vit l'empereur d'Incalie, ainsi que son grand maître spirituel. Elle ne s'y rendra pas seule puisqu'on lui a accordé la faveur d'être accompagnée d'Ismalie, son amie de toujours. Mais avant d'arriver à Talta, il a été prévu qu'elle fasse d'abord une halte à Poséïd, capitale de l'Atlantide où elle sera instruite sur les usages et l'étiquette de la Cour d'Incalie et rencontrera à nouveau le Raï III ainsi que l'Inkali.

L'homme d'une trentaine d'années, aux yeux gris et au teint mat qui maintenant lui fait face, a des traits parfaits. Elle s'entend dire qu'il n'est autre que le grand Inkali de Poséid, autrement dit, la grande figure spirituelle de la capitale atlante. En cet instant, il n'y a pas que sa beauté physique qui la trouble. Il faut bien avouer que l'affection qu'il semble lui porter, lui chavire aussi un peu l'âme. Avant de l'accompagner jusqu'à l'embarcadère, l'Inkali va graver un symbole sur son avant-bras droit au moyen d'une tige de fer rougie. Au moment des adieux, il va la regarder longuement et lui annoncer qu'ils se reverront lorsqu'il viendra pour consacrer son fils. Avant de la quitter, il lui murmurera avec douceur son nom à l'oreille : Zo-Sha.

Si le Voyage jusqu'à Poséid s'est fait à bord d'un vaisseau volant, c'est par bateau qu'elle rejoindra l'Incalie. Quand elle arrivera à destination, elle sera un peu surprise : il fait un froid glacial et tout le pays est recouvert d'une épaisse couche de neige. Roseline Pallascio précisera plus tard, qu'à l'époque où vivait Pancal, le détroit de Bering n'existait pas encore et que la Russie et l'Alaska étaient donc encore réunis. L'Incalie se trouvait alors entre le Yukon et la Nouvelle Écosse et s'étendait vers le sud jusqu'au Mexique, ce qui correspond en fait aux côtes de l'ouest des États-Unis et du Canada actuels. Elle soulignera aussi que l'Atlantide avait également d'autres colonies disséminées en Espagne et au Portugal, de même que sur les territoires correspondant aujourd'hui à l'Algérie et à la Libye. Les habitants qui vivaient sur ces territoires de l'actuelle Afrique du Nord, étaient alors tous de race noire. Les autres colonies atlantes se situaient en Égypte et en Arabie, de même qu'en Mongolie et en Chine où là-bas, les habitants s'appelaient les Bhers. Ceux-là étaient petits et trapus et avaient le type asiatique. Les peuples d'Europe et d'Inde s'appelaient alors les Cherps. Ils avaient le type aryen ainsi que la peau d'un beau brun mat.

Au palais de Talta, la famille impériale s'est réunie au grand complet pour accueillir la jeune Pancal. L'empereur Utah qui a été choisi pour devenir le père de son fils, le futur Inkali, est un homme d'âge mûr aux manières plutôt ordinaires. Il va la saluer tout en la toisant avant de l'examiner au plus près, comme on le ferait avec du bétail. Pancal qui ne s'attendait pas à une telle attitude de la part d'un monarque aussi puissant, en est bouleversée. Durant le banquet donné en son honneur, elle se trouvera placée entre cet empereur mal embouché, qui ne lui jettera pas un regard ni même ne lui adressera la parole, et son épouse l'impératrice Naïlée, qui par son attitude détestable lui signifiera clairement qu'elle ne supporte pas sa présence. On l'aura compris, les choses commencent plutôt mal pour la jeune fille !

Dès le lendemain, une cérémonie de consécration sera célébrée. Pour l'occasion, Pancal a revêtu une belle robe blanche agrémentée d'un somptueux manteau de fourrure, cadeau de bienvenue de l'empereur. On a recouvert sa tête d'un voile qui est retenu par une couronne d'or. Ce sont en quelque sorte ses noces qui sont célébrées avec l'empereur Utah.

Quelques mois plus tard, Pancal va se découvrir enceinte et l'idée va lui prendre de profiter du temps de sa grossesse pour s'instruire. À longueur de journée, elle dévore désormais les précieux livres dont dispose la bibliothèque impériale. Hélas, l'empereur va rapidement voir cette lubie d'un très mauvais œil. Il estime en effet qu'une Sharalée n'a pas à être instruite de politique ou d'histoire, car cela risquerait de lui donner bien trop de pouvoir. De fait, il va lui interdire formellement l'accès à la bibliothèque. Elle devra maintenant se limiter à la connaissance spirituelle, un point c'est tout ! Et comme si cela ne suffisait pas, il va avoir la délicatesse de lui rappeler qu'elle n'est qu'une Atlante et pas une Incalienne de souche et que pour le cas où cela lui serait sorti de l'esprit, l'Atlantide est l'envahisseur qui a réduit son empire à l'état de simple colonie. Inutile de préciser que dès ce jour, leurs rapports vont sérieusement se dégrader. Utah ne manquera d'ailleurs jamais une occasion de la traiter d'insupportable rebelle et ira même un jour jusqu'à la gifler.

Rapidement, la situation de Pancal et d'Ismalie est ainsi devenue bien difficile. On les a désormais isolées du reste de la Cour et confinées dans leurs luxueux appartements. Seule Adalée, la fille cadette d'Utah, viendra parfois leur rendre une visite. Un peu plus âgée qu'elles, elle va les instruire sur les pouvoirs de l'esprit. C'est ainsi qu'au fil du temps, une amitié sincère va les lier qui, plus tard, comptera beaucoup pour Pancal. C'est d'ailleurs Adalée qui lui apprendra peu de temps après que la révolte gronde en Incalie, comme dans tout le reste de l'Atlantide et plus tristement aussi, que l'Inkali de Poseïd, le beau Zo-Sha qui l'a tant émue, a été assassiné par ses prêtres qui lui reprochaient de trop inciter le peuple à évoluer.

En quelques mois la situation va basculer en Atlantide et devenir on ne peut plus inquiétante puisqu'un malheur n'arrivant jamais seul, de puissants séismes vont commencer de ravager ses territoires. Pancal en est bouleversée et pressent que les jours sombres sont arrivés. C'est en ces moments troublés qu'elle va accoucher d'un petit garçon qui sera nommé Pan. L'empereur Utah semble ravi de la venue de ce fils et de fait, ses rapports avec Pancal vont un peu s'améliorer. De son côté, l'impératrice Naïlée est moins bien disposée à l'égard de la jeune mère. En fait, elle étouffe de jalousie et ne sait que faire pour l'humilier ou la peiner. Ainsi, lorsque Pan va atteindre ses deux ans, elle ne va rien trouver de mieux que d'exiger qu'il vienne vivre avec elle. Après tout, c'est elle l'impératrice et c'est donc à elle qu'il revient d'instruire cet enfant ! Pancal évidemment se rebelle. Or, contre toute attente, l'empereur Utah va trancher en sa faveur et même l'autoriser à quitter le palais. C'est ainsi qu'elle va aller s'installer avec son fils et Ismalie, dans une belle demeure située sur les rives d'un lac. La nouvelle vie qu'elle mènera dans ce lieu idyllique sera l'époque des jours heureux. Entre deux promenades dans la forêt, les deux jeunes femmes consacreront leur temps à enseigner à Pan les rudiments de la télépathie et de la lévitation et il se trouve que le petit garçon va se montrer particulièrement doué. Pour ses cinq ans, une cérémonie de consécration sera célébrée au temple. Hélas, l'empereur Utah décidera à ce moment qu'il doit désormais être élevé hors la tutelle maternelle et être éduqué par des prêtres, ce, jusqu'à ses dix-huit ans. Pancal, bouleversée, ne va pas l'entendre de cette oreille et c'est à ce moment qu'elle va prendre la décision irrévocable de s'enfuir de sa prison dorée.

Entre-temps, la situation s'est gravement dégradée en Atlantide, tout comme en Incalie d'ailleurs. Désormais, les émigrés atlantes y arrivent en masse, ce qui crée des conflits permanents. La famine commence à régner et les troubles se multiplient un peu partout dans les provinces incaliennes. Pancal qui a l'intuition de ce que les choses risquent de mal tourner, va alors décider de s'enfuir au plus vite avec Pan et Ismalie au « Théril » de Corosa où elle a été élevée. Leur départ a été fixé pour la veille de l'entrée de son fils au « Xarémon », le monastère où l'empereur a décidé qu'il vivrait désormais.

C'est avec la complicité de la fille de l'empereur, leur chère Adalée, que leur fuite a été organisée. Au grand dam de ses parents, la jeune princesse est en effet tombée amoureuse du fils d'un rebelle, un beau jeune homme aux cheveux blonds et aux yeux bleus qui séduit par son charme autant que par ses manières raffinées. L'empereur et son épouse l'ont évidemment plutôt mal pris et s'opposent catégoriquement à ce qu'elle le revoit. Elle s'est d'ailleurs gravement disputée avec sa mère l'impératrice et a fui le palais pour aller se réfugier dans la demeure de Pancal. Trois jours plus tard, l'empereur et l'impératrice y feront d'ailleurs irruption, escortés de gardes armés jusqu'aux dents, afin de ramener manu-militari, leur fille au palais.

Ashaté, l'amoureux d'Adalée, occupant le poste de capitaine des vaisseaux aériens de patrouille incaliens, il a donc été décidé qu'il emmènerait Pancal, Ismalie ainsi que Pan, à bord d'un engin de reconnaissance jusqu'à Poséïd. Ceci fait, il simulerait une panne de son vaisseau au-dessus de l'océan, afin de ne pas éveiller les soupçons. Hélas, lorsque son co-pilote va découvrir qui se trouve à bord du vaisseau, il va être pris d'une telle frousse à l'idée que sa famille puisse être châtiée pour sa trahison, que le jeune capitaine Ashaté préférera laisser ses protégées à une frontière de l'Amaur, une province de l'Incalie. La fuite a donc réussi mais comme les deux femmes ont été débarquées avec Pan sur une montagne au cœur d'une contrée aride et déserte, qui plus est sans réserves d'eau, la situation n'est pas simple. Outre cela, Pancal a bien conscience qu'en ayant gravement violé les Lois Sacrées, elle encourt un grave danger jusqu'à la fin de ses jours. Il est clair en effet que personne, que ce soit en Atlantide ou dans ses colonies, ne voudra plus jamais l'accueillir. Une Sharalée qui trahit est en effet maudite à vie.

Pour éviter de se faire repérer, le seul moyen qu'il leur reste est maintenant de se faire passer pour des gens du peuple sur cette Terre d'Amaur qu'elles ne connaissent pas. Elles vont ainsi s'intégrer à la foule des marchands. Pancal qui a les cheveux blonds et les yeux bleus contrairement aux habitants d'Amaur, dissimulera sa chevelure sous des foulards et baissera les yeux en permanence. Ismalie qui est brune se fera passer pour la mère de Pan. Elles trouveront finalement un emploi à la campagne, dans une ferme où Pan travaillera lui aussi en dépit de son jeune âge, en s'occupant du bétail. Et bien entendu, elles éviteront autant que faire se peut, de se rendre en ville car des soldats et des gardes à leur recherche, ont été déployés à tous les coins de rue.

Elle vont se rendre compte bien vite de ce que la vie en Amaur est très dissolue. La prostitution et les mœurs décadentes y règnent en effet en maître. Puis il y a aussi dans cette province, une arrivée massive d'immigrés. De fait, famine et les épidémies se multiplient. Quant au maître qui les emploie, c'est être pervers et brutal. D'ailleurs, un jour qu'Ismalie s'est avisée de résister à ses avances, il l'a violemment battue. Après l'agression, c'est Pan qui l'a ramenée dans leur pauvre masure. Quand Pancal va les rejoindre, elle va alors constater qu'il semble très énervé. Assis à même le sol, il reste muet et fixe obsessionnellement un objet de métal qu'il a déposé devant lui. Celui-là va soudain se mettre à léviter. Ce sera la seule manière qu'il a trouvée afin de canaliser la colère qui l'a envahie. Pancal en restera sidérée car elle ne l'avait encore jamais vu réaliser une telle prouesse. L'exploit est prometteur car il n'a tout de même que six ans ! Peu après, le petit garçon va encore l'impressionner en lui annonçant qu'il a entendu parler de gens vivant en ermites dans une forêt. On lui a dit qu'il s'agissait d'adorateurs du soleil et il veut absolument aller les retrouver. C'est ainsi qu'un beau matin, le petit groupe va se mettre en route, à la recherche de ces mystérieux ermites qui vivent cachés à l'écart de la société.

Alors qu'ils marchent dans la forêt dense sans trop savoir où ils vont, Pancal va soudain recevoir, à sa plus grande surprise, un message télépathique de Pan qui se révèle parfaitement clair. La voilà bien étonnée, car elle ignorait que son fils en était à ce niveau de pratique et surtout qu'elle-même ait pu le recevoir. Depuis un moment, elle avait remarqué en effet que cette capacité s'était terriblement amoindrie chez elle, de même qu'elle ne distinguait pratiquement plus les auras. Elle avait d'ailleurs fini par se persuader qu'une punition lui avait été infligée par la divinité suprême, pour son inadmissible trahison. Ismalie l'avait pourtant secouée de multiples fois en lui disant que c'était impossible puisque ce type de capacité ne dépend que de la volonté de celui qui l'exerce, pourtant elle n'y croyait pas. Cette découverte va donc lui remettre un peu de baume au cœur.

Un matin, Pan et Ismalie vont simultanément percevoir un étrange son ou plutôt une sorte de vibration inhabituelle. Elle semble les guider dans une direction bien précise de la forêt. Après avoir marché tout le jour, ils vont arriver sur une petite colline où se trouvent des ruines un peu en contrebas. L'endroit est parfaitement désert. Soudain, Pan va se diriger d'un pas assuré vers un temple en piteux état. Comme surgi de nulle part, un vieillard aux longs cheveux et à la barbe blanche semble les y attendre. À la plus grande joie du petit garçon, la première chose qu'il fera, sera de le féliciter chaleureusement pour ses capacités et pour avoir bien suivi le son. Les deux jeunes femmes vont immédiatement découvrir que le vieil homme est aveugle mais qu'il se dirige pourtant, comme s'il y voyait clair. C'est avec cette rencontre qu'une nouvelle vie va commencer pour les fuyards, le jour à la surface dans la luxuriance de la forêt et la nuit venue, dans les profondeurs de la terre. L'on se nourrit frugalement de plantes, de fruits et de petits poissons pêchés dans les cours d'eau. La vie est paisible et la sérénité est revenue.

Dès le premier jour, le vieillard leur a dit s'appeler Ram et avoir été envoyé par l'Inkal en personne, afin de poursuivre l'enseignement de Pan. Il ne perdra pas de temps puisque ses cours vont débuter le jour même. Pancal et Ismalie qui y assistent, apprendront ainsi avec étonnement, que le Dieu Suprême est bien l'Inkal et non le dieu solaire Râ. En attendant et pour leur plus grande joie, Pan saura bien vite faire léviter les pierres avec une facilité déconcertante, tout comme il saura se déplacer dans le noir total sans la moindre difficulté. Avec tout autant d'aisance, il aura également la capacité de se projeter dans l'astral et percevoir une conversation à distance, et ceci même si elle provient d'un lieu très éloigné.

Un soir, Ram va demander à Pancal si cela lui plairait, à elle aussi, d'expérimenter ce qu'il lui a enseigné et de se projeter dans l'astral. Ravie, elle acquiesce et à sa grande surprise le vieil homme va lui demander de rendre visite à l'empereur Utah, dont il lui annonce qu'il a ordonné de nouvelles recherches pour les retrouver. Pan va décider d'accompagner sa mère dans cette sortie astrale. Comme elle n'y verra pas d'inconvénient, ils vont se retrouver au beau milieu d'une assemblée qui se tient à Talta. Là, ils vont apercevoir Utah en train de sermonner ses meilleurs voyants, parce que ceux-là n'arrivent pas à les localiser. Ce qui va les surprendre c'est qu'il paraît en fait plus peiné que furieux de ne pas avoir encore retrouvé son fils. Pancal va alors voir le corps astral de Pan se diriger vers son père qui semble si désespéré, avant d'apercevoir dans l'instant qui suit, son amie Adalée en larmes. Cette vision va lui serrer le cœur car elle est dans un bien triste état. Les cheveux en bataille, elle est en train de ramper comme un animal sur le sol d'un couloir du palais. Elle n'en revient pas et se demande si elle est devenue folle. Elle n'en saura pas davantage car à ce moment, elle a entendu résonner la voix de Ram, lui demandant de réintégrer immédiatement son corps.

Les années vont vite passer. L'année où Pan va fêter ses neuf ans, la santé de Ram va décliner rapidement. Il est désormais manifeste que sa fin se rapproche et qu'il va falloir se préparer à partir pour revenir en Atlantide. Là-bas, la situation s'est terriblement aggravée et le chaos absolu y règne en maître. Et comme si cela ne suffisait pas, un virus, le « warex », décime désormais les populations qui fuient en masse vers les colonies, afin de tenter d'y échapper. Ceux de l'Amaur et de l'Incalie n'en peuvent plus de voir les émigrés atlantes les envahir. Cette infection virale touche spécifiquement les individus dont les corps souffrent d'hyper-acidité. Les décès sont si nombreux que l'on a même plus le temps d'enterrer les corps infectés. Les cadavres abandonnés jonchent les rues.

Outre cela, la révolte menée par un certain Bellial enfle un peu plus chaque jour. L'homme incite les foules désespérées par les catastrophes qui s'accumulent, à se rebeller. C'est lui qui, quelques années plus tôt, avait fait assassiner l'Inkali Zo-Sha. Depuis, il a confiné le Raï III sur ses terres et se trouve désormais à la tête d'une puissante armée. Non content de tenir l'Atlantide sous son joug, il se conduit aussi en cruel despote. Ce sont manifestement les forces du mal qui le gouvernent. D'ailleurs, la première chose qu'il a faite en prenant le pouvoir a été d'envoyer ses gens pour assassiner tous les Inkalis, représentants autrefois respectés du pouvoir spirituel. Maintenant, il n'a de cesse que de retrouver Pan dont il a parfaitement compris qu'il représentait pour lui la pire des menaces. Pas question que ce maudit gamin devienne le grand-prêtre de l'Inkal ! En dépit du chaos ambiant et du danger que cela représente, Pancal va tout de même décider de rejoindre Corosa avec Pan et Ismalie. Ce qui la soutient et lui donne confiance, c'est que Pan est au maximum de ses capacités psychiques. Il est fort, équilibré et surtout, il n'a peur de rien ! Les adieux avec Ram seront douloureux mais il n'y a pas le choix, le moment est vraiment venu de se quitter.

Pancal, Ismalie et Pan arriveront assez facilement à rejoindre par bateau la cité de Kasil, mais les difficultés commenceront quand ils voudront sortir du port. Aucun d'eux ne présente en effet au poignet droit le tatouage que doivent normalement porter les gens du peuple. S'ils ne peuvent le présenter au contrôle, ils seront arrêtés. Que faire ? La chance va finalement leur sourire puisqu'après quelques ruses, ils réussiront à passer entre les mailles du filet et parviendront à se réfugier chez les parents biologiques d'Ismalie qui habitent la ville. Ce couple chaleureux qui n'a pas vu sa fille depuis ses quatre ans, va les accueillir à bras ouverts. Ils vont aussi s'empresser de rapporter aux fugitifs les horreurs commises par Bellial et sa horde de sbires: l'Inkali de Poseid et les prêtres du pays assassinés, les vierges violées dans les temples, le Raï III banni. Bellial a anéanti tout ce qui touchait de près ou de loin à la religion et à la spiritualité. Depuis, les gens se livrent de partout à la débauche et la situation des femmes est devenue tragique. Bellial a aussi fait sauter une partie des barrages et de vastes étendues de terres se trouvent désormais sous les eaux. Des villes côtières ont également disparu, dévastées cette fois par de violents tsunamis. Les épidémies déciment les survivants et des milliers de gens ont péri dans toutes ses catastrophes. Quant à la capitale Poséid, elle n'est plus qu'une ville noire gouvernée par les ténèbres, où ne règnent plus que le vice, la violence et la mort. Pour ce qui est de Corosa et sa région, où Pancal entend retourner, ce n'est guère mieux car le chaos ambiant ne les a pas épargnées. Heureusement, la chance va encore sourire à Pancal et à son fils, puisque grâce à un moine ami d'un frère d'Ismalie, ils vont pouvoir atteindre Corosa sans encombre.

Hélas, une fois sur place, c'est un spectacle de désolation qui s'offre à eux. La petite cité est détruite et désertée par ses habitants. Quant à l'ancien « Théril » où Pancal a passé des années si heureuses, son temple est en ruine. Seuls deux bâtiments tiennent encore debout. Mais ce qui va leur faire chaud au cœur, c'est de découvrir que les Vénérées Mères sont toujours là, fidèles au poste. Elles vont les accueillir à bras ouverts et leur rapporter bien vite comment le temple et les bâtiments ont été détruits: les gardes de Bellial qui les surveillent en permanence, ont en effet un jour usé du rayon tuaoï, un rayon utilisant l'énergie du cristal, dont la puissance de destruction est équivalente à celle de l'énergie de l'atome. Avec beaucoup d'émotion, les Vénérées Mères vont aussi raconter les vierges violées et tuées sauvagement. Après ce terrible récit, elles vont les supplier d'être prudents. Désormais, ils doivent toujours se tenir sur leurs gardes, car ces monstres qui épient le « Théril » y ont déjà fait de multiples incursions, en semant la panique et parfois aussi la mort. Cela ne manquera effectivement pas d'arriver et à diverses reprises, ils devront précipitamment aller se réfugier dans des caches souterraines.

Un jour, ils vont avoir l'occasion de rencontrer un Inkali survivant épargné par les rebelles lesquels, pour une fois, se sont limités à le démettre de ses fonctions. L'ancien prêtre va leur apprendre qu'Utah est le seul empereur qui ait résisté efficacement à Bellial. Hélas, ce démon mène de plus en plus d'expériences avec le rayon tuaoï et c'est ainsi que de terrifiants séismes ont dévasté la partie nord de l'Atlantide.

Afin, d'éviter que les gardes de Bellial ne les découvrent, puisque depuis un temps ils multiplient leurs incursions au « Théril », Pancal et Pan vont aller se réfugier dans le monastère où vit désormais l'Inkali épargné. Dans cet endroit un peu moins surveillé, Pan pourra recevoir un enseignement spirituel digne de son rang et grandir avec plus de sérénité. Il doit plus que jamais se préparer à tenir sa fonction d'Inkali, qu'il devra exercer une fois que la paix sera revenue. D'ailleurs, un jour qu'il est malade, Pancal qui l'a plongé dans un bain d'eau froide afin de faire tomber sa fièvre, découvrira avec stupéfaction qu'il porte à la base de la colonne vertébrale un curieux tatouage dont elle apprendra plus tard qu'il s'agit du signe de l'Inkal, un signe qui n'est réservé qu'à l'Inkali. Ainsi, la Divinité Suprême s'est manifestée et l'a marqué de son sceau.

Dans le voyage dans le temps que les êtres d'Agni lui auront permis de faire, Roseline Pallascio, redevenue momentanément Pancal l'Atlante, ne sera pas au bout de ses surprises. Après avoir revécu ces moments de vie bien pénibles, elle va se retrouver sans transition aucune, en train d'assister au sacre de Pan, devenu un beau jeune homme. Alors qu'elle contemple la scène avec émotion, elle va voir avec stupeur Pancal se diriger soudain droit sur elle et lui appliquer une sorte de cylindre métallique sur le front, qui va la faire sombrer brutalement dans un sommeil profond. Lorsqu'elle va émerger, elle va constater qu'elle se trouve au « Théril », à nouveau intégrée dans le corps de la jeune femme. Cet incident va la perturber au point de ne plus trop savoir qui elle est. Et ce ne sera pas tout, puisque dans l'instant, elle va se retrouver ensuite face à Utah lequel va, lui aussi, foncer droit sur elle. Après l'avoir foudroyée du regard et avoir craché au visage d'Ismalie, il va féliciter Pan avec chaleur et émotion. À un moment, « Pancal-Roseline » va se retrouver seule avec lui. Furieux, il va lui reprocher d'avoir semé la mort et la désolation dans sa famille. C'est ainsi qu'elle va apprendre qu'Ashaté, sans l'aide duquel ils n'auraient pu s'enfuir, est mort en mer après avoir simulé la panne de son vaisseau. En lui hurlant toute sa rage et son désespoir au visage, Utah va lui révéler qu'Adalée, terrassée par la perte de son amoureux en a perdu la raison et qu'après des mois de terrible souffrance, elle a fini par se pendre. Son tête à tête avec Utah a été si réaliste et si violent que Roseline Pallascio a eu l'impression de le vivre réellement, au point d'en être effrayée.

Puis les séquences vont continuer de défiler sans répit sous ses yeux. Elle va voir Ismalie morte après avoir été contaminée par un virus, peu après la terrible scène du sacre. Puis ce seront des paysages de l'Atlantide qui vont lui être présentés. Comme le climat a totalement changé, les pluies qui sont désormais incessantes ont provoqué l'inondation des plaines, ce qui a contraint leurs habitants à se réfugier sur des collines. Le niveau des océans a lui aussi terriblement monté, si bien qu'elle va apercevoir la falaise en surplomb duquel se trouvait le « Théril », sur le point d'être recouverte par les eaux. Elle apprendra à ce moment, qu'après l'engloutissement de l'Atlantide, ses colonies vont avoir beaucoup de mal à se réorganiser car les technologies et les systèmes de communication n'existent plus.

D'autres scènes continueront de défiler, commentées par la voix qui résonne dans sa tête. Elle saura ainsi que Pan a rejoint son père Utah à Talta. Jusqu'à sa mort, le vieil empereur qui a bien structuré son pays, a finalement réussi à tenir tête à Bellial et à ses armées. Après son décès, Pan qui est devenu très populaire va lui succéder, en cumulant sa fonction spirituelle d'Inkali avec celle d'empereur. Hélas, il ne fera jamais revenir sa mère Pancal en Incalie, puisque son père l'a bannie à jamais pour sa trahison et qu'il s'attachera à respecter sa décision. Pancal viendra parfois lui rendre visite en astral durant la nuit, afin de le regarder dormir. Elle le verra avec fierté réorganiser son empire, en développant notamment la connaissance des plantes afin de nourrir et soigner son peuple. Fin politicien, il se mariera avec la fille d'un rebelle qui lui donnera deux fils ce qui par ailleurs, ne l'empêchera pas d'avoir de nombreux enfants naturels. L'aîné de ses fils naturels, un certain Baël, deviendra d'ailleurs plus tard son principal opposant. Afin de préserver la paix dans son empire, il le fera assassiner et en éprouvera le remords jusqu'à la fin de ses jours. D'ailleurs, quand il sentira sa fin approcher, il incitera son peuple à plus de spiritualité et rendossera avec ferveur son rôle d'Inkali.

Après avoir vu les dernières images de son fils devenu un vieillard, parvenir au seuil de la mort, « Pancal-Roseline » va se retrouver hébétée dans le vaisseau, face aux visages de Pan, de Pancal, d'Ismalie et de bien d'autres encore qui continuent de défiler inlassablement. Elle va d'ailleurs assister à la transformation de tous ces visages en ceux de personnes qu'elle a croisées dans sa vie du XXe siècle. Ainsi, elle découvrira que son amie Adalée, fille cadette d'Utah, n'est autre que Valo sa fille actuelle. Mais, la surprise sera encore plus grande quand elle aura la révélation de ce que le jeune homme qu'elle a rencontré quelques mois plus tôt, dont elle est éprise et porte le fils, n'est autre que Pan ! Cette révélation inattendue va terriblement la perturber.

Après cette incroyable plongée dans ses vies passées, Roseline Pallascio va reprendre peu à peu conscience de son environnement. L'entité féminine qui l'avait accueillie à son arrivée sur le vaisseau est maintenant penchée au-dessus d'elle et l'invite avec douceur à maîtriser ses émotions. Puis elle va lui proposer de regarder de nouveau l'écran, afin de lui permettre de connaître la fin de l'histoire atlante, qui est aussi celle de Terra. À ce moment, la jeune femme va apercevoir derrière l'entité, d'autres êtres à l'expression plutôt froide. Elle n'aura pas le temps de s'en étonner puisqu'aussitôt, des images vont surgir à nouveau. Elle constatera ainsi qu'après l'effondrement de l'Atlantide, les famines, les épidémies et le dénuement vont décimer une grande partie de la population terrienne. Les survivants seront contraints à un retour à la vie primitive et la Connaissance va rapidement se perdre puisqu'elle ne sera plus préservée que par quelques rares initiés, éparpillés sur la planète. La voix expliquera à ce moment que c'est dans ce contexte que des représentants de la Fédération Universelle ont décidé d'un retour ponctuel sur Terre, afin d'élaborer des stratégies qui aideront finalement les survivants à repartir dans le bon sens. Dans l'instant, Roseline Pallascio va avoir alors la sensation de s'élever dans les brumes terrestres, avant de se retrouver en train de planer au-dessus de la planète. En approchant de sa surface, elle va soudain remarquer qu'un immense vaisseau se déplace lentement au-dessus d'elle, identique à celui dans lequel elle se trouve. Elle va aussi observer des navettes qui effectuent des va-et-vient incessants entre le grand vaisseau et la Terre. La voix va alors annoncer qu'elles apportent des vivres.

Après cela, elle va évoquer la fin de Sodome et Gomorre en précisant qu'elle aurait été l'une de leurs actions les plus discrètes. Sur l'écran la jeune femme va voir alors défiler des séquences qui pourraient être celles du film « Les Dix commandements ». Elle va apercevoir une ville antique grouillante de monde. À sa grande surprise, ses habitants sont petits, trapus et difformes. Ceux qui ressemblent le plus à des humains, sont franchement laids. Le point commun de tous ces individus est d'avoir le regard vide et l'expression mauvaise. Quant à la ville, son apparence n'est guère plus ragoûtante. Elle est sale, jonchée d'ordures et d'immondices amoncelés un peu partout. À un moment, Roseline Pallascio va se retrouver à l'intérieur d'une sorte de forteresse. Dans une salle immense, des personnages hideux et ivres mangent et boivent allongés un peu partout, y compris à même le sol. Sur un trône siège une sorte de monstre couronné, vêtu d'une grotesque toge rose. De longs poils recouvrent son dos et il a les yeux difformes. Une jeune fille difforme elle aussi, dotée d'arcades sourcilières proéminentes et d'un nez si épaté qu'il occupe la moitié de son visage, va venir se prosterner devant lui. Un jeune homme qui semble atteint de trisomie va la rejoindre et s'incliner à son tour devant le monstre repoussant. Puis, des gardes vont soudain se jeter sur eux et leur arracher leurs vêtements. Ils vont enfin les obliger à s'accoupler, ce qu'ils vont d'ailleurs faire sans aucune pudeur sous les acclamations, les cris d'obscénités et les rires de cette assemblée d'ivrognes décadents. À ce moment, la voix va expliquer que, comme pour Mû, ce qu'elle est en train de contempler, n'est autre que la conséquence de la dégénérescence d'une population victime des expériences génétiques ratées des Elohims.

L'instant d'après, Roseline Pallascio va se retrouver en train de flotter dans l'espace et remarquer un gigantesque vaisseau-mère qui survole Sodome et Gomorre. Il va soudain émettre de puissants rayons qui vont, dans la seconde, réduire en poussière la ville maudite et sa forteresse, tout en pétrifiant ses habitants. De l'immense cité décadente, iI ne restera plus désormais qu'un désert, au-dessus duquel flotte un nuage bleuté qui dérive lentement. Alors que la voix évoque les âmes des victimes, le nuage va soudainement se transformer en une boule d'énergie qui va s'élever vers le ciel et disparaître. D'autres images vont lui montrer un rayon prenant la forme d'un cône, qui va se détacher de la Terre. Après être passé devant la Lune, il va devenir un immense cristal qui va filer vers le soleil, dont il éclipsera inexplicablement la luminosité. Plus il va s'éloigner, plus il va devenir immense. Son éclat va même s'intensifier, au point de faire pâlir la Voie Lactée. La voix lui susurrera alors que ce qu'elle observe, s'est déroulé il y a près de deux mille ans et qu'il s'agit du « Logos » qui vient de quitter la Terre. En fait, ni plus ni moins qu'une partie de la Divinité Suprême. Comme elle n'y comprend rien, la voix va préciser que c'est l'Esprit qui s'était intégré au corps du Christ, qui est en train d'abandonner la Terre. Roseline Pallascio vient donc, en quelque sorte, de voir l'âme du Christ quitter la planète et cette révélation va la bouleverser.

L'entité va alors prendre la parole et ajouter avant que les Terriens ont malheureusement oublié leurs origines, car leurs écrits ont été falsifiés et interprétés. Puis, elle va plonger ses grands yeux dans les siens. Elle va alors voir son corps se mettre à vibrer et sa luminosité s'accroître. Quant aux autres êtres qui l'entourent, ils vont se fondre comme par magie dans un mur invisible et disparaître. Le corps de l'entité va continuer de se transformer et c'est désormais un ballet de particules qui agite et dilue sa forme. Ne restera plus à la fin qu'un cerveau qu'elle verra flotter dans le vide. Puis tout à coup, elle constatera avec dégoût que le corps est en train de se reformer organe par organe, os par os, muscle par muscle, veine par veine. Enfin, le visage prendra forme. Elle verra aussi la peau recouvrir petit à petit ce nouveau corps, et les cheveux pousser à une vitesse sidérante. En quelques instants, la forme s'est transformée en une jeune femme nue, époustouflante de beauté, dont il émane une incroyable douceur et une sérénité totale. Mais c'est surtout son regard qui la touche, car il est empli d'une telle compassion qu'il la bouleverse au point de la faire pleurer. La belle femme lui sourit et lui dit qu'elle s'appelle Meratos. Elle sera surprise quand elle lui prendra les mains, car elles sont affreusement glacées. Amusée, la stellaire précisera que cela prend toujours un peu de temps pour qu'un nouveau corps se réchauffe ! À ce stade de l'expérience, Roseline Pallascio dira qu'elle s'est sentie tout à coup comme en train se « disloquer dans l'espace et dans le temps ».

Prédictions

Alors qu'elle pense que tout va s'arrêter là, de nouvelles images vont apparaître sur l'écran et la voix va résonner à nouveau dans sa tête. Cette fois, elle s'exprime par saccades et d'un ton plus monocorde. Cela ressemble désormais à un enregistrement. Sur l'écran, Roseline Pallascio va d'abord apercevoir ce qui pourrait ressembler à la Californie. Des voitures futuristes circulent dans les rues des villes. La voix va alors annoncer qu'un important séisme dans la faille de San Andréas va provoquer un terrible glissement de terrain et qu'une crevasse immense va se former à la hauteur de San Francisco et de San Luis. D'autres monstrueux tremblements de terre vont affecter la région, de San Francisco à San Diego. Dans le même temps, le Mexique et l'Amérique du Sud trembleront violemment. Enfin, elle va entendre la voix prédire qu'une ultime et terrifiante secousse, rayera définitivement de la carte San Diego, Long Beach, San Luis, San Francisco, Los Angeles et Hollywood, tandis qu'un tsunami de grande ampleur détruira Guadalajara et Acapulco. La catastrophe sera suivie d'une invasion de sauterelles qui détruira toutes les cultures du centre des USA. Dans le même temps, d'autres séismes de grandes envergures affecteront diverses parties de la planète, causant ainsi des désorganisations majeures. L'un d'eux détruira d'ailleurs la centrale nucléaire d'Indian Point. Située près de New York et construite en 1974, elle est déjà réputée pour être celle de tous les dangers. Après ces évènements apocalyptiques, l'eau sera contaminée un peu partout dans le monde, notamment aux USA et au Canada. Suivront des famines dues à des sécheresses majeures et à la contamination.

Et les prédictions s'enchaîneront. C'est ainsi que Roseline Pallascio apprendra encore par la voix que, suite à une maladie née en Afrique du Sud, une épidémie mondiale affectera le système nerveux des populations. Il s'agira d'une maladie mortelle créée en laboratoire. L'Afrique du Sud restera isolée du monde et ne s'en relèvera pas. Après cela, les empires technologiques américains et japonais s'effondreront. Puis seront découverts dans le cercle arctique, les vestiges d'une civilisation vieille de 15000 ans. Impitoyable, la voix poursuivra l'énumération des grands malheurs à venir. Elle annoncera ainsi que des engins nucléaires seront lancés sur des civils par des terroristes venus du Moyen-Orient, ce qui provoquera de grands désastres. C'est alors qu'un monarque trompeur du Moyen-Orient qui ne respectera pas le traité de désarmement nucléaire, utilisera l'arme fatale. Elle révélera aussi que les Chinois iront sur la Lune où ils construiront une base souterraine et qu'un squelette sera découvert sur Mars. La voix annoncera encore que dès 1997, la Terre commencera à basculer sur son axe. Le basculement final aura lieu en l'an 2000, ce qui aura pour conséquence de déplacer les terres et les océans, en provoquant ainsi de prodigieux séismes et de gigantesques tsunamis. Entre 1988 et 1992 d'abord, puis entre 1995 et 1998, les Initiés auront déjà quitté la Terre à bord de vaisseaux extraterrestres, afin de se rendre dans d'autres galaxies. Ils n'y seront ramenés qu'après le désastre de l'an 2000, pour venir en aide à une population, hélas réduite des deux tiers.

Après avoir entendu débiter ce chapelet d'horreurs, la jeune femme est évidemment affolée. Elle va demander à Meratos si un destin aussi funeste peut être évité et elle lui répondra que, bien entendu tout est possible, mais seulement si les Terriens se décident enfin à progresser. Après cela, la stellaire va la regarder fixement et elle va sentir comme une vibration parcourir tout son être. Dans le même temps, elle va constater que ses pensées sont comme en train de se figer. À cet instant, elle va avoir le sentiment diffus de se trouver à la frontière d'une autre dimension, en même temps qu'irradie une lumière difficile à décrire. Ses grands-mères défuntes vont alors lui apparaître. Elles lui sourient et elle va remarquer que leurs corps sont lumineux et transparents. En les contemplant, elle éprouvera une sensation de bien-être incroyable. Hélas, la vision va brutalement cesser tandis qu'elle a soudain la sensation que son corps est devenu très lourd et qu'elle étouffe. Son esprit lui semble toujours tourner très au ralenti. À ce moment, Meratos va appliquer sa main sur son front et elle va l'entendre dire « ma fille ». Puis elle va poser sa main sur son ventre en plongeant son regard dans le sien et elle va sentir immédiatement son corps redevenir fluide et léger.

Roseline Pallascio dira que Meratos ne s'exprimait que télépathiquement et qu'elle avait alors l'impression que leurs pensées se mélangeaient. Qu'elle lui transmettait aussi des données pour « marquer son âme ». Sur un écran, elle va aussi revoir Nové. Elle l'entendra dire que chaque humain possède une partie de la puissance divine qu'il se doit de développer; que ce n'est en fait que la pensée qui crée la matière et qu'en voulant rendre cette matière immortelle, l'homme court à sa destruction. Il ajoutera encore que c'est la peur et le doute qui freinent les humains: *« Hommes de peu de foi, si vous laissez le doute envahir votre être, vous perdez tous vos pouvoirs »*. Lui aussi, annoncera que les jours des Terriens sont comptés, tout en évoquant la puissance destructrice du nucléaire.

Soudain, la jeune femme va s'apercevoir de ce que Meratos est à nouveau en train de se dématérialiser et que les deux êtres qui avaient disparu, sont venus se replacer devant l'écran. Malgré sa transformation, elle va pourtant continuer de lui parler télépathiquement. Dans le même temps, Roseline Pallascio aura la sensation que tout se dissout autour d'elle et qu'elle repose à nouveau sur du vide. C'est alors qu'elle va entendre comme un bruit métallique et sentir que quelque chose semble s'être ouvert sous elle. Effectivement, la voilà maintenant en train de quitter le vaisseau en flottant. Elle apercevra à ce moment, les visages attristés des entités alors que sa communication télépathique avec Meratos vient brusquement de s'interrompre. À cet instant précis, elle se souviendra d'une phrase qu'elle a prononcée: *« Il n'y a pas une vérité mais des vérités »*.

Puis, sans trop savoir comment, elle se retrouvera dans la pénombre, assise sur la plage dans la position du lotus face à son amie Monique, car maintenant la nuit est tombée. Son amie semble hébétée et ses enfants s'expriment mécaniquement. C'est sur ces entrefaites que Pedro va surgir, en s'excusant de venir les rechercher si tard. La malchance a voulu que sa Land Rover tombe en panne. Sur le chemin du retour, l'un des enfants dira qu'il a vu Roseline monter dans un gros avion. Pedro questionnera mais personne ne lui répondra. D'ailleurs personne n'ouvrira plus la bouche durant tout le parcours.

En se regardant dans un miroir quelques heures plus tard, Roseline Pallascio découvrira que la moitié de son visage est devenue rouge vif sur le côté gauche, du cou jusqu'à la tempe. Suivront pour elle trois jours d'épisodes délirants, de cauchemars, de frissons et de vomissements. Quand elle ira un peu mieux et qu'elle pourra enfin se lever, elle constatera que son visage est à moitié couvert de croûtes. Pour ce qui est de la fille de Monique, c'est encore pire car c'est la totalité de son visage qui est recouvert de ces croûtes disgracieuses.

Elle aurait aimé parler de ce qu'elle a vécu à son amie, mais lorsqu'elle va commencer à aborder le sujet, celle-ci va afficher une expression glaciale et ne lui répondra pas. Dès ce moment, son comportement n'aura d'ailleurs plus rien d'amical, tout au contraire. Roseline Pallascio finira par comprendre qu'elle lui reproche en fait, d'avoir attiré le malheur sur elle et sa famille. Inutile de dire qu'elle n'en revient pas. Elle se serait attendue à tout, mais certainement pas à une telle réaction de sa part. Quant à la mère de Pedro chez laquelle ils seront hébergés, elle va lui demander de façon très péremptoire de ne jamais parler de ce qui s'est passé à quiconque, tout en la prévenant que s'il lui venait à l'idée de s'épancher, tous nieraient alors farouchement l'avoir connue. La dame enchaînera, en évoquant le cas de leurs voisins, un couple d'Américains: ceux-là auraient disparu du jour au lendemain de chez eux, sans laisser la moindre trace. On aurait retrouvé leurs lunettes, leurs dentiers et le four allumé dans la cuisine. Un peu plus tard, une femme inconnue serait venue leur annoncer qu'ils avaient malencontreusement péri dans un accident de voiture. C'est pourquoi il est préférable qu'elle se montre raisonnable et qu'elle n'évoque plus jamais cette histoire avec eux. Et surtout qu'elle n'en parle à personne ! L'ambiance deviendra si électrique que Roseline Pallascio décidera d'écourter ses vacances et de regagner le Québec au plus vite. Elle restera fâchée avec son amie qui ne voudra plus lui adresser la parole durant de longues années.

De retour au Québec

Une fois chez elle, elle ne se sentira pas au mieux de sa forme. La première semaine son retour, elle entendra des sortes de bourdonnements durant la nuit, qui vont lui causer de fortes migraines. Après cela, elle n'arrivera guère à dormir plus de deux heures par nuit, de peur de plonger dans le sommeil. Cette phobie finira par cesser, mais la reprendra tout de même de temps à autre. Quelque chose d'autre la perturbe aussi terriblement: sa petite fille, dont elle sait désormais qu'elle est l'incarnation d'Adalée, lui rappelle en permanence la fin tragique qu'elle a vécue en d'autres temps ainsi que son aventure dans le vaisseau. Elle aimerait bien repenser sereinement à tout cela, mais à chaque fois qu'elle essaie, elle se sent terriblement mal. Parfois aussi, ses oreilles se mettent à bourdonner soudainement dans la journée alors qu'aussitôt sa vue se brouille. Elle voit alors des scènes qui n'existent pas ou entend parfois les conversations de gens invisibles. Lorsqu'elle discute avec quelqu'un, il lui arrive de capter ses pensées. Et bien évidemment, elle n'arrive pas à parler à quiconque de ce qui lui est arrivé, même à des gens très proches, de peur qu'on la prenne pour une folle. Pour tenter de comprendre ce qui lui est arrivé, elle va se mettre à chercher frénétiquement des livres qui traitent d'ovnis et d'extraterrestres, mais c'est encore bien difficile à trouver à cette époque.

Sa grossesse lui a bien été confirmée, mais des tests vont malheureusement révéler qu'elle souffre désormais de diabète et le médecin l'a prévenue que son bébé à naître risquait d'en être affecté. Elle apprendra aussi dans le même temps, l'existence une incompatibilité sanguine entre elle et lui. Son petit Manuel naîtra effectivement diabétique insulino-dépendant.

Une nuit mouvementée

Au mois d'août 1978, elle va vivre un incident troublant dans la petite maison de Sainte-Marguerite située au bord du lac Masson dans les Laurentides, où elle s'est installée. Une nuit, elle sera réveillée en sursaut vers trois heures du matin. Son ventre gargouille et elle se rend compte de ce qu'elle perd inexplicablement beaucoup de sang. Elle n'y comprend rien et se dit qu'elle devra consulter dès le lendemain. L'hémorragie se résorbera finalement d'elle-même sans qu'il soit besoin qu'elle aille consulter. Mais en regagnant son lit, elle va constater avec surprise que sa fenêtre grande ouverte alors qu'elle pensait l'avoir fermée. À l'extérieur règne un silence absolu, tout à fait inhabituel. Plus étrange encore, la lumière est inexplicablement allumée dans la cour où son chien qui a plutôt le sommeil léger, dort paisiblement. C'est alors qu'elle va sentir le sol se mettre à trembler sous ses pieds. Sa petite Valo va la rejoindre, un peu apeurée. Elles vont ramasser tout ce qui a chuté avant de constater que, dans la cour, le chien ne s'est même pas réveillé. C'est à ce moment qu'elles vont apercevoir par la fenêtre, un petit point lumineux qui semble se rapprocher et qui grossit à vue d'oeil. En vacillant de droite et de gauche, il va parvenir jusqu'aux limites de sa propriété. Une fois à proximité de la fenêtre, la lumière qui est en fait une petite sphère à peu près de la taille d'un pamplemousse, va s'immobiliser avant de disparaître à toute vitesse dans un petit bois voisin.

Dans les jours qui vont suivre cet incident, Roseline Pallascio va se sentir comme poussée à écrire son incroyable expérience. C'est dans une sorte d'état second qu'elle va commencer à frapper les touches de sa machine à écrire. Elle n'a pas vraiment besoin de réfléchir puisqu'on lui dicte des phrases dans sa tête. Cette dictée télépathique est si rapide qu'elle a d'ailleurs parfois du mal à suivre le rythme. Elle voit aussi des scènes, ou des images, qui défilent au creux de son cerveau. Quelque temps plus tard, l'idée lui viendra de subir une séance d'hypnose régressive. Celle-là ne fera en fait que raviver des souvenirs douloureux et provoquera des cauchemars, ce qui ne l'incitera pas à récidiver. C'est pourquoi elle réfléchira longuement avant de se décider à relater son aventure. Les encouragements d'une amie l'ayant convaincue de ce que son récit pourrait aider nombre de personnes ayant vécu une aventure similaire à la sienne, elle publiera finalement son livre en 1985, sous le titre *« Fille de Meratos, Témoignage d'une rencontre avec des extraterrestres »*.

4.
Maurizio Cavallo et les visiteurs de Clarion

Comme tous les autres cas de contactés, celui de Maurizio Cavallo est particulièrement déconcertant. Cet Italien né en 1952, artiste et journaliste, dira avoir vécu son premier contact à l'âge de sept ans. Pourtant, ce n'est en fait que l'année de ses vingt-neuf ans que va débuter de façon très intense, une expérience aussi riche que traumatisante avec des entités stellaires disant venir de la planète Clarion, qui s'échelonnera sur une dizaine d'années. Quoiqu'il ne donne pas de précisions particulières à ce sujet, il semble que les rencontres avec ces stellaires se soient produites essentiellement dans la belle région du Montferrat qui se trouve dans le Piémont au nord-ouest de l'Italie, éloignée d'une centaine de kilomètres de Turin.

Premiers contacts

Tout commence le 12 septembre 1981. Par une belle et chaude soirée de fin d'été, Maurizio Cavallo dîne avec quelques amis dans une pizzeria. Lorsqu'ils sortent du restaurant, l'air est si lourd, qu'avant d'aller se coucher, ils décident d'aller se rafraîchir un peu dans la campagne proche de la ville. Ils cheminent en voiture dans la nuit sombre sur les petites routes alentour et finissent par arriver dans la clairière d'une petite colline boisée où ils font une halte. À peine sont-ils sortis de leur véhicule, que l'obscurité est illuminée par la lueur éclatante d'un bolide incandescent surgi de nulle part, qui passe à vive allure au-dessus de leurs têtes.

Cavallo et ses amis restent stupéfaits et il y a de quoi puisque le bolide en question a plutôt l'aspect d'une sphère flamboyante. Elle va brutalement ralentir son allure et, à quelques centaines de mètres d'eux, se livrer à ce qui peut s'apparenter à des manœuvres d'approche. Ils vont ainsi l'observer en train de descendre lentement vers un petit bois de peupliers derrière lequel elle finira par disparaître totalement à leur vue. Tout ce qu'ils aperçoivent maintenant, c'est une lueur tamisée de couleur orangée qui éclaire la nuit sombre. La bande d'amis décidera d'aller y voir de plus près mais y renoncera rapidement car l'endroit n'est pas accessible.

Il est un peu plus de 23 heures lorsque Maurizio Cavallo arrive à son domicile. À peine a-t-il refermé sa porte qu'il se sent brutalement pris de malaise. Des vertiges, des nausées et de terribles bouffées de chaleur le terrassent. Il se sent si mal qu'il se met directement au lit. Hélas, son état ne s'arrange pas et ne fait qu'empirer au fil des minutes qui s'écoulent. Alors qu'il fait une chaleur étouffante dans sa chambre, il grelotte de froid et transpire abondamment. Il est si mal que l'idée lui traverse même l'esprit qu'il est sur le point de rendre l'âme, c'est dire…

D'une voix faible, il appelle sa famille à l'aide, mais personne ne lui répond. Il veut alors se lever pour aller chercher du secours mais il se sent si faible, si vidé de toute énergie qu'il ne peut même pas se lever de son lit. Au prix d'efforts surhumains, il va tout de même parvenir à gagner la salle de bains toute proche, mais voilà qu'en titubant, il heurte malencontreusement un verre posé sur le lavabo. À sa grande surprise, il va le voir tomber au ralenti et éclater en mille morceaux en atteignant le sol. Ce qui le sidère encore davantage, c'est qu'il n'a perçu aucun son lorsqu'il s'est brisé sur le carrelage. Il remarque d'ailleurs à ce moment qu'un silence anormal règne dans l'appartement, un silence assourdissant autant que pesant. D'ailleurs, il n'entend même plus les bruits habituels de la circulation à l'extérieur, pourtant incessants un samedi soir. Et son état ne s'arrange pas, c'est même de pire en pire d'autant qu'il se sent désormais envahi par un terrible sentiment d'angoisse qui l'oppresse et l'empêche de respirer normalement. L'idée lui traverse alors l'esprit qu'il est peut-être victime d'une grave intoxication alimentaire, mais que faire, puisque personne ne répond à ses appels. C'est à ce moment où le désespoir l'a submergé, qu'il éprouve la sensation qu'une sorte de flottement est en train de se produire dans sa tête et que son cerveau est comme envahi. Il a l'impression que quelqu'un ou quelque chose, a pris le contrôle de ses pensées et pire encore, que des présences invisibles lui commandent maintenant de se rhabiller et de sortir de chez lui !

Dans l'état lamentable où il se trouve, il tente naturellement de résister de toutes ses forces à cet appel insistant, mais à sa grande stupeur et sans trop comprendre comment, il va se retrouver au volant de sa voiture dont le moteur tourne déjà. Et voilà que quelques minutes plus tard, il roule sur une petite route tortueuse, sans but et sans raison. Alors qu'il est toujours envahi par cette affreuse sensation de mort imminente, doublée d'une terreur absolue, il continue pourtant d'errer dans la nuit sombre, poussé par une force incontrôlable. Soudain il se souvient qu'il n'a pas fait le plein d'essence. À la seconde où il va se dire qu'il va immanquablement tomber en panne, sa voiture va se mettre à ralentir et son moteur à hoqueter, pour finalement caler. Le voici maintenant immobilisé au milieu de nulle part, dans une totale obscurité, puisque les phares de son auto se sont évidemment éteints lorsque le moteur a rendu son dernier soupir. La terreur a maintenant cédé à la panique et il se dit qu'il lui faut regagner la ville coûte que coûte pour se rendre aux urgences de l'hôpital, même si c'est à pied. Hélas, la force qui le contrôle va contrarier ses plans. Le voici en effet en train de cheminer péniblement dans le noir sans savoir où il va. Au bout d'un moment, il va lui sembler reconnaître la petite clairière où il se trouvait quelques heures plus tôt en compagnie de ses amis. Le silence qui y règne est profond, terrifiant même et il ne distingue rien autour de lui tant il fait sombre.

Soudain, il va apercevoir une sphère de feu qui le survole, absolument identique à celle qu'il a observée avec ses amis quelques heures plus tôt. À travers le tourbillon de flammes qui l'entoure, il distingue une sorte de structure argentée étincelante. Dans l'instant, il se sent comme soulevé de terre. Maintenant il s'élève en flottant vers l'objet tandis qu'il perçoit une sorte de bourdonnement sourd. Curieusement, il a l'impression d'être enfermé dans une sorte de capsule de verre avant de comprendre tout à coup qu'il se trouve désormais dans une pièce circulaire qui lui paraît immense. Ce qui le surprend c'est la taille démesurée de cette salle alors qu'à l'extérieur, la sphère ne lui semblait pas mesurer plus de quinze à vingt mètres de diamètre. L'endroit est vide de toute présence, de toute machine ou instrument. Il ne remarque en fait que des panneaux d'un vert émeraude translucide, placés à un mètre du sol sur tout le pourtour, qui convergent en dégradé vers un plafond semi-circulaire. Ceux-là diffusent une lumière douce d'intensité variable qui va du bleu azur au blanc violet. À cet instant, il ressent la trouble impression que la sphère est une sorte d'organisme vivant auquel il serait relié, voire intégré, comme s'il faisait partie d'elle.

La rencontre avec Chama et Dhara

C'est alors qu'une voix à la tonalité monotone va se mettre à résonner dans sa tête. Elle lui dit qu'il n'a rien à craindre et qu'on ne lui fera pas de mal. À ce moment, il va avoir la sensation de se retrouver brutalement projeté jusqu'au plus profond de l'univers et de sentir son cœur battant à l'unisson avec la pulsation des étoiles. Il se sent comme dilaté, pris dans une lumière scintillante, avec la sensation qu'on lui transmet simultanément une connaissance globale sur tout l'univers et tout ce qui y vit. Désormais, rien n'a plus aucun secret pour lui. Il tournoie parmi une multitude de soleils en folie et de planètes dansantes. Alors que sa conscience est maintenant en totale expansion, il entend toujours cette voix surgie comme du fin fond des galaxies, qui lui susurre de ne surtout pas avoir peur. Il y a aussi ce bourdonnement qui s'intensifie de plus en plus pour devenir un ronflement grave, qui va se muer en un son strident et le plonger au bord de l'évanouissement. Étourdi, il ferme alors les yeux en éprouvant le sentiment d'une chute interminable.

Lorsqu'il va les rouvrir, ce sera pour s'apercevoir qu'il a atterri dans un paysage féerique où des édifices sont alignés à perte de vue, dont les formes lui paraissent totalement étrangères. Il dira de leur architecture qu'elle était « monolithique » et « arrondie ». Ces constructions diffusent une lumière fluorescente entre le jaune et l'orangé. Au loin, il va repérer, un gigantesque bâtiment en forme de coquille renversée, entouré de grandes arcades. De hauts frontons décorés de symboles ressemblant à ceux d'une écriture cunéiforme ou peut-être à des hiéroglyphes, ne vont pas manquer de l'intriguer. En progressant dans cette étrange cité, il va atteindre une sorte de large esplanade circulaire où des engins flottent au-dessus du sol. Là, il découvrira la sphère dans laquelle il a voyagé. Désormais, elle n'est plus entourée de flammes mais semble faite d'un mercure très brillant qui semble transparent, au point d'y distinguer certaines structures à l'intérieur. Sur sa circonférence, une bande bleu saphir projette à intervalles réguliers des éclairs bleu cobalt. Perdu dans sa contemplation, il entend alors une voix masculine qui dit: « *Sois le bienvenu, fils de Sahrahs. Mon nom est Chama et je viens de Clarion.* » Il apprendra plus tard que Sahrahs est le nom que ceux de Clarion donnent à la planète Terre.

La voix va continuer de résonner dans sa tête et il va comprendre qu'elle crée, au fur et à mesure, des visions et des images si nettes qu'il a l'impression singulière d'être projeté à l'intérieur. Ainsi, quand Chama a évoqué Clarion, une planète aux couleurs étranges, bleu cristal et mimosa, lui est apparue dans l'instant. Il va tout d'abord pouvoir la contempler comme s'il le faisait depuis l'espace avant de se retrouver à la survoler à une vitesse vertigineuse, en vol rasant, comme le ferait un oiseau. À sa surface, il apercevra des forêts et des citées circulaires plongées dans une végétation luxuriante aux couleurs indéfinissables, très différentes de celles de la Terre. Il va aussi survoler des océans dont les couleurs sont très proches de celles de notre planète, mais dont les eaux ressemblent aussi parfois à du métal en fusion. Et la voix de Chama continue de se faire entendre au creux de sa tête. Elle lui explique maintenant que Clarion, dont il précise que cela signifie « Splendeur » dans sa langue, fait partie d'un système de soleils binaires dépendant de la troisième galaxie. D'après lui, les systèmes binaires constitueraient une règle dans l'univers. D'ailleurs, ajoutera-t-il, la Terre faisait aussi autrefois partie d'un système double jusqu'à ce qu'une terrible catastrophe cosmique survienne, il y a près 180 millions d'années terriennes.

Maurizio Cavallo va aussi apprendre que sur Clarion les jours sont très longs et les nuits aussi courtes qu'un bref crépuscule. En fait, la nuit ne tombe vraiment que tous les quarante-cinq jours et ceux de Clarion ont baptisé cette particularité « Amhutzar » ce qui signifie « le jour sans fin ». Il va aussi s'entendre dire qu'une année clarienne équivaut à 425 jours terrestres. D'après la voix, elle se situerait à environ cent 150000 années-lumière de la Terre. Elle précisera aussi que le voyage entre elle et la Terre ne dure que de soixante-douze à soixante-treize jours terriens, car leurs vaisseaux passent par des couloirs magnéto-temporels. La voix de Chama va lui transmettre ainsi une foule d'informations avant que le phénomène ne cesse soudainement. C'est à ce moment que Maurizio Cavallo va apercevoir un personnage qui semble approcher. Curieusement, il paraît glisser vers lui, plutôt que marcher. Son apparence est humaine. Il est grand et de stature athlétique. Étrangement, son visage lui fait penser un peu à celui d'un Inca. En guise de salut, l'homme va lever son bras droit. C'est alors qu'il va entendre la voix de Chama lui dire télépathiquement qu'il s'agit de lui et qu'il ne doit pas avoir peur, car il n'a rien à craindre.

Chama va lui faire signe de le suivre et ils vont se diriger alors vers les constructions de formes insolites qu'ils aperçoivent au loin, baignant dans une luminosité orangée comparable à celle d'un coucher de soleil. La végétation au milieu de laquelle ils cheminent a des couleurs magnifiques comme il n'en a jamais vu sur Terre et elle est si haute, qu'elle en dissimule presque le ciel. Ils vont rapidement se retrouver devant l'immense bâtiment en forme de coquille renversée qui avait attiré son attention un peu plus tôt. En y pénétrant, Maurizio

Cavallo remarquera immédiatement sa décoration intérieure faite de structures aux formes étonnantes ainsi que de curieux alignements de sphères flottant en sustentation au-dessus du sol, dans lesquelles tournoie une sorte de vapeur rose. Soudain, il va se retrouver face à une douzaine de personnages immobiles, vêtus de longues tuniques colorées, à l'aspect étrange et aux regards pénétrants. Ils ont la peau claire, de longs cheveux d'un blanc immaculé et semblent sans âge. De même que Chama, ils vont communiquer avec lui par voie télépathique, ainsi qu'au moyen d'images projetées dans son cerveau. C'est ainsi qu'il va voir sa vie défiler dans sa tête et retrouver des souvenirs d'enfance qu'il avait depuis longtemps oubliés.

Ceci fait, les êtres aux cheveux de neige vont lui annoncer qu'il se trouve dans une base souterraine qui se situe au cœur même de la forêt amazonienne et qu'ils connaissent l'humanité depuis son origine. Ils vont aussi se présenter comme les « Gardiens du Monde » et déclarer appartenir à une confédération galactique regroupant différentes races stellaires. Cavallo va ainsi apprendre que se trouvent sur Terre des êtres originaires d'Alpha du Centaure, d'Orion, de Zeta Réticuli et des Pléiades, dont certains d'entre eux seraient nos créateurs. En fait, ceux-là mêmes qui auraient greffé aux premiers Terriens leur code génétique primordial. Ils diront aussi être à l'origine des espèces et de toutes les races vivant actuellement sur la planète. Puis ils vont lui révéler qu'ils le suivent depuis son enfance, avant de lui proposer de regarder vers une sorte de monolithe pyramidal en forme de tour, posé au centre d'une large table d'apparence métallique. À ce moment, il va de nouveau voir sa vie défiler et retrouver une multitude de souvenirs d'enfance oubliés.

À cet instant précis, va apparaître aux côtés de Chama une femme d'une beauté stupéfiante qui va se présenter sous le nom de Dhara. Ses yeux d'un bleu indéfinissable sont étirés vers les tempes, un peu comme ceux des Orientaux, mais ils ont quelque chose de plus qui lui fait penser à ceux d'un félin. Ses cheveux aux nuances cuivrées sont assemblés en une coiffure bizarre. Elle est vêtue d'une longue robe bleu foncé, dont la coupe lui rappelle celle des robes que portaient les femmes du Moyen Âge. Elle est si belle à contempler qu'il en est ébloui. C'est alors qu'il va soudain se rendre compte de ce que l'assemblée des êtres aux cheveux blancs, s'est volatilisée comme par enchantement.

Chama et Dhara vont alors le mener devant une sorte de mur constitué de langues de feu, dont émanent des étincelles violettes qu'ils vont lui demander de franchir. En le traversant, il va ressentir comme des milliers de piqûres sur tout le corps et se retrouver brusquement plongé dans une puissante torpeur avant de se sentir aussitôt projeté dans un tunnel sans fin rempli de lumières tournoyantes. Lorsque le phénomène va enfin cesser, il constatera qu'il est étendu sur l'herbe humide d'un pré et que le soleil est déjà haut dans le ciel. Cette première expérience étrange s'achèvera ainsi.

L'emprise psychique

La nuit suivante, vers deux heures du matin, Maurizio Cavallo a l'impression que des présences invisibles se trouvent près de son lit. Pris de panique, il veut se lever mais il est si faible qu'il n'y parvient pas. Son épuisement est si grand qu'il ne peut ni bouger, ni même hurler. Il n'en a pas la force. C'est alors qu'il ressent l'impression sinistre que l'on s'empare à nouveau de son cerveau et que les stellaires lui transfèrent des souvenirs dont il a la certitude qu'ils ne sont pas les siens. Il voit en effet défiler des images d'autres mondes, d'autres planètes. Durant toute la nuit, il va recevoir ce qu'il croit être leurs pensées qui se transforment aussitôt en images. Cela ne cessera qu'à l'aube. Il recevra une ultime pensée disant qu'ils vont revenir. Cette idée l'accable car du jour au lendemain, sa vie entière a basculé. Il en ressent une profonde souffrance avec ajouté à cela, le terrible sentiment d'être prisonnier d'un destin qui ne lui appartient même plus.

Un jour, il va entendre une voix lui annoncer: « *Nous connaissons l'histoire de l'Univers depuis le commencement des temps, votre histoire, l'histoire du genre humain et de la planète que vous appelez Terre. En un temps si éloigné qu'on peut à peine l'imaginer, nous marchâmes sur le sol primordial de ce monde en opérant le début d'un programme encore en cours. Nous semâmes la vie. Connaisseurs des subtiles mécaniques du cosmos, de ses lois et des mécanismes qui en règlent l'existence, nous posâmes le germe d'une nouvelle race et commençâmes la surveillance afin de sauvegarder et de corriger ses phases les plus délicates ».*

À la suite de ce message, les Intelligences qui le contrôlent désormais, vont projeter dans son cerveau des souvenirs d'évènements antédiluviens qui vont faire ressurgir chez lui des terreurs ancestrales. C'est ainsi qu'il va se retrouver un jour dans un paysage glacé qui s'étire à perte de vue. Était-ce un épisode de la période glaciaire qui a perturbé la vie de la Terre dans les temps anciens ? Il ne le saura jamais. Et le processus se poursuit, implacable.

Au fil du temps qui passe, Maurizio Cavallo vit de plus en plus mal cette avalanche d'images et de souvenirs qui saturent son cerveau. Il ressent désormais comme une impression de viol permanent qui le révolte, mais qu'il ne peut interrompre quoiqu'il fasse. Peu à peu, il se sent perdu, délesté de tous ses repères, sans compter cette terreur de sombrer dans la folie qui le hante un peu plus à chaque message ou image qui vient lui encombrer la tête, maintenant à toute heure du jour ou de la nuit. Les semaines et les mois passent et le phénomène ne faiblit toujours pas, tant s'en faut. Maintenant, il se sent réduit à l'état de proie impuissante et tremble d'angoisse dès que l'aube se lève, autant qu'il se sent terrorisé dès que la nuit approche.

Il va décider un jour de tenir une sorte de journal afin de ne pas perdre totalement le sens des réalités. Dans le même temps, il va rechercher fébrilement dans des livres, les témoignages d'autres infortunés qui auraient pu connaître des expériences similaires à la sienne. Il se documentera beaucoup aussi sur les traditions et légendes des peuples antiques et découvrira ainsi qu'y sont parfois rapportés des récits laissant supposer des contacts et des enlèvements d'humains, par des êtres venus des étoiles.

Les enseignements

À l'arrivée de l'hiver, il n'interrompra pas pour autant ses promenades solitaires, même lorsque les collines environnantes se couvriront de neige et que le froid deviendra piquant. Il continuera parfois aussi de se rendre sur le site boisé de la première rencontre. Bien souvent encore, il se surprendra à scruter le ciel dans l'espoir d'apercevoir un vaisseau. Quel paradoxe ! D'un côté, il souffre affreusement du contrôle et des violations répétées de son esprit par ces êtres et d'un autre, il recherche les signes de leur présence.

Dans la nuit du 8 novembre 1981, il va se sentir contraint de retourner à la clairière. Comme lors du premier contact il éprouve la sensation d'être téléguidé et ne tente d'ailleurs même pas de se rebeller. Il va ainsi revoir pour la seconde fois ces êtres disant venir de Clarion. Ceux-là vont à nouveau l'emmener dans la base souterraine amazonienne où ils vont tenter de lui expliquer leurs motivations, même s'il ne les comprend toujours pas vraiment. Ils vont aussi lui enseigner la cosmogonie et la théogonie, ainsi que d'autres concepts obscurs qui s'avéreront souvent au-delà de sa compréhension d'humain. Désormais, il va se retrouver régulièrement transporté dans cette base souterraine où il vivra le plus souvent des moments angoissants, voire parfois terrifiants.

Ainsi, un jour qu'il demande à ses ravisseurs s'ils croient en Dieu ou en un Créateur, ceux-là vont comme la première fois, lui recommander d'observer le monolithe pyramidal. Il va le voir alors s'illuminer intensément tandis que lui-même a simultanément l'impression d'exploser en des milliers de molécules. Terrifié, il se sent comme projeté par une catapulte géante jusqu'aux extrêmes confins de la galaxie. Avec horreur, il voit aussi soudain arriver droit sur lui une grande étoile verte. Il pense que cette fois c'en est fini de lui mais contre toute attente, il va la traverser en douceur, pour finir par se retrouver à flotter au milieu de sphères transparentes où se trouvent emprisonnés des hommes et des femmes. Puis de profondes ténèbres vont l'absorber et ce sera soudain un globe qui va surgir de nulle part, où va apparaître un visage aux formes perpétuellement changeantes. C'est alors qu'un grondement va se faire entendre qui devient rapidement paroles: *« Nous croyons en l'immortelle essence du cosmos, en la loi qui le gouverne et instruit l'équilibre de toute chose. Nous croyons en le feu qui crée tout et consume tout de l'éternité des temps. Si cela s'identifie au Dieu que vous les humains de la Terre dites adorer, alors oui, nous croyons en Dieu. »* La voix semblait venir du plus profond de l'Univers tandis que le globe irradiait de plus en plus.

Un autre jour qu'il navigue encore dans des paysages terrifiants, l'idée va tout à coup lui venir qu'il doit être mort. C'est à ce moment que l'ombre dans laquelle il était englué va se dissiper et qu'il va se retrouver dans la chambre de ses enfants qui dorment paisiblement. Lorsqu'il va vouloir relever le drap pour recouvrir les épaules de sa petite fille, il va constater avec horreur que ses mains passent à travers son corps. Cette fois, il est persuadé d'être mort! Pour autant, il constate que, curieusement, il n'en éprouve aucune émotion, comme s'il était insensible à cette tragédie. Puis la vision de la chambre va se dissiper et il va se retrouver dans une rue qui semble être l'une de celles de sa ville, mais qui, néanmoins, lui paraît un peu différente de celle existant dans la réalité. Plus inquiétant encore, il va remarquer qu'autour de lui, tout n'est maintenant que ruines et désolation. L'idée va alors lui traverser l'esprit qu'il pourrait peut-être tenter de sortir par la pensée, de cette sinistre vision. Et le stratagème va effectivement fonctionner puisque, dans l'instant, il va se retrouver dans la clairière alors qu'il perçoit simultanément une voix disant que *« la réalité n'est qu'une intuition subjective à travers laquelle la vérité ne se révèle pas toujours »*.

En évoquant cet épisode, il dira avoir fait l'expérience du voyage astral et des mondes de pensées. La voix va lui révéler aussi que le passé, le présent et le futur ne sont que des véhicules illusoires et que la logique terrienne fonctionne sur un code binaire primitif. Ainsi, les humains construisent leur réalité sur le principe des opposés - bien ou mal - ce qui explique leur cruauté, de même les massacres, les guerres ou les holocaustes qui ont toujours jalonné leur histoire. Elle poursuivra en disant que ceux de la Terre ne croient qu'à ce qu'ils voient et que pour cette raison, ils ne réussiront donc jamais à voir ce à quoi ils ne croient pas. Elle va ajouter encore, qu'eux, « les Gardiens de l'Éternelle Sagesse », ont suivi l'évolution des différentes civilisations qui se sont succédé sur la Terre et ont instruit ceux qui avaient la capacité de recevoir des connaissances supérieures. Qu'ils sont d'ailleurs à l'origine de la réalisation des découvertes et des inventions qui ont été le plus utiles à l'humanité, puisqu'ils détiennent en effet cette faculté d'inspirer les humains durant leur sommeil.

Toujours aussi prolixe, la voix lui révélera aussi que les croyances et la sagesse des civilisations anciennes se sont perdues et que les Terriens, en ne croyant plus à l'invisible, ont séparé la Création de son Créateur. Que ce faisant, ils ont ainsi séparé la Lumière des ténèbres, ce qui a contribué à les rendre conflictuelles. Puis la voix va lui poser une série de questions, que l'on peut tenir pour fondamentales : et si ce que considère l'homme comme réel, ne l'était absolument pas ? Et si la vie n'était qu'un rêve, une vision relative à notre être, limitée par nos perceptions sensorielles ? Si en réalité tout n'était qu'illusion ? Intarissable, la voix va continuer de laisser couler le flot de ses enseignements et non des moindres : « *À l'origine, l'homme était dans la conscience intuitive de l'invisible. Il n'y avait pas de conscience du moi ni d'individualité. Le paradis était un état d'être et non un lieu. Le chaos arriva quand l'homme prit conscience de lui-même en expérimentant la dimension plus dense de la matière. Il s'achemina sur le sentier de l'illusion et créa la mort. C'est alors que les Elohim, Seigneurs de l'Univers intervinrent et opérèrent des modifications génétiques. Ils donnèrent à l'homme l'intelligence et le libre arbitre. L'humanité actuelle possède les gènes de quatre races galactiques* ». La voix assènera enfin à un Maurizio Cavallo proche de la saturation : « *L'humanité a évolué en déformant les mémoires d'origine et en développant de fausses légendes et croyances, des obsessions religieuses. L'homme en arriva à la domination de ses semblables et l'on inventa au final la légende du maléfique serpent qui fit tomber l'homme du paradis. Les humains traînent toujours aujourd'hui le poids du péché originel qui n'est que l'invention de prêtres rusés qui réduisent leurs semblables en esclavage en altérant leurs connaissances archaïques.* » On ne peut être plus clair…

Contacts avec des entités diverses

Dans la nuit du 15 décembre 1981, Maurizio Cavallo va rejoindre une fois de plus la clairière où à sa grande surprise l'attend Chama. À ses côtés, se tiennent deux êtres vêtus de scaphandres, le visage caché par un casque imposant fixé à la hauteur des épaules. Ce jour-là, ceux-là l'autoriseront à prendre quelques photos d'eux, lesquelles figureront dans le livre qu'il publiera des années plus tard. Très convivialement, il lui sera aussi offert une petite collation à l'intérieur du vaisseau. C'est ainsi qu'on lui servira un liquide de couleur ambré au goût un peu amer et un pain sans mie à l'aspect doux et souple, dont le parfum lui rappellera celui du bois de santal. Sur un rayon circulaire, on lui présentera également une sorte de légume de couleur rouge corail, semblable aux haricots, ainsi qu'une quantité de fruits très colorés, aux formes incroyables et extrêmement parfumés.

Visites à domicile…

Si ce contact dans la clairière a été apparemment cordial, deux incidents très déstabilisants vont se produire quelques jours plus tard, dans la maison de Maurizio Cavallo. Ainsi, durant la nuit du 27 décembre, son fils va le réveiller en sursaut. Il est terrorisé car il a cru voir dans sa chambre un homme grand et lumineux. À ce moment, sa fille lui avouera avoir vu elle aussi, à plusieurs reprises, des êtres se déplacer dans leur chambre pendant la nuit. Il tentera de les rassurer en leur disant qu'il s'agit certainement de leurs anges gardiens qui veillent sur eux, tout en évitant de leur montrer sa contrariété. Hélas, les manifestations ne s'arrêteront pas là puisque le lendemain après-midi, son fils et ses copains vont se précipiter en hurlant dans le salon où il se repose, pour lui expliquer en tremblant de terreur, qu'ils viennent de voir des hommes vêtus de « combinaisons de coureurs » entrer et sortir en volant par le plafond de la chambre !

Dans la nuit du 2 janvier 1982, ce sera à son tour de recevoir de la visite, puisqu'il va ainsi percevoir des présences invisibles autour de son lit alors qu'un étrange bourdonnement résonne dans la pièce, dont la provenance est impossible à déceler. Le phénomène est pénible car il a l'impression qu'un essaim d'abeilles a envahi son cerveau. Et ça ne va pas se limiter à cela puisque bien vite, il va se sentir engourdi par cette espèce de torpeur qu'il connaît bien et qui commence déjà à le paralyser, en dépit des efforts qu'il déploie pour la neutraliser. C'est alors que la voix va résonner une nouvelle fois dans son cerveau, cette fois pour évoquer la mort: « *Quand on meurt, la psyché, en entraînant l'intelligence primordiale, la partie immortelle en chacun de vous se confine dans les territoires mentaux dans laquelle elle croit ou a cru pendant toute l'existence et dont sont aussi responsables vos doctrines religieuses originelles. Il s'agit là de singularités spatio-temporelles créées par votre esprit* ».

Puis elle va poursuivre en évoquant ce que les Terriens appellent communément les anges qu'elle se plaît à nommer les « sans-visages »: « *Souvent pour vous libérer de ces chaînes interviennent des créatures sublimées, les « sans-visages ». Vous les appelez les anges. Habitant dans les sphères supérieures, ils lisent dans les plis de vos réminiscences les plus cachées et pour vous conduire au-delà des frontières de l'illusion, ils prennent les traits les plus familiers et rassurants de personnages défunts qui vous sont chers. Vos morts ne sont pas sous une pierre tombale ni même dans des lieux comme l'enfer ou le paradis. Parmi les trépassés, ceux qui sont arrivés à comprendre la loi absolue, continuent à exister dans d'autres dimensions qui vous sont encore inconcevables; les autres, ceux pour qui les régions supérieures sont encore fermées, revivent en renaissant dans un autre corps* ».

Au bord de la folie

Les jours passent et pour Maurizio Cavallo la situation ne s'arrange pas, c'est le moins que l'on puisse dire. Durant le mois de janvier 1982, il est tellement épuisé qu'il a de plus en plus de mal à se concentrer sur son travail. D'évidence, il aurait besoin qu'on l'aide à affronter tout cela, mais il lui est impossible de se confier à quiconque. En fait, il ne voit pas à qui il pourrait parler de ce qu'il est en train de vivre, si tant est d'ailleurs qu'il y parvienne. En fait, il s'isole chaque jour un peu plus, ainsi que le font en général les contactés qui vivent des situations similaires à la sienne. De temps à autre, il part aussi errer sans but dans la campagne alentour.

Et son état va encore s'aggraver puisque de plus en plus souvent, il a la sensation que le temps est ralenti. Et cela ne se limite pas à cela puisque désormais, des images l'assaillent de manière incessante. Il y a aussi ces visions qui le projettent le plus souvent dans les espaces les plus sombres de l'univers où il aperçoit des galaxies flamboyantes, d'autres qui s'effondrent, des planètes aux paysages dévastés, parfois arides et balayés par des vents brûlants. Parfois aussi, il a des visions de ruines, d'antiques temples ou autres vestiges archaïques perdus dans d'autres temps. Il lui arrive aussi de se retrouver à déambuler dans des endroits inconnus, à moins que ce ne soit dans des rues étroites et désertes. Il se perd toujours davantage dans le temps, avec ces fragments d'époques diverses qui se succèdent sur l'écran de son esprit et lui font revivre des évènements lointains et oubliés depuis belle lurette. Des signes, des symboles, des hiéroglyphes se mettent aussi parfois à défiler à tout va et à une vitesse vertigineuse. Il perçoit des voix et des murmures. Il va aussi revivre un matin, un étrange évènement qu'il avait oublié, survenu lorsqu'il avait sept ans: pris de malaise, il s'était un jour évanoui dans la rue. Il était alors resté, près de trois heures, plongé dans une sorte de coma inexplicable. Sa famille qui n'y avait rien compris, avait mis cela sur le compte d'un coup de chaleur.

Pour Maurizio Cavallo, le passé et le présent se chevauchent désormais en permanence et il a le sentiment de sombrer peu à peu dans la folie. Il a beau faire des efforts désespérés pour tenter de se raccrocher à la réalité, il perd toujours pied au final et n'est même plus capable de prendre soin des siens. Il est tellement enfermé dans son monde qu'il a même négligé cette famille dont il était si tendrement proche, avant que tout ne bascule. Ses enfants lui sont presque devenus étrangers. Et le sommeil ne lui apporte pas davantage de répit puisque, chaque nuit, il doit affronter ces terribles cauchemars durant lesquels il se trouve plongé dans des scènes si réalistes qu'au réveil, il en est perturbé au point qu'il lui faut des heures pour s'en remettre, quand ce n'est pas la journée entière.

Et les mois passent encore et ses maux perdurent. En avril 1982, alors qu'il est immergé dans une sorte de sommeil cataleptique, il va entendre les voix évoquer une singularité spatio-temporelle qui existerait dans une zone dénommée « Triangle des Bermudes ». Elles lui diront qu'à cet endroit, un espace spatio-temporel serait enfermé dans un autre, avec une absence de frontière et que le temps connaîtrait ainsi une baisse de simultanéité qui mènerait à une immobilité spatiale. L'équation passé-présent-futur, privée de toute raison mathématique, engendrerait dès lors une suspension du cours du temps ce qui aurait pour effet de rendre le présent immuable. C'est pourquoi ceux qui, par malheur, se retrouveraient piégés dans cette anomalie spatio-temporelle ne vieilliraient jamais, pas plus qu'ils ne connaîtraient la mort. Maurizio Cavallo écrira plus tard que pour ces malheureux, c'était comme si un morceau de pellicule photographique était projeté à l'infini. Rien d'autre en fait, qu'un éternel présent qui tournerait en boucle.

Une dégradation physique et psychique majeure

Les jours passent et se ressemblent. Les choses vont encore empirer durant l'été 1982 puisque désormais, il devient amnésique durant de brefs moments et vit de nombreuses expériences de temps manquant. Il a souvent la sensation que le temps se fige et ne s'écoule plus. Dans l'instant, les personnes, les choses, les lieux deviennent alors immobiles autour de lui. Dans ces cas-là, il se voit flotter au ralenti alors que les sons, les bruits se cristallisent jusqu'à ce que, sans crier gare, le temps reprenne son cours normal.

Depuis un moment, il a aussi le plus grand mal à ingérer des aliments et est devenu maigre à faire peur, au point de ne plus peser que cinquante kilos. Mais ce qui est le plus surprenant, c'est qu'il souffre aussi de besoins impératifs d'absorber du sel en grande quantité, qu'il prend dilué dans un verre d'eau ! Il est également fréquemment terrassé par des épisodes de migraines épouvantables qui le laissent hébété. Son esprit est devenu confus et il supporte de plus en plus mal le bruit. Un simple bruissement peut désormais parfois entraîner pour lui un gros malaise. Souvent, il se retrouve brutalement plongé dans des états de somnolence incompréhensibles contre lesquels il lutte désespérément, sans toutefois pouvoir les vaincre. Cela peut le prendre à tout moment, au travail comme au volant. Dès qu'il est isolé et qu'il s'abandonne, ses visions reprennent de plus belle et le voilà reparti à errer dans des lieux inconnus. Dans la journée la situation est encore supportable mais dès que la nuit tombe, il commence à entendre des voix, des bruits stridents ou des sons aigus qui lui déchirent le cerveau. C'est alors que surgissent et l'entourent, jusqu'à l'étouffer, les spectres d'un passé dont il ne sait même plus qui ils sont, faute de pouvoir se souvenir.

Rencontre avec le Dieu Anthares

Un beau jour, Maurizio Cavallo va se retrouver projeté au pied d'une immense pyramide de pierres brunes dressée devant l'océan. Des hommes, des femmes et des enfants se pressent en multitude autour de l'édifice et fixent son sommet où une imposante silhouette vêtue de blanc et d'or, accomplit avec lenteur les gestes d'un rituel dédié au soleil. Le son résonnant d'un cor le fait frémir. En contemplant celui qui officie, il reconnaît immédiatement le Gardien de l'Akasha qui n'est autre que le Dieu Antharès, cette divinité née avant le début des temps, qu'il a déjà aperçu dans ses visions. C'est alors qu'il va percevoir un bruissement qui va le faire se retourner et revenir dans l'instant en Italie, au cœur de la réalité de sa vie.

À sa grande surprise, il va se retrouver face à ce prêtre de la pyramide, qu'il observait un instant plus tôt en train de pratiquer ses rituels. Antharès en personne, qui le fixe comme pour mieux sonder ses pensées. Comment cet être peut-il se trouver simultanément à deux endroits et en deux temps différents ? Il n'aura pas le loisir d'y réfléchir car à la seconde même, il va le sentir prendre possession de son esprit et ce sera à nouveau un tourbillon de souvenirs qui va l'entraîner pour on ne sait où. Vont défiler alors à une vitesse vertigineuse des bribes de mémoire de vies dont il a l'intuition qu'elles ne lui appartiennent pas. Peut-être, sont-ce les souvenirs et les mémoires de celui qui lui fait face ? Il n'en sait rien, mais en tout cas il a le sentiment que ce personnage le contraint à les vivre, comme s'il s'agissait des siens.

Il est si déboussolé qu'il ne peut même plus se raccrocher à ses quelques croyances religieuses. Il a été élevé dans la religion catholique sans pour autant pratiquer. Désormais, il a le sentiment que tout ce qu'on lui a appris repose sur un mensonge. D'évidence, le paradis terrestre qu'on lui a enseigné n'a jamais existé et il comprend que la chute de l'Eden fut seulement la perte d'un état de grâce. Il aura en effet la révélation de ce que l'homme originel vivait auparavant dans l'inconscience et ne discernait aucunement le bien du mal. Qu'il n'était soumis qu'à la loi de l'ordre naturel et donc simplement limité à se préoccuper de sa survie.

Révélations sur les origines de l'humanité terrestre

Cavallo apprendra que bien avant que cet homme originel n'existe, des êtres stellaires avaient décidé de modifier génétiquement une catégorie d'êtres vivants, surgis de l'océan primitif. Leurs ADN furent manipulés et d'hermaphrodites, ils devinrent mâles et femelles. Leurs cerveaux furent divisés en deux lobes et leurs larynx et trachées modifiés, afin qu'ils puissent parler. De ces manipulations serait ainsi né le premier Adam, apparemment dans un laboratoire situé sur un territoire de l'actuel Antarctique. Des femmes venues des étoiles participèrent aux expériences et mélangèrent leurs gênes à ceux de ces Terriens de l'origine. Hélas, tout ne se déroula pas comme prévu et des monstres naquirent parfois de ces manipulations génétiques hasardeuses : ce furent les gorgones, les géants ou les chimères qui peuplent les légendes. C'est aussi à ce moment que serait né le mythe de Lucifer, symbole ancestral de l'intelligence et de la ruse. C'était il y a 180 millions d'années, alors que la Terre primordiale n'était encore qu'une planète recouverte d'un immense océan d'eau et de glace, sur lequel ne flottait qu'un unique continent. Ces créateurs parvenus du fond de la galaxie furent nommés plus tard les Anciens. Ils provenaient du système de l'étoile Sirius, de la Ceinture d'Orion et des Pléiades. Certains Amérindiens du Nord, tels les Hopis ou les Zunis, les ont représentés avec des têtes en forme d'étoiles, sur leurs peintures ou leurs sculptures, que l'on appelle les « kachinas ».

Ses voix vont aussi lui révéler qu'il y aurait eu jadis, un grand bouleversement dans notre système solaire. Ball, une géante rouge qui de façon surprenante, serait devenue plus tard la planète Jupiter, aurait affronté Ra, notre actuel soleil. Cet affrontement titanesque aurait alors bouleversé les orbites de toutes les planètes de notre système solaire. Certaines seraient entrées en collision avec d'autres et auraient explosé avant de disparaître, tandis que de nouvelles seraient nées de ces monstrueux impacts. Afin de préserver la Terre des pluies incessantes de débris et des terribles perturbations électromagnétiques qui l'affectaient, les Visiteurs des étoiles auraient alors édifié une immense tour, qui ne serait autre que la Pyramide de Khéops. Une sorte de phare aurait été installé à son sommet, émettant un puissant rayonnement antigravitationnel destiné à augmenter le champ magnétique de la Terre. Ceci couplé avec d'autres technologies de même nature, parsemées sur différentes zones de la planète, les stellaires seraient ainsi parvenus à créer une sorte de sphère de protection autour d'elle, un réseau répulsif en quelque sorte. Pour ce qui est de Mars, dont l'orbite était de plus en plus instable, ils auraient placé en orbite rétrograde un satellite artificiel qui ne serait autre que Phobos, afin de la stabiliser. Vénus serait elle-même née d'une masse expulsée de Jupiter. Quant aux planètes de l'ancien soleil qu'était Jupiter, elles seraient tout simplement devenues ses lunes. Les débris d'autres globes désintégrés par cette tragique collision auraient aussi formé les anneaux de Saturne. Pour se protéger et mettre à l'abri les fruits de leur création, les Visiteurs auraient alors creusé d'immenses tunnels sous la croûte terrestre ainsi que sous les océans et construit d'immenses villes à des profondeurs inimaginables. Puis ils auraient quitté la planète, après que leurs créatures expérimentales se soient réfugiées sous sa surface. Maurizio Cavallo va aussi apprendre qu'il y a quelque 75 millions d'années, Vénus aurait percuté la Terre, en lui en arrachant une partie. Elle-même aurait perdu une part de sa matière, celle-ci ayant été projetée vers le Soleil.

Ce n'est que bien plus tard que les Anciens reviendront sur la Terre. Ils découvriront alors son nouveau visage, ainsi que les espèces qui ont survécu aux cataclysmes, dont les premiers hominiens créés. Ceux-là ont survécu en se cachant effectivement sous la surface, mais ils sont hélas profondément marqués par les terrifiantes catastrophes qu'ils ont dû affronter. Désormais, la peur est imprimée en eux et ils tremblent dès que la couleur du ciel change. Les stellaires diront à Cavallo que cette race survivante aurait été celle des géants et que les Visiteurs, les textes sacrés des civilisations anciennes telles que l'Égypte, Sumer, Babylone et quelques autres encore, seraient en fait les bribes des mémoires d'anciennes civilisations disparues.

Il apprendra encore de ses Visiteurs qu'ils auraient définitivement quitté la Terre il y a quinze mille ans, pour n'y retourner que de temps à autre, et ce encore de nos jours, afin de continuer à surveiller leurs programmes d'évolution, lesquels ne se seraient pas déroulés comme prévu. Ils n'avaient pas en effet envisagé certaines instabilités métaboliques chez leurs créatures et encore moins la cruauté inouïe développée par la plupart d'entre elles. À l'heure actuelle, ils exerceraient donc toujours une surveillance, mais avec une certaine distance cependant. Ils révéleront tout de même à Cavallo qu'un petit nombre d'entre eux vivraient toujours sur notre planète, certains s'étant même discrètement intégrés à la population humaine. D'après les informations qu'il a reçues, il semblerait qu'ils essayent plutôt maintenant de modifier la conscience des Terriens. Ceux qui ont des contacts avec eux et reçoivent directement leurs messages connaissent d'ailleurs le plus souvent, une modification de leurs pensées et de leurs comportements par la suite. Mais Cavallo soulignera qu'en réalité, leurs actions sont le plus souvent subtiles, puisqu'elles passent par le songe et les transmissions intuitives.

Les preuves de ses contacts

Le matin du 20 juillet 1982, il va se sentir comme téléguidé et poussé à se rendre non loin de la ville de Casale Montferrato. À peine arrivé à l'endroit qui lui a été indiqué, il va apercevoir un grand vaisseau au fuselage brun métallique, planant au-dessus des arbres. Il aura le réflexe d'enregistrer le son qu'il a émis, avant de disparaître rapidement dans une couche nuageuse. En examinant la partie du sol d'où il a décollé, il découvrira que subsistent des traces de brûlures et qu'un gros rocher tout proche semble avoir été vitrifié par une exposition à une chaleur intense. Il en prendra des photos et prélèvera un échantillon de sol. À partir de ce moment, il apercevra fréquemment des vaisseaux qu'il photographiera, tout comme les traces qu'ils pourraient avoir laissées. Il procédera également à de nombreux enregistrements des sons qu'ils émettent. Toutes ces preuves matérielles qu'il recueille le rassurent et lui permettent ainsi de se dire qu'il n'a pas complètement perdu la raison et que ce qu'il vit est bien réel, car autant le dire, à certains moments il se prend à douter et se demande s'il n'est pas devenu fou.

Voyage aux sources de l'Univers…

Un après-midi qu'il se sent particulièrement perturbé, son intuition lui suggère avec insistance de se rendre dans la clairière le soir même. Il va donc se laisser guider et y aller. Vers deux heures du matin, un puissant tourbillon de feuilles et de poussière va se former au milieu de la clairière, qui va rapidement se transformer en un tourbillon de lumière de près de deux mètres de haut, constitué de filaments multicolores. Au centre du vortex de lumière, il remarque que les contours d'une silhouette sont en train de se former et de se matérialiser. Le tourbillon va disparaître peu à peu il va se retrouver face à la belle Dhara, vêtue d'une somptueuse combinaison bleu-violet, ornée de bandes dorées aux chevilles et aux poignets.

Aussitôt, une voix cristalline va résonner dans sa tête, qui lui annonce que le moment est enfin venu pour lui de connaître les « Voies de l'Univers ». Dans l'instant, il va constater qu'autour d'eux, le silence est devenu pesant. C'est alors qu'il va voir la Clarienne faire d'étranges gestes de ses mains et de ses doigts, tandis que simultanément le paysage semble se transformer. Après que toutes ses formes et ses couleurs se soient mélangées, la clairière s'est finalement volatilisée pour laisser la place à un curieux décor. Le sol s'est en effet transformé en une sorte de pavement d'un vert brillant, rayé de lignes bleues. À bien y regarder, cela ressemble à un immense échiquier. Face à lui, Dhara tient maintenant une sorte de globe de couleur indescriptible, de vingt à vingt-cinq centimètres de diamètre. Lorsqu'il lui demandera où ils se trouvent, elle lui répondra qu'ils sont aux Sources de l'Univers, *« là où le temps eût son commencement et là où il cessera d'exister »*. Puis, elle ajoutera que depuis ce lieu qui en fait n'en est pas un, *« germèrent les espaces sidéraux, la géométrie qui codifia les germes de la vie, les atomes, les molécules qui construisirent les formes et induisirent les formes du cosmos physique »*. Elle ajoutera aussi qu'en réalité, ils n'ont jamais quitté la clairière et qu'ils occupent simplement en cet instant un point dans le temps, qu'elle qualifiera de « point nodal », lequel trouve inclus dans le carré de l'échiquier sur lequel ils se trouvent désormais tous les deux. Inutile de préciser que son commentaire laissera profondément perplexe Maurizio Cavallo, qui ne comprend toujours pas comment l'on peut se retrouver en deux endroits simultanément. C'est alors que la voix puissante d'Antharès va résonner et qu'il va découvrir avec stupéfaction que l'échiquier s'étend désormais à l'infini. L'être explique maintenant que *« l'espace et le temps sont des entités connectées mais non inséparables »*, que *« ce sont des facteurs complémentaires et relatifs dans la manifestation sur le plan physique mais qu'ils restent absolus et diversifiés dans la dimension astrale »*, que *« leur union dans la matière génère leur illusion »*, avant de finalement conclure que *« puisque le passé et le futur coïncident sur la même ligne droite, plusieurs lieux coïncident sur le même point »*. C'est ainsi que Maurizio Cavallo va réaliser que les entités qui le contactent ont la capacité de manipuler la matière et l'espace-temps et qu'ils pourraient bien être de ce fait, des sortes de voyageurs du temps. Plus extraordinaire encore, la voix va aussi révéler que c'est en fait l'imagination qui créé l'illusion d'un décor. Que la fantaisie et l'imagination sont les clés qui ouvrent les portes du ciel, que rien ne peut se créer depuis le néant et que tout ce que l'esprit rêve existe vraiment !

Une petite promenade sur Mars...

Après cela, Dhara va l'entraîner sur un autre carré de l'échiquier. À nouveau, le décor va se modifier dans l'instant et il va se retrouver à marcher à ses côtés sur un sol ocre et sableux. Elle lui annonce qu'ils se trouvent désormais sur la planète Mars. Le lieu est entouré de dunes et elle va se diriger vers l'une d'elles. Après l'avoir escaladée, ils vont apercevoir du haut de leur promontoire, une gigantesque métropole dont les constructions scintillent sous la lumière d'un coucher de soleil. Cavallo va aussi pouvoir contempler de vastes étendues herbeuses où paissent des sortes de mammifères gris brun de la taille d'un jeune veau mais ressemblant vaguement à des chèvres. Dhara précisera alors qu'ils sont les ancêtres des moutons et qu'ils ont été importés sur la Terre avec d'autres animaux, il y a bien longtemps. Elle ajoutera qu'en des temps reculés, les océans terriens avaient, eux aussi, été ensemencés par des formes de vie venues d'ailleurs, par la suite modifiées génétiquement et biologiquement afin de pouvoir survivre. Que de nombreuses semences furent également importées sur Terre, telles celles du cacao venu d'Orion ou du lys et de la rose, originaires des Pléiades et de la Chevelure de Bérénice. Le dattier, le palmier, le tabac, le cannabis et la coca, seraient, quant à elles, des espèces autochtones de Mars. Hormis le dattier, elles auraient toutes la particularité d'être des plantes sacrées aux prodigieuses propriétés. Dhara dira que les peuples premiers terriens ne l'ignoraient pas et que leurs descendants ont encore aujourd'hui en mémoire cette connaissance.

En contemplant ces paysages de Mars si différents de ceux figurant sur les clichés pris alors par les sondes spatiales, et plus tard par les Rovers de la Nasa, Maurizio Cavallo se demande à ce moment si ce qu'il a sous les yeux, représente son passé ou son futur. À sa grande surprise, Dhara qui a capté sa pensée, va lui répondre que ce sont les deux à la fois. Elle précisera aussitôt que Mars a la particularité de se trouver dans un état de suspension dimensionnelle. Que pour comprendre ce que cela signifie, il faut imaginer deux sphères, dont l'une est placée à l'intérieur de l'autre, la sphère intérieure étant celle du passé qui dévoile les séquelles du drame planétaire qui effaça, il y a des lustres, toutes formes de vie de sa surface et assécha ses océans. Dhara ajoutera que le Conseil Suprême des Veillants aurait un jour décidé de la rendre sacrée, ce qui aurait eu pour effet de rétablir à l'état initial tout ce qui existait d'elle avant la catastrophe. Elle précisera alors que ce que les Terriens observent aujourd'hui de Mars, ne serait rien d'autre que les données de la sphère de son passé. Elle dira encore que d'autres lieux seraient disséminés un peu partout, qui se trouveraient également dans un état de suspension dimensionnelle, où le présent, le passé et le futur coexisteraient. Il s'agirait de portails dimensionnels comme ce serait d'ailleurs le cas de la clairière où ils se retrouvent depuis un temps.

Ses explications vont laisser Maurizio Cavallo sans voix, mais Dhara ne va pas lui laisser le loisir d'y réfléchir puisqu'elle va immédiatement reprendre sa marche en direction de la métropole martienne, afin de la lui faire visiter. Il va ainsi découvrir avec étonnement qu'elle est entourée de remparts cristallins dont les parois étincellent sous la lumière du soleil. Elle lui expliquera alors que la muraille qu'il contemple est composée de matériaux divers: de la silice et de l'or, des ions de carbone, ainsi que de diverses autres molécules tirées de minéraux inconnus sur Terre. Elle ajoutera encore que c'est également le cas de certains de leurs édifices ou de leurs bases sous-marines et surtout de leurs vaisseaux.

Dans la métropole, Cavallo va croiser des Martiens dont le physique va un peu le surprendre. Ils ont en effet la taille d'enfants, une longue chevelure noire comme le jais et leurs traits sont très proches de ceux des Amérindiens. Ils sont habillés de vêtements multicolores, notamment des tuniques longues curieusement froufroutantes. Certains portent une coiffe qui ressemble un peu au « chullo », le bonnet traditionnel andin. Dhara dira que pour qu'ils aient la possibilité de les voir, elle a dû soumettre son corps à une accélération moléculaire, car la fréquence de la vibration est très élevée dans la sphère dimensionnelle où ils se trouvent, bien plus que sa propre vibration. Cette explication va lui faire alors comprendre la raison pour laquelle il perçoit sporadiquement un ronflement assez similaire à celui que produirait l'enroulement d'une bande magnétique et pourquoi les silhouettes de ces charmants Martiens semblent, de temps à autre, se mouvoir à un rythme accéléré.

Après leur escapade sur Mars, la dame des étoiles va le faire voyager sur la planète Jupiter dont les paysages inattendus vont le stupéfier. Il s'attendait en effet à découvrir une planète gazeuse, mais ce n'est pas exactement ce qu'il va contempler. Sa surface est en effet recouverte d'une épaisse forêt, haute et sombre comme le serait une forêt primaire. Très humide, elle baigne dans d'étranges brouillards jaunes. Un peu partout, des geysers crachent des jets de vapeurs et çà et là, des volcans déversent des torrents de lave incandescente. Dhara va lui révéler que Jupiter s'apprête à accueillir une nouvelle humanité. À l'en croire, les Terriens qui n'auront pas réussi à accéder à une conscience supérieure, se réincarneront ici. Elle ajoutera à ce propos que l'humain doit ainsi expérimenter la vie dans des mondes différents, d'un bout à l'autre de l'Univers, jusqu'à ce qu'il parvienne au stade de conscience de ce qu'elle qualifiera de « Un Primordial » ou d' «Architecte sans nom ».

À un moment, Cavallo va remarquer des créatures volantes ressemblant à de grands rapaces. Lorsque l'un d'eux les survolera, il se rendra compte de ce qu'il s'agit d'une sorte d'humain ailé, doté de bras et de jambes et d'un visage monstrueux aux grands yeux jaunes oblongs. Dhara précisera que sur Terre, ces êtres sont connus sous le nom de succubes, de harpies ou d'hommes-phalènes et qu'ils sont les guides et les gardiens de vastes territoires astraux, ainsi que de portes d'accès à des mondes parallèles. Effectivement, la description qui en est faite fait étrangement penser à celle du « Mothman », aperçu à diverses reprises en Virginie Occidentale et notamment à Point Pleasant dans les années 1960. Lors de sa visite de Jupiter, Maurizio Cavallo aura également l'occasion d'apercevoir quatre petits êtres gris, hauts de soixante à soixante-dix centimètres, en train de s'affairer autour d'un petit engin de forme discoïdale. Comme il fait remarquer à Dhara que les créatures volantes tournoient autour d'eux et qu'elles semblent les chercher, elle répondra qu'elles sentent effectivement leur présence mais qu'elles ne peuvent pas les voir. Cavallo et les Gris ne devaient donc pas alors, se trouver sur le même plan fréquentiel que les créatures.

Dhara va encore l'entraîner vers un autre monde. Soudainement, il va en effet se retrouver au pied d'un immense édifice qui ressemble étrangement à un gros saphir. À l'intérieur, il y découvrira des labyrinthes, des symboles et des formes géométriques et aussi des structures aux formes étranges. Lorsqu'ils vont finalement pénétrer dans une immense salle semi-circulaire, ils vont se retrouver face à sept gigantesques trônes de saphir où sont assis des êtres titanesques. Ceux-là ont des traits humains et semblent dormir profondément. C'est à ce moment qu'Antharès qui vient de surgir à leurs côtés va lui lancer: *« Tu voulais parler de Dieu, de quel Dieu? Le vôtre où celui auquel nous croyons? »*. Plus doucement, il ajoutera qu'il ne croit pas en ce Dieu qui est celui des Terriens, mais au « Un sans Nom », nommé par ailleurs « l'Architecte Invisible ». Certes, il n'a jamais vu son visage, mais il n'est pas le seul puisque les Veilleurs eux-mêmes qui sont pourtant les Seigneurs Sacrés du Commencement, ne le connaissent pas non plus. Puis il déclarera Clarion est dépourvue de religion en ajoutant que d'ailleurs, il n'existe aucune séparation entre la réalité physique et la dimension immatérielle. Imaginer le contraire serait une erreur et à tout le moins une illusion. Il dira aussi que sur leur planète, les rituels et les cérémonies sont des actes de force magique et de vénération vers le Grand Esprit qu'ils appellent aussi l'« Absolu Inconnaissable » ou l'« Ancien des Jours ». Il révélera encore que leur civilisation possède la conscience de l'atome primordial, tout comme la conscience de l'éternité et la prérogative de l'immortalité, en soulignant que somme toute, la mort n'est qu'une expérience de transformation. Puis il va annoncer qu'ils se trouvent dans le temple des Sept Dormants, un lieu hors du temps et de l'espace, et que les formes qu'il a aperçues dans ce temple ne sont en fait que ses propres projections mentales et rien d'autre.

Poursuivant sa tirade, il va ajouter qu'aucun Dieu n'a jamais dicté à un terrien, quel qu'il soit, le contenu des livres sacrés. Ceux-ci ne sont en fait que de simples chroniques d'évènements humains survenus dans le passé, de même que l'histoire de rencontres entre des hommes et des femmes de la Terre et leurs créateurs venus des étoiles. Il soulignera aussi que les textes initiaux ont été altérés par des recopiages multiples, quand ils n'ont pas été manipulés au gré des intérêts spécifiques de certains. Il dira encore que les Tables de la Loi « suggérées » à Moïse, destinées à endiguer les actions violentes des hommes, auraient d'ailleurs subi le même sort. Quant aux Sept Dormants qu'il a maintenant le privilège de contempler, ils sont les « Dieux qui rêvent ». Les humains de la Terre évoluent dans leurs rêves, comme tout ce qui existe, en ce compris les planètes et les étoiles et tout ce qui est passé, présent et futur. Aussi longtemps que ces personnages sacrés rêveront, les univers, les galaxies, les étoiles et les planètes continueront d'exister, mais le jour où ils émergeront de leur sommeil, tout se dissoudra et retombera dans l'oubli. C'est alors que depuis le néant, l'« Architecte sans Nom » forgera un nouveau temps et que de ce temps, un nouvel espace fleurira. D'autres Dormants rêveront alors à leur tour et tout sera recréé, mais semble-t-il différemment, car cette fois, hors la notion de temps.

Dhara reprendra à ce moment la parole pour ajouter que les Clariens comme d'autres stellaires, ont la capacité d'accéder à plusieurs plans dimensionnels en même temps et d'être ainsi présents dans plusieurs lieux différents. Elle ajoutera que les humains de la Terre n'en sont pas capables, à moins d'en subir des traumatismes graves et irréversibles ce, en raison de la fragilité de leur structure « psycho-biologique » et que si lui, a pu accéder à ces différents plans, c'est uniquement parce qu'il a été soumis à une « accélération moléculaire contrôlée ». Le voyage s'achèvera sur ces ultimes paroles de Dhara, laissant Cavallo dans un abîme de réflexions.

Rencontres avec des stellaires implantés sur la Terre

Un matin de printemps de 1986, il va une fois de plus recevoir l'impulsion mentale de se rendre à la clairière, ce qu'il fera l'après-midi même. Dans son livre, il précisera que lorsqu'il recevait un ordre psychique, il devait alors tout abandonner sur le champ, quoiqu'il soit en train de faire et où qu'il se trouve, ceci sans jamais avoir la moindre idée du lieu où il aurait à se rendre. En fait, ces Visiteurs le téléguidaient au fur et à mesure. Il se trouvait alors plongé dans une légère transe et il lui arrivait de conduire des heures durant sur des routes inconnues jusqu'au lieu du rendez-vous. Si cela n'est pas un bel exemple de contrôle mental, ça y ressemble !

En cet après-midi de printemps, il va donc aller attendre dans la clairière. Au bout d'une demi-heure, un petit disque argenté va enfin apparaître. Chama en descendra, accompagné d'un visiteur qu'il ne connaît pas. Tous deux vont lever le bras vers lui en guise de salut. Le personnage qui accompagne Chama est d'apparence masculine et parfaitement humaine. Il a le visage bronzé et de longs cheveux noirs flottent sur les épaules. Contrairement à ceux qu'il a déjà rencontrés, il n'est pas vêtu d'une combinaison, mais porte des vêtements bien terriens: une sorte de veste de chasse de cuir sombre, un pull à col roulé gris et un pantalon de velours noir. Il est aussi chaussé de souliers en daim. Il se dégage de lui une certaine élégance. Chama va transmettre télépathiquement à Cavallo qu'il se nomme Suell. À sa grande surprise, le nouveau venu ne s'exprimera pas télépathiquement, mais tout à fait normalement, qui plus est dans un italien parfait, teinté d'un léger accent.

Les présentations ainsi faites, ils vont se diriger vers le vaisseau en forme de disque dont Cavallo estimera le diamètre à environ vingt mètres, qui se trouve en sustentation à quelques centimètres du sol. Il va alors voir Chama effleurer de sa main la paroi du vaisseau qui va aussitôt devenir translucide, tandis qu'une large ouverture ovale apparaît sur sa structure. Comme à chaque fois qu'il se retrouve dans l'un de ces engins, il sera surpris par le fait que son intérieur semble bien plus vaste qu'il n'y paraît de l'extérieur.

Une jolie femme va les y accueillir, que Chama va lui présenter comme étant leur « officier de route ». Elle se nomme Ehluuen et porte une combinaison de vol identique à celle de Chama. Elle a un beau visage, le teint clair et de longs cheveux bruns mais surtout de magnifiques yeux verts un peu étirés vers les tempes. Maurizio aura droit à une visite du vaisseau et à une description de sa technologie. Ceci fait, ils vont lui faire visionner de petites séquences de films. Les images d'un paysage campagnard et un petit village vont d'abord apparaître sur un écran, suivies de la silhouette d'une adolescente âgée de douze ou treize ans, en train de déambuler parmi les pierres tombales d'un cimetière. À leur vue, Cavallo va éprouver un ressenti familier qui le surprendra un peu. Il va vite en comprendre la raison puisque Chama va lui annoncer qu'il s'agit de sa mère. Suell va poursuivre en révélant que ce jour-là, elle aussi a rencontré le peuple des étoiles et a eu des contacts avec eux. C'est ainsi qu'il va réaliser que, dès son plus jeune âge, sa propre mère a entretenu des liens avec ceux de Clarion. Chama ajoutera que c'est à partir de ce jour que lui et les siens, sont entrés dans son destin.

Suell va alors lui demander s'il se souvient d'une certaine nuit, alors qu'il était encore enfant, où se sont déroulés des phénomènes bizarres dans leur maison. Maurizio Cavallo va effectivement se souvenir de cette nuit si particulière où toute la famille avait été importunée par des voix, des présences invisibles et des lumières étranges dans la cour, de même que par des bruits inexplicables semblant provenir de nulle part. Sa mère en avait été si effrayée qu'elle avait décidé de déménager. La famille avait donc abandonné l'endroit rapidement et fait incroyable, cette maison qu'il venait de quitter, a entièrement brûlé vingt-quatre heures plus tard ! Suell lui expliquera qu'en se manifestant durant cette nuit singulièrement agitée, ils avaient modifié des facteurs et des évènements qui, sans leur intervention, auraient pu altérer son histoire. L'explication est peu claire et notre homme n'en saura pas plus car très étrangement, l'idée ne lui viendra même pas de poser de question.

Alors qu'ils sont sur le point de se séparer, l'idée va lui traverser l'esprit qu'il a laissé son appareil Polaroïd dans le coffre de sa voiture.

Suell qui a intercepté sa pensée lui propose alors d'aller le chercher, tout en ajoutant que si Elhuuen en est d'accord, il pourra la photographier. La photo de la Clarienne prise ce jour-là, figure dans son livre, comme d'ailleurs bien d'autres clichés de divers vaisseaux ou de personnages portant des scaphandres. Ceux représentant des êtres aux fins visages et aux grands yeux clairs ressemblant un peu à des hybrides, sont absolument surprenants et peuvent d'ailleurs être facilement trouvés sur le Net.

Au moment des adieux, Suell va lui confier une sorte de petite carte rectangulaire de couleur noire et d'aspect métallique qui dégage un discret courant électrique. Il lui recommandera de la conserver toujours avec lui puisque dans les jours à venir, il aura l'occasion de voyager avec lui. Cette carte lui dispensera les instructions nécessaires qui lui permettront de le rejoindre. Effectivement, elle lui communiquera des détails clairs et précis huit jours plus tard. Le procédé en sera surprenant puisqu'ils lui parviendront sous la forme de pensées comme s'ils lui avaient été transmis télépathiquement.

Voyage et rencontre avec d'autres Clariens

Le jour dit, Maurizio Cavallo va se rendre en train dans une grande ville du centre de l'Italie, dont il ne citera volontairement pas le nom. Arrivé à la gare, il pense que la carte va lui transmettre d'autres instructions mais il a beau la manipuler en tous sens, aucune information n'arrive jusqu'à son cerveau. En désespoir de cause, il va alors décider de s'installer dans un café voisin et d'attendre. Hélas, les heures passent et personne ne se manifeste. Il commence donc à s'inquiéter et même à se demander ce qu'il fait là. Il en est à ce stade de ses réflexions lorsqu'il va entendre quelques coups toqués à la vitre du bar. Suell va le rejoindre aussitôt et s'excuser de son retard, en lui expliquant qu'il est employé dans un bureau de l'administration publique et qu'il a été retenu par un contretemps bureaucratique ! Il porte cette fois un survêtement de velours marron et a rassemblé ses longs cheveux en tresse sur sa nuque. Des lunettes de soleil aux verres sombres dissimulent cette fois son regard. Sans attendre, il va le faire monter dans une vieille Ford noire et ils vont prendre la route.

Alors qu'ils roulent sur la nationale depuis peu de temps, Maurizio Cavallo se fait la réflexion qu'elle est bien déserte. À cette heure de la journée il devrait y avoir beaucoup de circulation mais il a beau regarder de toutes parts, il ne voit pas un seul véhicule à l'horizon ! En consultant sa montre, il constate aussi qu'ils ne roulent que depuis un peu plus de vingt minutes. Or, en regardant régulièrement les panneaux de signalisation, il sait qu'ils ont déjà parcouru près de 90 kilomètres. Comme leur vitesse ne semble pas excessive, il va finir par se dire que tout ceci n'est pas très normal. Suell qui a aussitôt capté sa pensée, se contentera d'expliquer qu'il y a effectivement des raisons à cela, mais peut-être pas trop logiques. Pour autant et comme cela semble être une coutume chez les Clariens, il ne s'épanchera pas sur le sujet. Cavallo n'en saura donc pas davantage.

Peu après, il va apercevoir à quelque distance et postés sur le bord de la voie, deux silhouettes qui vont faire signe à leur véhicule de s'arrêter. Ils portent les uniformes de policiers de la route. Maurizio Cavallo est un peu surpris car, a priori, aucune infraction n'a été commise. En attendant, Suell qui est sorti de la Ford, semble parlementer avec eux. Afin d'écouter leur conversation, il va baisser sa vitre mais à sa grande stupéfaction, il va immédiatement réaliser qu'il ne perçoit pas un traître mot de leur échange. À l'extérieur, règne un silence pesant qui lui paraît bien étrange, d'autant plus qu'il vient de réaliser que le paysage alentour semble comme pétrifié. Il éprouve également la désagréable impression de contempler un décor qui serait peint. Et ce n'est pas tout, puisqu'il se rend compte de ce qu'il fait aussi un froid glacial, alors que par ailleurs le temps est ensoleillé.

À peine auront-ils repris la route qu'il se fera la réflexion que les deux policiers qui les ont contrôlés, n'avaient ni moto, ni voiture. Un peu curieux tout de même pour une patrouille routière ! Pour autant, il ne fera aucune remarque, pas plus que Suell n'émettra de commentaires. En fait, son compagnon va entreprendre de lui parler d'univers mental, d'agrégation atomique, d'interaction fréquentielle entre matière et molécules, avant d'enchaîner sur la fragilité émotive et logique de la pensée. Et comme si cela ne suffisait pas, il abordera dans la foulée la philosophie, la métaphysique et l'ésotérisme, en faisant systématiquement état de l'équation qui existe entre le visible et l'invisible. Et pour faire bonne mesure, il achèvera enfin son monologue quelque peu technique, en déclarant que William Blake et Einstein, comme d'autres aussi dont il lui recommandera de ne jamais citer les noms, auraient été des contactés qui auraient tous reçu divers enseignements de la part de stellaires. Quant à Christophe Colomb, il aurait été inspiré télépathiquement et suivi par des vaisseaux spatiaux durant toute sa traversée de l'Atlantique. Le coup de grâce lui sera asséné lorsque Suell lui annoncera tranquillement que Léonard de Vinci et Jonathan Swift étaient en réalité des stellaires en mission sur la Terre ! Cavallo qui n'a pas ouvert la bouche, va alors comprendre qu'ils sont en train de quitter la nationale et remarquer avec un certain étonnement que la circulation a soudainement repris son cours normal…

Ils rouleront encore un moment avant que Suell ne s'engage sur un chemin de terre bordant un immense pâturage. C'est alors qu'il va stopper la voiture et annoncer qu'ils vont maintenant finir à pied. Cavallo qui vient de consulter à nouveau sa montre, va constater qu'il ne s'est écoulé qu'un petit peu plus d'une quarantaine de minutes depuis leur départ de la ville dont ils sont pourtant éloignés de quelque 120 kilomètres. Comme ils ont été retardés par le contrôle routier et que Suell a roulé à une vitesse plutôt modérée, cela non plus ne lui paraît pas très cohérent. Pour autant et une fois encore, il ne dira mot.

Après une marche de plusieurs kilomètres à travers les alpages, ils vont finir par atteindre une grande bâtisse de pierres grises, agrémentée d'une véranda. Une très belle femme qui semble être âgée de trente-cinq ans, peut-être même de quarante, va immédiatement venir à leur rencontre. Elle va se présenter sous le nom de Juyelha et échanger avec Suell un salut très particulier, qui va consister à poser par deux fois leurs mains sur leurs épaules respectives. Cavallo va apercevoir alors un homme posté sur le seuil de la demeure, vêtu d'une chemise écossaise et d'un jean. Son incroyable ressemblance avec Suell va immédiatement le frapper. Hormis le fait qu'il semble de quelques années plus âgé que lui et qu'il porte les cheveux très courts, on dirait son jumeau. L'homme se présentera sous le nom de Dhusha.

À peine les présentations terminées, voilà que Cavallo se sent pris de malaise : sa vue est brouillée et il titube. On va le faire asseoir sur un grand divan et la femme va lui donner à boire une sorte de liquide ambré, sans odeur ni saveur particulière, qui aura le mérite de le remettre immédiatement sur pied. En dégustant le breuvage qu'on lui a servi, il a eu le temps d'observer la pièce où il se trouve. Elle est spacieuse, décorée de meubles et de gravures anciennes de belle facture. Les murs sont agrémentés de grands tableaux représentant des sujets géométriques très colorés et devant une fenêtre trône un grand piano à queue en laque noire.

La conversation va s'engager et à un moment, Dhusha va déclarer occuper d'importantes fonctions au sein d'une ambassade, dont il se gardera toutefois de dévoiler le pays de rattachement. Il dira avoir la charge de missions opérationnelles, sans plus de précisions. Quant à Juyelha, elle indiquera exercer la fonction de chercheur dans un grand laboratoire. Sans transition, elle soulignera qu'elle et Dhusha ne sont pas mariés ensemble et que leur vie commune n'est en fait qu'une couverture. Puis très simplement, elle ajoutera qu'ils sont en mission sur Terre depuis quatre-vingts ans, mais aussi sur le point de repartir bientôt. Elle expliquera encore que sur Clarion les unions ne sont pas religieuses, mais se font par affinités intellectuelles, physiques et astrales et aussi, qu'elles s'achèvent toujours harmonieusement, ce qui se produit quand la fréquence évolutive d'un couple diffère. Quant aux enfants clariens, tous sont élevés sous la tutelle de la communauté.

Dhusha va ensuite se lancer dans une discussion à propos de l'ADN. Il va ainsi expliquer à Cavallo que les sons, les lemmes, les locutions de langage et la musique sont des fréquences génétiquement codifiées et que l'ADN humain qui réagit à des « impulsions modulées », contient un programme qui peut être modifié. Il révélera également qu'un segment de cet ADN humain aurait été remanié il y a bien longtemps par les créateurs, car les Terriens étaient devenus trop dangereux. Ainsi, quelque chose leur manque puisque leur ADN n'est plus complet. Sur ces entrefaites, il va encore préciser *« qu'en projetant des fréquences déterminées à travers les couleurs, les mots et la musique, on peut modifier les corps-clés du code génétique, les reprogrammer et les faire réagir à de nouvelles séquences dynamiques. On peut changer les séquences contenues dans l'ADN, en capturant l'hologramme schématique d'un code particulier et en le retransmettant à un autre. À travers des dynamismes sonores et chromatiques, on peut obtenir une reprogrammation cellulaire. Les informations contenues dans l'ADN peuvent être transmises à travers la parole puisque le langage contient la mémoire codifiée de l'univers entier »*. Maurizio Cavallo apprendra encore de Dhusha que dans les 90 % de l'ADN, qu'actuellement la science terrienne considère comme inutile, résident les cartes de la Création, de même que les réseaux multidimensionnels à travers lesquels le Cosmos interagit. Aurait-il fait allusion à ce mystérieux ADN poubelle ? Il prédira aussi que dans un temps rapproché, les Terriens se prendront eux-mêmes pour des créateurs et que ce sera une bien mauvaise idée, puisque leurs manipulations génétiques hasardeuses produiront tôt ou tard d'aberrantes monstruosités. Celles-ci provoqueront des effets collatéraux qu'il qualifiera de « criminels » lesquels seront bien difficiles à prévoir et surtout impossibles à maîtriser. Il achèvera sa prédiction en disant que pour ces différentes raisons, les Clariens espèrent bien que les Terriens agiront de manière plus responsable et qu'ils se tourneront rapidement vers une connaissance supérieure, afin d'éviter les catastrophes.

Après cette tirade aussi inquiétante qu'instructive, Juyelha va servir une petite collation. C'est ainsi que Cavallo aura le privilège de déguster d'étranges beignets d'un aspect compact assez semblable à celui de la pâte d'amandes, qui s'avérera en bouche de texture légère et d'un goût savoureux, même s'il lui paraît indéfinissable. Lui seront également servies des sortes de tartines dont il aura la surprise de découvrir qu'elles ont la texture de la viande. La seconde surprise arrivera lorsque Juyelha lui annoncera fièrement qu'il s'agit de « bon poisson de Clarion ». Suell expliquera alors que les Clariens ne consomment pas de viande, contrairement à certains autres peuples stellaires qui en mangent tout de même en petite quantité. Il précisera que consommer de la viande n'est pas nécessaire à l'organisme humain et qu'il peut donc s'en passer. Toutefois, la consommation de viande peut faire partie d'une normalité biologique chez certains individus et ce n'est donc pas un péché que de s'en nourrir. Il étonnera un peu Cavallo en disant que les humains qui pensent le contraire, souffrent probablement d'une forte conflictualité et d'une culpabilité qui ne se justifie pas forcément. De son point de vue, tuer les animaux ne deviendrait en réalité un crime que si on les tue, sans que cela soit nécessaire à la survie. Pour sa part, Juyelha expliquera que dans certaines sphères purement spirituelles, les êtres ne consomment pas de nourritures corporelles et n'absorbent en fait que « l'Essence du Tout ». Elle ajoutera qu'elle et Dhusha, se nourrissent quant à eux principalement de graines et de plantes, lesquelles sont cultivées dans un laboratoire-serre se trouvant sous leur maison. En guise de dessert, elle servira une sorte de feuilleté vert au goût subtil et parfumé. Le repas aura été arrosé de boissons colorées au goût étrange, mais agréable. L'une d'elles, d'un beau rouge tamarin, lui rappellera d'ailleurs l'odeur de la violette.

Une fois le déjeuner achevé, Dhusha va se mettre au piano et jouer d'une manière plutôt singulière, c'est le moins que l'on puisse dire. Maurizio Cavallo va en effet le voir faire des mouvements comme s'il jouait, à ceci près qu'il ne sortira jamais le moindre son de l'instrument. Surpris, il va se rapprocher pour constater que le piano est en fait dépourvu de clavier et que le pianiste se contente donc d'effleurer de ses doigts, des sortes de sillons métalliques. Ce n'est que lorsqu'il effleurera une petite cavité de l'instrument, qu'un flot de sons mélodieux envahira la pièce. C'est tellement beau que Cavallo aimerait bien mémoriser la mélodie mais hélas, tout s'efface de son cerveau au fur et à mesure. Comme il s'en désole, on va lui en expliquer la raison: en réalité, ce n'est pas de la musique qu'il perçoit, mais de l'énergie à l'état pur; ce n'est pas non plus le son des notes qu'il entend, mais des périodes cosmiques. C'est ainsi que Cavallo découvrira que ce système ne produit pas vraiment de sons, mais qu'en réalité, il transforme des souvenirs et des mémoires profondes en des sonorités, que normalement l'oreille humaine ne pourrait pas percevoir. Dhusha précisera à Cavallo que pour qu'il ait pu profiter de la mélodie qu'il vient d'interpréter, il a dû convertir les fréquences émises par son instrument. Notre homme ne va pas être au bout de ses surprises puisqu'en effet, lorsque Dhusha va tout à coup effleurer un sillon de son étrange piano, celui-ci va alors se déplacer en même temps que le carrelage du sol, laissant ainsi apparaître un accès triangulaire donnant vers le sous-sol.

Tous vont donc descendre un petit escalier débouchant vers un tunnel qui mène dans les profondeurs. Après avoir marché quelques minutes, ils vont se retrouver dans une immense salle circulaire, dont la forme rappelle celle d'une coupole. Les murs qui recouvrent la roche dans laquelle elle a été creusée, sont translucides. Dans ce lieu inattendu, Cavallo va découvrir une infinité de plantes et de formes végétales surprenantes. Il verra aussi des fleurs aux couleurs inconnues sur Terre ainsi que des herbes particulièrement odorantes. Il apercevra également diverses sortes de panneaux affichant des informations sous forme de symboles, de graphiques et de caractères indéchiffrables.

Leur méthode de culture va singulièrement l'impressionner puisqu'on va lui montrer de larges bandes de terre, éclairées par des sortes de réflecteurs en forme de cloches. Ces bandes sont parcourues à leur surface par d'imperceptibles vagues. Ces mouvements subtils semblent provenir d'un point hypothétique qui, sous l'effet de vibrations, se transforme en cercles concentriques, en spirales ou en sphéroïdes. Les dessins géométriques qui se forment en permanence à la surface de ces bandes de terre, vont d'ailleurs lui rappeler les singuliers pictogrammes qui apparaissent parfois dans les cultures céréalières, que l'on nomme communément « crops circles ». Dhusha va en profiter pour lui expliquer la nature et la création de ces « crops circles ». Il dira ainsi que des transmetteurs holographiques installés dans leurs vaisseaux réalisent des figures géométriques, lesquelles seraient en fait la représentation archétypale de chaque gène. Il ajoutera encore qu'ils sont en train d'opérer de cette façon une mutation sur les schémas de base de la vie des végétaux terriens et que depuis longtemps, d'autres races stellaires se chargent de leur côté, d'insérer de nouvelles architectures génétiques dans la sphère animale. Il s'abstiendra toutefois de donner des précisions sur le procédé. Pour conclure, Dhusha déclarera que toutes ces opérations sont réalisées avec l'objectif de préserver la faune et la flore terrestre, mais aussi d'élever l'ADN des diverses espèces afin qu'elles puissent s'adapter aux nouvelles fréquences dynamiques développées par les centres telluriques de notre planète. D'après lui, il existerait en effet ainsi depuis un certain temps sur Terre, de nouvelles séquences spatio-temporelles auxquelles toutes les formes de vies terrestres ne seraient pas susceptibles de s'adapter. Sans leur aide, elles disparaîtraient quasi totalement.

Après ces moments aussi agréables qu'instructifs, Cavallo va prendre congé. Suell le ramènera en ville et cette fois, le voyage se déroulera sans anomalies. Lorsque la voiture redémarrera après l'avoir déposé, Maurizio Cavallo se rendra compte toutefois de ce que sa plaque d'immatriculation ne comportait pas les chiffres habituels, lesquels avaient en fait été remplacés par des sortes d'idéogrammes brunis et un peu en relief qui lui feront penser à des hiéroglyphes.

Des clins d'œil dans le temps…

Après cette rencontre, les contacts vont devenir plus espacés, puis de plus en plus rares. De temps à autre, il aura bien encore quelques clins d'œil de ses Visiteurs, comme durant un certain après-midi du 1er février 1989, mais guère plus. Ainsi, alors qu'il se trouve en compagnie de deux personnes s'intéressant à ses expériences, un magnétophone posé sur un bureau va se déclencher tout seul en position d'enregistrement, avant de s'éteindre de la même façon, quelques instants plus tard. Lorsqu'ils écouteront l'enregistrement, ils entendront avec stupéfaction une voix profonde aux accents métalliques dire : « *Suell parle. Salut la Terre ! Nous sommes les enfants de Clarion et nous sommes dans le monde. Écoutez la voix des étoiles, la palpitation de la vie dans l'Univers ; découvrez l'empreinte de nos pas dans la poussière de votre planète* ». Cette fois, la manifestation d'un Visiteur de Clarion se sera réalisée devant témoins.

Maurizio Cavallo, contacté crédible ou affabulateur ?

L'aventure vécue par ce contacté aura duré dix longues années, mais il semblerait qu'il ait toujours de temps à autre de subtils contacts avec ces êtres venus d'ailleurs, même si ces contacts ne sont plus physiques. Après cet épisode de sa vie nourri d'intenses rencontres, Cavallo va user du pseudonyme de Jhlos, avant de ressentir l'inexplicable et irrépressible besoin de peindre des toiles. C'est ainsi qu'il deviendra artiste-peintre. Ses œuvres représentent le plus souvent des motifs géométriques où se croisent des univers multiples. Il a également peint certains des êtres qu'il dit avoir croisés lors de ses voyages multidimensionnels et notamment Antharès. Il déclarera à maintes reprises que les entités qui lui ont diffusé leurs enseignements sont sensibles aux arts en général, que ce soient les arts graphiques, la danse ou la musique.

Il finira par relater son incroyable aventure dans un livre publié en 2009, sous le titre français *Le rivage des Dieux*. Les êtres de Clarion qu'il dit avoir rencontrés, photographiés et même enregistrés ne lui auront pas fait subir les procédures d'abductions classiques, auxquelles se livrent généralement les Gris sur leurs victimes. Disons qu'il a plutôt fait l'objet de rapts psychiques qui lui ont permis de voyager dans des espaces multidimensionnels non matériels et de recevoir de nombreux enseignements, même si par ailleurs, il en a souvent subi les désagréments physiques. Contrairement à la plupart des contactés, il a conservé des souvenirs conscients de ses rencontres rapprochées et n'a pas eu besoin, semble-t-il, de se soumettre à des procédures de régressions sous hypnose afin de recouvrer la mémoire. L'aventure qu'il a vécue possède indéniablement une dimension spirituelle, dont on peut prendre véritablement toute la mesure en lisant son ouvrage. Son cas a été largement étudié par la journaliste et ufologue italo-américaine Paola Harris, devenue son amie, qui a mené une enquête minutieuse et l'a interviewé à diverses reprises. Pour sa part, elle semble considérer son cas comme parfaitement crédible.

5.
Robert L.
et les visiteurs intergalactiques

Ce cas de contact s'est déroulé en France et plus précisément en Aveyron à la fin des années 60, il y a donc plus d'un demi-siècle. Il a été connu du public du fait du livre publié sous le titre *« Ovnis en France »* par Georges METZ, un enquêteur de la très sérieuse revue ufologique française LDLN. La personne concernée, Robert L. était alors âgé de 21 ans lorsque son aventure a débuté et il a vécu durant plusieurs années une histoire peu commune. Dans les années 1970, un premier enquêteur, Fernand Lagarde, était déjà venu recueillir son témoignage. À cet enquêteur, il n'avait toutefois révélé que bien peu, invoquant qu'une voix intérieure lui soufflait de ne pas le faire. Georges Metz reprendra l'enquête de son prédécesseur dès l'année 2005 et la revue LDLN publiera quatre articles sur le sujet en 2006 et 2007. C'est donc grâce à cet enquêteur méticuleux que bien des années plus tard sera révélée l'aventure plutôt sidérante vécue par ce contacté.

Observations et Premiers contacts

Tout commence donc au début de l'été 1966. À l'époque, Robert L.

vit encore avec ses parents et sa grand-mère dans une ferme du hameau de Roumagnac, situé sur le territoire de la commune de La Fouillade, à environ 17 kilomètres au sud de la charmante petite ville de Villefranche-sur-Rouergue. Bâtie en surplomb, elle bénéficie d'une large vue sur la campagne environnante. Le 15 juin 1966, aux alentours de 21 heures 30, la grand-mère alors âgée de soixante-seize ans qui se trouve alors dans sa chambre, au premier étage de la belle maison ancienne où vit la famille, jette machinalement un coup d'œil par la fenêtre. C'est alors qu'elle remarque au loin, de grosses boules lumineuses qu'elle qualifiera de « feux », en train de se déplacer au ras du sol au-dessus des champs à un bon kilomètre de la ferme. La vieille dame est surprise et en même temps apeurée car l'été est propice aux incendies. Et surtout, de sa vie elle n'a jamais observé un tel phénomène auparavant. Elle appelle aussitôt son gendre qui monte la rejoindre. Tous deux vont alors observer durant un petit moment trois boules qui s'éteignent parfois, pour aller se rallumer un peu plus loin. Elles se déplacent assez lentement dans le ciel crépusculaire déjà un peu sombre en survolant les champs et les haies, en même temps qu'elles montent et descendent les collines. Mais ce qui les inquiète un peu, c'est qu'elles semblent se diriger vers la ferme. Qu'est-ce que cela peut bien être ?

Le père de Robert L. dira que ce soir-là l'une de ces boules de lumière s'est approchée jusqu'à quinze mètres de la ferme, ce qui lui a permis de constater que sa base était légèrement aplatie et qu'elle sustentait à environ quinze centimètres au-dessus du sol. Soudain elle va s'éteindre comme si on avait tourné un interrupteur et dans l'instant, il va en apercevoir une autre, absolument identique, à environ 500 mètres. Est-ce la même ? Tout ceci est fort étrange et il se dit qu'il serait peut-être mieux d'aller y voir de plus près. C'est d'ailleurs ce qu'il va faire.

À peine est-il sorti de la ferme qu'il repère la sphère immobilisée à quelque distance ainsi qu'un autre phénomène lumineux dans un champ plus éloigné. On dirait cette fois un arbre qui brûle, mais sans flamme ni fumée, tel une sorte de buisson-ardent. Puis soudain, ce sont six boules qu'il va observer simultanément en train de se déplacer très lentement en file indienne, espacées de plusieurs mètres les unes des autres. Le manège va durer une bonne demi-heure avant qu'elles ne se dirigent vers un objet qu'il vient juste de repérer. Son extrémité est pointue et il ressemble en fait à une sorte d'obus. Elles vont alors sembler fusionner avec lui avant de disparaître. Pour ne pas inquiéter sa belle-mère, le genre ne lui dira pas ce qu'il vient de voir, d'autant que ce n'est pas la première fois qu'il les observe. Ce ne sera pas la dernière non plus puisque dans les jours qui vont suivre, le manège se reproduira.

Le 25 juin 1966, Robert L. qui vient de participer à une fête dans le village voisin de Lunac, rentre chez lui. Lorsqu'il arrive à la ferme familiale aux alentours de 1 heure 30 du matin, il est un peu surpris. La cour est en effet éclairée et il y a aussi de la lumière aux fenêtres alors que normalement, ses parents et sa grand-mère devraient dormir depuis bien longtemps. En réalité, son père et sa grand-mère qui ne se sont pas couchés, vont lui expliquer fébrilement que dans la soirée, ils ont aperçu une lumière en forme d'obus ainsi que cinq à six boules de lumière d'un blanc jaune, en train de « se promener » tout autour de la ferme. Elles mesuraient de 1 mètre à un 1,20 mètre de diamètre et semblaient provenir de l'obus de lumière stationné au creux de la vallée en contrebas. Elles se sont approchées lentement et très près de la maison sans faire le moindre bruit. Curieusement, leur lumière n'éclairait ni le sol ni le paysage alentour. Parfois elles s'éteignaient tout à coup pour se rallumer quelques instants plus tard. Des voisins venus les rejoindre les ont vues aussi. Une fois de plus, la grand-mère est dans tous ces états puisqu'elle craint par-dessus tout qu'elles ne mettent le feu aux champs voisins. Mais ce soir-là Robert L. aura beau écarquiller les yeux et regarder attentivement dans la direction qu'on lui indique, il ne verra rien. On discutera encore un moment de tout cela devant une tisane avant d'aller se coucher. Son père se dira convaincu pour sa part de ce qu'il doit s'agir d'engins secrets militaires qui auraient peut-être échappé au contrôle de l'armée. Après tout, on est en pleine guerre froide. Finalement, les mois passeront et on finira tout bonnement par oublier l'incident.

Le 2 janvier 1967 vers 21 heures, Robert L entend son père qui l'appelle à grands cris pour lui dire que les mêmes boules de lumières qu'il a vues en juin sont revenues. Il sort alors précipitamment mais hélas, ne voit rien. Il retourne donc à ses occupations dans la grange où il était en train de sortir le foin destiné à nourrir les bêtes le lendemain. Quelques instants plus tard, son père hurle à nouveau à plein poumons qu'elles sont là. Il ressort en courant et les aperçoit enfin. Elles émergent effectivement d'une sorte d'obus de lumière et approchent lentement et silencieusement de la ferme. Ce soir-là, elles évolueront derrière la grange jusque tard dans la soirée. Inutile de préciser que la famille est très ébranlée, surtout la mère du jeune homme qui est absolument terrorisée et sanglote tout ce qu'elle sait. La grand-mère très inquiète aussi, tente bien de consoler sa fille, mais ses efforts sont vains. Toute la maisonnée ressent désormais un profond sentiment d'insécurité.

Deux jours plus tard, exactement à la même heure, les sphères vont encore apparaître, tout comme le gros obus dressé au fond de la vallée. Quand elles vont approcher de la ferme, le père va cette fois ordonner à ses deux chiennes de les poursuivre. Elles s'élancent et tous vont voir alors les sphères reculer à leur approche avant de s'éteindre. Une fois que les bêtes seront revenues vers leur maître, elles se rallumeront aussitôt puis rejoindront l'obus. Le comportement des chiennes est intéressant car elles n'ont pas hésité un seul instant à se lancer à leur poursuite, alors que généralement, dans les cas d'observations rapprochées de cette nature, les animaux sont en principe tétanisés de frousse et hurlent à la mort.

Le 6 janvier dans la soirée alors que le père est sorti pour voir ses bêtes, il se retrouve nez à nez avec l'une d'elles, postée entre l'étable et la maison. Il se dit qu'il va la coincer en faisant le tour de la ferme. Son stratagème va hélas échouer car une fois sur la route qui longe la ferme, elle semble l'attendre, stationnée en plein milieu de la chaussée. Aurait-elle lu dans ses pensées ? C'est la question qu'il se pose. Comme il veut en avoir le cœur net, il décide alors de s'éloigner un peu sur la route. Et voilà que la sphère le suit en longeant la chaussée. Mieux encore, au moment où il arrive à la hauteur d'un chemin de terre, elle lui barre carrément le passage. Dégoûté et tout de même un peu inquiet, il décide de rebrousser chemin. Pour finir, la « chose » le suivra tranquillement jusqu'à la ferme !

Bien entendu, le fermier a alerté son fils mais quand il arrivera, elle aura déjà disparu. C'est un petit moment plus tard que les deux hommes assisteront au défilé de six globes en train de se diriger vers l'obus posé cette fois au beau milieu d'un champ. Au faîte de son sommet pointu, s'est allumé un puissant faisceau qui tourne en balayant la campagne environnante, tel que le ferait un phare.

Comme il est tard, la famille est montée se coucher mais Robert L a décidé de continuer d'observer le phénomène. C'est ainsi qu'à un moment, il va distinguer trois branches placées de chaque côté de l'obus. Une boule semble posée sur chacune d'elles. Soudain, les six boules vont toutes être comme avalées par l'obus. La fatigue aidant, il finira par rejoindre son lit, mais durant une partie de la nuit, il continuera de voir à travers la fenêtre le balayage du faisceau de l'obus qui à chacun de ses passages éclaire sa chambre comme en plein jour. Et les choses ne s'arrêteront pas là puisque les soirs qui vont suivre, le même phénomène se reproduira. Un cultivateur, voisin de la famille L., rapportera plus tard aux enquêteurs avoir lui aussi aperçu des lumières bizarres certains soirs dans la campagne environnante. À part une fois où il a eu un doute en voyant une lumière qui évoluait dans les champs, il dira avoir plutôt dans l'idée qu'il s'agissait d'enfants qui se seraient amusés à éclairer le paysage avec un puissant phare.

Le soir du 11 janvier 1967, Robert L. va une fois encore, observer l'obus depuis la fenêtre de sa chambre et remarquer aussi la présence soudaine d'une sphère lumineuse qui se déplace en direction de la ferme en suivant un petit chemin. Arrivée à proximité de ses bâtiments, elle s'est immobilisée. C'est alors que l'idée va lui traverser l'esprit de sauter dans la Peugeot de son père et de lui foncer dessus. Aussitôt dit, aussitôt fait. Arrivé à une trentaine de mètres de sa cible, voilà que la boule se met à fuir en se déplaçant à la vitesse d'une automobile. Bien décidé à la rattraper, il accélère autant qu'il le peut, mais elle aussi ! Et maintenant l'aiguille marque au compteur les 90 km/h !

Il ralentira sa course en apercevant l'obus qui flotte à environ deux mètres du sol, sur le bord gauche de la route. Arrivé à une trentaine de mètres de lui, il stoppe son véhicule pour mieux l'observer. L'objet mesure au moins 13 mètres de haut pour 2 à 2,5 mètres de diamètre. Il est fait de lumière blanche et une sorte de halo brun couronne son sommet. Non loin de lui, il distingue la sphère immobile qui semble l'attendre. Il décide d'aller la contempler de plus près, mais au moment où il va ouvrir la portière, il va percevoir comme un sifflement, tandis qu'il constatera que la luminosité de l'obus s'accentue. Il le verra alors basculer à 45° et effectuer comme une sorte de vol glissant, avant de disparaître à grande vitesse dans le ciel nocturne. Il aura tout juste eu le temps de remarquer la formation d'une sorte de brume verdâtre au moment où il s'inclinait. La boule de lumière qui n'a pas bougé d'un pouce est, quant à elle, toujours immobilisée à environ 150 mètres de lui.

Plus déterminé que jamais, le jeune homme va décider de reprendre sa poursuite mais très vite, il va réaliser que quelle que soit la vitesse à laquelle il roule, qu'il ralentisse ou accélère, la distance est toujours la même entre la sphère et son véhicule. Il va rouler ainsi durant trois kilomètres jusqu'à arriver à proximité d'une route nationale. C'est alors que sans raison, la Peugeot va se mettre brusquement à ralentir car son moteur vient de caler. Il rejoindra le bas-côté en roue libre, tous phares éteints. Le voici désormais dans le noir.

À sa grande surprise, il va constater que la sphère a atteint l'intersection avec la nationale. Elle va soudain faire un bon de côté et sauter un fossé, pour aller finalement s'immobiliser au-dessus d'un champ. C'est aussi à ce moment qu'il va avoir la frousse de sa vie puisque dans l'instant, il va voir en effet le ciel qui « s'entrouvre » sur sa gauche. C'est en tout cas l'expression qu'il utilisera devant les enquêteurs. Et ce n'est pas tout puisque de l'ouverture béante, va surgir une lumière orangée qui va se diriger droit vers lui à bonne vitesse. Il va réaliser qu'en fait de lumière, il s'agit en réalité d'un engin qui semble plat et ressemble à s'y méprendre à une soucoupe volante ! Elle va venir se positionner à une vingtaine de mètres de lui au-dessus d'un pré. Désormais, elle oscille à quelques mètres au-dessus du sol en vol stationnaire. Robert L. dira qu'elle était de la taille d'une camionnette ou d'un minibus et qu'un phare rouge brillait à son arrière. Elle va s'incliner dans sa direction, ce qui va lui permettre de constater que sur sa partie supérieure se trouvent deux dômes. Sous ces dômes, il va distinguer deux personnages vêtus de combinaisons blanches qui semblent d'apparence humaine, mais dont les contours lui paraissent un peu flous. L'apparition semble alors baigner dans une sorte de brouillard verdâtre.

Afin de mieux la détailler, Robert L. va baisser la vitre. Aussitôt, il va ressentir une vague de chaleur lui sauter au visage, suivie d'une paralysie soudaine qui, dans l'instant, l'empêchera de faire le moindre mouvement. Il réalisera par la même occasion que tout l'environnement est désormais plongé dans un silence absolu et inhabituel. L'unique son qu'il perçoit est l'étrange claquement que produit un panneau de signalisation, en train de vibrer violemment un peu plus loin. Lorsqu'il cessera enfin, il percevra alors un sifflement aigu qui va aller en s'amplifiant alors que dans le même temps, la soucoupe deviendra de plus en plus lumineuse. Elle va alors s'élever rapidement à une cinquantaine de mètres pour redescendre tout aussi vite, jusqu'à deux ou trois mètres au-dessus du sol, avant de disparaître dans le ciel à une vitesse phénoménale. À ce moment, elle sera entourée d'un halo lumineux intense, blanc et jaune. Après cet épisode, Robert L. ne se souviendra plus de rien. En reprenant conscience, il constatera qu'il est allongé dans un fossé, complètement frigorifié et se demandera ce qu'il peut bien faire là en plein milieu de la nuit.

La Peugeot va redémarrer sans problème mais quand il arrivera à la ferme, il trouvera ses parents profondément angoissés, en train de l'attendre. Ils vont lui demander où il était passé et ce qu'il lui est arrivé puisqu'il est tout de même quatre heures du matin ! La seule chose qu'il trouvera à répondre ou plutôt à leur demander, c'est pourquoi ils n'ont pas prévenu les voisins de sa disparition prolongée. Avec surprise, il apprendra qu'ils l'auraient bien fait mais qu'ils ne le pouvaient pas, puisque deux sphères qui s'étaient positionnées à chacune des deux sorties de la cour, leur barraient carrément le passage. Elles n'ont en fait disparu que quelques instants avant son retour.

Dans les jours qui suivront, Robert L. va se sentir épuisé, vidé de toute énergie. Plusieurs fois dans la journée, il sera pris de brusques accès de somnolence contre lesquels il ne peut absolument pas lutter. C'est ainsi qu'il va lui arriver de dormir près de dix-huit heures par jour ! Et cela va encore s'aggraver puisque c'est à peine s'il parvient à se tenir éveillé quatre heures d'affilée dans une journée. Durant son sommeil, il multiplie les rêves étranges accompagnés de sensations bizarres. Et ce n'est pas tout, puisque pratiquement chaque nuit, il se réveille vers quatre ou cinq heures du matin. À peine a-t-il ouvert l'œil que la paralysie le gagne. En ce cas, il ne peut plus bouger, ne serait-ce que le petit doigt, même si par ailleurs il conserve toute sa conscience. Il expliquera aux enquêteurs que dans ces moments-là, il avait l'impression de flotter et de se trouver hors de son corps. Vers la mi-mars, les choses vont enfin s'arranger un peu. Il se sentira mieux, les accès de somnolence se faisant désormais plus rares.

Les contacts vont durer des années…

Robert L. va expliquer à Georges Metz que dans l'année qui suivra la première rencontre, il va régulièrement recevoir la visite de ces êtres venus d'ailleurs dans sa chambre. Comme il n'a pas la moindre idée de qui ils sont, il leur demandera un jour s'ils sont des anges, ce à quoi ils répondront qu'ils ne sont que des explorateurs venant d'une autre galaxie. C'est à ce moment qu'ils vont d'ailleurs lui faire part de leur intention d'évaluer ses propriétés génétiques, en vue de ce qui lui semblera être une sélection. Ils lui demanderont s'il en est d'accord. En réalité, ils l'inciteront de façon plus ou moins dirigée à consentir à leur expérience.

Jusqu'au début de l'année 1969, Robert L. va donc recevoir régulièrement des visites nocturnes. Le scénario est alors toujours le même : une lumière très vive pénètre d'abord dans sa chambre à travers la « matière des murs » et dans l'instant, il se sent plongé dans un état modifié de conscience alors que la paralysie commence à le gagner. En quelques instants, il lui devient alors impossible de bouger. Pire encore, il a la sensation de ne plus avoir de corps tandis qu'il se voit en train de flotter au-dessus de son lit. Il dira qu'en fait, son corps était dissocié de sa conscience. Comme on peut aisément l'imaginer, cela va vraiment le traumatiser les premières fois, le terrifier même. Puis, peu à peu, il va s'y habituer. Il avouera d'ailleurs à Georges Metz qu'au fond, cela n'était pas aussi terrible que ça.

Une fois qu'il est paralysé, des personnages apparaissaient aussitôt autour de lui. En général, trois ou quatre, mais certaines fois, il y en a eu jusqu'à neuf. Des hommes et des femmes, tous d'apparence parfaitement humaine et de haute stature. Dans les 2 mètres à 2,50 mètres. Toutes et tous étaient très minces avec des cheveux blonds et des visages aux traits fins. Leurs yeux étaient légèrement bridés. De façon surprenante, leurs bras se prolongeaient pratiquement jusqu'aux genoux. Leurs doigts étaient longs et très effilés. Les hommes étaient vêtus de combinaisons brillantes aux reflets métalliques, faites d'une seule pièce et resserrées à la taille par une grosse ceinture. Quant aux femmes, elles étaient vêtues de longues robes dont le tissu avait également des reflets métallisés. Lors de chacune de leurs visites, les stellaires vont lui prodiguer des conseils et lui transmettre des informations diverses.

Robert L. a bien vite repéré les indices annonçant une visite imminente. S'il apercevait encore une lumière à une heure avancée de la nuit qui ne pouvait être celle d'un tracteur et que celle-ci se mettait à grossir jusqu'à ce que son éclat devienne insoutenable, s'il entendait des chiens aboyer à la mort dans la nuit, il savait alors que ses Visiteurs n'allaient pas tarder.

Examens et prélèvements physiques

Dès que l'éblouissante lumière blanche se manifestait, ils apparaissaient et sans perdre de temps, *« s'affairaient autour de son corps pour prélever des composants humains »*. Un jour, ils vont lui fixer autour du poignet une sorte de gros anneau de lumière qu'il va voir se remplir de son sang. Pendant tout le prélèvement, il ressentira quelques picotements mais pour autant, son corps n'en présentera ensuite aucune trace, comme si rien ne s'était passé. Il apprendra plus tard, de la bouche de celui qui a pratiqué cette surprenante saignée que sa hiérarchie avait estimée que trop de sang lui avait été prélevé ce jour-là. Ces divers examens vont durer plusieurs mois. Robert L. soulignera avoir toujours ressenti de la part de ses Visiteurs « de la politesse et de la prévenance » et dira aussi n'avoir jamais souffert de la moindre douleur physique. Puis un jour, les choses vont évoluer et les visites prendront une autre tournure.

Le Guide

C'est en effet à partir de ce moment que celui que Robert L. appellera le « Guide » va se manifester. Il se présentera d'abord comme un *« explorateur des étoiles »* et va le surnommer familièrement « Roro », alors que personne ne l'a jamais appelé ainsi au sein de sa famille ou dans son cercle amical. Puis un jour il dira à Robert L. qu'il possède des caractéristiques génétiques particulières qui les intéressent beaucoup, avant d'annoncer plus clairement la couleur, si j'ose dire: *« Nous te proposons une collaboration étroite avec nous. Bien sûr, cela ne sera pas facile pour toi. Au lieu d'être agriculteur comme tu le voulais, nous allons te proposer un enseignement et la mise en pratique de techniques qui vont te transformer rapidement. Nous avons besoin de toi pour une mission importante qui va permettre des progrès sur une planète lointaine dans une autre galaxie. En échange, nous allons te permettre d'avoir une santé meilleure. Tu as de grosses migraines je crois, nous allons arranger ça si tu le veux.*

Nous allons venir te voir régulièrement. En contrepartie, nous te demandons de ne parler à personne de cela. Le silence absolu. Nous savons que nous pouvons compter sur toi ».

Enseignements et révélations

Au fil de leurs rencontres, « le Guide » va lui révéler que lui et les siens proviennent d'une galaxie voisine de la Voie Lactée et qu'ils sont des scientifiques. Que leur civilisation a technologiquement

20 000 ans d'avance sur les Terriens et qu'ils surveillent la nôtre depuis bien longtemps. Finalement, il lui annoncera que s'il en est d'accord, une autre réalité, en l'occurrence la leur, va s'imbriquer dans la sienne avec le moins de gêne possible et qu'elle *« va occuper les espaces vides »*. Dès ce moment, Robert L. ne se retrouvera plus paralysé lors des visites, mais au contraire en pleine possession de ses moyens physiques et psychiques. Un dialogue va enfin pouvoir s'établir et ils auront ensemble des discussions à bâtons rompus sur les sujets les plus variés qu'ils soient philosophiques, politiques, religieux ou culturels, etc. Le Guide l'instruira aussi sur l'alimentation ainsi que sur les ressources énergétiques de la Terre et son avenir. Il évoquera aussi l'évolution des Terriens ainsi que leurs comportements. Puis, à compter du 1er octobre 1968, « le Guide » abordera le sujet du corps physique qui mènera à l'enseignement d'une forme particulière de yoga.

Le yoga

Robert L. dira qu'en pratiquant cette forme de yoga, il ressentait une douce chaleur à l'intérieur du corps qui le détendait et surtout, qu'il avait le sentiment qu'elle le transformait positivement, tant au niveau du corps que de l'esprit. Cette discipline lui procurait non seulement un bien-être intense mais aussi la sensation de se sentir plus libre. Elle lui sera d'ailleurs si bénéfique que durant toute sa vie, il continuera de réaliser quotidiennement les exercices qui lui ont été enseignés. Il dira aussi avoir constaté dès les premiers moments que non seulement sa résistance physique s'était accrue, mais aussi que son système immunitaire était bien plus réactif. Ainsi, s'il lui arrivait d'avoir une poussée de fièvre, ce qui était extrêmement rare, il ressentait alors aussitôt *« comme quelque chose qui se met en route »* à l'intérieur de son corps, si bien que la forme lui revenait dans les deux ou trois heures, sans qu'il ait besoin de prendre des médicaments. Mais ce sera surtout une évolution phénoménale de ses schémas de pensée que va lui apporter la pratique de ce yoga. Il se sentira ainsi plus calme et plus porté vers la réflexion.

Le voyage

Au mois de septembre 1968, ses Visiteurs vont lui demander s'il accepterait de les accompagner pour un long voyage prévu l'année suivante car ils considèrent qu'il est enfin prêt. Ce voyage ne présentera évidemment aucun risque pour lui et cela va de soi, il est libre de refuser leur proposition mais si tel était le cas, ce serait dommage. Pour mieux le convaincre, le Guide va lui assurer que pendant son périple, il sera informé de tout de ce qui se passe à la ferme en son absence. On lui montrera des images et il entendra ce qu'il s'y dit.

Robert L. ne réfléchira pas longtemps. Il a maintenant 23 ans, ses perspectives de carrière dans le milieu rural ne sont pas transcendantes et il n'a pas de petite amie. Après tout, qu'a-t-il à perdre en acceptant ? Pas grande chose en fait. Alors, sans hésiter, il va dire oui. Ceci fait, « le Guide » va lui expliquer que durant la première semaine de l'année 1969, il embarquera dans leur vaisseau qu'il appelle « la machine » et qu'il sera de retour de son périple un peu avant la Noël. Il va tout de même insister pour qu'il réfléchisse bien, de même qu'il va lui demander d'en parler rapidement à ses parents. En fait, il ne se confiera qu'à son père, car il estime que sa mère et sa grand-mère sont bien trop fragiles pour comprendre ses motivations et surtout pour supporter un tel choix de sa part. À elles, comme à son employeur auquel il a d'ailleurs présenté sa démission, il évoquera donc son intention de quitter la région afin d'aller trouver du travail à Paris.

En apprenant son projet, son père lui posera moult questions et ne fera aucun commentaire lorsqu'il lui annoncera qu'il n'aura aucune nouvelle de lui durant un an. Quant à sa mère et sa grand-mère, elles se contenteront d'en prendre acte, en s'abstenant de formuler la moindre remarque ou de poser la moindre question. Jusqu'au jour de son départ, elles n'évoqueront plus jamais effet, sa longue absence à venir. Leur réaction pourrait paraître surprenante car en général les femmes s'inquiètent et ont plutôt tendance à questionner, mais si l'on y regarde de près, cela n'est pas si curieux que cela au fond. L'on a en effet souvent remarqué que l'entourage d'un abducté semblait être inhibé au point de faire comme si cela n'existait pas. En fait, comme s'il était conditionné pour ne pas entraver ce qui a été prévu.

Après une nouvelle phase de réflexion, Robert L. va signifier au « Guide » son accord définitif au voyage. Celui-ci va s'en montrer fort satisfait et lui annoncer dans la foulée qu'il n'aura pas besoin de se charger de bagages car tout lui sera fourni à bord du vaisseau : il ne manquera donc de rien. Quand la date du départ lui sera communiquée, il devra se tenir prêt et se rendre à l'heure dite dans un pré qu'on lui désignera. Là, il verra alors leur vaisseau apparaître, mais il lui faudra attendre qu'il s'éteigne complètement et qu'une lumière jaune s'allume, avant de s'en approcher. Elle lui signalera que le champ électromagnétique qui entoure leur engin n'est plus actif et qu'il peut donc embarquer sans danger.

« Le Guide » va aussi l'aviser qu'il lui sera impossible de ramener quoi que ce soit qui puisse servir de preuve de son voyage, ce afin de préserver la sécurité des uns et des autres. La raison qu'il en donnera sera que l'humanité n'est pas prête à la révélation de leur existence. Comme leur présence n'a pas encore été repérée, il vaut donc mieux éviter de prendre des risques inutiles. Juste avant le départ, il lui révélera enfin leur destination. C'est ainsi qu'il découvrira que leur intention est de l'emmener dans une grotte située en Inde, non loin de la frontière chinoise. Le jeune homme en sera un peu étonné mais pour autant ne posera pas de questions.

Le jour du départ

Ce n'est donc qu'au dernier moment que Robert L. sera informé de ce que l'embarquement aura lieu le mardi 7 janvier 1969 à 22h30. Il va donc se présenter au rendez-vous fixé dans le pré qui a été désigné, lequel se trouve à quelques centaines de mètres en contrebas de la ferme. Comme on le lui a recommandé, il ne porte pas de montre et n'a pris aucun bagage avec lui. Il n'est aussi vêtu que d'une simple chemise, d'un pull et d'un pantalon. Mais voilà qu'en arrivant sur place, une angoisse intense le saisit. Et s'il lui était impossible de respirer une fois monté dans le vaisseau ? Sa peur ne sera que de courte durée, car il va immédiatement recevoir une communication télépathique du « Guide » qui va le rassurer : tout a été organisé pour sa sécurité et il se retrouvera dans les meilleures conditions. Il n'a donc rien à craindre.

Quelques minutes plus tard, le jeune homme va remarquer que la voûte céleste s'est soudainement modifiée en un endroit précis et que le ciel s'est comme entrouvert. À l'intérieur de la déchirure qui s'est ainsi créée, il va voir poindre une toute petite lumière rouge qui grossira rapidement. Alors qu'elle se déplace à grande vitesse dans sa direction, il va aussi constater qu'au même instant, l'environnement a subitement changé et que les bruits de la nature ne sont plus les mêmes. Après un large virage en arc de cercle, un engin plat et très lumineux, rougeoyant comme du métal en fusion et entouré d'une nuée jaune orangée, va amorcer une lente descente vers le pré, tout en oscillant doucement avant d'aller se stabiliser au-dessus du sol sans vraiment s'y poser. Cette fois, il ne s'agit pas de l'obus qu'il a si souvent contemplé, mais d'un engin discoïdal surmonté d'un grand dôme, dont il estimera le diamètre à une vingtaine de mètres. À sa vue, Robert L. est aussi impressionné qu'inquiet. On le serait à moins…

La lumière du vaisseau va soudainement baisser puis disparaître. C'est alors qu'il va remarquer que sous sa base, une colonne de lumière jaune est apparue et qu'une sorte de rampe d'accès comprenant trois marches s'est déroulée. Un sas s'est également ouvert en haut de la rampe d'accès, qu'il va gravir. Dans l'encadrement, « le Guide » est là pour l'accueillir, tout sourire et la main tendue vers lui. Il l'invite chaleureusement à entrer et à prendre place dans un grand fauteuil, que Robert L. qualifiera d'ergonomique. En jetant un coup d'œil autour de lui, il constatera qu'il se trouve dans une salle circulaire au plafond arrondi. Elle est très éclairée mais ce qui le surprend un peu, c'est qu'il ne comprend pas d'où cette lumière peut bien provenir. Comme il vient de voir le sas se refermer, il va demander au Guide à quel moment ils vont décoller. En souriant, le stellaire va alors se retourner vers une paroi du vaisseau qui est devenue transparente : *« Lève-toi et regarde ! »*. En regardant à travers cette sorte de large baie vitrée, il va apercevoir avec étonnement les lumières d'une ville. Elle lui paraît immense et il est persuadé qu'il s'agit de Marseille. L'image colorée est en relief. Un vertige va soudain le prendre lorsque le guide annoncera que leur vaisseau évolue à 40 000 mètres d'altitude. Comment est-ce possible ? Il n'a en effet ressenti aucun des effets du décollage tels une accélération, un bruit ou même une secousse. Il va aussi découvrir très vite que ses compagnons d'outre-espace ne sont pas de grands bavards. En fait, ils ne s'expriment que lorsqu'ils ont quelque chose de nécessaire à dire. Le voyage sera donc des plus silencieux et « le Guide » se bornera à lui dire à quelques reprises que tout va bien, sans plus.

Arrivée à la base

Au bout d'un moment, on lui annoncera qu'ils sont arrivés à destination. Il est quelque peu surpris car le voyage lui a paru bien court. Pas plus d'une heure, d'après son estimation. Un panneau s'est ouvert par lequel ils vont descendre du vaisseau. « Le Guide » va immédiatement le conduire dans une sorte de chambre au plafond voûté et aux murs arrondis et lisses, qui semblent faits d'une sorte de métal. Il constate qu'aucun angle vif n'est apparent. Comme c'était le cas dans le vaisseau, la pièce qui lui paraît d'une propreté exemplaire est fortement éclairée, sans qu'aucune source de lumière ne soit décelable. Il découvre aussi la présence d'un lit, tout ce qu'il y a de plus classique, mais aussi de toilettes dans une petite pièce attenante. Comme il le précisera à Georges Metz, l'endroit très confortable semblait fait d'un matériau doux au toucher. Il y va aussi remarquer que du papier toilette a été mis à sa disposition ainsi que la présence d'un petit lavabo pour se laver les mains.

Comme il se sent un peu fatigué, « le Guide » lui suggère de se mettre au lit et de s'endormir, ce qu'il fera mais d'un sommeil un peu agité. Une fois réveillé, « le Guide » va le mener vers une pièce faisant office de salle à manger. Sur une table en bois autour de laquelle sont disposés des fauteuils ergonomiques, il va trouver un grand bol de café noir bien chaud. À sa grande surprise, le café est sucré et a le même goût que celui que sa mère lui servait le matin à la ferme. « Le Guide » prendra son petit-déjeuner avec lui et consommera exactement la même chose. Après cela, il va aller prendre une douche puis se raser avec un rasoir mécanique qui a été mis à sa disposition ; il est à peu près du même modèle que celui qu'il utilise habituellement, à ceci près qu'il découvrira que sa lame n'aura jamais besoin d'être changée malgré les usages répétés. Il ne verra jamais de savon et pourtant, l'eau nettoie comme s'il en utilisait.

On va lui demander d'abandonner ses vêtements pour revêtir une combinaison moulante, identique à celles qu'ils portent. Des bottines souples et confortables compléteront sa tenue. Cette combinaison est faite d'une seule pièce et d'un tissu présentant des qualités d'élasticité extraordinaires qui s'adaptent parfaitement aux formes du corps. Il dira d'ailleurs avoir eu l'impression de revêtir une seconde peau. Sa couleur aux reflets métallisés est variable et a la particularité de protéger aussi bien du chaud que du froid. On lui demandera d'en changer tous les quatre jours, non pour des raisons d'hygiène, mais pour vérification et régénération des capteurs de rayons magnétiques. Toutefois, on ne lui donnera pas de ceinture comme en portent tous ceux qu'il a croisés. Il en apprendra toutefois l'utilité : elle permet tout simplement de s'élever du sol par lévitation !

Une fois ses ablutions terminées et après avoir revêtu sa belle combinaison, Robert L. sera présenté par son « Guide » à deux femmes : l'une est médecin-biologiste et l'autre anthropologue ou ethnologue. Il aura également droit à une brève visite des lieux, en fait, la partie de la base où il sera autorisé à évoluer. À un moment, trois pièces plutôt vastes lui seront montrées par « le Guide », mais il ne pourra cependant les voir que du couloir. Celui-ci lui précisera qu'il ne peut y avoir accès, sauf à se mettre en grand danger, car les deux premières sont parcourues par des champs électriques et magnétiques intenses et la troisième saturée par de fortes radiations.

Télé en 3 D

On va ensuite le ramener à sa chambre. Il va découvrir, posé sur une table basse, un curieux appareil qu'il n'avait pas remarqué auparavant. De forme semi-circulaire et paraissant fait de plastique dur, il ressemble à un grand écran en forme d'œil d'une soixantaine de centimètres de largeur. Il dira : *« Cela ressemblait à un grand écran gradué en noir avec des repères lumineux qui se déplaçaient à mesure de l'avance du temps, minutes, heures, jours, mois, années. Le temps passé devenait noir et celui à venir était bleu… »*. Son fonctionnement est on ne peut plus simple, puisqu'il suffit d'approcher les doigts des boutons pour actionner les commandes permettant l'accès à ce que l'on veut voir. À sa grande surprise, Robert L. va découvrir que cet appareil lui permet de voir ce qui se passe chez lui durant son absence ! Les images sont en couleur et en relief, en profondeur à l'intérieur de l'écran. Des images en 3D, dirait-on aujourd'hui. Il peut ainsi contempler à sa guise le hameau, la ferme, l'étable, l'intérieur de la maison, ses parents, bref tout ce qui existe là-bas comme s'il y était. Mais le plus sidérant est que tout peut lui être montré sous différents angles, comme si les murs n'existaient pas ! Et comble du bonheur, il peut aussi entendre tout ce qui se dit chez lui. Il s'avère que le son est toutefois de moins bonne qualité que les images, ce dont « le Guide » s'excusera. Peu lui importe d'ailleurs. Notre homme est émerveillé par cette technologie futuriste qui lui permet en même temps de se sentir un peu moins dépaysé. On lui indiquera que la transmission se fait en temps réel avec un décalage horaire de six heures. Robert L. en dessinera plus tard un croquis qu'il confiera à Georges Metz, tout en en expliquant le fonctionnement.

La question que certains se poseront certainement est de savoir si des caméras avaient été posées çà ou là afin de permettre ces images. Georges Metz suggérera que les petites sphères de lumières parfois observées autour des ovnis pourraient bien être des sondes, plus exactement des sortes de mouchards, susceptibles d'apporter à nos Visiteurs tous les renseignements dont ils ont besoin. « Le Guide » révélera d'ailleurs à Robert L. qu'une sonde avait été installée au sommet du grand chêne qui s'élevait face à sa fenêtre de chambre. De retour, le jeune homme aura l'idée de la chercher mais il y renoncera bien vite car l'arbre est trop haut.

À table !

Le temps ayant passé vite. On l'invite à se mettre à table. Pour ce premier jour à l'intérieur de la base, il déjeunera avec « la biologiste » et « l'ethnologue ». Du thé et de l'eau claire sera servi afin d'accompagner le plat de résistance composé de blé et de viande, le tout se présentant sous la forme d'une boule. Il sera tout de même un peu surpris par la structure de cette grosse boulette car en l'écrasant, elle se disloquera en effet en billes minuscules de couleur jaune et marron. Ce sera d'ailleurs le seul plat de résistance qui lui sera servi durant un an et ce n'était pas si mauvais dit-il plus tard. Après le déjeuner, « la biologiste » l'encadrera pour une nouvelle visite des lieux. En fait, elle va créer l'occasion d'un tête-à-tête afin de lui demander s'il est toujours d'accord pour leur faire un don de son sperme comme il s'y était engagé.

La base souterraine

Au crépuscule, Robert L. sera convié pour une sortie hors de la grotte où se cache leur base. Après avoir pris une sorte d'ascenseur, il va se retrouver à l'air libre sur une sorte de plate-forme édifiée à très haute altitude. Le paysage environnant qui est en train de sombrer dans la nuit est impressionnant. Ce ne sont que de très hautes montagnes et des pics enneigés qui s'offrent à sa contemplation. Au bout d'une heure, ce sera le retour dans la grotte.

En fait de grotte, il s'agit en réalité d'une base souterraine creusée dans le sommet d'une montagne entourée de vallées et de sommets inaccessibles, ainsi que d'une nature hostile où pratiquement rien ne pousse, sinon quelques rares arbres. Robert L. dira qu'elle devait se situer à environ un kilomètre de profondeur au cœur de la roche.

Sur un versant de la montagne, dissimulée sur un gigantesque rocher en surplomb, se trouvait une immense ouverture qui permettait l'entrée des vaisseaux, dont certains étaient tout de même d'un diamètre d'au moins trente mètres. Ceux-là faisaient alors une descente vertigineuse au cœur de la montagne par un gigantesque « tunnel-entonnoir », en forme de col-de-cygne qui débouchait sur un immense parking, où ils pouvaient stationner.

Robert L. dira avoir pu visiter trois étages de cette base et il précisera aussi qu'elle était entourée de trois ceintures antisismiques et protégée des intrusions, mais probablement aussi à la vue, par de puissants champs d'énergie électromagnétique. On pouvait aussi entendre et apercevoir plus bas une grande cascade, certainement destinée à l'alimenter en eau. Il décrira avec précision ses nombreux équipements, tels notamment ses hangars, ascenseurs, plates-formes, couloirs, et vastes salles, éclairés par cette étrange lumière venue de nulle part. Il soulignera que cette base, au sein de laquelle régnaient ordre et discipline, disposait d'équipements de haute technologie et qu'elle était d'un grand confort.

Les Visiteurs lui expliqueront un jour, que lorsqu'ils y séjournent, ils vieillissent moins vite qu'à l'extérieur. Cela tiendrait au fait qu'elle aurait été placée dans une bulle d'espace-temps spécifique. Ils ajouteront aussi à cette occasion que c'est tout de même à bord de leurs vaisseaux qu'ils vieillissent le moins.

Le lieu géographique supposé de la base

Dans son ouvrage, Georges Metz révélera que cette base pourrait bien se situer au Ladakh, dont le territoire s'étend à la limite de l'Inde et de la Chine, dans la chaîne montagneuse de l'Himalaya. Personnellement, cette supposition ne me paraît pas dénuée de pertinence puisqu'en effet, dès l'année 2004, la presse indienne va publier une série d'articles surprenants, rapportant que les populations de la région de Taraï qui se trouve sur le versant indien de la chaîne himalayenne, de même que celles de la région de Prades qui se situe plus au Nord de la chaîne, signalent depuis des années une intense activité ufologique. Les apparitions d'ovnis pourraient ainsi y être observées de jour comme de nuit. Le phénomène aurait débuté en 1998, juste après les premiers essais nucléaires indiens. Outre cela, la presse rapportera que des pilotes d'hélicoptères se plaignent régulièrement de brouillages électromagnétiques qui perturberaient leurs vols. Même les pilotes de l'armée de l'air indienne finiront, eux aussi, par révéler avoir souvent croisé des objets non terriens, volant au-dessus des grandes montagnes proches de la frontière chinoise. Il y a quelques années, des rumeurs diverses vont même à un moment circuler, voulant que des êtres venus des étoiles et notamment de la Constellation K9, se prépareraient à débarquer sur Terre d'ici l'année 2012. D'autres rumeurs ont également été propagées par un certain Dr John Maley se prétendant rattaché à une Unité de Recherche sur les Extraterrestres auprès des Nations Unies: ce scientifique un peu singulier n'a pas en effet hésité à déclarer, et cela à diverses reprises, que dans la région du Ladakh, se trouverait une base souterraine de stellaires provenant de la planète Gootan. Il n'y aurait d'ailleurs pas que des ovnis qui auraient été signalés dans cette région mais également des créatures, ce que confirmeront des scientifiques de la Geological Survey of India !

Toujours est-il qu'il est indéniable que des points chauds ont été repérés depuis bien longtemps dans les zones du Kargil et du Ladakh mais en réalité, ce serait dans la vallée du Ladakh que les ovnis fourmilleraient le plus. Au fil du temps, la rumeur a enflé, voulant qu'une base souterraine très active se situe dans cette zone, ce que révéleront d'ailleurs plus ou moins officiellement d'anciens militaires ou hauts-fonctionnaires indiens. En attendant et ce qui est certain, c'est qu'il a pu être constaté un regroupement de troupes important à la frontière sino-indienne durant les années 2000 et que c'est aussi au Ladakh que certaines zones sont toujours, à l'heure actuelle formellement interdites d'accès par l'armée indienne. La montagne sacrée du Kailash et ses abords seraient aussi particulièrement fréquentés. Rares seraient en effet les pèlerins qui n'auraient pas aperçu d'objets étranges volant dans les parages. Les guides locaux prétendent d'ailleurs que le phénomène a toujours existé à cet endroit. Il semblerait donc effectivement probable, qu'une ou plusieurs bases souterraines, puissent se trouver dans cette région himalayenne. Robert L. aurait-il séjourné dans l'une d'elles ?

Les occupants de la base

Durant son séjour dans cette base, il va croiser un nombre impressionnant de personnes chargées de son fonctionnement et de son entretien. Celles-là le salueront toujours très courtoisement, sans pour autant se préoccuper de qui il est ou de ce qu'il fait là. Il sera impressionné par la grande sérénité qui émane d'elles. Il dira d'ailleurs qu'il régnait au sein de cette base une ambiance de paix, d'harmonie et de douceur. Ce qui l'étonnera également, c'est que tous ces êtres qu'il a croisés semblaient toujours savoir ce qu'ils avaient à faire et qu'ils avaient souvent aussi la connaissance des évènements, cela avant même qu'ils ne se produisent.

La curiosité est un vilain défaut

Robert L. aura toujours la liberté de s'y déplacer seul, hormis dans les zones où il lui avait été recommandé de ne pas pénétrer. La curiosité aidant, il voudra tout de même aller y voir un jour. Mal lui en prendra puisqu'il se fera piéger dans un champ de force invisible, qui l'empêchera d'aller plus avant. Il rapportera que c'était comme s'il s'était retrouvé englué dans une sorte de mélasse qui entravait ses mouvements. Plus il enfonçait la main pour tenter de s'en dégager, plus il avait du mal à s'en extraire. Ce sera donc avec beaucoup de difficultés qu'il arrivera finalement à se tirer de ce pétrin. Inutile de dire qu'il ne se risquera jamais plus par la suite à violer les interdits.

La biologiste

Dès son arrivée, « le Guide » l'avait averti de ce qu'il serait pris en charge par « la biologiste » qui l'informerait elle-même de ce que l'on attendait exactement de lui. Elle lui rendra une première visite dans son espace de vie, afin que leur conversation reste confidentielle. Robert L. dira d'elle qu'elle était mince et mesurait bien deux mètres. Qu'elle avait un joli visage avec des yeux bridés et qu'elle était très souriante.

En guise de préambule, elle lui expliquera qu'elle et les siens travaillent à peupler une jeune planète de leur galaxie et que c'est la raison pour laquelle ils ont besoin d'humains avec des qualités spécifiques, tant au niveau de leurs groupes sanguins qu'au niveau cellulaire. Elle conclura son exposé en lui demandant s'il serait d'accord pour participer à ce programme de peuplement de cette planète qui devenait habitable et donc susceptible de recevoir des êtres humains. Il apprendra d'ailleurs plus tard par « le Guide » que cette planète en devenir se trouvait en fait dans leur propre système solaire. La question de « la biologiste » n'était en réalité que de pure forme, car avant même qu'il n'ait eu le loisir de lui répondre, elle va lui expliquer que sa tâche consistera simplement à s'allonger sur une table et que pour ce qui est du reste, elle se chargera de prélever manuellement ce dont elle a besoin. Pour ce qui est du détail de l'opération, je ne vous ferai pas un dessin ! Et ce sera aussitôt dit, aussitôt fait car dès le lendemain la belle stellaire se présentera dans son espace de vie, une éprouvette en verre à la main. Et notre heureux homme aura droit à ce traitement de faveur, si j'ose dire, un jour sur deux durant tout son séjour.

Le souci est que parfois, ça bloque un peu et qu'il n'est pas bien disposé. Alors très compréhensive, « la biologiste » se dénudera pour lui faciliter la tâche. C'est ainsi qu'il aura tout loisir d'observer son corps : de formes et de proportions parfaites, il se révèle identique à celui des femmes de la Terre. Le jeune homme constatera aussi qu'il est doté d'un nombril, ce qui permet de supposer que cette race de stellaires se reproduit comme les humains terriens.

Un jour qu'il sera un peu lassé de la chose, il lui demandera si pour une fois, il pourrait avoir un rapport sexuel normal avec elle. Très désapprobatrice, elle s'y refusera catégoriquement et lui répliquera sèchement que ce qu'elle fait avec lui relève d'une mission importante de peuplement d'une planète par une nouvelle race humaine et qu'elle n'est donc pas là pour une partie de plaisir. Les choses auront au moins le mérite d'être claires et il s'abstiendra à l'avenir de toute récidive.

L'ethnologue

Si Robert L. a entretenu des contacts plus distants avec « l'ethnologue », il a eu néanmoins très souvent affaire à elle. Elle lui expliquera que sa mission consiste à étudier comment les rapports humains, les différents systèmes sociaux, les échanges et les communications, sont organisés sur les diverses planètes qu'ils visitent, tout en ajoutant qu'elle englobe aussi l'étude des paramètres de la vie sur ces planètes : climat, température, adaptation des races et des espèces, et bien d'autres choses encore.

Au fil des mois, elle évoquera également l'organisation de sa propre société. C'est ainsi qu'il en apprendra davantage sur ses Visiteurs, comme le fait que leur organisation de vie est basée sur la paix entre les individus, lesquels bénéficient tous des mêmes devoirs et des mêmes droits. Dans leur société, la règle veut que l'on veille à ce que chaque individu pris individuellement ou collectivement, bénéficie d'un bien-être quotidien et qu'il puisse accéder au bonheur afin de mieux s'épanouir dans le respect mutuel et l'amour, l'harmonie étant un idéal de vie. « L'ethnologue » soulignera aussi que dans leur société, chaque individu a « un devoir d'évolution », qui consiste à faire avancer les choses à son niveau. La plupart d'entre eux travaillent. Il n'y a pas de retraite et ils ne connaissent pas les conflits sociaux. Dès l'âge de douze ans, les jeunes quittent leur famille et partent rejoindre des centres de formation. Là, on évalue leurs capacités et on leur permet de développer leurs compétences, ce qui permet ainsi de mieux les orienter vers ce qu'ils auront à faire dans le futur. Elle évoquera aussi une catégorie de personnes, baptisées « les Veilleurs ». Ceux-là ont pour tâche de vérifier le bon fonctionnement des lois et des décisions prises par leur hiérarchie, à tous les niveaux de la société, et ce même auprès des plus humbles. Quant aux dirigeants de leur planète, ils sont choisis en fonction de leurs compétences et de leur volonté avérée de servir la communauté. Leur devoir consiste donc surtout à veiller à ce que chaque individu puisse bénéficier d'une vie correcte. Si l'abondance est de rigueur dans leur société, pour autant celle-ci n'utilise pas l'argent. Un jour, la stellaire évoquera aussi les animaux de sa planète et soulignera que leur intelligence est très développée et qu'ils sont également très respectés.

Quand l'ethnologue évoque les boules de lumière qui ont entouré la ferme

La scientifique évoquera un jour les sphères lumineuses qui sont apparues autour de sa ferme, qui lui ont causé tant d'émoi ainsi qu'à sa famille. C'est ainsi qu'il s'entendra dire qu'elles sont faites *« de matière inorganique organisée »,* laquelle détient la capacité de se dissoudre en cas de nécessité. Il s'agirait en fait d'une forme de plasma, d'une sorte d'état gazeux fortement ionisé. De la matière sans en être, en quelque sorte. Elle précisera encore que ces sphères de plasma sont utilisées à diverses fins, comme celles de prendre des images et de capter du son, voire de prendre des mesures de température ou de gravitation. Elles auraient également la capacité d'évaluer le degré de bienveillance ou d'hostilité des individus observés. Il semblerait donc que ces stellaires utilisent des éléments atomiques encore inconnus de notre science pour créer ces sphères de plasma où ils introduisent ensuite une forme d'intelligence. Robert L. va également apprendre avec un certain étonnement que certains personnages que ses interlocuteurs stellaires appellent « les Sages », utiliseraient ces mêmes éléments atomiques pour se constituer des corps physiques, ce qui leur permettrait ainsi de se montrer à des niveaux vibratoires inférieurs et ceci, sous la forme qui leur chante.

Le caractère et la personnalité des Visiteurs

Robert L. déclarera aussi aux enquêteurs qu'en fréquentant régulièrement « la biologiste » et « l'ethnologue » ainsi que quelques rares autres personnes de la base, il n'a pu que constater que tous, sans exception, avaient une maîtrise parfaite de leurs sentiments et de leurs émotions. Ils ne semblaient jamais surpris, étaient toujours d'égale humeur, faisant preuve de gentillesse, d'une grande courtoisie et d'une politesse constantes vis-à-vis des autres, ce, quoiqu'il arrive. *« Jamais un mot plus haut que l'autre »* dira-t-il. Un total self-control en quelque sorte. Pour eux, tout semblait programmé à l'avance et leurs missions et tâches étaient respectées et toujours accomplies au pied de la lettre. Aucune de place pour l'à-peu-près et encore moins pour l'amusement. Au sein de la base, l'ordre régnait ainsi en permanence, sur fond de discipline quasi militaire. L'évolution personnelle comme celle de leur communauté semblaient à leurs yeux d'une importance majeure.

À sa grande surprise, « la biologiste » lui présentera à diverses reprises, des numéros de la revue française Science et Vie et lui expliquera patiemment et clairement tout ce qu'il ne comprend pas. S'il bloquait tout de même sur ses explications, elle avait la délicatesse de ne jamais insister. Il avouera s'être souvent senti mal à l'aise face à l'immensité du savoir de son interlocutrice. En ce cas, elle le consolait gentiment en lui disant de ne pas s'en faire, qu'il était jeune et qu'il avait encore toute sa vie pour apprendre et se perfectionner. Il leur arrivait aussi parfois de se promener ensemble dans les couloirs de la base et ils en profitaient pour discuter de tout et de rien. Un jour, elle lui dira que les humains de la Terre disposent de corps physiques merveilleux et très sophistiqués qu'ils détériorent hélas chaque jour du fait de leur ignorance, en mangeant mal et en excès. Elle ajoutera ce jour-là que nos médicaments nous sont en fait très nuisibles *« car nous ne savons même pas les faire fonctionner correctement »*. Robert L. apprendra ainsi que c'est pour cette raison que leur hiérarchie a décidé qu'on lui apprendrait les techniques de yoga qu'eux-mêmes pratiquent avec assiduité. Cela lui permettrait ainsi de compenser ses déséquilibres et de mener une vie harmonieuse, sans problèmes de santé, cette discipline permettant par ailleurs de maintenir une grande souplesse du corps et de l'esprit.

Une réunion avec d'autres Visiteurs de la Galaxie

Un jour, « la biologiste » va lui annoncer que des Visiteurs issus d'autres systèmes solaires sont sur le point d'arriver à la base et que ce serait une bonne idée qu'il puisse assister à la réunion qui va se tenir. Autant le souligner, « le Guide » n'y sera pas du tout favorable mais il finira tout de même par accepter, après avoir reçu l'assurance que Robert L. n'ouvrirait pas la bouche et qu'il assisterait passivement aux débats.

Le jour dit, celui-ci va donc se retrouver dans une vaste pièce ovale très éclairée qu'il ne connaissait pas encore. En son centre trône une immense table, entourée des fameux fauteuils ergonomiques qui le fascinent tant. Lui et « la biologiste » sont arrivés les premiers. Soudainement et comme s'il s'était matérialisé, un premier personnage va apparaître dans la pièce et venir prendre place à la table. Suivront un certain nombre d'autres qui surgiront de nulle part, exactement de la même façon. Des grands comme des petits. Certains mesurent de 2 mètres à 2,50 mètres, d'autres 1,10 mètre à 1,20 mètre. Ces derniers sont plutôt costauds et trapus. Certains d'entre eux sont de race blanche ou noire alors que d'autres ont le type asiatique. Ils s'exprimeront dans des langues que Robert L. ne comprendra évidemment pas.

Lorsque l'assemblée sera au grand complet, apparaîtront alors dans un grand globe qui a pris forme au milieu de la vaste table, des images de planètes, de soleils et de vaisseaux spatiaux. Elles sont en trois dimensions et en mouvement. Très impressionné, Robert L. dira avoir eu le sentiment de se retrouver alors projeté dans l'espace. Des images montreront aussi divers personnages et il aura la surprise de voir des participants à la réunion échanger avec eux. « La biologiste » chuchotera alors au creux de son oreille : *« Tu vois Roro, l'univers est fantastique! »*. Puis la réunion prendra fin et les invités disparaîtront un à un, en un claquement de doigts, comme ils sont venus.

Petite balade en vaisseau et poursuite d'un avion de chasse

Dans le courant du mois d'octobre 1969, « la biologiste » va joyeusement lui annoncer qu'ils vont aller faire ensemble une petite balade en vaisseau spatial. C'est ainsi qu'un après-midi, il va se retrouver à embarquer dans un vaisseau discoïdal d'une vingtaine de mètres de diamètre, dont elle va lui préciser qu'il s'agit cette fois d'un vaisseau de combat. Sont également présents à bord « le Guide » et « l'ethnologue ». Il y rencontrera aussi un personnage qui semble avoir la responsabilité de l'opération et bien entendu, les deux pilotes du vaisseau. Robert L. insistera sur le fait que le chef des opérations n'était pas du tout sympathique, en tout cas d'un abord froid et austère, contrairement à tous ceux qu'ils avaient croisés depuis son arrivée.

L'intérieur du disque baigne dans une douce lumière blanche et par un panneau transparent, on peut voir à l'extérieur. Des sièges ergonomiques, très confortables, sont disposés en cercle où ils prendront tous place, hormis les pilotes qui, eux, disposent de sièges à un autre endroit de l'habitacle. Pour l'heure, ceux-là sont debout en train de s'affairer aux préparatifs du vol. Robert L. les verra ainsi postés devant un grand tableau de bord où clignotent des voyants de toutes les couleurs, en train d'actionner des commandes digitales qu'ils effleurent à peine du bout des doigts.

Le vaisseau quittera la base à une vitesse fantastique. Une fois de plus, il notera n'avoir ressenti aucune secousse pas plus qu'une sensation d'accélération lors du décollage. D'ailleurs, aucun d'eux n'est attaché sur son siège puisque c'est inutile. « La biologiste » lui expliquera dans le détail les caractéristiques et les capacités de l'engin. Elle dira ainsi que s'il n'a pas ressenti l'accélération, c'est parce qu'il est entouré d'un champ de force très puissant qui le protège, en précisant que tous ses équipements et mécanismes sont intelligents et autonomes. Il apprendra encore d'elle, que ce sont des cerveaux électroniques aux capacités plus puissantes que celles des cerveaux humains qui le commandent. Ces cerveaux électroniques savent ce qu'il convient de faire pour le protéger ainsi que les équipages et passagers qu'il transporte. Il serait même capable de s'auto-réparer en cas de défaillance, c'est dire. Si toutefois une panne absolue devait survenir, il ne s'écraserait pas pour autant au sol, mais au contraire remonterait aussitôt dans la haute atmosphère afin d'être récupéré par un autre vaisseau. « La biologiste » ajoutera que pour autant, ce type de configuration n'a quasiment aucune chance de se produire.

Au bout d'un moment, elle va avertir Robert L. de ce qu'ils sont en train de survoler l'Italie et qu'ils vont atteindre la France d'un instant à l'autre, tout en précisant que leur vaisseau va ralentir pour voler à 1000 km/heure et à une altitude de 10000 mètres. Elle va aussi ajouter qu'ils sont sur le point de rencontrer deux avions de chasse dépendant de la « Zone de Défense Sud-Méditerranée ». Effectivement et quasiment dans l'instant, il apercevra un Mirage III volant à quelques centaines de mètres de leur engin ! Sur ces entrefaites, « le Guide » va lui annoncer avec un sourire jusqu'aux oreilles que maintenant, il est dans leur intention de donner quelques frayeurs au pilote du Mirage et à tout le moins, des sueurs froides. Dans l'instant, le vaisseau va en effet aller se positionner à une cinquantaine de mètres de l'avion. Lorsqu'en tournant la tête le pilote du Mirage va l'apercevoir, il va alors engager un jeu avec le jet, en prenant soin de ne pas l'approcher de trop près afin de ne pas le désintégrer si par malheur, il heurtait le puissant champ de force électromagnétique qui l'entoure. Le vaisseau va ainsi manœuvrer quelques minutes autour de l'avion, un peu comme s'il jouait au chat et à la souris.

Puis ce sera au tour du « Guide » de donner à Robert L. toutes les précisions techniques de ce qu'il vient d'observer. Il expliquera ainsi que si l'avion avait tiré, le projectile aurait été immédiatement détruit par le champ d'énergie entourant le vaisseau, puisque celui-ci a la capacité d'empêcher tout ce qui est solide, liquide ou gazeux de l'atteindre. Sur une sorte d'écran, Robert L. va aussi découvrir avec stupéfaction que s'affiche une vue du tableau de bord du Mirage, ce qui permet ainsi aux pilotes du vaisseau de connaître les intentions de celui qui est aux commandes, et donc de les anticiper. Ce jour-là, le jeune homme sera le témoin de toutes les manœuvres d'évitement désespérées de l'avion pris en chasse, en regardant à travers un panneau permettant la vision extérieure. Après cela, « le Guide » rassurera le jeune homme : il n'était évidemment pas question de détruire ce jet, car cela aurait constitué une faute grave qui aurait été inévitablement sanctionnée par leur hiérarchie, *« la vie humaine comptant au plus haut niveau de priorité »*. Il ajoutera encore que si par malheur, un accident n'avait pu hélas être évité, l'avion se serait alors déstructuré et le pilote aurait eu la possibilité de s'éjecter. Robert L. dira être revenu enchanté de cette petite escapade, non sans avoir noté que sur l'avant du fuselage du Mirage III, figuraient les lettres FB.

Bien entendu, Georges Metz aura à cœur de mener une petite enquête afin de vérifier si le récit du témoin est probant, la première chose à faire étant de rechercher quels auraient pu être les avions de type Mirage III, dont les lettres FB figuraient sur leur fuselage, qui auraient pu voler dans le secteur mentionné, durant le mois d'octobre 1969. Et le plus incroyable est qu'il va en dénicher un, en l'occurrence basé à Dijon.

La possibilité lui ayant été donnée de consulter officieusement un vieux carnet de vol individuel, par l'intermédiaire d'un pilote de la base, la piste va pouvoir ainsi être remontée. Il sera en effet découvert dans ce précieux document que le 27 octobre 1969 à 11 h 27, alors qu'il volait à 15 700 pieds au sud de Lyon, le pilote aurait croisé un appareil sans identification qui ne répondait pas à ses appels radio dans cette zone interdite de vol. Mention était également faite dans le carnet de vol, de « phénomènes lumineux incompréhensibles et perturbateurs », à une altitude variant entre 15 000 et 16 000 pieds. Or, si l'on retient l'heure de l'observation faite en France notée sur le carnet, soit 11 h 27 et celle du décollage du vaisseau en Inde donnée par Robert L., en l'occurrence 15 heures, tout en tenant compte du décalage horaire de six heures entre les deux pays et du temps de vol, cela pourrait en effet correspondre. J'ignore ce qu'a donné la suite de l'enquête sur ce point précis, mais avouons tout de même, qu'à défaut de constituer une preuve absolue, ces différents indices sont fort troublants.

La boule dans la main

Dès le début, Robert L. va remarquer que ses Visiteurs, notamment « le Guide », tiennent pratiquement toujours au creux de leur main une sorte de boule, en fait une sorte de boîtier ovale. Lorsqu'il se risquera à demander de quoi il s'agit, on va lui expliquer que cet objet leur sert à communiquer avec leurs vaisseaux, lesquels sont généralement positionnés sur des orbites éloignées de la Terre mais parfois aussi en attente dans les parages où ils se trouvent. Cet objet servirait également à communiquer leur position.

À cette occasion, le jeune homme apprendra aussi que ces vaisseaux sont souvent postés dans des carrefours interdimensionnels, dont les scientifiques terriens ignorent évidemment encore l'existence, ce qui les rend indétectables. On va lui expliquer que ce processus de dissimulation leur permettrait de réagir immédiatement en cas de danger et le cas échéant, de pouvoir se défendre, en cas d'attaque provenant de formes de vies organiques ou inorganiques, voire de bêtes féroces vivant sur des planètes hostiles au début de leur évolution. En cas d'accident, telle une chute ou toute autre sorte d'incident, la fameuse boule leur permettrait alors de bénéficier de secours immédiats. Cet objet fort utile, aurait aussi la propriété de permettre une modification de la composition de la matière.

« Le Guide » lui fera d'ailleurs la démonstration de sa puissance destructrice, un soir qu'il se trouvera avec lui sur la plate-forme extérieure à la base. Alors qu'il évoquera de nouveau la boule dissimulée dans l'une de ses mains, il lui demandera de regarder un arbre se trouvant à quelques distances. Puis il lui confiera l'objet en lui demandant de placer son doigt à un certain endroit et de l'orienter vers l'arbre. Robert L. suivra ses instructions et dans l'instant, le malheureux arbre finira en fumée !

Révélations à propos de l'univers et de leur mission

« Le Guide », la « biologiste » et « l'ethnologue » vont lui révéler bien des choses, notamment à propos d'eux-mêmes, mais aussi à propos des habitants des divers univers. Ainsi, « le Guide » dira un jour qu'eux-mêmes viennent de très loin. En fait, d'une galaxie voisine, mais qu'il serait cependant inutile de préciser laquelle, puisque leur système stellaire n'a pas encore été découvert par les Terriens.

Concernant leur mission, Robert L. apprendra qu'ils visitent principalement des planètes en développement et qu'ils se sont donnés pour mission d'entretenir la vie sur des planètes habitées, telle que la Terre. D'après eux, la forme humaine serait la plus répandue, avec toutefois des variantes quant à la taille, au poids, à la force ou encore à l'intelligence. Il existerait aussi d'autres formes de vie intelligentes non humaines, très évoluées et très organisées. Une multiplicité de planètes seraient habitées et la Vie se trouverait donc partout dans les univers où tout ce qui s'y passerait serait enregistré dans ce que « le Guide » dira être de l'énergie. Ainsi, chaque évènement, majeur ou non, tous les actes et les comportements de chaque être vivant dans la Création, humain ou non, quelle que soit sa planète ou son Univers seraient enregistrés dans cette énergie universelle pour ne pas dire cosmique.

Les stellaires révéleront aussi à Robert L. avoir un grand nombre d'échanges cosmiques avec des civilisations vivant à divers endroits de l'Univers. À les en croire, il n'y aurait d'ailleurs pas qu'un seul Univers, mais des univers multiples. Certains de ces autres univers coexisteraient aussi à travers le nôtre, ce que les scientifiques terriens ignoreraient encore. Chaque d'eux serait une création mathématique au sein de laquelle tout serait ordonné avec la plus grande précision.

Robert L. apprendra encore de ses Visiteurs qu'ils se déplaceraient dans des dimensions de l'espace qui existeraient depuis l'origine mais dont nos scientifiques ne soupçonneraient même pas l'existence. « Le Guide » expliquera à cette occasion, que contrairement à ce qu'ils croient, les Terriens ne vivraient pas dans la 3e dimension, mais dans un seul espace et une seule dimension, lesquels seraient eux-mêmes contenus dans un seul un espace. En s'imaginant vivre dans la 3e dimension, les Terriens commettraient donc une erreur résultant de leurs mathématiques obsolètes. « Le Guide » révélera aussi que sur la

Terre, existeraient des portails naturels qui permettraient le passage d'un univers à un autre, mais qu'ils seraient rares et difficiles à détecter.

À propos de leurs vaisseaux

Les stellaires lui diront aussi un jour que s'ils avaient les mêmes moyens de transport que les Terriens pour voyager dans l'espace, ils mettraient des milliers d'années pour aller d'un point à un autre de l'Univers. Or, grâce à la technologie évoluée de leurs vaisseaux, ils peuvent se déplacer rapidement partout. Ils ajouteront aussi qu'ils disposent de capacités technologiques capables de comprimer ou d'étirer le temps afin de voyager très rapidement. Ils diront encore que comme l'Univers est une énergie électrique et magnétique, afin de passer d'un univers à l'autre, leurs engins doivent créer un champ d'énergie spéciale. Cette énergie à la capacité d'écarter la barrière constituée de neutrons et de protons et de bien d'autres particules encore, séparant un univers d'un autre. Du fait de cette technologie particulière, leurs vaisseaux sont ainsi capables de créer des ouvertures allant d'une dizaine de mètres à plusieurs kilomètres, selon leur taille. La manœuvre demande évidemment une grande précision, car toute erreur pourrait s'avérer fatale.

Robert L. fera aussi une description précise de leurs vaisseaux à Georges Metz. Il dira ainsi qu'ils ont la forme d'un couvercle et sont dotés d'une protubérance centrale contenant l'habitacle. Leur fuselage est gris métallisé lorsqu'ils sont à l'arrêt. Ils reposent au sol sur trois ou quatre pieds sphériques rétractables. Les portes ou hublots ne sont pas apparents au niveau du fuselage. Ils peuvent mesurer de vingt à trente mètres de diamètre et leur aspect rappelle celui des soucoupes de « type Adamski ». Ils posséderaient également des vaisseaux gigantesques, de la taille d'une planète.

À propos de la vie sur leur planète

« Le Guide » révélera au jeune homme que la configuration et les paramètres de sa planète ressemblent un peu à celles de la Terre, et lui affirmera qu'il pourrait donc y vivre assez facilement. Il ajoutera que des Terriens qui vivent d'ailleurs chez eux et ne veulent surtout pas revenir sur la Terre.

La vie sur leur planète est harmonieuse, car tous la respectent puisqu'ils la considèrent comme un organisme vivant. Une entité à part entière en quelque sorte. Le travail y serait bien moins pénible que sur Terre, car leur technologie évoluée leur permettrait de disposer de beaucoup plus de temps pour les loisirs, puisque nombre de machines effectueraient des tâches à leur place. Cela étant, la fainéantise serait réprouvée. La discipline et l'ordre régneraient chez eux, le désordre n'étant absolument pas permis. La contestation, la désobéissance ou la tricherie comme l'immoralité seraient sévèrement punies. L'homosexualité qui serait pour eux considérée comme une déviance, serait d'ailleurs bannie et il semblerait que l'on « réoriente » les homosexuels pour corriger cette déviance. Hormis cela, il existerait une grande liberté individuelle. L'ouverture d'esprit étant de mise, tous les sujets pourraient être abordés, sans risque du jugement d'autrui. Ils n'émettraient d'ailleurs jamais un avis sans avoir pesé les tenants et les aboutissants du sujet sur lequel ils envisagent de s'exprimer.

À propos de leur vie et de leur mort

Sur leur planète, la maladie n'existerait pas, pas plus que la souffrance. Leur durée de vie serait de 400 à 500 ans. En fait, ils vieilliraient comme les Terriens, mais plus lentement. Robert L. apprendra avec étonnement que la durée de vie d'un individu dépendrait en fait de la pesanteur de la planète où il vit, de son rayonnement solaire, de sa gravitation, de sa température ambiante, ainsi que de ses différentes composantes chimiques. Pour ce qui les concerne, ils auraient réussi à résoudre pratiquement tous les problèmes que pose la matière physique, ce qui aurait ainsi permis l'allongement de leur durée de vie.

Lorsque leurs corps auraient atteint une limite de viabilité, ils en changeraient tout simplement, comme on changerait de vêtement. Leurs corps seraient en fait considérés comme de simples containers ne servant qu'à vivre dans un monde physique. « Le Guide » précisera à ce moment que la mort ne concerne que la destruction du support physique et qu'elle ne doit donc pas être redoutée. Pour ce qui les concerne, dès lors que ce support physique serait « usé » et que le temps serait venu d'en changer, ils disposeraient d'une technologie spécifique et élaborée afin de séparer l'âme du corps physique. C'est ainsi qu'ils feraient se développer des corps physiques dans des containers. Quand ceux-ci seraient arrivés à maturité vers l'âge de 18/20 ans et enfin prêts à être occupés, ils y transféreraient alors l'âme souhaitant prendre un nouveau corps. Robert L. dira avoir été si choqué par la description de cette pratique, que « le Guide » refusera de lui en révéler davantage.

Si les transferts d'âme dans de nouveaux corps artificiellement créés semblent monnaie courante sur leur planète, il apprendra que les naissances biologiques existent tout de même, mais qu'elles ne se produisent jamais par hasard. On lui indiquera ainsi qu'elles sont auparavant évaluées et programmées en fonction des besoins, du nombre d'habitants et en tenant compte des composantes génétiques des parents. Les femmes de leur planète portent les enfants et accouchent aussi comme les Terriennes.

« La biologiste » abordera elle aussi, le sujet de la mort avec Robert L. Elle lui expliquera qu'en réalité, la mort n'existe pas, que ce n'est un passage difficile que pour les humains de la Terre. « Le Guide » le confirmera en ajoutant que si les Terriens ont si peur de la mort, c'est parce qu'ils commettent l'erreur de penser qu'ils n'existent que par rapport à leur corps physique. À sa grande surprise, il lui annoncera aussi qu'il est en train de vivre l'une de ses dernières vies sur Terre et que le moment venu, ils viendront le récupérer. Comme il ne recevra pas plus de précisions que cela, il se posera la question de savoir, si cette « récupération » se fera en corps ou en esprit, et donc si elle se produira de son vivant ou bien après sa mort.

La spiritualité des Visiteurs

À en croire les Visiteurs de Robert L., Dieu n'aurait rien à voir avec ce que nous enseignent nos religions ou nos croyances. Pour eux, Dieu signifierait *« Énergie, Connaissance, Organisation, Information, Création, Dilatation, Expansion et Rétractation »*. Et aussi, *« adaptation »* et *« évolution »*, lesquelles seraient à leurs yeux, deux formes d'énergies indissociables l'une de l'autre. « Le Guide » lui dira textuellement : *« La force de celui que tu appelles Dieu est constamment en œuvre en permanence. Pour nous, Dieu est cela, mais encore beaucoup plus avec les lois que vous ne connaissez pas. Même nous, on ne les connaît pas encore toutes. »*. Il soulignera encore que sur leur planète, il n'existe pas vraiment de religion comparable à celles de la Terre. Leur croyance reposerait ainsi exclusivement sur la Connaissance de l'Univers et de ses Lois.

La gouvernance de leur planète

Il existerait sur leur planète un unique gouvernement planétaire et un seul dirigeant choisi pour ses compétences pour la gouverner. Celui-là aurait le souci du plus petit comme du plus grand, sans distinction de personnes. Leur gouvernement planétaire serait lui-même contrôlé par des groupes de « Sages », appelés les « sondeurs d'âmes ». Ces entités sillonneraient leur système solaire. En les évoquant, ses Visiteurs lui diront que ce sont *« des gens anciens, des gens calmes qui peuvent transformer l'énergie en matière avec leur esprit ou la matière en énergie. Ce sont des gens qui souvent régissent certaines lois sur certains mondes. Qui peuvent intervenir. Qui peuvent également se déplacer sans vaisseaux et sans appareils. Ces entités peuvent vivre sur le même plan de matérialité que nous et sur d'autres plans également »*.

D'après ce qu'a compris Robert L., ces entités se trouveraient aussi sur le même plan que les Terriens, et en tout cas capables de s'adapter à notre niveau de matérialité. Elles détiendraient la capacité de lire les pensées les plus profondes et les plus cachées des individus et ne les verraient pas selon leurs apparences, mais tels qu'ils sont réellement. Il a semblé à Robert L. que pour cette raison, elles seraient très craintes par ses Visiteurs comme par leurs dirigeants.

La Fédération Galactique

Robert L. apprendra encore par « le Guide » que leur civilisation serait rattachée à une fédération galactique, regroupant diverses civilisations ayant les mêmes valeurs. Cette fédération serait d'ailleurs déjà intervenue sur la Terre par le passé. Elle serait chapeautée par neufs *« Supérieurs Inconnus »*. Ce seraient ceux-là qui dirigeraient toutes les galaxies.

Avec stupéfaction, il s'entendra dire aussi que, en cas conflit interne entre les Terriens, comme par exemple entre les USA et la Russie, la Fédération interviendrait alors sur leurs bases nucléaires respectives afin de les neutraliser. C'est d'ailleurs ce qui semble s'être passé, il y a quelques décennies sur des bases stratégiques américaines, puisque l'on se souviendra que des missiles à tête nucléaire ont été désamorcés, suite à un survol d'ovnis. Il apprendra aussi que les stellaires interviennent parfois chez nous de façon plus discrète. Leurs interventions se feraient alors sous la forme sphères lumineuses « intelligentes » pouvant opérer sur la matière comme sur le psychisme.

D'après « le Guide », certains stellaires qui ne feraient pas partie de leur confédération, seraient également présents sur notre planète ou du moins la visiteraient. Celle-ci les laisserait faire, dans la mesure où ils n'entrent pas en conflit avec les Terriens. Lors d'une autre conversation, il ajoutera que nombre de stellaires occuperaient des emplois dans des secteurs clés. Ainsi, ceux d'une autre civilisation que la leur et de taille physique inférieure, ressemblant aux humains de la Terre au point qu'on ne pourrait les différencier, travailleraient dans le plus grand secret au sein d'entreprises de haute technologie du secteur aéronautique ou de la marine. Ils occuperaient le plus souvent des postes de haut niveau où ils ne sont pas tenus de prendre la parole. Ce seraient le plus souvent des ingénieurs. Ceci démontre, s'il en est encore besoin, que la Terre fait l'objet d'une surveillance constante de la part de différentes races stellaires, confédérées ou non, afin d'éviter que la vie ne soit pas endommagée sur notre planète, mais aussi peut-être avec d'autres intentions moins louables, sait-on jamais.

« Le Guide » dira encore à une autre occasion et avec une certaine amertume, que les gouvernants terriens ont peur d'eux, quoiqu'ils connaissent un peu - mais pas trop – l'existence et les capacités de leurs vaisseaux. Qu'ils savent parfaitement aussi qu'ils ne veulent pas de mal aux Terriens et qu'il est par conséquent bien regrettable qu'ils tournent systématiquement en dérision les témoignages des observateurs et ne révèlent pas leur existence aux populations.

Se montreront-ils un jour aux Terriens ?

Un jour Robert L. demandera au « Guide » s'il est dans leurs intentions de se montrer ouvertement un jour aux Terriens. Voilà très exactement ce qu'il va répondre :

« Là Roro, tu m'en demandes trop. Notre monde est très éloigné du vôtre. Il y a des races humaines qui sont plus près et qui sont dans votre Galaxie.

Mais pour qu'une civilisation prenne contact avec vous, il faudra vous familiariser avec elle ; d'où l'importance des visites. Mais cela dit, rien n'est impossible, mais en ce qui nous concerne, nous viendrons uniquement si ceux qui auront pris contact avec vous nous y invitent et vous également.

Cela demandera déjà à vos gouvernants de nous reconnaître en tant que civilisation humaine et intelligente et lorsque vous manifesterez de manière hautement visible envers nous des intentions pacifistes. Ce n'est pas le cas aujourd'hui à cause de votre passion idiote de vous croire les seuls, les plus savants et les plus forts de l'Univers. Les Univers ne vous appartiennent pas. À nous non plus, mais nous avons tous droit d'y vivre et de les parcourir en les respectant ».

On l'aura donc compris, ce n'est certainement pas demain qu'ils décideront de se montrer au grand jour. Encore que… « Le Guide » annoncera en effet un jour à Robert L. que du fait du comportement irresponsable des Terriens, les dirigeants de divers systèmes solaires, devraient décider dans le courant du XXIe siècle de l'opportunité, ou non, de se montrer publiquement à eux.

Ce que pensent les Visiteurs de Robert L., des Terriens…

Ils lui diront tout savoir de l'histoire de la Terre, puisque rien de ce qui concerne ses habitants ne leur est inconnu. Ils connaîtraient ainsi dans le moindre détail les agissements des Terriens : leurs dissensions, leurs guerres, leurs croyances religieuses ou pas. Ils déploreraient aussi la façon dont nous avons abîmé notre planète, notamment par les pollutions du sol et de l'air. « Le Guide » insistera sur le fait que la Terre n'appartient pas aux Terriens et qu'ils ne possèdent même pas le droit du sol, sachant qu'il en est ainsi pour tous les êtres vivants dans la Création. À diverses reprises, ses Visiteurs déploreront la sordide propension des Terriens à la dispute et à la guerre. Ils diront ainsi à Robert L : *« La vie sur votre planète est sacrée. Vous devriez travailler ensemble sur votre belle Terre avec un seul gouvernement et un système objectif de contrôle de celui-ci ».*

« L'ethnologue » lui déclarera pour sa part, que les gouvernants terriens sont pour l'essentiel composés d'arrivistes qui n'ont soif que de pouvoir et d'argent et ne pensent qu'à leurs intérêts propres et à ceux de leurs groupes, outre le fait qu'ils sont notoirement incompétents. Le système soi-disant démocratique qu'ils ont mis en place consiste en fait, en une forme de dualité où ces arrivistes passent leurs temps à se critiquer mutuellement. En réalité, ils ne tiennent aucunement compte des intérêts des masses d'individus qu'ils asservissent, si bien que les Terriens sont tenus en esclavage par eux. Elle dira encore que leur système a fait long feu et devra être abandonné au profit d'une unité mondiale de construction et d'évolution positive, pour le bien des humains. Elle ne sera pas la seule à lui tenir ce discours car « le Guide », comme « la biologiste », lui tiendra exactement les mêmes propos à diverses occasions. « La biologiste » lui ajoutera quant à elle, que les dirigeants terriens sont des malades mentaux arrivistes, avides de conquêtes et que les Terriens eux-mêmes sont des fous. En tout cas, tous lui diront que les dirigeants de notre planète devraient s'attacher en priorité à apporter le minimum à tous, en leur assurant un toit, de la nourriture, des vêtements et de l'énergie, plutôt que de ne penser qu'à leurs intérêts personnels.

Quant aux Terriens, ils devraient, selon leurs possibilités, apporter à la communauté leur savoir, leurs capacités et leur travail pour la construction d'un monde meilleur, car chaque personne intelligente a le devoir d'aider celle qui l'est moins. Au lieu de cela, ils passent leur temps à critiquer et à juger, sans avoir analysé objectivement au préalable les tenants et les aboutissants des sujets qu'ils abordent. À ce moment, « le Guide » soulignera que celui qui veut apprendre quelque chose à son voisin doit maîtriser parfaitement son sujet, avec ses avantages et ses inconvénients, afin de ne pas l'induire en erreur. Chacun se doit aussi, au cours de sa vie, d'acquérir une expérience dans divers domaines de compétence et devenir aussi qualifié qu'un professionnel. Chacun devrait également aider le plus faible ou le moins futé, comme celui qui est à la traîne. C'est de cette manière que cela se passe chez eux et c'est à cette condition qu'une civilisation peut évoluer rapidement.

Ils évoqueront également avec Robert L, les différentes religions pratiquées sur la Terre et leur avis sur le sujet sera lapidaire : tout ce que prêchent les religieux ne sont que des âneries et ces religions sont à l'image du sectarisme et de l'orgueil de leurs représentants, qui pensent chacun que leur culte est le meilleur.

Prédictions

Le Guide lui expliquera tout aussi clairement que la Terre n'accepte plus d'être maltraitée et que nos actions vont avoir des conséquences tragiques. Les extractions massives de pétrole, de minerais, de gaz ou de charbon vont en effet, dans les années à venir, immanquablement modifier son champ magnétique, ce qui aura pour effet d'entraîner un changement climatique et de faire basculer l'axe des pôles. Les conditions climatiques vont d'abord se modifier progressivement, entraînant un réchauffement de la planète et quand son axe basculera et que le Pôle Nord se déplacera, la plupart des nations seront notablement affectées. Cela se produira en même temps que la Terre traversera une zone de turbulences. Force est de constater en effet que le pôle magnétique se déplace de manière inquiétante depuis quelques années et que le phénomène semble encore s'accélérer. Le magnétisme de la Terre s'affaiblit également, et il y a peu, une anomalie située sous le continent Africain a été détectée qui semble considérablement affaiblir le champ magnétique de la planète.

Les stellaires diront encore que les Terriens gaspillent sans compter leurs matières premières et leurs ressources d'énergie mais que cela n'aura qu'un temps car bientôt, ils seront contraints de revoir radicalement leur organisation et leur système économique. Il y a donc urgence à préserver la nature et à économiser les ressources que nous offre notre planète.

Lorsque Robert L. leur demandera pourquoi ils n'interviennent pas pour éviter la catastrophe, « le Guide » lui répondra en blêmissant que lui et siens n'ont rien à faire avec des conquérants de l'espèce de ces Terriens qui ne respectent rien. Que leur civilisation est bien plus évoluée que la leur et que depuis les milliers d'années qu'ils visitent la Terre et regardent ses habitants agir, ils auraient pu les rayer de la carte s'ils l'avaient voulu ! Ils insisteront aussi sur la notion de libre arbitre, en précisant qu'il leur est formellement interdit de le violer et de s'ingérer dans les affaires d'une autre planète. Qu'il appartient donc aux humains de la Terre de prendre leurs responsabilités et de faire seuls le choix de leur futur, tant individuel que collectif. À un autre moment, ils lui diront, en évoquant la guerre froide, que les dirigeants terriens, tous aussi fous qu'arrivistes, finiront bien un jour par déclencher une guerre destructrice et qu'il vaudra mieux qu'ils y mettent un terme, avant qu'eux-mêmes ne soient obligés d'intervenir. Robert L. a cru comprendre à ce moment, qu'ils n'accepteraient plus désormais que les nations terriennes se détruisent entre elles comme par le passé.

À propos de la recherche scientifique et spatiale

Ses trois interlocuteurs privilégiés lui confieront également que les scientifiques terriens feraient bien d'axer leurs recherches sur les nouvelles énergies, spécifiquement sur l'électromagnétisme, ainsi que sur cette énergie inépuisable que l'on trouve en abondance dans l'Univers. Cette énergie-là, propre, naturelle et sans danger, contrairement à l'énergie nucléaire, permettrait ainsi d'éviter les déchets et les pollutions de toutes sortes. L'ethnologue précisera que son utilisation devra être mise en place progressivement, afin d'éviter des désordres sociaux qui pourraient mener à de graves conflits, puisque des emplois disparaîtront nécessairement et que la société terrienne en sera transformée.

Quant à la conquête spatiale, elle devra se faire, mais sans esprit de conquête ! « Le Guide » avertira encore à cette occasion que de ce point de vue, les Terriens sont aussi sous haute surveillance et que si des idées belliqueuses devaient venir à l'esprit de leurs astronautes, leurs programmes seraient alors immédiatement neutralisés.

Petits conseils de vie à l'attention des Terriens…

Robert L. les recevra essentiellement de « la biologiste » et du « Guide ». Ainsi, les Terriens doivent rechercher la vérité dans tous les domaines en ayant l'esprit ouvert et en analysant ce que toute nouveauté peut leur apporter en positif comme en négatif. Chaque jour doit être consacré à acquérir de nouvelles connaissances et des qualifications en tous domaines. S'il faut être exigeant pour soi-même, il faut également respecter les idées des autres et les aider à trouver leur propre chemin. Si une personne à tort, il faut le lui démontrer, tout en respectant ses points de vue.

À sa grande surprise, Robert L. se verra aura aussi dispenser nombre de conseils sur la meilleure hygiène de vie à adopter afin de conserver une santé florissante. On lui dira ainsi qu'il ne faut manger que ce dont le corps a besoin et sauter un repas, si on en ressent la nécessité.

Comme les repas copieux encrassent l'organisme, il faut manger de tout et en quantité modérée. Les stellaires trouvent que les humains mangent beaucoup trop et bien trop gras. « Le Guide » soulignera à diverses reprises qu'il faut en fait s'alimenter pour se nourrir et non pour le plaisir. La moitié d'un repas devrait être constituée de céréales : blé, orge, avoine et riz complet, et l'autre partie de légumes en quantité ainsi que d'un peu de viande. Les fruits doivent être consommés avec modération ainsi que le vin, qui doit être de bonne qualité et le moins acide possible. Ceci étant, il est préférable de boire de l'eau et un peu de jus de fruits.

Pour ce qui est de l'hygiène corporelle, il convient de se laver chaque jour à l'eau et au savon mais en évitant les bains qui ramollissent le corps. L'exercice physique au quotidien est nécessaire, avec un temps d'effort soutenu, mais sans esprit de compétition. La pratique du yoga est aussi vivement recommandée.

Robert L. s'entendra dire encore qu'il est nécessaire d'aller aux toilettes une fois par jour, de préférence le matin en se levant, afin d'éviter les putréfactions qui intoxiquent l'organisme. Qu'il faut éviter de fumer car cela fragilise les os et détruit le cerveau. On lui rappellera encore que la moindre cellule d'un corps physique est intelligente et qu'elle peut se reconstituer, jusqu'à ce que le processus de vieillissement finisse par se déclencher de façon irréversible. Le fait que la cellule puisse ainsi se reconstituer proviendrait de l'énergie de l'Univers. Aux dires des stellaires, les corps physiques terriens seraient loin d'être les plus sophistiqués et les plus beaux. En fait, ils seraient situés à un degré assez bas dans l'évolution. Cependant, ils seraient perfectibles et recevraient régulièrement des impulsions qui leur permettraient d'évoluer et de s'améliorer.

Il sera également recommandé à Robert L. d'éviter les musiques fortes qui perturbent l'équilibre psychologique, de même que la violence sous quelque forme qu'elle soit, car elle dégraderait l'esprit. Mieux vaudrait aussi éviter les comportements dictés par les émotions car ils sont en ce cas dénués d'objectivité. En fait, chacun devrait adopter un comportement modéré en toutes circonstances et s'abstenir, autant que faire se peut, de comportements négatifs. Les critiques sont dommageables et chaque individu devrait donc toujours s'appliquer à faire évoluer une situation dans le bon sens.

Le retour

Les mois vont bien vite passer. Le 20 novembre 1969, Robert L. sera de retour à la ferme. Il y reviendra avec le même vaisseau, raccompagné par « le Guide », « la biologiste » et « l'ethnologue ». On le déposera dans le pré dont il est parti. Au moment des adieux, « le Guide » lui remettra une enveloppe contenant 27000 francs en billets, en précisant que cet argent est destiné à le dédommager pour son année de salaire perdu, mais également pour le grand service qu'il leur a rendu. Puis il lui serrera la main, tandis que « la biologiste » et « l'ethnologue » l'autoriseront pour une fois, à leur faire la bise.

« Le Guide » lui recommandera enfin de se taire sur son expérience avec eux et ce, durant quarante ans, en lui disant que s'il se risquait à parler, non seulement il ne serait pas cru mais cela pourrait de surcroît engendrer de gros ennuis de la part de certains, sans toutefois préciser lesquels. Les derniers mots qu'il prononcera vont beaucoup l'émouvoir car « le Guide » lui dira qu'ils seront toujours présents pour lui, mais sans pour autant intervenir dans sa vie. Il lui prédira aussi une bonne santé pour le reste de son existence, avant de lui souhaiter bonne chance. Inutile de dire que « Roro », comme ils l'ont familièrement surnommé, aura les larmes aux yeux en descendant du vaisseau.

Lorsqu'il va frapper à la porte de chez lui, c'est son père qui lui ouvrira. En fait, il l'attendait, puisque la veille il avait reçu un courrier anonyme lui annonçant son retour pour le lendemain soir…

De petits clins d'œil au fil du temps

Robert L. rapportera à Fernand Lagarde, le premier enquêteur de LDLN venu l'interroger, que le 1er septembre 1972 aux alentours de 22 heures, alors qu'il se trouvait devant une fenêtre, il avait aperçu une sphère lumineuse descendant très lentement dans un champ proche, à 500 ou 600 mètres de la ferme. Il était alors parti en courant comme un fou pour aller la rejoindre. Il ne s'en approchera finalement qu'à une vingtaine de mètres. Il découvrira qu'elle plane en sustentation à deux ou trois mètres du sol et mesure environ quatre mètres de diamètre. Un peu différente des précédentes, elle est de couleur verte « comme les feuilles des arbres » et éclaire légèrement le sol. Elle disparaîtra finalement sous ses yeux quand une voiture de gendarmerie en patrouille surmontée d'un gyrophare se rapprochera.

Le lendemain, pratiquement à la même heure, le scénario se reproduira à l'identique, comme s'il vivait deux fois la séquence ! Et quand la voiture de gendarmerie surgira sur la route qui se trouve sur la colline d'en face, à nouveau la sphère disparaîtra dans l'instant. Robert L. précisera que le mois précédent, son père avait déjà aperçu un soir une sphère verte identique dans un vallon proche, en train de remonter une colline en direction de Villefranche du Rouergue…

D'étranges bips-bips…

Plus tard, Robert L. rapportera aussi à Georges Metz que dans le courant du mois de mai 1999, son épouse lui a signalé que chaque jour à 14 heures 30, elle percevait un « bip-bip » dans sa voiture, sans toutefois pouvoir déterminer d'où provenait ce son. Il l'entendra également et aura d'ailleurs des sueurs froides en se demandant si ses petits amis venus des étoiles n'auraient pas, par hasard, l'intention de revenir. Il sera encore plus mal à l'aise quand deux ou trois jours plus tard, il entendra à nouveau ce « bip-bip » à 14 heures 30, mais cette fois dans son propre véhicule, puis à son travail, alors qu'il se trouvait dans la chambre d'un patient. Il n'en déterminera jamais la provenance. Le phénomène perdurera durant deux mois et ne se reproduira pas.

Implant

En 2005, il confiera à Georges Metz qu'il pense avoir un corps étranger dans le dos et qu'il pourrait bien s'agir d'un implant, dont il ressent la présence depuis 1971. Il se fera radiographier dans l'hôpital où il travaille, mais les radios ne révéleront rien.

Aux rencontres de Châlons-sur-Marne qui se tiendront la même année, un magnétiseur examinera son dos, à la demande de Georges Metz. Cela en valait effectivement la peine puisqu'il va se passer un incident pour le moins surprenant : lorsque celui-ci va poser la main sur son dos, quelque chose va se déplacer sous sa peau. Quelque chose qui d'ailleurs, ne semble non plus apprécier d'être photographié, puisque lorsque le flash va éclairer, le magnétiseur va prendre une sérieuse décharge électrique dans les doigts et restera avec la main engourdie au moins jusqu'au lendemain. Et quand il sera question de prendre d'autres photos, l'on verra carrément l'implant vibrer et se mouvoir en se tortillant comme un ver sous la peau du dos de Robert L., comme pour tenter de se dissimuler à l'intérieur de son corps. Le magnétiseur dira que la « chose » qui vibrait, mesurait bien treize centimètres de long ! Le lendemain matin, Robert L. dira avoir été réveillé à plusieurs reprises dans la nuit par une sorte de gêne causée par un bruit étrange, comme le son vibrant émis par un gros insecte. Il a cherché d'où cela pouvait provenir, mais n'a jamais trouvé la source de ce bourdonnement singulier.

Il expliquera à Georges Metz que les Visiteurs posent des implants pour être informés de ce qui se passe dans la vie et dans l'environnement de celui qui est implanté. Il ajoutera que tous ceux qui savent ou pensent être implantés devraient noter ce qui change ou a changé dans leur vie, notamment les effets physiques et psychiques de toute nature, qui vont avoir une action sur leur comportement. En attendant, il émettra le souhait de conserver son implant en se disant persuadé que s'il était extrait, il perdrait toute sa vitalité physique et vieillirait d'un seul coup.

Un curieux son de disqueuse

Durant l'enquête menée par Georges Metz et alors que l'on s'intéressait alors de très près à son implant et qu'une régression hypnotique avait été envisagée, Robert L. va encore se trouver confronté à une étrange situation: un soir, il s'endort rapidement pour se réveiller un peu plus tard, avec le sentiment que quelque chose de particulier va se produire. Effectivement, il va entendre tout à coup comme un léger son métallique, assez comparable au son d'une disqueuse électrique. Dans l'instant, il va sentir comme un engourdissement l'envahir, qui va aboutir à la paralysie entière de son corps. Le son va encore s'amplifier, tout comme la pression qui le maintient immobile. Comme cela deviendra de plus en plus insupportable, il essayera de se débattre, mais en vain, car ce sera la paralysie absolue. Puis le phénomène va peu à peu décliner, avant de disparaître. Sur ce, il s'endormira et se réveillera en pleine forme le lendemain matin.

Les bénéfices tirés de ce contact

Pour ce qui le concerne, Robert L. considère qu'il a bénéficié, depuis son contact avec ces humains venus de loin, d'une santé, d'une vitalité et d'une résistance physique exceptionnelles. « Le Guide » l'avait d'ailleurs prévenu de ce que sa santé s'améliorerait significativement: ce sera effectivement le cas, puisque les terribles maux de tête qui l'accablaient ponctuellement, se raréfieront au fil du temps avant de disparaître complètement.

Il s'est aussi découvert des spécificités de nature biologique. C'est ainsi qu'il s'est avéré que son sang détenait des particularités peu communes, notamment une absence d'anticorps spécifiques a été détectée concernant la tuberculose. Il n'est donc pas protégé contre cette maladie. Idem pour l'hépatite B. À noter aussi qu'il a un groupe sanguin O+, ce qui est d'ailleurs le cas de nombre d'abductés.

Les filles de Robert L seraient-elles aussi concernées ?

Robert L. a eu un garçon d'un premier lit, en parfaite santé ainsi que deux filles de son épouse Yvonne. Hélas, toutes deux sont handicapées, atteintes d'une forme d'autisme sévère. L'aînée, Aurélie qui est la plus atteinte, est placée dans un établissement spécialisé durant la journée. Ce n'est que le soir qu'elle regagne le domicile de ses parents. Robert L. avouera avoir demandé de l'aide à ses Visiteurs pour qu'ils la soulagent.

Y aurait-il eu une intervention ? En tout cas, on peut le supposer. Yvonne rapportera en effet avoir vu, au soir du 9 octobre 2007, un rectangle de lumière absolument inexplicable se déplacer sur le mur de la chambre de la jeune femme. Quarante-huit heures plus tard, une marque rougeâtre est apparue à sa taille, formant comme une ceinture. Peu après, le couple a remarqué qu'elle avait fait brusquement des progrès au niveau de la parole et que son comportement s'était nettement amélioré. Les personnels de son institution spécialisée n'ont pas manqué aussi de le constater, en se demandant ce qui avait bien pu se passer car elle était transformée.

Une autre étrangeté va survenir quelques mois plus tard. Le 14 décembre de la même année, Robert L. qui s'est levé durant la nuit pour aller aux toilettes, a ainsi aperçu une lumière intense qui émergeait de dessous la porte de la chambre d'Aurélie. Il dira que c'était comme une sorte de brouillard lumineux rampant qui débordait dans le couloir provenant de dessous la porte. Supposant que ses Visiteurs avaient peut-être entendu son appel à l'aide et qu'ils étaient peut-être alors à l'œuvre, il a décidé de ne pas ouvrir la porte de la chambre afin de ne pas perturber le phénomène. Il attendra donc assis par terre en tailleur, dans le couloir. Le phénomène lumineux commencera de diminuer progressivement au bout d'un quart d'heure pour finalement disparaître. Le lendemain Aurélie se lèvera normalement et déclarera ravie d'avoir fait un « tour en avion » durant la nuit.

Robert L, sélectionné et protégé et depuis le début ?

Il va rapporter à Georges Metz un incident vécu dans sa jeunesse, un soir qu'il rentrait de soirée en voiture avec un ami et qu'ils cheminaient lentement sur une route sinueuse dans une forêt sombre que le halo des phares éclairait à peine. Soudain, le moteur avait calé brusquement et stoppé presque net la voiture. Cette panne subite en pleine nuit était évidemment la tuile, car à l'époque, les téléphones portables n'existaient pas.

En descendant du véhicule pour voir ce qu'il se passe, ce sera la stupeur puisqu'ils vont découvrir qu'il s'est arrêté tout au bord d'un précipice. Ils ne comprennent évidemment rien à tout cela, mais ce qui est certain, c'est que le copain sera terrorisé et que Robert L. ne le reverra jamais. Quant à lui, vu ce qu'il a vécu par la suite, cela lui fera dire qu'il était certainement protégé depuis le début par ses amis d'outre-espace.

Une expérience de vie transformatrice

Robert L. confiera à Georges Metz que cette expérience a été vécue par lui-même, comme par les membres de sa famille, de façon indépendante de leur volonté, en soulignant toutefois que c'était spécifiquement lui, et non les siens, qui était concerné. Il ne cachera pas que les contacts qu'il a entretenus avec ces Galactiques ont bouleversé toutes ses croyances, notamment ce que lui avait enseigné la religion. Depuis, sa vision de l'Univers n'est plus la même. Progressivement, il en a acquis une « approche conceptuelle » différente. Souvent au fil du temps, il a eu des interrogations, des inquiétudes et parfois même aussi des angoisses, par rapport à tout ce qu'il découvrait et qui lui était inconnu. Aujourd'hui, il se dit conscient de ce que cette expérience lui a finalement apporté plus d'interrogations que de réponses. Il se pose d'ailleurs encore la question du but poursuivi par ces Visiteurs. Étaient-ils seulement de passage ? À quel groupe appartiennent-ils vraiment ? Lui-même est-il un cobaye parmi d'autres, utilisé par une autre humanité plus évoluée ? Au cours de l'enquête, il confiera tout de même à Georges Metz avoir compris que durant des années, il avait de toute évidence servi de cobaye pour des expériences spécifiques : *« Ils veulent voir mes réactions face à eux et comment nous évoluons et cherchons à faire connaître leur existence au plus grand nombre de gens »*. Il me l'a confirmé également et personnellement, j'ai tendance à penser que c'est effectivement le cas de la majorité des contactés.

Robert L. exprimera aussi la sensation d'être suivi dans le temps et ce, partout où il se trouve, par ces stellaires qui l'ont approché et d'avoir aussi parfois le sentiment d'être bien seul, quand il n'a pas l'impression de se trouver entre deux mondes. Néanmoins, il avouera se sentir bien et très serein, puisqu'il est désormais en accord avec lui-même.

De temps à autre, d'étranges phénomènes semblent encore se produire. Ainsi, il m'a fait parvenir il y a peu, la photo d'une étrange trace, apparue au-dessus de sa tête de lit. Il s'agit d'une très large empreinte horizontale, de forme elliptique quasi parfaite et de couleur ocre. J'ai pu constater que les contours de ce curieux dessin étaient plutôt réguliers ; qu'il y avait une partie centrale de forme un peu elliptique restée blanche, presque comme la couleur du mur de sa chambre. Cette partie centrale claire est cernée d'une ellipse d'un ton ocre foncé comme d'ailleurs le contour de l'empreinte qui est d'un ocre plus soutenu. La partie intérieure de cette grande empreinte est toutefois majoritairement d'un ocre plus clair. En fait, cela ressemble à des ellipses dans une ellipse, de couleur ocre dans des tons plus ou moins soutenus. Ce qui est certain, c'est que cela n'a rien de ressemblant avec la trace qu'aurait pu avoir laissé le frottement d'une tête sur un mur. Quand nous en avons discuté ensemble, Robert L. m'a également précisé que lorsque l'on passait le doigt à sa surface, la texture du mur à cet endroit, semblait différente de celle du reste de ce mur.

Il dira de cette expérience peu ordinaire qu'il a vécu, qu'elle est individuelle et qu'elle a été consentie. Qu'il la considère comme *« plus que bénéfique sur tous les plans »*, puisqu'elle a transformé sa vie et sa personnalité. Avant de le quitter, « le Guide » lui avait d'ailleurs prédit que maintenant que leur réalité s'était intégrée avec la sienne - ce qui devrait rester secret et personnel - sa vie ne pourrait que s'en améliorer sur tous les plans. Effectivement, il abandonnera en 1977, son métier de conducteur d'engins dans les Travaux Publics pour devenir agent de service à l'Hôpital de Rodez, ce qui l'amènera, un peu plus tard, à devenir aide-soignant.

Avec honnêteté, il déclarera aussi qu'il ne cherche pas à convaincre qui que ce soit de la véracité de ses dires – ce que je confirme - car il a compris que cela ne servirait à rien de parler publiquement de son aventure, puisque personne ne la comprendrait. C'est d'ailleurs la raison pour laquelle il a préféré garder le silence durant de longues années.

Si en fait, il a fini par se confier à Georges Metz, sans grande conviction d'ailleurs, c'est pour que cela puisse aider à la recherche. Il a bien entendu le sentiment d'avoir vécu une expérience hors du commun, mais reste toutefois persuadé de n'être pas le seul sur Terre à l'avoir vécue. De son point de vue, beaucoup de gens sont concernés et il n'est pas le seul à avoir été contacté par cette civilisation stellaire évoluée. D'après lui, il y aurait ainsi 300000 personnes dans le même cas que le sien, sur la planète. Souvenons-nous que, pour sa part, Pierre Monnet s'était entendu dire en 1975 qu'il y avait 296000 Terriens contactés ! Robert L. déclarera finalement croire qu'une *« immense technologie est en œuvre sur notre planète en surveillance »*, car nous serions en train de franchir un important palier d'évolution.

6.
Billy Meyer et les Pléiadiens

À l'instar du contacté américain George Adamski et de quelques autres, le Suisse Billy Meïer est, dans le meilleur des cas, considéré par ses détracteurs comme un mythomane, mais le plus souvent aussi, comme un gourou manipulateur et un escroc, en particulier par la communauté ufologique qui n'a jamais manqué une occasion de l'éreinter. Mais est-ce vraiment cela au fond ? Son histoire est certes déroutante et certains faits permettraient a priori de douter de sa crédibilité, mais il existe par ailleurs moult éléments probants qui plaident largement aussi en la faveur d'un contact authentique avec des entités venues d'outre-espace.

Premières apparitions…

Eduard Meïer, dit Billy Meïer est né en Suisse le 3 février 1937 d'un père cordonnier et d'une mère au foyer. Il n'est âgé que de cinq ans lorsque l'extraordinaire va se manifester pour la première fois dans sa vie.

Un jour de 1942, alors qu'il s'amuse avec son frère aîné dans le jardin de la maison familiale, voilà qu'il aperçoit dans le ciel un objet en forme de disque qui se rapproche lentement. Son frère lui dit qu'il s'agit certainement d'une nouvelle invention d'Hitler mais son explication ne le convainc pas vraiment. Il sent instinctivement qu'il s'agit en fait de toute autre chose, de quelque chose qui lui semble familier. Certes, mais de quoi ? Il reverra le disque deux mois plus tard mais cette fois, il entendra une voix qui résonne dans sa tête et il percevra aussi des mots qu'il ne comprend pas. Étrangement, ceux-là se traduisent d'abord par des symboles pour devenir des lettres, qui vont ensuite former des mots et enfin des phrases. Il observera encore de temps à autre ces engins insolites évoluer dans le ciel, mais son intuition lui soufflant qu'il vaut mieux n'en parler à personne, il préférera garder cela pour lui.

L'enseignement du Pasteur Zimermann

Hélas, son secret lui pèse un peu plus de jour en jour et il ressent un besoin impératif de se confier à quelqu'un. Mais à qui ? Le sujet est délicat et il a bien conscience qu'il risque d'être pris pour un menteur, à moins que l'on ne pense que son cerveau est un peu dérangé. Non loin de chez lui, habite un pasteur protestant, un homme bon, réputé pour être ouvert d'esprit et que l'on dit un peu mystique, même si la signification du mot lui échappe. Il le connaît un peu et a totalement confiance en lui. Peut-être pourrait-il lui expliquer ce qui lui arrive ? C'est ainsi qu'un jour en sortant de l'école, au lieu de rentrer chez lui, il va donc aller trouver le Père Zimermann et lui conter d'un seul trait, ce qui le tracasse. Le religieux l'écoute tranquillement et ne semble pas vraiment surpris. D'ailleurs, il lui confiera qu'il connaît bien ces engins volants. Il ira même jusqu'à lui révéler que leurs pilotes ne sont pas des Terriens, mais des gens venus d'autres planètes ou d'autres mondes très éloignés de la Terre. Bien entendu, de cela il ne devra parler à personne, sauf à passer effectivement pour un affabulateur ou un illuminé. Cela dit, maintenant qu'il sait de quoi il retourne, il lui faut améliorer sans tarder sa capacité télépathique, afin de pouvoir parler avec ces extraterrestres qui semblent s'intéresser à lui. C'est facile d'ailleurs, il lui suffira simplement de diriger ses pensées à l'intérieur de lui ! Le gamin qui ne s'attendait pas à cela, va donc repartir chez lui, le cœur joyeux et en tout cas nettement plus léger.

Sous la houlette du Pasteur, le petit Meïer va donc s'entraîner jusqu'au jour où il va se sentir enfin prêt et envoyer son premier message. Dans l'instant qui va suivre, il va entendre dans sa tête un rire léger qui va s'interrompre presque aussitôt. Ce ne sera en fait que le jour de ses sept ans qu'il percevra une voix basse et claire lui demandant d'un ton un peu péremptoire de mémoriser les connaissances qui vont lui être transmises.

Sfath

Durant l'été 1944, la voix va enfin se nommer. Elle dit s'appeler Sfath et déclare qu'elle va lui communiquer les premiers éléments de la connaissance qu'il doit recevoir. Il n'en saura pas davantage ce jour-là. Un jour du mois de septembre de la même année, alors qu'il se balade seul dans la campagne, il va de nouveau entendre cette voix qui lui est devenue familière. Elle lui demande de ne surtout pas avoir peur de ce qu'il va voir.

Dans l'instant, il distingue en effet dans le ciel bleu un gros objet métallique en forme de poire qui grossit à vue d'œil et qui va aller se poser un peu plus loin. Sans se poser de question, il va courir vers lui. Une porte s'est ouverte dans le fuselage et il va alors pénétrer à l'intérieur sans vraiment éprouver de crainte. À l'intérieur, un homme à la barbe et aux cheveux très blancs qui lui paraît bien vieux semble l'attendre. Comme son expression est bienveillante, il se sent plutôt rassuré et même en confiance.

Aussitôt, le vaisseau va décoller pour aller s'immobiliser très haut dans le ciel. Le vieillard qui s'exprime fort bien en allemand, lui annonce en souriant qu'il est Sfath, celui qui parle dans sa tête et qu'il est là pour lui transmettre toutes les connaissances dont il a besoin. Sfath lui révélera aussi que tout ce qui lui arrive résulte d'une mission qu'il devra accomplir, dont il connaîtra tout le détail quand il sera adulte. En attendant, il lui faudra se mettre au travail et apprendre. Il précisera encore qu'il sera son guide durant quelques années mais qu'après lui, un être spirituellement plus élevé prendra le relais afin de poursuivre son instruction. Ce sera la seule et unique fois que Billy Meïer rencontrera Sfath, mais il recevra effectivement son enseignement par la voie télépathique jusqu'au 3 février 1953, le jour où il fêtera ses seize ans.

Asket

Après un silence de quelques mois, une voix jeune et féminine dont le ton est clair et énergique, va soudain résonner dans sa tête. Elle dit se nommer Asket et remplacer Sfath, décédé à l'âge de onze cents ans. Après lui avoir révélé qu'elle venait de l'Univers de Dal, un univers parallèle séparé du nôtre par une mince barrière, elle va lui déclarer qu'il a été choisi pour diffuser aux Terriens les enseignements de la Création. Il lui faut donc se préparer sans tarder à sa mission mais pour cela, il lui faudra d'abord voyager à travers le monde.

En attendant, la vie ne pas toujours être simple pour le jeune Meïer. Devenu un adolescent rebelle, il ne supporte pas l'injustice et a bien du mal à se soumettre à quelque forme d'autorité que ce soit. Un incident fâcheux va d'ailleurs faire basculer sa vie. Il va en effet frapper une femme après qu'elle lui ait donné un coup de torchon et ce geste regrettable va directement le mener dans un centre de redressement pour mineurs difficiles, où il séjournera durant quelque temps. Après cela, on ne cessera hélas, de l'accuser de tous les forfaits. Il sera d'ailleurs de nouveau incarcéré mais curieusement, il ne se rebellera plus et ne se défendra même pas.

Bien vite, il ne supportera pas l'enfermement et réussira l'incroyable exploit de s'évader. Afin d'échapper à de nouvelles poursuites judiciaires, il rejoindra la Légion Étrangère française. Cependant, il va comprendre rapidement que, là non plus, il n'a pas sa place: l'idée même d'apprendre à faire la guerre lui répugne. Alors, il désertera et rejoindra directement la Suisse où il se rendra aux autorités, ce qui lui vaudra une nouvelle incarcération de deux années.

Voyages

Une fois libéré, il décide de partir à la découverte du monde. Asket qui continue ponctuellement de communiquer avec lui, va alors insister pour qu'il s'intéresse de près à la nature et à toutes les formes de vie de la Création. Elle va lui expliquer que ce voyage initiatique qui le mènera dans divers pays est important pour ce qui va advenir, puisqu'il fait en effet partie d'une catégorie de Terriens prédestinés dès leur procréation. Elle lui prédira aussi qu'il fera des rencontres qui lui permettront de mieux connaître les humains et les vies différentes qu'ils mènent à divers endroits de la planète. Outre cela, il apprendra aussi bien des choses sur son âme et aussi sur son passé.

C'est ainsi que Meïer voyagera dans diverses régions du Moyen-Orient et se rendra même jusqu'en Inde. Pour survivre, il fera des dizaines de petits boulots qui iront du serveur de bistrot à celui de dresseur de serpents en passant par celui de détective, plus ou moins indic de certains services de police locaux. Durant ce périple, les contacts télépathiques avec Asket seront parfois espacés de plusieurs mois jusqu'à ce que sa voix résonne soudain dans sa tête et lui demande: *« As-tu du temps devant toi? »*. Ce bref message signifiait systématiquement qu'elle avait une information importante à lui transmettre. En général, elle lui suggérait alors de se rendre en tel ou tel lieu pour y découvrir telle chose ou telle personne. Il dira plus tard que durant cette période, Asket l'a fait voyager dans le temps.

Le Talmud de Jmmanuel

Un jour de 1963 alors qu'il se trouve à Jérusalem, il va se rendre à la demande d'Asket, dans un lieu situé en dehors de la ville. Pour l'occasion, il s'est fait accompagner d'un prêtre orthodoxe défroqué du nom d'Isa Rachid. À l'endroit désigné, les deux compères vont découvrir dans une tombe ancienne très délabrée et enfouie sous la terre, quatre rouleaux de parchemins écrits en araméen, la langue parlée par Jésus il y a 2000 ans. Isa Rachid qui la maîtrise parfaitement, en traduira d'ailleurs le tiers en allemand. D'après Meïer, ils auraient été rédigés par Judas Iscariote et révéleraient les connaissances et enseignements d'un Maître spirituel nommé Jmmanuel qui ne serait rien de moins que Jésus.

Il prétendra plus tard que Jésus n'était pas un extraterrestre et que si sa mère, Marie, était bien une Terrienne, son père en revanche, aurait été un stellaire. Il dira aussi qu'il ne serait pas mort sur la croix et que les enseignements qu'il a délivrés aux humains, il y a 2000 ans, n'avaient rien à voir avec ce que l'Église Chrétienne en a fait par la suite. Dans ce texte qui sera publié sous le titre de « Talmud d'Jmmanuel », Jésus aurait prédit la venue d'un prophète important du nom de Mohamed, dont Meïer précisera que les enseignements auraient hélas été déformés sur la base de faux écrits par le culte religieux qui se développera par la suite. C'est pourquoi Israël ne pourrait jamais connaître la paix et ce, jusqu'à la fin des temps.

Ce curieux Talmud contenait également diverses prophéties concernant notre époque actuelle, dont certaines se seraient révélées exactes. Ainsi, il y était écrit que de terribles incendies obscurciraient un jour le ciel, car des gens avides de pouvoir et de haine mettraient le feu à l'huile de la Terre. Certains soutiendront que cette prédiction pourrait se rapporter à l'incendie volontaire des puits de pétrole, déclenché au printemps 1991 par les troupes de Saddam Hussein lors de l'invasion du Koweït, lesquels ont brûlé jusqu'au mois de novembre suivant, en provoquant une redoutable pollution.

Dans la tombe de Jérusalem, Meïer dira avoir également trouvé une petite figurine. À l'en croire, elle aurait été laissée dans cette tombe par des guérisseurs venus d'Inde qui auraient soigné Jésus-Jmmanuel durant trois jours, ce qui lui aurait permis de survivre au supplice de la crucifixion. Un petit cristal y aurait aussi été découvert, dont il prétendra qu'il s'agissait d'un cadeau donné à Jmmanuel par l'Ange Gabriel. Inutile de préciser que cette pittoresque histoire de Talmud n'arrangera pas les affaires du Suisse, lorsqu'il sera ultérieurement attaqué sur sa crédibilité par certains de ses détracteurs.

Premières photos d'un vaisseau à Ashoka Ashram

En 1964, le jeune homme va se rendre en Inde et séjourner à Ashoka Ashram non loin de la petite ville de Mehrauli. Là, il y rencontrera un moine du nom de Dharmawara qui lui dispensera d'importants enseignements spirituels.

Un jour, le vaisseau discoïdal d'Asket survolera le monastère et les faubourgs de Merhauli et sera vu par des centaines de personnes. Divers articles de la presse ne manqueront évidemment pas de relater cette apparition prodigieuse. C'est à cette occasion que Billy Meïer prendra pour la première fois des photos incroyables d'un vaisseau spatial. L'une de ces photos, sera d'ailleurs publiée dans les journaux locaux et peut-être trouvée facilement sur internet. À ma connaissance, elle ne sera jamais soupçonnée de truquage par les divers experts qui l'ont analysée.

À la suite de cet évènement mémorable, Asket le préviendra de ce que sa mission s'achève et que bientôt, quelqu'un d'autre prendra sa suite. Elle lui dira en guise d'adieu: « *Vos ancêtres viennent de la constellation Lyra. Lorsque vous aurez acquis la maturité nécessaire pour entendre de plus amples explications concernant ces faits, celles-ci vous seront transmises par les descendants de vos propres ancêtres. La Vérité éternelle demeure la Vérité éternelle à travers l'infinité du temps…* ».

L'accident

En 1965, Meïer a rejoint la Turquie. Un jour qu'il se trouve dans un bus, celui-ci va être percuté de plein fouet par un autre bus dont le chauffeur est ivre. Il sera éjecté et grièvement blessé: son bras broyé devra en effet être amputé. C'est évidemment un terrible choc pour lui, qui ne va pas manquer de l'affecter psychologiquement. À certains moments, il sera même pris de délires et il se passera des mois avant qu'il ne se rétablisse complètement. Une fois remis, il quittera la Turquie pour le Koweït où, semble-t-il, il commettra des actes suffisamment graves pour qu'il ne veuille jamais en parler par la suite. Il prétendra toutefois avoir reçu, durant cette période difficile, des paroles consolatrices de la part d'Asket qui lui dira qu'il devait en passer par là, afin d'apprendre la maîtrise de soi.

Popi

Après avoir fui le Koweït, il va rejoindre la Grèce. C'est dans ce pays que, lors d'une fête de Noël, il va faire la connaissance d'une jeune grecque du nom de Kalliope Zafir qu'il surnommera Popi. Ce sera une rencontre déterminante pour le jeune homme qui vient de vivre des années si tourmentées. Avec elle, il décide de mener enfin une vie plus stable. En fait, Sfath lui avait annoncé sa venue dès l'année 1950. C'est ainsi que dès qu'il l'a vue, il l'a immédiatement reconnue. Il sait désormais que sa vie d'errance a pris fin avec cette rencontre. Il lui passera rapidement la bague au doigt et lui fera un enfant dans la foulée. Le couple rejoindra la Suisse quelque temps plus tard.

Retour en Suisse et rencontre avec Semjase

En 1972, Billy Meïer reviendra donc en Suisse avec sa femme et leurs trois enfants et ira s'installer à une cinquantaine de kilomètres de Zurich, dans une petite ferme située dans le village d'Hinwill. Comme il est handicapé, il se limitera d'abord à exercer de petits emplois et finira par devenir gardien de nuit afin de compléter sa modeste pension d'invalidité. Le couple élève aussi des oiseaux et des poules dont les œufs sont vendus aux villageois, ce qui leur procure tout juste de quoi vivre. Ses voisins prennent le bonhomme pour un oisif et un original que l'on préfère éviter car il leur tient souvent des discours bien étranges qui les dépassent un peu.

Il mènera une vie tranquille jusqu'au 28 janvier 1975, date à laquelle sa vie va de nouveau basculer. En ce jour d'hiver glacial, il va en effet entendre dans sa tête une belle voix qu'il ne connaît pas encore. Comme cela fait des années qu'il n'a reçu aucun message télépathique, il est un peu surpris. Toujours est-il que la voix lui demande de sortir de chez lui et de prendre un appareil photo. Sans attendre, il enfourche sa vieille mobylette et le voilà parti à fond de train, guidé par la voix qui lui indique où se rendre.

Alors qu'il se trouve dans une vaste clairière depuis quelques minutes, il va entendre un son qu'il qualifiera de « chantant », venant du ciel. Dans l'instant, il va apercevoir un disque qui se déplace sous la couche nuageuse et va descendre lentement pour venir se poser en douceur à une centaine de mètres de lui. Presque translucide, il a des reflets dorés et argentés et émet une sorte de lumière pulsante. Meïer meurt d'envie de s'en approcher mais une force inconnue le retient. Il attend donc sagement, son appareil photo à la main. Soudain, une porte s'ouvre au niveau de son dôme et il voit alors apparaître une femme dans l'encadrement qui descend prestement un petit escalier, avant de se diriger vers lui d'une démarche gracieuse.

Il est sous le choc tant elle est belle. Elle mesure environ 1,70 mètre. Son corps parfait est mis en valeur par une combinaison gris sombre qui lui colle à la peau, dont il dira que sa texture ressemblait un peu à celle de la peau d'un éléphant. Autour du cou, elle porte une sorte d'anneau en guise de collier et ses pieds sont chaussés de bottines presque noires. Mais ce qui le subjugue surtout, c'est la perfection de son visage à la peau claire, si pâle qu'elle en est presque lumineuse. Elle a des pommettes saillantes, des yeux magnifiques d'un bleu très clair, un petit nez et une jolie bouche. Ses épais cheveux blonds sont séparés par une raie au milieu. L'ensemble dégage une sorte d'éclat subtil. La seule chose qui la différencie en fait des Terriens, ce sont ses oreilles dénuées de lobes, dont les pavillons ne sont pratiquement pas incurvés. Elle va s'approcher de lui en souriant et le saluer courtoisement dans un allemand parfait. Après lui avoir dit s'appeler Semjase, elle va l'inviter à s'asseoir près d'elle au pied d'un arbre. Sous le charme, Meïer se sent parfaitement à l'aise avec elle et ils vont ainsi deviser paisiblement durant plus d'une heure.

Elle va d'abord lui révéler venir d'une planète du nom d'Erra, évoluant dans la Constellation des Pléiades située à environ 500 millions d'années-lumière de la Terre. Elle précisera aussi que les Pléiadiens étaient, à l'origine, issus de la Lyre et de Vega. Dans des temps très anciens, des guerres terribles auraient contraint les Lyriens à émigrer de leur planète d'origine vers une autre orbitant autour de l'étoile Véga, mais aussi vers d'autres systèmes stellaires, dont celui des Pléiades. Certains seraient aussi allés encore beaucoup plus loin et c'est ainsi que bien plus tard, ils auraient par hasard découvert la Terre. Celle-ci était déjà habitable à cette époque, mais à leur arrivée, ils auraient hélas constaté que les Terriens avaient déjà détruit par deux fois leur civilisation. La première destruction aurait d'ailleurs été l'œuvre d'une antique civilisation pléiadienne, dont les membres avaient jugé bon de s'accoupler avec des Terriens primitifs qu'ils avaient trouvés là. Quant à la seconde destruction, elle aurait été commise par d'autres colonies pléiadiennes venues plus tardivement sur la Terre, qui avaient développé des technologies avancées mais aussi très destructrices. Semjase précisera qu'elle-même et ses compagnons de voyage sont les descendants de Pléiadiens d'origine lyrienne, mais issus d'une faction pacifiste. Elle ajoutera encore que c'est au regard du passé qui a lié leurs ancêtres aux Terriens, qu'elle et les siens sont revenus pour les guider et élever leur spiritualité, afin de leur éviter de reproduire à nouveau les drames destructeurs engendrés par leurs anciens. En riant, elle dira enfin à Meïer que tous deux sont donc de la même famille, puisque descendants de ces mêmes Pléiadiens antiques.

À un moment, elle déplorera la tendance des Terriens à attribuer à son peuple des pouvoirs surhumains: même s'ils sont des extraterrestres, ils sont en effet loin d'avoir atteint la perfection. Comme ceux de la Terre, eux aussi doivent évoluer en permanence. Elle va aussi révéler qu'à diverses reprises, les siens ont tenté de contacter des humains de la Terre. Ceux-là n'étaient pas des volontaires, mais avaient été préalablement sélectionnés. Ces contacts auraient finalement échoué parce que certains avaient eu peur qu'on les prenne pour des fous et qu'on les rejette ou pire encore, que l'on attente à leurs vies. D'autres n'avaient pas voulu faire les efforts demandés pour s'élever en connaissance et en spiritualité, le plus souvent d'ailleurs par paresse. C'est alors qu'elle va en venir à l'essentiel et lui annoncer que s'il accepte sa mission, il lui faudra alors divulguer pourquoi les Pléiadiens visitent aujourd'hui sa planète et relater les contacts qu'il entretiendra avec eux. À ce moment, elle soulignera encore qu'ils ne viennent pas pour faire la guerre ni même pour apporter la paix, mais simplement pour divulguer aux Terriens un enseignement qu'il lui appartiendra donc de transmettre, s'il accepte de coopérer avec eux.

Ceci fait, elle va lui demander s'il accepterait de faire des photos de leur vaisseau avec l'appareil qu'il lui a été demandé d'amener avec lui, car elle et les siens souhaiteraient que leurs frères humains de la Terre puissent être convaincus de leur existence. Ce serait en effet la première étape pour qu'un jour puisse être envisagée la possibilité de leur admission au sein d'un réseau de sociétés galactiques. Semjase va alors lui révéler l'existence au sein de la Voie Lactée, de nombreuses races cosmiques, dont certaines auraient une apparence humaine. Celles-là seraient plus avancées technologiquement, mais aussi plus sages et plus spirituelles.

Puis, elle va soudain devenir grave et s'exprimer d'un ton presque péremptoire pour dire que les anges descendus autrefois sur la Terre, pour soi-disant faire régner la paix et l'harmonie, n'étaient ni plus ni moins que des charlatans prétendant venir au nom et sur ordre de la Création. Or, la Création ne donne jamais d'ordres. Ces faux anges, venus en réalité pour abuser les Terriens, n'étaient donc que de fieffés menteurs. Elle conclura sa tirade en disant que pour cette raison, les religions et les croyances qui se sont construites sur ce mensonge, ont été de tout temps un frein à notre évolution. Après ces révélations qui vont fortement l'ébranler, Semjase va à son grand regret, lui faire ses adieux et Meïer prendra alors les photos du disque en train de décoller.

Le spectacle est grandiose. En s'élevant du sol, il irradie. Ses formes et ses couleurs se mélangent dans une couleur rouge-bleue qui va alors illuminer tout le paysage environnant. Puis il va se propulser à la verticale avant de disparaître dans les nuages. Après son envol, il photographiera également les trois cercles équidistants laissés au sol, à l'intérieur desquels les brins d'herbe sont couchés et disposés dans le sens inverse des aiguilles d'une montre. D'après lui, ceux-là seraient restés visibles durant plus d'un an et l'herbe n'y aurait jamais repoussé droit. Il précisera ultérieurement que le phénomène avait été provoqué par le vortex magnétique qui s'était alors formé sous les coussins d'atterrissage du vaisseau. Un peu ébranlé, il reviendra de son escapade quatre heures plus tard, le visage fermé. Pour autant, il ne donnera aucune explication pour son absence prolongée à Popi qui le verra désormais partir deux à trois fois par semaine, pour on ne sait trop où, à n'importe quelle heure du jour et parfois même au milieu de la nuit.

Nouveaux contacts

À chaque fois qu'un rendez-vous se prépare, il ressent d'abord comme une sorte de fraîcheur sur son front. Suit alors un message télépathique qui lui enjoint de se rendre sur un site précis. Au fil du temps il rejoindra une douzaine de sites différents, plus ou moins éloignés du village.

Ses allers-retours vont être rapidement repérés et commencent à en intriguer certains qui trouvent le manège de cc drôle de zig un peu curicux. Ils l'épient en douce et comme il se doit, cela commence à jaser dans le village. En attendant, les semaines passent et Meïer ne dit toujours rien à Popi, laquelle d'ailleurs ne lui pose aucune question. Il se passera près deux mois avant qu'il ne se décide enfin à lui montrer une photo tout en lui demandant ce qu'elle en pense.

Elle n'en croit pas ses yeux car elle découvre en effet ces drôles d'engins dont on parle de temps à autre dans les journaux et dont il se dit qu'ils seraient pilotés par des extraterrestres. Elle en reste sidérée mais aussi un tantinet agacée car son cher mari ne fait toujours aucun commentaire. D'ailleurs, il vient de reprendre sa photo et a quitté la pièce précipitamment. Furieuse, elle lui crie que ce ne sont pas ses fantaisies photographiques qui vont faire bouillir la marmite et qu'il ferait mieux d'arrêter de perdre son temps à ces niaiseries. Comme il a compris son agacement, Meïer lui montrera désormais les clichés pris lors de chaque rencontre. Plus tard, ce seront les films qu'il a tournés.

Mais au lieu de l'apaiser, cela l'irrite de plus en plus car voilà que maintenant il s'enferme dans son bureau durant des heures et reste surtout toujours aussi muet. Passe encore pour les photos, mais cette attitude incompréhensible de retrait qu'elle va ressentir comme du dédain à son endroit, elle ne la digère vraiment pas. Plus ça va, plus elle va prendre cette histoire en grippe au point que lors d'une énième dispute, elle va aller jusqu'à brûler la moitié des photos. Plutôt réaliste, elle déclarera d'ailleurs plus tard à des enquêteurs américains qu'elle a eu beaucoup de mal à accepter l'histoire que lui a contée son mari, ce même en dépit des preuves qu'il lui a montrées, et qu'elle a même songé à divorcer. C'est dire que les choses ne sont pas faciles pour Billy Meïer.

En réalité, il ne se confiera vraiment qu'à son seul et unique ami, Jakobus Bertschinger qui habite une petite ferme en contrebas de la sienne et connaît tout de sa vie. Lorsqu'il va découvrir les photos, il restera fortement troublé et il ne sera pas au bout de ses surprises car en guise de commentaire, Meïer va rapidement lui annoncer son intention de créer un groupe de discussion. Il veut en effet amener les gens à s'intéresser aux sujets métaphysiques et les convaincre de mener une vie plus naturelle. Pour cela, il lui faut un peu d'argent et bien entendu, il n'a pas un sou vaillant. Son projet laisse Jakobus perplexe, mais il va tout de même accepter d'avancer la somme nécessaire pour lui permettre de faire paraître une annonce dans la revue *Esotera*, spécialisée dans le paranormal, dont le texte invite ceux que cela intéresse à former le groupe de réflexion et d'échanges qui lui tient tant à cœur. Et cela va porter ses fruits puisqu'un samedi du début de l'automne 1975, Meïer va accueillir chez lui un premier groupe de personnes.

La presse s'en mêle

C'est à cette époque qu'Ilse Von Jacobi, une jeune journaliste du journal Quick, l'un des deux grands hebdomadaires allemands diffusé également en Suisse et en Autriche, va entendre parler de Billy Meïer. Elle va alors contacter la revue *Esotera* qui lui permettra de consulter les fameuses photos. En les voyant, elle se dit qu'elle tient un sacré scoop et qu'il lui faut absolument rencontrer le bonhomme.

En décembre 1975, elle va donc se joindre à un groupe réuni à la ferme de Meïer. Autant le dire, elle en reviendra littéralement subjuguée car l'homme a non seulement relaté son aventure incroyable, mais il a aussi surtout présenté quantité de photos surréalistes. Sa manière d'expliquer clairement les choses l'a aussi interpellée : il n'a pas du tout l'air d'un farfelu ou d'un illuminé et son discours a un accent de vérité qui le rend parfaitement crédible pour elle qui en a déjà vu et entendu bien d'autres. Toute à son enthousiasme, elle va alors lui proposer d'écrire sa fabuleuse histoire. Or, à sa grande surprise, voilà qu'il refuse. C'est même tout juste s'il accepte qu'elle rédige un article sur son cas ! Voilà qui n'est pas banal car en général, tous ceux qui se trouvent dans sa situation et créent ces groupes de parole, ont plutôt envie qu'on leur fasse de la publicité.

Son rédacteur en chef se montrera un peu moins enthousiaste et décidera d'envoyer quelqu'un d'autre pour interviewer Meïer. Après tout, deux avis valent micux qu'un. Le second journaliste reviendra d'Hinwill tout aussi dithyrambique que sa collègue et avec les mêmes informations. C'est ainsi que l'article d'Ilse Von Jacobi paraîtra le 8 juillet 1976.

Comme à Hinwill on lit Quick, la nouvelle va se répandre comme une traînée de poudre. L'on sait enfin à quoi ce farfelu de Meïer, que l'on pensait devenu trafiquant, occupe ses jours et ses nuits ! Certains sont effondrés de rire, d'autres très en colère. Mais il n'y a pas que des rigolards ou des mauvais coucheurs sceptiques dans le village, il en est aussi qui vont se poser des questions car les photos publiées n'ont vraiment pas l'air d'une blague.

Durant l'été et l'automne 1976, d'autres journaux et magazines vont aussi publier divers articles sur son incroyable aventure, notamment Blick, un journal suisse fort populaire qui en fera sa une, rien que cela. Le titre est tout aussi flamboyant *« L'homme de Zurich stupéfie Erik Von Daniken »*! Suite à la parution de ce nouvel article, certains villageois vont se décider à aller frapper à sa porte. Il va les recevoir très aimablement et leur présenter ses photos ainsi que son journal, où il a consigné au jour le jour le détail de ses rencontres avec les Pléiadiens et tous les messages qu'il a reçus d'eux. Il va même aller jusqu'à emmener certains de ses visiteurs sur les sites de ses rencontres, afin qu'ils comprennent mieux « de visu » comment les choses se sont déroulées. Il raconte de façon si réaliste, que ses interlocuteurs voient littéralement les scènes qu'il décrit. Mais ce qui achèvera de les convaincre, ce seront les trois grands cercles d'herbes couchées laissés par le vaisseau qu'il leur fera découvrir. Tous ces gens repartiront subjugués autant qu'émerveillés et surtout parfaitement convaincus de la véracité de l'histoire qu'il vient de leur conter.

Les enseignements des Pléiadiens

En attendant, les mois passent et les rencontres avec les Visiteurs se succèdent à un rythme régulier et soutenu. Billy Meïer dira d'ailleurs en avoir comptabilisé plus de cent trente durant les trois années qui ont suivi le premier contact!

À chaque rendez-vous, il reçoit des informations et de nouveaux enseignements. Désormais, il ne rencontre pas seulement Semjase, mais aussi d'autres Pléiadiens. Un jour, la stellaire lui en dira davantage sur ce bel amas des Pléiades, en apparence inhabitable puisque trop jeune: en fait, il grouillerait de vie! Elle expliquera ainsi qu'Erra, la planète dont elle est originaire, ne se trouverait pas dans notre espace-temps mais dans une autre fraction d'espace-temps située dans ce qui constitue notre futur. Qu'il y a 52000 années terriennes, ses ancêtres auraient créé un portail leur permettant d'accéder à d'autres dimensions et donc à d'autres espaces-temps. À ce moment, elle soulignera que de nombreux autres existeraient ailleurs dans la Création et que c'est ainsi qu'Asket, issue de l'Univers de Dal, du fait d'un portail ouvert il y a 50 000 ans, aurait pu communiquer avec sa propre dimension ainsi qu'avec celle où se trouve notre Terre.

Les Pléiadiens vont aussi révéler à Meïer qu'ils disposeraient d'une flotte de 3000 vaisseaux se déplaçant dans divers systèmes stellaires et qu'ils viendraient sur Terre une fois par an et ce, depuis 13 500 ans. À les en croire, au moins vingt-deux races stellaires la visiteraient actuellement afin de l'étudier et d'observer les modes de vie et les pensées des Terriens. Neuf races humaines, dont la leur, collaboreraient entre elles dans une sorte d'union ou plus exactement de « groupement galactique ». Plus de 127 000 langues ou dialectes seraient parlés par ces différentes civilisations. Il existerait même une langue unifiée appelée « Sarat », parlée de tous. Une écriture commune aussi, dont les lettres seront un jour dessinées par Semjase. Ces différentes races stellaires posséderaient même un système de calcul décimal commun. Meïer apprendra aussi que leur groupement de Galactiques se bornerait à émettre des avis, sans jamais toutefois donner d'ordre à quiconque. Chaque planète affiliée disposerait d'un gouvernement central, composé de plusieurs centaines de chefs spirituels en contact permanent avec le Haut Conseil. Tous les Galactiques, membres de cette alliance, seraient absolument pacifistes. Aux dires de la stellaire, cela vaudrait d'ailleurs mieux car avec les technologies dont les uns et les autres disposent, toute vie sur Terrc pourrait parfaitement être éradiquée en quelques heures.

Lors de ces échanges, Meïer va tout de même s'entendre dire que des Terriens auraient été enlevés contre leur gré par certains de ces stellaires se disant pourtant pacifistes. Afin de justifier ce type de comportement tout de même un peu contradictoire, il jugera bon d'expliquer plus tard, qu'après tout, les scientifiques et anthropologues ont parfois fait pareil, lorsqu'ils voulaient étudier une peuplade primitive qu'ils venaient de découvrir. Toujours est-il que certains Terriens seraient malheureusement décédés lors de leurs abductions, mais Billy Meïer soulignera que cela avait été bien évidemment accidentel. Semjase lui révélera aussi à une autre occasion, que des vaisseaux de leur flotte se seraient fortuitement retrouvés entre les mains d'organisations terriennes. Elle ajoutera alors que les gouvernements terriens connaissent parfaitement leur existence, même s'ils continuent à la nier farouchement.

Un jour, elle va lui révéler que s'il a été choisi, c'est parce qu'il avait déjà eu des contacts avec eux dans une vie précédente et qu'ils cherchaient un individu susceptible de collaborer, afin de les aider à remplir leur mission. Que l'autre raison du choix de sa personne tiendrait à la qualité de ses vibrations, lesquelles auraient un niveau de fréquence énergétique compatible avec les leurs.

Meïer va alors apprendre que chaque humain, terrestre ou non, possède des vibrations spécifiques générées par sa pensée : plus elles sont positives et bienveillantes, plus ses vibrations sont élevées. Les pensées seraient en fait des ondes électromagnétiques qui s'échangeraient d'être à être, dans tout l'Univers. Semjase lui expliquera aussi que lorsqu'elle et les siens pénètrent dans l'atmosphère terrestre, ils doivent impérativement procéder à un ajustement de leur configuration vibratoire : en fait, une sorte de réglage, comparable à la recherche d'une station sur un poste de radio. Cet ajustement de leurs fréquences leur permettrait ainsi d'établir une communication claire avec les Terriens. D'après elle, les Pléiadiens capteraient parfaitement les vibrations humaines, lesquelles seraient pour eux une source constante d'information. La jalousie et l'avarice correspondraient par exemple à des énergies basses, épouvantables à supporter et qui les rendraient malades, car elles se traduiraient en très mauvaises odeurs qualifiées de *« puanteur aurique de l'humanité terrestre »* !

Semjase dira aussi que le but de leurs visites sur Terre est de révéler progressivement leur existence aux humains, tout en évitant les erreurs tragiques de leurs ancêtres, qui ont été exploitées par la suite par nos religions. Comme ils ont jugé préférable que cette révélation se fasse dans la plus grande discrétion, ils ont opté cette fois, pour les contacts individuels. Leur souhait, en effet, est d'éviter d'être à nouveau pris pour des anges ou pour des dieux. La Stellaire soulignera d'ailleurs que Dieu, tel qu'il a été enseigné aux humains, ne serait en fait qu'une figure imaginaire créée de toutes pièces par les Terriens eux-mêmes, afin qu'ils n'aient pas à supporter la responsabilité de leurs actions. Pour leur civilisation, tout au contraire, chacun se doit d'être responsable de ses actes comme de ses pensées. En nous apportant leur aide, les Pléiadiens modernes souhaiteraient ainsi réparer les fautes commises par leurs aïeuls, qui ont entraîné la naissance des religions et modifié par la même occasion, le cours de notre évolution.

Selon Semjase, les Terriens d'aujourd'hui ne devraient se nourrir que de pensées qu'ils trouvent par eux-mêmes et se démarquer ainsi des anciens enseignements qui n'ont fait en réalité que générer la peur, cette peur primale qui serait la plaie de notre humanité. Semjase déclarera d'ailleurs un jour : *« Nous ne sommes pas des êtres supérieurs ni des missionnaires, mais nous nous sentons liés aux humains de la Terre par devoir, leur dire que la seule chose qui limite les progrès de l'être humain de la Terre est l'être humain lui-même »*.

Meïer s'entendra dire aussi que l'humanité terrienne n'a pas évolué de la même manière que celle des Pléiadiens et qu'elle en serait ainsi seulement au stade immédiatement antérieur de leur propre évolution. Elle aurait de ce fait encore beaucoup à apprendre pour rattraper son retard. D'après Semjase, les Pléiadiens n'auraient en fait que 3 500 ans d'avance sur notre humanité, ceci en raison des guerres terribles et dévastatrices qu'ils auraient livrées dans leur passé, qui auraient considérablement ralenti leur évolution. Elle dira encore que si notre civilisation était moins belliqueuse et se décidait enfin à évoluer en se concentrant sur toutes les énergies et les ressources de sa planète, elle serait alors capable de rattraper son retard en seulement trois cents ans.

Selon elle, les Pléiadiens nous considéreraient comme de petits frères turbulents auxquels ils veulent apporter des enseignements spirituels, tout en n'attendant rien en retour. Cette spiritualité que les Pléiadiens souhaiteraient enseigner aux Terriens, ne serait rien d'autre que la compréhension des Lois de la Nature et du fonctionnement naturel de la cause à l'effet, chacun contribuant et partageant avec tous, puisque tout est relié dans l'Univers. Bien des civilisations, dont la leur, qui ont admis que l'évolution spirituelle de la conscience était le sens de la vie, vivraient ainsi en harmonie avec l'Univers. Semjase lui expliquera à un autre moment, que les rituels et les cérémonies que pratiquent les Terriens affaiblissent leur spiritualité et qu'un être véritablement spirituel n'a aucunement besoin de tous ces artifices. Pour elle, ceux qui s'incarnent sur la Terre viennent pour apprendre ce qu'est la vie dans la matérialité et développer ainsi leurs consciences, tout en rassemblant des connaissances qui les aideront à développer l'Amour, la paix, la liberté et l'harmonie qui les aideront à accéder à la Sagesse. Ainsi donc, la Terre serait une sorte de planète-école.

À propos des vaisseaux

Comme Meïer va observer à diverses reprises leurs vaisseaux en train de se dématérialiser et se rematérialiser, les Pléiadiens vont lui en révéler l'explication : pour eux, la dématérialisation reviendrait à se retrouver dans un instant d'éternité et donc en quelque sorte, hors du temps. C'est ainsi que leurs vaisseaux dotés de capacités technologiques sophistiquées pourraient, de par leur faculté de dématérialisation suivie de rematérialisation, se déplacer dans d'autres dimensions. Toutefois, la condition de matérialisation et de dématérialisation de leurs engins dépendrait des pensées de leurs occupants.

Meïer expliquera un jour que lorsqu'il quittait un vaisseau, c'était comme s'il sautait dans un trou en quittant le corps qui s'était matérialisé sur une certaine fréquence lorsqu'il était à bord et qui se rematérialisait avec une autre fréquence dans la 3e dimension, à l'instant même où il touchait le sol. Il expliquera aussi qu'à l'intérieur des vaisseaux, l'on y respirerait mieux car l'air contiendrait 32 % d'oxygène. C'est la raison pour laquelle il éprouvait toujours la sensation que son corps était comme « choqué » lorsqu'il en ressortait. Quand on lui demandera de décrire l'intérieur des vaisseaux, il s'en dira incapable, faute de trouver les mots. Il révélera aussi qu'il aurait bien voulu prendre en photo l'intérieur de l'un d'eux, mais que cela s'était finalement révélé impossible, car le champ électromagnétique ambiant voilait tous ses films. Aux dires des Pléiadiens, leurs engins flotteraient sur les vagues du champ électromagnétique terrestre, ce qui expliquerait leurs oscillations quand ils sont immobilisés en sustentation.

Semjase viendra le visiter à bord de différents types de vaisseaux afin de lui en expliquer les différentes spécificités, notamment leurs modes de propulsion et les émissions de radiations de chacun. Lorsqu'un expert américain analysera plus tard les différents types d'engins représentés sur les clichés, il constatera effectivement des variations de champs électromagnétiques de l'un à l'autre. Meïr apprendra aussi que leurs engins se déplaceraient à une vitesse bien supérieure à celle de la lumière, si bien qu'il ne faudrait qu'un peu plus de sept heures pour arriver jusqu'à la Terre depuis les Pléiades, alors qu'avec les moyens technologiques terriens actuels, le même voyage durerait près de mille ans.

La vie sur Erra

Meïer déclarera n'avoir jamais voyagé sur la planète de Semjase. Cependant, d'après la description qu'elle lui en a faite, elle ressemblerait un peu à la Terre, mais en plus petite. Les constructions y seraient arrondies. Il apprendra que la majorité des Pléiadiens préfèrent plutôt vivre à la campagne, même s'il existe des villes. Qu'ils se déplacent à bord de véhicules en sustentation au ras du sol, pouvant transporter jusqu'à cinq personnes. Ils disposeraient aussi de petits vaisseaux pour effectuer des voyages plus longs. Tout le monde travaillerait sur Erra, chacun choisissant librement son activité comme son lieu de travail, mais avec le devoir de donner chaque jour deux heures de son temps de travail à la communauté. Il existerait aussi des robots qui effectueraient divers travaux, aidés en cela par des androïdes mi-mécaniques-mi-organiques. Ces derniers penseraient par eux-mêmes mais seraient néanmoins supervisés par les Pléiadiens, afin qu'ils ne soient pas totalement autonomes.

Meïer va aussi apprendre que la durée de vie moyenne sur Erra serait de 1000 ans. Les Pléiadiens se marieraient dès l'âge de soixante-dix ans mais un couple ne pourrait jamais avoir plus de trois enfants. Un homme pléiadien pourrait être polygame et avoir jusqu'à quatre épouses ! Ils adoreraient l'art sous toutes ses formes, notamment la peinture et la musique. Ils consommeraient des fruits et des légumes beaucoup plus nutritifs que ceux de la Terre, ce qui leur permettrait de tenir parfois jusqu'à 90 heures sans éprouver le moindre besoin de se nourrir. Cependant, ils ne seraient pas végétariens puisqu'ils consommeraient parfois de petits animaux, tels des lapins ou des poulets. Ils élèveraient des sortes de vaches pour le lait, mais n'en mangeraient jamais la viande. Il sera bien surpris lorsque ses amis stellaires déclareront que chez eux, les animaux doivent rester à leur place car il est tabou de les caresser et qu'ils ne pénétreraient jamais non plus dans leurs maisons, puisqu'ils seraient vecteurs de maladies. Il apprendra encore que sur Erra, les délinquants et les criminels sont bannis à vie et exilés sur des îles ou certaines planètes, afin de ne jamais plus avoir de contact avec le reste de la population. Meïer recevra également des informations très pointues dans le domaine scientifique, notamment sur l'atome, les neutrinos et autres particules, lesquelles lui seront essentiellement transmises par un Pléiadien du nom de Ptaah.

Photos et films

Billy Meïer prendra un grand nombre de clichés et tournera des films d'une netteté incroyable, que beaucoup diront évidemment être « trop beaux pour être vrais ». Il filmera notamment un jour la démonstration des capacités extraordinaires d'un vaisseau qui plane puis semble faire tout à coup comme un saut, avant de disparaître puis réapparaître dans l'instant. Billy Meïer constatera à ce moment un curieux phénomène : à chaque fois que l'engin disparaît, sa luminosité varie d'intensité et il reçoit alors comme une légère décharge électrique dans tout le corps. Ses Visiteurs lui expliqueront que cela tient à la puissance électromagnétique qui se produit à cet instant autour de l'engin.

L'un de ses films, montre aussi un autre type de vaisseau tournant autour d'un sapin en virevoltant. Lorsqu'il est passé au ralenti, l'on peut clairement remarquer la pointe de l'arbre qui oscille à chaque passage de l'engin, ce qui fera dire aux experts que c'est une raison de plus de penser que le film ne peut être truqué. D'après eux, les manœuvres audacieuses faites par le vaisseau ne pourraient en aucun cas être reproduites par une simple maquette. Certains détracteurs prétendront pourtant que si la pointe du sapin oscille, c'est précisément parce qu'une maquette y était attachée.

L'on se précipite désormais chez Billy Meïer…

Le temps passant et sa notoriété prenant de l'ampleur, une foule de visiteurs, bien terriens cette fois, vont débarquer en foule chez Billy Meïer. D'année en année, ils seront de plus en plus nombreux à venir camper tout autour de la ferme et à prendre d'assaut les petits hôtels environnants qui désormais affichent complet en permanence. Il ne repousse jamais personne puisque Semjase lui a recommandé d'accueillir tous ceux qui se présenteraient à sa porte. Il doit donc remplir sa mission.

Hélas, la situation va très vite tourner à l'enfer pour lui et sa famille, puisque du matin au soir, ces gens se baladent chez lui comme dans un moulin et lui posent des foules de question sans jamais lui laisser un instant de répit. Tous attendent des réponses et souvent aussi une promesse de pouvoir être sauvés par ces gentils extraterrestres, en cas de malheur. Popi qui a fini par admettre la situation serre les dents. Lui aussi en souffre beaucoup, mais comme il est convaincu de ce qu'il n'a pas le choix, il résiste tant bien que mal à l'invasion. C'est durant cette époque de folie que va malheureusement survenir un incident d'une extrême gravité. Nina, la fille aînée du couple, va en effet faire l'objet d'une tentative d'enlèvement. Sous la menace d'un couteau, deux hommes vont essayer de la faire monter dans une berline, dont elle réussira heureusement à s'échapper en se débattant. L'enquête de Police qui sera menée n'aboutira finalement à rien. En attendant, cet évènement tragique aura des conséquences fâcheuses pour la famille Meïer puisque désormais, c'en sera fini de sa liberté de se déplacer hors de la ferme.

Billy Meïer va alors acheter des armes. Il possédera d'ailleurs assez vite un véritable arsenal, dont une kalachnikov ! Il est désormais armé en permanence, y compris à l'intérieur de sa propre demeure où le va-et-vient est constant. Et la situation va encore s'aggraver puisque dans le même temps, il va commencer de recevoir des menaces de mort très explicites. S'il déclarera ne pas en avoir peur, il en ira tout autrement pour les siens, notamment pour ses enfants. Ce sont eux qui vont en effet le vivre le plus mal car alors qu'ils sont déjà privés de toute liberté de mouvements et accompagnés en permanence dans leurs allées et venues, ils vont aussi subir les quolibets de leurs petits camarades de classe. Chaque jour, ceux-là leur lancent que leur père est un fou et un menteur. Certains ont même affublé leur père du méprisant sobriquet d'« Ovni Meïer » ! Heureusement, après l'intervention d'une institutrice, la situation s'arrangera tout de même un peu. Celui qui en aura le plus pâti, sera son fils Atlantis. Devenu adulte, il s'en dira encore très affecté. Et c'est dans ce contexte troublé que les relations entre Billy Meïer et Popi vont s'envenimer de jour en jour. Elle n'hésitera d'ailleurs pas à monter ses enfants contre leur père, ce qui va encore davantage les déstabiliser, même s'ils ne le rejetteront pas pour autant.

Le vaisseau andromédien

C'est durant cette période troublée, qu'un curieux incident va se produire. Une nuit, toute la maisonnée sera en effet réveillée par une lueur étrange et très brillante qui éclaire la maison et ses alentours. Meïer n'y comprend rien car préalablement, il n'a pas reçu de message télépathique. La lumière va d'abord prendre la forme d'un plasma blanc-bleu. Puis son intensité lumineuse va quelque peu baisser, avant de se modifier et se transformer en un long bâton de lumière blanche aux contours informés et irréguliers. L'étrange bâton va alors se mettre en mouvement. Jusqu'à l'aube, il ne fera que monter et descendre au-dessus de la vallée.

Quand il reverra Semjase, il lui rapportera bien entendu l'incident. Elle semblera surprise et dira n'avoir aucune idée sur ce que cela pouvait bien être. Plus tard, il apprendra que ce mystérieux vaisseau de lumière était celui de Galactiques issus d'Andromède et qu'il était à la fois matériel et non matériel. Ses amis pléiadiens lui préciseront aussi qu'il n'aurait pas pu communiquer avec ces Andromédiens venus le visiter, sans pour autant lui en dévoiler la raison.

Un court moment de dépression…

Tout cela finit par faire beaucoup, si bien que Billy Meïer commence à craquer. Son moral est au plus bas, d'autant qu'il vient d'être aussi victime d'une tentative d'assassinat. Quelqu'un lui a en effet tiré dessus alors qu'il se trouvait sur l'un des sites d'atterrissage. Heureusement, le livre qu'il portait sur lui a stoppé la balle qui aurait pu lui être fatale. Outre cela, il a les services gouvernementaux sur le dos qui ne cessent de le tourmenter. Il reçoit aussi presque quotidiennement des lettres de menaces. Mais surtout, il ne supporte absolument plus les intrusions constantes de ces gens venus de partout qui le harcèlent un peu plus chaque jour. Désormais, il craint non seulement pour lui-même, mais surtout pour sa famille.

C'est dans ce contexte difficile qu'il va expliquer un beau matin aux enquêteurs américains présents à ce moment, qu'il n'en peut vraiment plus et qu'il a décidé de tout arrêter. Peu importent les bonnes nouvelles qu'ils sont venus lui annoncer, en l'occurrence que toutes les preuves qui ont été analysées plaident en sa faveur. C'est devenu insoutenable tant pour lui que pour les siens et il faut que cela cesse immédiatement. Il est si démoralisé qu'il va même aller jusqu'à leur confier qu'il doute désormais de tout ce qui lui est arrivé. Les Américains l'en dissuadent, trouvent cela dommage, mais il est décidé : cela suffit ! Dans la foulée, il va mettre dehors tous ceux qui ont envahi sa propriété, qu'il considère désormais comme des intrus et tenter de reprendre une vie normale.

Ses amis d'outre-espace auxquels il a également confié ses états d'âme le trouvent si mal en point qu'ils vont même lui proposer de l'emmener sur Erra, afin qu'il puisse y vivre paisiblement pour le reste de ses jours. Mais l'idée de quitter sa planète le révulse : après tout, il sait ce qu'il quitte et non ce qu'il va trouver. Il déclinera donc leur offre.

Le hasard faisant souvent bien les choses, dès le lendemain matin, il va trouver dans sa boîte aux lettres, le courrier d'une femme qui lui adresse la photo d'un avion, prise à l'aéroport de Zurich. À proximité, l'on distingue nettement un magnifique vaisseau qu'il reconnaît immédiatement comme étant l'un de ceux de ses amis. Non seulement ce courrier va le consoler un peu de tous ses malheurs, mais aussi lui donner un véritable « coup de fouet ». Eh bien non, il n'est pas fou, puisqu'il y en a d'autres qui les voient aussi et qui les photographient ! Ainsi donc, même s'il est épuisé et qu'il n'en peut plus de tout ce cirque, il se doit de continuer quoiqu'il arrive.

L'enquête des Américains

Ce sont les travaux d'enquêteurs américains venus à la ferme qui vont lui donner une aura de crédibilité. Il y a d'abord Wendelle Stevens, un officier en retraite de l'Air Force Américaine et passionné d'ufologie, qui a entendu parler du « cas Meïer ». Celui-là est subjugué par ce qu'il a déjà lu à son sujet. Il va parler de lui à des amis, en l'occurrence Lee et Britt Elders ainsi qu'à Tom Welch. Tous vont alors se rendre en Suisse pour constater, de leurs yeux, de quoi il retourne. Ils feront ainsi une trentaine de séjours prolongés chez Billy Meïer de 1976 à 1982.

Ce sera une véritable enquête de détectives que les Américains vont mener, en essayant par tous les moyens de le confondre. À l'issue de leurs divers séjours à la ferme, ils repartiront convaincus de ce qu'il n'est pas un mythomane et encore moins un escroc. Le déroulement de leur enquête minutieuse sera notamment rapporté dans un livre de Gary Kinder, publié sous le titre *« Les années-lumière »*.

Wendelle Stevens se rendra d'abord seul sur place. Meïer va bien entendu lui montrer ses films et ses photos et répondre aux multiples questions qu'il lui pose. L'Américain va aussi collecter des informations stupéfiantes et recueillir de nombreux témoignages qui vont le troubler. C'est ainsi qu'après ce premier contact, il reviendra aux USA convaincu de ce que le Suisse ne ment pas et qu'il n'est pas l'un de ces illuminés comme il a déjà eu l'occasion d'en croiser. L'homme est simple et ne semble pas du tout en recherche de notoriété. Il n'a absolument pas le profil ni le discours d'un arnaqueur. Outre cela, il est toujours parfaitement clair et précis dans ses explications. Il n'hésite pas dans ses réponses et ne se contredit jamais. Mais ce qui va encore davantage sidérer Stevens, ce sont ses photos et ses films incroyables. Pour tout dire, il n'en croit pas ses yeux : si les photos et les films ont été trafiqués, cela ne peut être qu'un as qui a fait cela ! Quant aux témoins qu'il a entendus, ils ont l'air tous aussi crédibles que Meïer. Ceux-là non plus n'ont pas l'air d'être des illuminés.

À son retour de Suisse, il en parlera à un couple d'amis. Les Elders qui sont de nature plutôt sceptique vont, eux aussi, estimer dans un premier temps, que les photos de Meïer sont un peu trop belles pour être vraies. Mais leur ami dont ils connaissent le sérieux à l'air si enthousiaste et si convaincu, qu'ils décident à leur tour de se rendre en Suisse, afin d'aller y voir par eux-mêmes.

Arrivés à la ferme, ils sont consternés par les conditions de vie de la famille. La première chose qu'ils découvrent d'ailleurs, c'est Meïer en train de se laver le visage dans l'abreuvoir des chevaux au milieu de la cour ! Mais dès que l'homme va se retourner pour lui serrer la main tout en le regardant droit dans les yeux, Lee Elders va être ébranlé. Il rapportera avoir ressenti à cet instant comme une impression de « déjà-vu ». Alors qu'il était parti avec l'idée de confondre un imposteur, il se dit qu'il va devoir désormais s'accrocher et que sa tâche ne va pas être aisée.

Le Suisse va immédiatement montrer aux Américains, ses photos et ses films ainsi que ses milliers de pages de notes. Comme on le sait, il a en effet consigné dans le moindre détail toutes ses rencontres avec les Pléiadiens et tous les phénomènes qu'il a vécus, de même que les messages qu'il a reçus d'eux. C'est époustouflant, comme ses commentaires qui le sont tout autant. Et ce qui va les surprendre encore davantage, c'est que l'homme conserve toutes ces preuves incroyables dans des dossiers cachés sous son lit et son matelas, voire dans des boîtes à chaussures. C'est d'ailleurs ainsi qu'il se fera voler à quelques reprises, bon nombre de ses clichés. Ce seront d'ailleurs probablement certains de ceux-là qui seront plus tard manipulés, afin de le discréditer et le faire passer pour un charlatan.

Les Américains vont aussi remarquer que Meïer ne parle jamais spontanément et qu'il faut d'abord lui poser des questions avant qu'il ne se décide à donner des explications. Il va souvent leur confier que quand il revient de ses rendez-vous, il se sent déphasé et a beaucoup de mal à reprendre le fil de sa vie sur Terre. Il va aussi leur conter toute son enfance, puis ses longues années de voyage au Moyen-Orient et en Inde. Il leur dira également avoir eu parfois « des mots » avec ces amis stellaires. Dans ces cas-là, cela chauffait mais au final, leur dispute se terminait toujours par une réconciliation.

Bien entendu, il leur fera visiter tous les sites d'atterrissage et leur donnera moult détails très techniques sur les conditions dans lesquelles il a réalisé ses films et ses prises de vues. Pour les Américains, ce qu'il expose minutieusement et démontre est parfaitement cohérent.

En espérant détecter des signes de nervosité qui pourraient le trahir, Lee Elders va aussi observer les faits et gestes de Meïer en permanence. Il a en effet beaucoup lu sur les postures et les gestes psychocorporels qui révèlent l'état d'esprit d'un individu. Mais une fois encore, rien ne lui permettra de dire que l'homme ment: ou bien il est très fort et sait parfaitement se contrôler en permanence, ce qui relève quasiment du domaine de l'impossible, ou bien il dit tout bêtement la vérité. Tant qu'à faire, les Elders iront aussi fouiller en douce tous les bâtiments de la ferme, afin de tenter de découvrir un indice qui permettrait de le prendre en flagrant délit d'arnaque. Toutefois, ils n'y trouveront jamais rien de compromettant, pas plus d'ailleurs que dans les livres de sa bibliothèque ou dans ses vieux journaux, qu'ils n'ont évidemment pas manqué d'examiner dans le détail.

Un jour, Billy Meïer va leur faire écouter des enregistrements de sons émis par les vaisseaux, dont il précisera qu'ils pouvaient être audibles jusqu'à quatre kilomètres à la ronde. Ils en resteront sidérés. Autant le dire, ils ne s'attendaient pas vraiment à cela. Ils vont d'ailleurs lui prêter du matériel sophistiqué avec lequel il réalisera, en 1980, un enregistrement de quarante-huit minutes du son d'un vaisseau. Tous ces enregistrements stupéfiants seront ramenés plus tard aux USA, afin d'être analysés par des laboratoires dotés de matériels de pointe. Les experts vont ainsi découvrir que les signaux sonores émis par les vaisseaux, sont différents d'un appareil à l'autre. Et surtout, ils remarqueront des variations aléatoires si singulières que, d'après eux, il serait absolument impossible de les recréer, même avec des synthétiseurs ultra-perfectionnés. Le vaisseau de forme sphérique avait même une particularité : son signal se trouvait exactement dans la zone de résonance magnétique naturelle de la Terre et donc dans celle de la résonance de Schumann ! Un autre expert soulignera aussi que les fréquences sonores et lumineuses des vaisseaux pourraient être liées.

À une autre occasion, Billy Meïer va faire une petite démonstration qui va grandement épater ses visiteurs américains. Il va ainsi prendre une pièce de monnaie et demander à l'un d'entre eux de se prêter à une expérience. Les deux hommes vont s'asseoir face à face de chaque côté d'une table. Meïer a enfermé la pièce dans son poing posé au milieu de la table, ce poing que l'Américain va fermement entourer de ses mains ainsi qu'il le lui a demandé. C'est alors que le Suisse va être pris de forts tremblements qui vont se transmettre à sa chaise et à la table. L'Américain qui le regarde alors droit dans les yeux, dira qu'à ce moment il a découvert un regard, tel qu'il n'en a jamais vu. Dans les yeux de Meïer dont le visage est soudain devenu rouge vif, il a eu en effet le sentiment de contempler l'espace durant une quinzaine de secondes ! Et il ne sera pas au bout de ses surprises, puisque quand il ouvrira la main, il constatera avec stupeur que le métal de la pièce est devenu totalement noir et que sa paume présente de profondes brûlures. Il semblera aussi tellement épuisé que tous ceux qui ont assisté à la scène seront inquiets pour lui.

La fameuse pièce sera elle aussi ramenée aux USA pour analyses. L'expert métallurgiste conclura à ce qu'il aurait fallu la chauffer à 1 500° pour atteindre un tel résultat. Meïer leur expliquera que c'est la démonstration de ce que l'énergie et le pouvoir de la pensée sont très puissants. Il leur révélera aussi qu'il sait faire léviter des objets. C'est ainsi qu'il rapportera qu'il avait déjà réussi à faire léviter une brouette de gravats qui pesait plusieurs fois son poids alors qu'il n'avait que six ans, ce, rien que par le pouvoir de sa pensée.

Analyses et expertises

Meïer montrera un jour aux Américains de petits morceaux de métal qu'il dira provenir pour certains, de la coque d'un vaisseau et pour d'autres, de la planète Erra. Il leur confiera l'un de ces fragments pour qu'il soit expertisé de même qu'un petit morceau de cristal. Les résultats des analyses de ces échantillons seront encore pour le moins stupéfiants : celle du morceau de métal réalisée par un grand laboratoire suisse, révélera un alliage étrange composé majoritairement d'argent, de cuivre et d'un peu de thulium. Or, le thulium a été classifié dans le groupe des « terres rares » et il est même considéré comme la « terre rare », la plus rare qui ait jamais été répertoriée sur notre planète ! Ce métal brillant et argenté détient aussi la propriété d'être peu oxydable à l'air sec et très difficile à extraire. Il vaut ainsi beaucoup plus cher que l'or et de fait, ne pouvait donc qu'être hors de portée des moyens de Meïer. Pourtant, certains indéfectibles sceptiques prétendront que le thulium analysé n'aurait été en fait de l'aluminium.

Quant au cristal, il sera expertisé par Marcel Vogel, un chimiste spécialiste des structures cristallines travaillant pour la compagnie IBM, au bénéfice de laquelle il a déposé une trentaine de brevets au cours de sa carrière. Là les résultats vont encore s'avérer déroutants puisque le chimiste découvrira dans l'échantillon une combinaison impossible de métaux et de cristal jamais encore observée. Pour lui, c'est du jamais vu sur Terre !

Nombre de films et photos confiés par Meïer vont être également expertisés aux USA. Un réalisateur de films travaillant pour Walt Disney déclarera après en avoir visionné certains, que si tout cela était est truqué, cela ne pourrait avoir été fait qu'au moyen de techniques d'effets spéciaux. Or, en 1976 et 1977, l'on en est encore qu'au tout début de ces techniques qui nécessitent l'utilisation de matériels coûtant des fortunes, donc et une fois de plus, hors des moyens de Meïer qui n'a pas un sou vaillant. Prudence oblige, le réalisateur va prendre la précaution de présenter ses photos et ses films à un expert. Celui-là, sera tout aussi formel : les vaisseaux photographiés et filmés ne peuvent être des maquettes, car pour en arriver à ce résultat, il aurait fallu que le Suisse use de techniques de pointe hors de prix et qu'il construise un disque de six mètres en alliage léger, ce n'aurait certainement pas manqué d'être remarqué de son voisinage. Cet expert soulignera aussi que sur l'un des films, le vaisseau disparaît et apparaît sur une même image avec un écart de temps de 1/18e de seconde. Un véritable prodige pas simple à réaliser, même pour des professionnels bien équipés. Un laboratoire travaillant avec l'US Navy et la General Electric Cie expertisera également les clichés et les films, tout comme Neil Davis, un physicien de San Diego. Leurs conclusions seront formelles : il ne peut y avoir aucun trucage.

Par la suite, un quatrième larron viendra se joindre aux trois enquêteurs. Il s'agit d'un certain Welch dont le père a travaillé pour le FBI. En rencontrant, Meïer, lui aussi va comprendre bien vite que le personnage qu'il a face à lui est homme simple, peu avide de notoriété et moins encore d'argent. Il se rendra avec lui sur les douze sites où les photos ont été prises et dira qu'en raison de la proximité d'une ferme, Meïer n'aurait jamais pu se livrer à des mises en scène pour réaliser ses photos sans que cela ne puisse être remarqué, ce même avec de petites maquettes suspendues à un fil. Pour vérifier s'il aurait pu frauder, les Américains feront d'ailleurs construire de petites maquettes de vaisseau qu'ils vont suspendre à un fil résistant et incolore. Des clichés seront pris, avec en arrière-plan le même paysage que sur les photos d'origine. Le résultat obtenu ne sera pas du tout le même : les images analysées avec des matériels de pointe, notamment au spectromètre, révéleront de nettes différences entre les clichés des maquettes pris par les enquêteurs et les clichés originaux pris par le Suisse. Une fois de plus et à l'évidence, il ne peut en aucun cas y avoir eu trucage.

Les enquêteurs vont également aller interroger le photographe où Meïer fait habituellement développer tous ses films. Celui-ci sera formel : il n'a jamais observé la moindre anomalie sur les bobines des films qui lui ont été confiés par ses soins. Leurs boîtes n'ont pas été ouvertes et son client ne lui a jamais demandé de retouches ou de manipulations de ses clichés. Il est important aussi de souligner, qu'à l'époque, la photo n'était pas numérique et que Photoshop qui fait aujourd'hui des miracles, n'existait pas alors. Le photographe révélera aussi que Meïer lui avait proposé à diverses reprises de venir voir les sites afin de lui montrer comment il s'y prenait. Or, comme il ne croyait pas à l'existence des ovnis, il s'y était toujours refusé, se contentant de regarder les tirages à la loupe pour tenter d'y déceler un vice ou une anomalie qu'il n'a d'ailleurs jamais trouvés. Pour lui aussi et en dépit de son scepticisme, les photos de Meïer sont donc absolument authentiques.

Les Américains interrogeront également le couple de photographes auquel Meïer avait dans un premier temps confié ses films. Ceux-là vont expliquer qu'ils ne les avaient pas développés sur place et que les tirages avaient été réalisés par un grand labo photo. Eux aussi certifieront que ses photos et films ne présentaient pas d'anomalies et déclareront être convaincus de leur authenticité, ce d'autant que Meïer n'a jamais sollicité le moindre conseil technique.

Tant qu'à faire, Billy Meïer sera aussi soumis au test du détecteur de mensonges et les enregistrements qui seront analysés par un ancien membre de la Police Criminelle américaine, ne permettront pas de déceler le moindre signe de tromperie.

Témoignages

Les enquêteurs américains se diront également surpris par le nombre incroyable de témoins ayant observé des vaisseaux autour de la ferme ou assisté à des incidents insolites. Tous corroboreront sans réserves les dires de Billy Meïer. Ceux-là sont de tous poils: fermiers, enseignants, homme d'affaires, expert-comptable ou même encore pilote de ligne! Sans exception, tous ces témoins leur paraîtront honnêtes et de bonne foi. Leurs discours ne leur sembleront jamais farfelus, mais au contraire parfaitement crédibles.

L'un d'eux rapportera qu'un jour où Meïer était allé s'enfermer dans son bureau en demandant à ne pas être dérangé, on l'avait vu revenir plus tard à la ferme, l'air hagard et manifestement exténué. Cela avait été la surprise car personne ne l'en avait vu sortir. Il avait alors prétendu avoir été téléporté ! Comme ils s'étaient montrés quelque peu perplexes, il avait alors insisté et dit que c'était facile à vérifier puisqu'il avait fermé la porte de son bureau à clé. Lorsque l'on était monté voir à l'étage, on avait effectivement constaté que la porte était fermée à clé de l'intérieur. Trois hommes l'avaient alors défoncée à coups d'épaule et cela avait été une nouvelle surprise quand ils avaient découvert que les fenêtres du bureau étaient hermétiquement closes. Comment était-ce possible ? Effectivement, c'était impossible, hormis si Meïer avait effectivement été téléporté. Il dira à cette occasion que ce n'était pas sa première mésaventure du genre et aussi qu'à chaque fois, il avait vraiment été physiquement téléporté. Inutile de préciser que ce témoignage va particulièrement troubler l'un des enquêteurs américains.

Un autre témoin relatera une scène qui l'a particulièrement impressionné. Il dira ainsi avoir vu un jour Meïer faire fondre une grosse cuillère. Il était en train de la tourner dans son café lorsqu'une fois sortie du liquide, il s'est mis à la secouer. Tous les témoins l'ont alors vue se transformer en métal fondu, dont les gouttes se sont répandues sur la table.

Un voisin de Billy Meïer rapportera aussi avoir observé à diverses reprises des lumières qui apparaissaient et disparaissaient non loin de la ferme, en montant de haut en bas. Il ne sera pas le seul d'ailleurs puisqu'une femme dira avoir aperçu une lumière qui sautait elle aussi de haut en bas, comme rebondirait une balle. Quand elle montait, elle était blanche et quand elle descendait, elle devenait rouge vif. Quant à Jacobus, l'ami intime de Meïer, il déclarera aux Américains avoir aperçu une sphère qui se déplaçait à une vitesse surréaliste. Une enseignante affirmera avoir observé la même chose en compagnie de sept autres personnes.

Un Autrichien déclarera avoir admiré un vaisseau alors qu'il se trouvait avec Meïer sur un site d'atterrissage dont il a pris des photos. Il évoquera aussi l'observation d'un disque rouge vif qui éclairait comme un phare dans la nuit. La lumière s'était éteinte brusquement et, quelques instants plus tard, était apparue une sphère blanche, exactement au même endroit. Elle aurait soudain disparu avant de réapparaître. À la suite de cela, elle se serait approchée de leur véhicule tout en devenant énorme, puis se serait mise à diminuer de volume jusqu'à devenir un point minuscule, avant de disparaître. Atlantis, le fils de Meïer dira pour sa part avoir aperçu des vaisseaux à de multiples reprises, en soulignant que somme toute, c'était plutôt naturel pour lui.

Un jour qu'un jet avait été aperçu en train d'effectuer des survols lors de la présence d'un vaisseau, Wendelle Stevens avait alors décidé d'aller enquêter sur la base aérienne voisine. Comme les militaires suisses lui avaient opposé une fin de non-recevoir, bien qu'il se soit prévalu de sa qualité d'ancien gradé de l'Air Force, il s'était débrouillé pour interroger des personnels après leur service, hors de la base. C'est ainsi qu'il avait appris que le Mirage qui avait survolé le vaisseau présentait à son retour de mission une avarie plutôt sérieuse, puisque son système de contrôle de tir avait été totalement détruit.

Une femme qui dormait dans une caravane, relatera pour sa part avoir été réveillée une nuit par une voix qui appelait avec insistance Eduard Meïer. Elle était alors sortie pour voir ce qui se passait. C'est à ce moment qu'elle aurait aperçu un grand personnage aux longs cheveux blancs. Elle prétendra avoir été dans l'instant envahie d'un merveilleux sentiment de paix et senti qu'il lui fallait faire demi-tour.

Plus intéressant encore, une Cambodgienne, ancienne diplomate et autrefois détachée à l'ONU, rapportera qu'en feuilletant un jour un vieux bouquin défraîchi qu'elle s'apprêtait à jeter, elle s'était rendu compte de ce qu'il évoquait Ashoka Ashram où elle avait séjourné en 1964, alors qu'elle n'était encore qu'une petite fille. Elle avait retrouvé dans ce livre la photo d'un homme qu'elle reconnaîtra immédiatement. C'est ainsi qu'elle se rendra en Suisse pour rencontrer Billy Meïer. Ils parleront ensemble durant presque trois jours et trois nuits. Elle confiera aux enquêteurs, qu'elle aussi a observé des vaisseaux, même parfois énormes, et surtout qu'elle aussi a rencontré Asket, ce qui ne lui a d'ailleurs pas paru étrange et même plutôt familier. À l'occasion de conférences publiques, elle confirmera avoir vu de ses yeux le fameux vaisseau survolant l'ashram, dont Meïer a pris des photos hallucinantes.

Nombre de personnes venues à la ferme déclareront également avoir réalisé des clichés incroyables d'engins spatiaux, le plus souvent durant la nuit, en précisant parfois qu'au moment de la prise du cliché, rien n'était visible à l'œil nu ! Un homme dira aussi s'être approché de près d'un vaisseau avec son véhicule qui se serait alors retrouvé enveloppé d'une boule de feu, lorsque son avant aurait touché le bouclier électromagnétique entourant l'engin.

D'autres témoins feront des déclarations toutes aussi surprenantes. L'un d'eux révélera qu'à une certaine occasion, Billy Meïer leur a présenté un objet équipé d'un écran ressemblant à un jouet d'enfant. Il avait alors précisé qu'il ne s'agissait pas d'un jouet mais d'une arme à rayon, dotée d'une portée de tir pouvant atteindre les trente-sept kilomètres. Pour la faire fonctionner, il suffisait de se concentrer par la pensée sur la cible puis d'appuyer sur la gâchette. Aux dires de Meïer, cette arme ancienne de 600 années terriennes, lui avait été confiée par une stellaire du nom d'Aléna, provenant d'un système stellaire plus éloigné que celui des Pléïades. Il l'avait utilisée pour tirer depuis une bonne distance sur un tronc d'arbre. Un film et des photos existent effectivement où on le voit tenant cette arme et où l'on aperçoit sur l'écorce de l'arbre, le trou occasionné par le tir : son rebord d'entrée est calciné alors que son intérieur est net et lisse, sans la moindre aspérité visible.

Prophéties de Billy Meïer

En 1975, Semjase va révéler à Meïer que le Mont Chimborazo situé en Équateur est la plus haute montagne du monde et qu'elle dépasse l'Everest de 2150 mètres ! D'après ses explications, cela tiendrait au fait que la Terre n'est pas tout à fait ronde et qu'elle présenterait un renflement en son milieu. Or, ses dires se sont révélés justes puisque l'on sait maintenant que la Terre possède bien un renflement et que le Chimborazo est en effet plus élevé que l'Everest ! Comment cet homme si peu instruit pourrait-il avoir inventé cela ?

Billy Meïer rapportera aussi des prédictions qui lui ont été faites par les stellaires et qui vont encore se révéler exactes, comme celle selon laquelle les USA attaqueraient l'Irak : les Pléiadiens lui avaient en effet annoncé qu'il y aurait deux guerres successives, dont la seconde serait engagée par le fils d'un ancien Président.

Les Pléiadiens ont aussi prédit à Meïer qu'il y aurait une 3e guerre mondiale en soulignant que comme ils ont la capacité de voir le futur, ils en connaîtraient même la date. Toutefois, ils refuseront toujours de la lui divulguer afin de ne pas affoler les Terriens. D'après eux, ce conflit ferait suite à une attaque de l'Iran par les USA, ce qui amènerait les Russes et la Chine à s'unir pour la contrer. À en croire les stellaires, cette 3e guerre mondiale, si elle devait éclater, éliminerait alors les trois-quarts de la population mondiale et dévasterait le continent américain dans sa presque totalité. Au grand désagrément de Meïer, les Pléiadiens souligneront alors qu'ils n'interféreront pas pour l'empêcher, car chaque civilisation possède son libre arbitre. Cependant, ils ajouteront que cet évènement tragique pourrait être évité, si les Terriens se décidaient enfin à modifier leur façon de penser et leurs comportements. Ils insisteront également sur le fait que s'ils ne font pas d'efforts pour s'élever spirituellement, ils laisseront alors les choses se faire et n'interviendront pas dans leurs affaires, pas même pour les sauver. Meïer dira que pour cette même raison, il leur est tout aussi impossible de se mêler du développement et de l'évolution de la Terre et en particulier d'empêcher les catastrophes naturelles qui risquent irrémédiablement de l'affecter.

Une triste réputation d'escroc

En dépit de tout cela, de nombreuses voix vont s'élever pour hurler à l'escroquerie de Billy Meïer, essentiellement du côté des ufologues de tous poils. Deux articles vont ainsi paraître dans la revue du Mufon américain, dont un en décembre 1980 qui se révélera absolument dévastateur pour sa réputation. Très déterminé à ruiner sa réputation, le Mufon ira même jusqu'à éditer un petit livret reproduisant le fameux article, lequel sera adressé personnellement à tous les ufologues américains. Dès lors, la presse va se déchaîner contre lui.

C'est alors que va survenir le fameux scandale des photos truquées : on va l'accuser d'avoir présenté une photo d'Asket qui serait en fait celle de la chanteuse Michelle Della Fave. D'après ses détracteurs, elle aurait été extraite d'une vidéo du Dean Martin Show. Si l'on y regarde de près, il est vrai que la ressemblance entre Asket et la chanteuse est particulièrement troublante et qu'il est bien difficile de soutenir le contraire. Billy Meïer se défendra vigoureusement, en soutenant que cette photo que l'on présente comme la sienne, aurait en fait été trafiquée et que le cliché original d'Asket lui aurait été dérobé. On le sait en effet, nombre d'entre eux lui ont été volés.

Puis il y aura ces fameuses photos, pour certaines à demi calcinées représentant des maquettes de vaisseaux posées sur une table, qui vont lui nuire considérablement. Le comble, c'est qu'il se trouve que ces clichés ont été confiés un jour de grosse dispute par Popi elle-même au pire sceptique qui soit, un ennemi juré de Meïer ! Évidemment, ce sera un nouveau scandale dont il se défendra en arguant de ce qu'il s'agissait de maquettes qu'il avait simplement fabriqué pour amuser ses enfants. Effectivement, si l'on y regarde de près, l'on peut indéniablement constater que les maquettes figurant sur ces clichés présentent des différences notables avec l'apparence des vaisseaux qu'il a photographiés aux abords de sa ferme.

Au vu de ces derniers éléments, l'on pourrait ainsi se dire que Meïer n'est qu'un vil affabulateur, suffisamment habile pour avoir su tromper son monde avec intelligence. Toutefois, si l'on considère avec objectivité et sans a priori, le nombre de témoignages crédibles et d'expertises plaidant en sa faveur, l'on peut tout autant penser qu'il n'a pas menti. D'escroquerie il peut difficilement être question puisque, contrairement à d'autres, il n'a jamais tiré profit de la situation, tant au niveau de sa notoriété que d'un point de vue matériel. Mieux encore et à bien y regarder, il n'en a tiré que des désagréments. Alors, que penser de tout cela ? À vous de vous faire votre opinion…

7.
Le professeur Hernandez et l'Andromédienne

Au cours de l'année 1972, un scientifique mexicain d'une cinquantaine d'années, va vivre une bien curieuse aventure. Ce professeur de l'Université de Mexico, connu sous le pseudonyme de R.N. Hernandez, est un scientifique qui a accompli de nombreux travaux tant dans le domaine médical que dans celui de la physique nucléaire. Il a été l'auteur de nombreuses thèses et ouvrages et fut par ailleurs le Directeur de l'Institut National de l'Énergie Nucléaire mexicain. Juste avant qu'il ne fasse une certaine rencontre, il menait une vie sans histoire, entouré de sa femme et de ses trois enfants, ne consacrant son temps qu'à ses travaux pour lesquels il venait juste de recevoir un prix. Outre cela, son profil de scientifique « classique » ne le portait pas particulièrement à s'intéresser aux ovnis, ni à toutes ces fadaises que l'on commençait à rapporter de plus en plus fréquemment à leur sujet. Son incroyable aventure sera connue parce qu'il a méticuleusement tenu, au jour le jour, un journal relatant les détails de son aventure, mais surtout grâce au travail remarquable d'une journaliste et ufologue mexicaine, Zitha Rogriguez Montiel qui aura l'occasion de le rencontrer un peu avant qu'il ne disparaisse mystérieusement.

La femme aux yeux verts

Le 14 novembre 1972, alors qu'il est venu assister à la conférence de l'un de ses confrères et qu'il se trouve assis au fond d'un auditorium, il voit entrer une belle jeune femme dont l'apparence attire immédiatement son attention. Mince et élancée, elle a des cheveux bruns qui lui tombent jusqu'aux épaules et un beau visage à la pâleur diaphane peu commune. Il remarquera encore l'élégance de son chemisier et de son tailleur-pantalon noir au tissu brillant. Mais ce sont surtout ses yeux qui vont le surprendre : ils sont étirés comme ceux des Asiatiques et d'un vert très particulier. Plus incroyable encore, ils lui semblent comme lumineux tant ils luisent dans la semi-obscurité. De manière inattendue, la jeune femme va le fixer avec intensité ce qui va achever de l'intriguer et le rendre un peu moins attentif aux propos de l'orateur qui est en train de s'exprimer. Elle va venir s'asseoir derrière lui, un peu en décalage. Comme il se sent observé, il ne prête plus vraiment attention à la conférence et ne cesse de lui lancer des coups d'œil furtifs. À chaque fois que son regard croise le sien, il sent comme une sorte de frisson qui lui parcourt l'échine. Hélas, lorsqu'il se retournera pour la énième fois, il aura la déception de constater que son siège est vide.

Et le Professeur ne sera pas au bout de ses surprises puisque sur le chemin du retour, son autoradio va brusquement interrompre la musique douce qu'il était en train de diffuser et émettre un son bizarre. C'est alors qu'une voix claire quoiqu'à la sonorité un peu métallique va se faire entendre : *« Vous êtes branché sur notre fréquence, homme de la Terre ! Vous êtes actuellement en phase primaire. Vous aurez bientôt des nouvelles ! »*. Le voici interdit. Il manipule les boutons de l'autoradio, mais c'est peine perdue puisqu'il restera muet durant une bonne demi-heure avant de se remettre à diffuser sa mélodie.

Lorsqu'il arrive enfin chez lui, il se rend compte de ce qu'il est bien plus tard qu'il ne le croyait. Pour autant, il ne s'en étonne pas plus que cela et de façon fort surprenante, il pense même à ce moment qu'il a dû faire un détour sans s'en rendre compte. Il ne fera d'ailleurs aucun rapprochement entre l'étrange jeune femme de la conférence et les différents incidents qui se sont produits ce soir-là. La nuit qui suivra, il dormira d'un sommeil profond et au réveil, il ne repensera plus à tout cela.

Le 18 décembre suivant, alors qu'il déjeune dans un restaurant du centre-ville avec Carlos, un ami proche qui se trouve être également un collègue de travail, voilà qu'il a un sursaut. Assis face à la porte d'entrée du restaurant, il vient en effet d'apercevoir la belle inconnue de la conférence en train de franchir le seuil. Dans la lumière du jour, il a tout le loisir pour la détailler. Elle est très grande, au moins 1,90 mètre et d'une beauté époustouflante. L'expression de son visage affiche une douceur, une candeur et une paix intérieure qui le laisse bouche bée. Elle est accompagnée d'un homme encore plus de haut de taille, qui devra d'ailleurs se baisser pour franchir la porte. Il porte une sorte d'uniforme et sur le côté de gauche de sa poitrine figure un curieux insigne représentant un cercle bleu, au centre duquel se trouve un triangle doré. Sans trop savoir pourquoi, le Professeur s'est levé brusquement. Un peu étonné, son ami Carlos lui demande ce qui se passe. En se rasseyant aussi vite qu'il s'est levé, il se contentera de répondre que tout va bien et de bafouiller qu'il a cru reconnaître quelqu'un, mais que finalement il s'est trompé.

Toutefois, ce nouvel incident va cette fois l'inciter à réagir. Cette apparition apparemment fortuite de la belle jeune femme l'a un peu troublé et il se trouve désormais dans un tout autre état d'esprit. C'est ainsi que dans l'après-midi, il va se mettre à consulter fébrilement la liste de ses étudiants pour tenter de retrouver la photo de belle inconnue. Au fond de lui, il sait bien que cela risque d'être peine perdue puisqu'elle semble avoir la trentaine, mais sait-on jamais ? Ses recherches resteront effectivement vaines et le laisseront dans une certaine perplexité.

La rencontre

Le 22 décembre 1974, alors qu'il est occupé à travailler sur un nouveau vaccin dans un laboratoire avec d'autres scientifiques et en train d'examiner attentivement une cellule au microscope, la salle un peu sombre va être soudainement illuminée par un bref rayon de soleil, ce qui va lui faire aussitôt lever la tête. C'est alors qu'à travers la grande baie vitrée qui donne sur le couloir, il va apercevoir la belle inconnue en train de le regarder fixement. Un étrange sentiment l'envahit alors. Sa présence lui semble familière comme s'il la connaissait depuis longtemps, comme si aussi quelque chose au fond de lui savait qu'il allait la revoir. Sans se poser de question, il va laisser en plan le travail qu'il était en train de réaliser et transmettre à l'un de ses collègues, les consignes nécessaires avant d'aller la rejoindre précipitamment dans le couloir.

Tout sourire, elle va l'accueillir chaleureusement comme s'il était un ami de longue date. Quoiqu'un peu intimidé, il va pourtant oser lui demander pourquoi elle le poursuit avec autant d'insistance et si c'est vraiment lui qu'elle semble chercher. Un peu amusée, elle va rétorquer que c'est bien lui en effet qu'elle recherche et qu'il n'a pas encore tout vu. Que c'est encore bien pire qu'il ne peut l'imaginer. Puis sans transition, elle va lui lancer le plus sérieusement du monde qu'elle n'est pas d'ici et que son nom sur la Terre, comme sur toutes les autres planètes qu'elle a déjà visitées, est Elyanse. Et sans lui laisser le temps de répliquer, elle va lui expliquer qu'elle a pour mission d'enquêter sur les différents types d'intelligences qui peuplent l'Univers et que son travail sur la Terre consiste à étudier le développement sociobiologique des Terriens. Inutile de dire que le Professeur en reste interloqué. Comment cela, elle n'est pas de la Terre ?

Avec tout autant de sérénité, la jeune femme elle va lui révéler que sa planète est située à des années-lumière de la sienne et qu'elle-même fait partie d'un groupe de scientifiques qui se déplacent dans certaines parties de l'Univers. Sur chaque planète visitée, ils sélectionnent les personnes qui les intéressent et ils procèdent par étapes avec elles. C'est ainsi qu'elle et son groupe ont, dans un premier temps, tenté de le contacter par la voie télépathique. Leurs quelques tentatives ayant échoué puisqu'il n'est pas un bon récepteur, elle s'est finalement décidée à établir un contact direct avec lui. Tout sourire, elle lui avouera s'attendre à un certain scepticisme de sa part du fait de son intelligence analytique mais que néanmoins, elle a la conviction de ce que son ouverture d'esprit lui permettra peut-être d'admettre ce qu'elle s'apprête à lui révéler. En réalité, le Professeur va prendre les choses plutôt mal : agacé, il va sèchement lui signifier que le discours qu'elle vient de lui tenir dépasse quelque peu les limites de ce qu'il est capable d'accepter.

Comme il est sur le point de mettre un terme à leur entretien, elle va le retenir par le bras et tenter de l'apaiser, tout en essayant de le convaincre d'écouter la suite. Évidemment, qu'elle est a conscience que ses révélations ne sont pas aisées à admettre ! En désespoir de cause, elle va finalement lui proposer de deviner à quoi il est en train de penser. Après tout, il n'a rien à y perdre, sinon quelques minutes de son temps.

Par jeu, l'idée va alors venir au Professeur de réciter mentalement l'alphabet grec. En riant, elle va aussitôt lui faire remarquer que débiter l'alphabet grec est beaucoup trop simple et qu'elle préférerait de beaucoup qu'il lui pose une question mentale. Durant l'échange télépathique qui va donc s'instaurer entre eux, il va d'abord demander s'il est exact qu'elle vient d'une autre planète, ce à quoi elle répondra par l'affirmative. Puis il souhaitera qu'elle lui explique pourquoi alors elle s'exprime si bien en espagnol. La réponse sera nette : elle a tout simplement appris l'espagnol. Elle ajoutera qu'il serait d'ailleurs étonné du peu de temps qu'elle et les siens ont passé à étudier sa planète et tout ce qui y vit. Et sans transition, elle lui annoncera qu'ils ont décidé de l'approcher car ils souhaiteraient qu'un jour il accepte de parler d'eux, afin de révéler aux Terriens qui ils sont vraiment. À bien des reprises dans le passé, on les a pris en effet pour des êtres célestes alors qu'en réalité, il n'en est rien.

Ceci fait, elle soulignera avec tristesse que si leur civilisation aime la vie, il ne semble pas en être de même pour les Terriens qui s'appliquent à détruire avec la plus grande légèreté leur environnement. Dans un premier temps, ils s'en sont étonnés, puis ont cherché ensuite à comprendre ce qui les poussait à agir de cette manière, avant d'en conclure que leurs comportements agressifs et destructeurs pourraient peut-être s'expliquer par la brièveté de leurs vies. C'est d'ailleurs pour cette raison qu'ils étudient les réactions des humains de la Terre face à la mort, comme d'ailleurs celles d'autres intelligences de l'Univers qui ont des profils similaires aux leurs. À ce moment, elle précisera que sur des planètes comme la sienne, la mort n'existe pas.

Le Professeur Hernandez apprendra d'elle ce jour-là que leurs scientifiques consacrent tous leurs efforts à tenter d'éradiquer certains facteurs génétiques qui porteraient préjudice à de nombreuses races vivant dans l'Univers, lesquelles auraient ainsi perdu la capacité de produire certains antigènes. Elle expliquera que la dégénérescence cellulaire est responsable du vieillissement, ce qui semble être une source permanente d'angoisse pour les Terriens mais que néanmoins rien n'est perdu pour eux, puisque diverses races ont fini par trouver le moyen d'allonger leur durée de vie. Il suffit pour cela de détenir la connaissance universelle des choses, laquelle ne relève d'ailleurs pas du secret. Puis, à la grande surprise du Professeur, elle annoncera tout de go qu'elle est âgée de 900 ans, ce qui est jeune pour ceux de sa race, car cela ne représente en fait que quelques cycles sur sa propre planète. Elle conclura enfin en lui disant savoir parfaitement que lui-même travaille sur la réaction cellulaire et qu'elle en connaît aussi beaucoup sur lui, bien plus d'ailleurs qu'il ne pourrait se l'imaginer. Pour le vérifier, il n'aura qu'à lui poser des questions et il aura aussitôt les réponses.

Effectivement, à chaque fois qu'il l'interrogera mentalement, elle lui répondra avec une précision époustouflante. Comme il est sous le coup de la surprise, elle le rassurera en lui recommandant de ne surtout pas s'inquiéter puisque ce type de conversation télépathique est aussi discrète que possible et ne risque pas d'être interceptée, en tout cas par des moyens terriens. Pour finir, elle insistera sur le fait qu'elle aimerait bien qu'il réfléchisse à tout ce qu'elle vient de lui révéler, tout en soulignant qu'elle se sent très proche de son esprit.

Un peu désarçonné par un tel discours, le Professeur va se borner à lui lancer: « *Et si je ne vous crois pas?* ». D'un ton on ne peut plus sérieux, elle lui répondra qu'ils ont un point commun: comme elle, il est un homme évolué qui travaille sur la base de ses connaissances et tente d'en savoir toujours davantage. En attendant, elle est venue jusqu'à lui pour l'entretenir du futur de sa planète. Elle et les siens ne sont d'ailleurs pas les seuls à visiter la Terre qu'ils considèrent comme une planète privilégiée. Avant de tourner les talons et de lui adresser un petit signe amical de la main, elle lui recommandera de ne surtout pas se tourmenter à propos des confidences qu'elle vient de faire et de garder secrète leur conversation, en ajoutant que le moment venu, elle lui en dira davantage.

Ce surprenant échange va plonger le Professeur Hernandez dans une extrême perplexité. Il est en effet partagé entre l'idée qu'il pourrait avoir été victime d'une manipulation, voire d'un canular et l'excitation d'imaginer que tout ce que lui a confié la jeune femme pourrait bien être vrai. Une question le taraude tout de même. Pourquoi a-t-il été choisi alors qu'une multitude d'autres scientifiques mériteraient autant que lui, voire davantage, d'être approchés pour une collaboration avec des êtres venus d'ailleurs?

Une voix qui parle dans sa tête…

Après ce premier échange, il reverra semble-t-il à diverses reprises Elyanse mais on ignorera tout de ces rencontres, puisque de nombreuses pages manquent à son journal. Ce qui est certain, c'est que leurs rapports ont manifestement évolué au fil de leurs tête à tête. Dans la suite de ce journal, dont le fil reprend au mois de février 1975, il l'appelle en effet désormais familièrement Lya. Il a également mentionné ne pas l'avoir revue depuis un moment et avoir commencé d'entendre résonner en lui une voix féminine. Il a souligné que le phénomène l'a un peu désarçonné, ce d'autant que maintenant, il n'est plus toujours très sûr de ses pensées.

Un soir qu'il s'est lancé dans une conversation épineuse à propos des ovnis avec des amis, la voix habituelle va soudain résonner dans sa tête : « *Vous n'avez pas à parler de vos expériences ! Vous serez témoin de phénomènes beaucoup plus intéressants. Vous devez faire très attention à ce que vous dites. Apprenez à vous détendre, à contrôler vos émotions et vos tensions. Vous vous sentirez mieux* ».

Le Professeur Hernandez constatera qu'au fil du temps son comportement s'est peu à peu modifié, sans qu'il l'ait toutefois réellement cherché. Son envie de fumer des cigarettes s'est ainsi considérablement atténuée et désormais le tabac lui donne la nausée. Sa consommation de café a également baissé. Outre cela, il se sent plus détendu, plus serein et il est plus concentré sur tout ce qu'il est en train de faire. Il a aussi constaté que ses perceptions intérieures s'affinaient de plus en plus. Tous ces changements se sont produits naturellement et tout en douceur et en y réfléchissant un peu, il en est venu à penser qu'ils devaient certainement être dus à l'influence de la stellaire.

Voyage dans un vaisseau

Le 14 avril 1975, en début de soirée, alors qu'il est en pleine conversation avec son ami Carlos, il va recevoir un « ordre intérieur » de se rendre le soir même, à 22 heures, sur la route de Cocula. On lui a aussi précisé que des amis voulaient le rencontrer. Le voilà furieux qu'on ne l'ait pas prévenu assez tôt et surtout pas consulté, ce qui le contraint à laisser son camarade en plan. Pour autant, il décide tout de même de se rendre au rendez-vous quoiqu'il pressente que ce qu'il va trouver là-bas risque d'être plutôt éprouvant. À peine cette pensée lui a-t-elle de traversé l'esprit, que la voix familière de Lya va retentir au creux de son cerveau. Rassurante, elle lui annonce qu'il ne va pas le regretter puisqu'il va vivre la plus surprenante expérience qu'un Terrien ait jamais vécue, même s'il aura besoin de tout son self-control pour l'affronter.

Après avoir téléphoné à son épouse pour l'aviser de ce qu'une obligation le retenait et qu'il reviendrait un peu tard, il va prendre la route. Alors qu'il est train de traverser le désert de Los Leone, le brusque sentiment qu'il approche du lieu de rendez-vous va le saisir. Le plus incroyable est que, dans l'instant, il va perdre le contrôle de son véhicule. Dès ce moment, il ne maîtrisera plus rien et se sentira pris au piège. Sans qu'il ne puisse rien empêcher, sa voiture va s'engager sur un chemin caillouteux et le voici maintenant en train de rouler dans la nuit noire, au milieu de nulle part. Avec angoisse, il va comprendre aussi qu'il ne perçoit plus aucun son et que dans l'habitacle de son véhicule règne désormais un silence de mort. À diverses reprises, la voix le suppliera de se calmer, car la panique a fini par l'envahir.

Un moment après, son automobile va stopper net, alors que la voix lui demande de patienter. Au bout d'une bonne dizaine de minutes, Lya va en effet soudainement apparaître, sortie d'on ne sait où. Elle va lui prendre la main afin de le guider et ils vont ainsi marcher au milieu du désert sur environ deux kilomètres. Durant cette insolite promenade sous la voûte étoilée, ils n'échangeront pas la moindre parole. Soudain, il va apercevoir un vaisseau posé au bas d'une petite colline. Deux personnages de grande taille vont en émerger, dont l'homme qu'il a aperçu dans le restaurant qui accompagnait Lya.

Après avoir pénétré dans l'engin, le Professeur va devoir passer dans une sorte de chambre de décontamination puis on va lui faire enfiler d'autres vêtements, avant de le faire asseoir dans un confortable fauteuil. Lya va alors lui recommander de bien regarder ce qui va lui être montré, car il n'aura pas l'occasion de voir cela une seconde fois.

Dès le début du vol, on va l'aviser de ce que leur appareil va survoler les États-Unis pour se rendre en Alaska. Comme la région ne lui est pas inconnue, il va reconnaître à un moment, les paysages volcaniques du Yukon. Le vaisseau va finalement aller s'immobiliser audessus de l'île de Kodiak, à une altitude d'environ 3000 mètres. C'est alors qu'on va l'avertir de ce qu'un porte-avions américain a été mobilisé pour participer à une série de tests, dont le tir d'une lourde charge explosive.

Sur un écran, il va en effet distinguer l'imposant bâtiment naviguant en direction du territoire américain. Les compagnons de Lya vont alors lui indiquer que la bombe qu'il va voir exploser est d'une puissance phénoménale, encore jamais égalée. Hernandez va être un peu surpris car les stellaires semblent être parfaitement informés de tous les détails de l'opération. Un peu inquiet, il va demander si leur vaisseau ne risque pas d'être repéré par les militaires américains, mais on va le rassurer aussitôt, en lui disant qu'une certaine fréquence a été déployée autour de leur engin qui l'a rendu invisible et absolument indétectable par les radars.

Alors que sa montre marque minuit, le Professeur Hernandez va soudain voir apparaître sur l'écran, deux bombardiers de l'Air Force dont l'un va larguer une bombe. L'image va être zoomée et il va alors apercevoir clairement l'impact en même temps qu'il va entendre une sorte de gros chuintement qui sera suivi du grondement des moteurs des bombardiers en train de s'éloigner. À ce moment, l'océan va être pris d'une monstrueuse turbulence tandis que va résonner une terrible déflagration. À cet instant, il va avoir la peur de sa vie puisque leur vaisseau va se mettre soudain à piquer vers le point d'impact. Comme il est terrifié, Lya va immédiatement le rassurer en lui disant que ce qu'il vient de voir n'est autre que la libération des atomes de la bombe, mais que toutefois, ils ne risquent rien puisque leur vaisseau *« va aspirer toutes les particules atomiques avant qu'elles ne se dispersent »*. À l'en croire, leur intervention va ainsi permettre d'éliminer un maximum d'éléments contaminants, ce qui aura pour conséquence de neutraliser une partie de la radioactivité qui est déjà en train de se disperser dans l'atmosphère. Dans son journal, le Professeur précisera qu'après avoir effectué son opération de décontamination durant une bonne heure, leur vaisseau a ensuite filé en flèche dans l'espace. À ce moment, les stellaires lui ont annoncé qu'ils allaient rejoindre les ceintures de Van Allen où les particules ionisées récupérées seraient dispersées. Une fois l'opération achevée, le vaisseau va revenir planer au-dessus du site de l'explosion et il constatera que l'océan paraît aussi calme que si rien ne s'était passé.

Inutile de dire que l'épisode qu'il vient de vivre a terriblement bouleversé le scientifique spécialisé dans la recherche nucléaire qu'il est. En prenant conscience de la dangerosité extrême des explosions nucléaires, dont il vient de comprendre qu'elle va bien au-delà de ce qu'il aurait supposé, et en comprenant qui plus est que ces stellaires dont les Terriens ignorent tout de l'existence, venaient de les protéger des effets dévastateurs de la bombe américaine, le voilà submergé par une telle émotion qu'il en sanglote. Tout en le consolant de sa peine avec une grande douceur, Lya va alors lui révéler que depuis le tout début des essais nucléaires, ils procèdent à ces opérations de décontamination afin de protéger la Terre du fléau mortel qu'est l'atome.

Vers minuit et demi et sans comprendre comment, il va se retrouver debout, près son véhicule. Alors que la Lune se lève et commence à éclairer le paysage alentour, il va comprendre que le vaisseau a disparu et qu'il se trouve désormais seul au milieu du désert, comme si tout ce qu'il venait de vivre n'avait jamais existé. Lorsqu'il arrivera chez lui vers sept heures du matin, sa femme l'accueillera de très mauvaise humeur et comme il ne répliquera pas, cela va singulièrement envenimer leurs rapports. Certes, mais comment en effet lui expliquer qu'il vient de faire un voyage dans un vaisseau extraterrestre et qu'il a assisté aux essais secrets d'une bombe atomique américaine ? Cette nuit qui a changé le cours de sa vie sera également celle qui, hélas aussi, marquera le début de ses tracas conjugaux.

Un petit tour en soucoupe

Dans les jours qui vont suivre il va revoir Lya avec laquelle il aura, à diverses reprises, des conversations au cours desquelles elle va afficher de remarquables connaissances dans le domaine de la physique. Elle lui dévoilera également certaines de ses capacités paranormales qui vont beaucoup l'impressionner.

L'après-midi du 22 avril 1975, il vient de participer à une conférence et se sent particulièrement épuisé. Alors qu'il se dirige vers le parking, l'idée incongrue lui traverse l'esprit que Lya sera peut-être en train de l'y attendre. À peine l'a-t-il pensé, qu'il va en effet l'apercevoir. Elle va l'accueillir chaleureusement et lui demander s'il est pressé, car si ce n'est pas le cas, elle aimerait bien qu'il l'accompagne pour un nouveau petit voyage où il sera son copilote. Sa proposition qui à un autre moment l'aurait enthousiasmé, tombe plutôt mal. Il est fatigué et doit vraiment aller se reposer. Il préférerait en fait que la balade puisse être reportée à un autre jour. Comme elle lui répond qu'elle comprend parfaitement mais que l'opportunité qu'elle lui offre a bien peu de chance de se représenter, il finira donc par accepter, mais sous la condition toutefois qu'elle ne l'emmène pas trop loin.

Guidé par ses indications, le Professeur va conduire jusqu'à un endroit éloigné de la ville qui va les mener à nouveau dans le désert. À un moment, il va apercevoir un petit disque d'environ trois mètres de diamètre. Lya va appuyer sur le bouton d'un appareil de la taille d'un paquet de cigarettes, ce qui va provoquer l'ouverture d'une petite porte située sous la base du petit vaisseau dans lequel ils vont pénétrer au moyen d'une sorte d'échelle. Une fois à bord, elle va manipuler un petit levier où se trouvent de multiples boutons et presser l'un d'entre eux. Le disque va alors s'élever lentement sans émettre le moindre son. La Terre va s'éloigner de plus en plus et lorsque le vaisseau sera sorti de l'atmosphère terrestre, le scientifique va contempler avec ravissement les multitudes d'étoiles scintillant dans le vide spatial. Il dira aussi avoir aperçu des douzaines de satellites de tous types orbitant autour de la planète. Un pur émerveillement qui ne lui fera pas regretter sa promenade.

La planète Maldek et l'apparition des humains sur Terre

Lya évoquera aussi un jour l'histoire de la Terre et l'existence d'une planète qui n'existe plus de nos jours dans le système solaire. Elle dira ainsi qu'avant que l'homme ne fasse son apparition sur la Terre, elle ne possédait qu'un unique continent où foisonnaient déjà certaines formes de vies, tout en soulignant qu'elle occupait alors la quatrième place dans l'ordre des planètes et non la troisième comme de nos jours. Une énorme planète du nom de Maldek évoluait sur son orbite actuelle avant qu'une terrible catastrophe ne se produise.

Lya dira aussi qu'un peu plus tard fut implantée sur la Terre une première race à la peau cuivrée qui y prospéra longtemps, plus communément dénommée la « race rouge ». Puis d'autres races y furent successivement importées. La race blanche, tout d'abord qualifiée de « race nordique », puis la race noire et enfin la race jaune. Ces races furent dispersées sur la Terre en fonction des zones où le climat leur était le plus favorable, métaboliquement parlant. Elles vivaient alors séparément, si bien que les contestations de territoires n'existaient pas encore. Chaque race, alors très pure, avait son odeur particulière et des vibrations qui lui étaient spécifiques. Les Asiatiques et les noirs avaient des corps mieux adaptés à toutes sortes de climats et étaient plus aptes à consommer une alimentation diversifiée que les individus des autres races. À cette époque, la Terre était paradisiaque et d'une grande richesse d'un point de vue minéral, végétal et animal. Et surtout, chacun y vivait en paix.

Au fil du temps, la race nordique dont les ancêtres venaient d'une planète qui s'était autodétruite, finit par prendre de l'importance et dépassa la race cuivrée, en nombre d'individus. Ces Nordiques étaient d'un niveau intellectuel bien supérieur à celui des autres races. Ils avaient aussi atteint un certain niveau de perfection physique autant que spirituel. En outre, la sérénité les habitant pleinement, ils étaient émotionnellement stables. Hélas, peu à peu, leurs scientifiques qui avaient une connaissance très étendue de l'Univers et de ses nombreux secrets développèrent un désir de puissance. C'est à ce stade que les conflits commencèrent à poindre et que les catastrophes survinrent. Les contestations de territoires des premiers temps donnèrent lieu à des invasions, qui finirent par dégénérer en des guerres incessantes et de plus en plus dévastatrices.

Les peuples des étoiles qui visitaient alors régulièrement la planète comprirent alors que les Terriens étaient majoritairement devenus agressifs et belliqueux et qu'ils ne vivaient plus dans le respect des Lois Cosmiques. Seuls les individus de la race cuivrée avaient continué d'évoluer pacifiquement, dans le respect de la morale, tout en atteignant un haut degré de spiritualité. Ceux-là représentaient aux yeux des stellaires le type parfait de l'humain terrien. Afin de préserver ces joyaux humains qui avaient su conserver la « connaissance interplanétaire », ceux de la race de Lya décidèrent à ce moment de leur faire quitter la planète. Elle précisera que ne restèrent sur Terre que des hybrides de cette race rouge, tout en soulignant que les individus les plus proches de cette race originelle ne seraient autres que les anciens égyptiens. Elle dira encore que les Terriens des premiers temps connaissaient parfaitement l'existence des stellaires issus de sa civilisation, tout comme celle d'autres civilisations galactiques.

Le temps passant, des êtres issus de la planète Maldek décidèrent d'émigrer sur la Terre. Il s'agissait essentiellement de scientifiques qui estimaient qu'elle était idéale pour expérimenter leurs découvertes. Ils étudièrent méticuleusement les Terriens depuis leurs origines mais ne se limitèrent pas à cela puisque hélas, ils menèrent des recherches et des expériences diverses sur des animaux en voie d'extinction. Leurs expériences les amenèrent ainsi à croiser des gènes humains avec ceux de certains d'animaux, ce qui eût pour effet de créer de terrifiantes mutations qui aboutirent à la naissance d'êtres monstrueux. D'après Lya, la mythologie égyptienne ferait référence à ces créations hybrides.

Parvenus à ce stade, ceux de Maldek entreprirent de placer la Terre sous leur domination grâce à leurs armes d'une technologie avancée et très puissante. Nombre de Terriens devinrent alors des esclaves dédiés exclusivement à leur service. C'est alors qu'ils implantèrent sur Terre nombre d'espèces animales importées d'autres planètes, afin de mener de nouvelles recherches génétiques couplées à des opérations de clonage. Ce furent des monstres féroces qui sortirent cette fois de leurs laboratoires, qu'ils ne trouvèrent rien de mieux que de confronter aux humains dans le cadre de jeux sanglants ressemblant fort aux jeux du cirque de l'antiquité. Ceux de Maldek poursuivirent d'autres expérimentations toutes aussi tragiques sur les humains afin de tester leur degré de résistance, notamment avec des gaz toxiques et des souches de virus qui, en provoquant des épidémies catastrophiques, décimèrent alors nombre de nations terriennes.

Ces Maldékiens devenus Terriens, de même que leur descendance, finirent ainsi par oublier définitivement les lois universelles, dont la plus essentielle touchant au respect de la vie. D'après Lya, leurs scientifiques s'étaient regroupés au centre du continent unique qui existait à l'époque, plus précisément dans une ville édifiée en son centre, nommée Atlantis. Grâce à l'énergie des étoiles, il leur était possible de faire voyager de grands vaisseaux sur de très longues distances. Malheureusement, ils décidèrent à un moment d'expérimenter sur une autre source d'énergie, à savoir l'antimatière. Lya dira qu'après des années d'expériences diverses, ils orientèrent leurs recherches *« sur le pouvoir magnétique qui produit la vie, devinant que l'antimatière et l'anti-magnétisme étaient liés »*, tout en ajoutant *« qu'ils voulaient à la fois dominer la psyché humaine et l'énergie biologique qui anime l'homme, ainsi que la dynamique qui entretient le mouvement des planètes et des étoiles »*. En fait, ces scientifiques originaires de Maldek n'avaient d'autre but que celui d'atteindre la puissance suprême, en s'arrogeant la capacité de créer et de diriger le processus de la vie physique, et mieux encore, en contrôlant le mouvement des planètes du système solaire et leurs orbites. Et le plus grave, déplorera Lya, c'est qu'ils y seraient finalement parvenus.

Elle révélera ainsi au Professeur Hernandez que ces sombres personnages finirent par mettre au point une arme redoutable, capable de transformer les corps physiques en antimatière. En fait, cette arme tuait le corps physique dont l'essence énergétique subsistait toutefois. La stellaire révélera que cette essence énergétique si précieuse n'était autre qu'une puissante énergie mentale, en l'occurrence celle *« qui retient la plus grande part de la vitalité et la mémoire et peut persister pendant des siècles »*. En perfectionnant cette arme terrifiante, ces monstrueux scientifiques parvinrent à créer au final l'arme diabolique par excellence, capable d'éradiquer toute forme de vie, mais aussi d'annihiler l'énergie psychique et spirituelle des humains. Ils ne se limitèrent pas à cela puisqu'ils s'attaquèrent également aux animaux et aux végétaux qui devinrent à leurs yeux des cibles parfaites. Cette arme détectait même la respiration et l'expiration des végétaux, précisera Lya. Elle possédait un *« réacteur antinucléaire et anti-énergie »* et agissait par désintégration des molécules. Elle était aussi à la fois *« un déstabilisateur magnétique et une force neutralisant ou captant l'énergie de toute nature »*.

La stellaire dira encore que ces armes diaboliques, lorsqu'elles étaient utilisées à des fins pacifiques, pouvaient cependant avoir un tout autre usage et même être bénéfiques. Ainsi, nombre de civilisations très évoluées les avaient utilisées, notamment pour rectifier les orbites de planètes en difficultés ou pour énergiser certains mondes. Hélas, ces scientifiques terriens originaires de Maldek, aussi orgueilleux que mal intentionnés, avaient pris le parti d'en faire le plus mauvais usage, persuadés qu'ils se trouvaient à l'abri des représailles qu'auraient pu déclencher à leur encontre, de grandes civilisations d'un haut niveau d'évolution. Ils pensaient en effet que puisque ces civilisations évoluaient dans d'autres parties très éloignées de la galaxie, elles ne s'apercevraient certainement pas des monstrueuses expériences qu'ils menaient alors dans notre système solaire. Ce sera en effet le cas dans un premier temps, jusqu'à ce que la situation dégénère.

La disparition de la planète Maldek

D'après Lya, ce seraient en fait les habitants de la planète Maldek qui auraient fini par s'inquiéter des comportements déviants de ces terrifiants scientifiques d'Atlantis. Ils se seraient en effet sentis responsables de ce qui était en train de se dérouler sur la Terre, puisque ces monstres étaient originaires de leur planète. Ils leur envoyèrent donc des émissaires afin de leur demander de mettre fin à leurs projets et à leurs expériences. Mais quand leur délégation se présenta, il était déjà trop tard, l'arme diabolique existait déjà et ceux d'Atlantis refusèrent tout compromis. C'est ainsi que la planète Maldek leur déclara la guerre, une guerre qui dura une année. Les belligérants s'affrontèrent à coups d'armes thermonucléaires jusqu'à ce que les scientifiques d'Atlantis décident finalement d'user de leur arme fatale. Maldek essuya alors son tir de plein fouet et perdit dans l'instant l'essentiel de son champ magnétique. Ce fut si violent que son orbite en fût déstabilisée.

Avant de quitter leur planète à l'agonie, les habitants de Maldek décidèrent de répliquer en usant d'une arme tout aussi puissante. Ils visèrent la cité d'Atlantis et c'est ainsi que certains territoires de ce continent, ravagés par ce tir, s'enfoncèrent sous les eaux en une seule nuit. L'écorce terrestre se fendit et au cours des siècles qui suivirent, les parties du continent scindé en deux s'éloignèrent l'une de l'autre. Au fil du temps, elles se fracturèrent peu à peu pour former d'autres continents. Cette terrible catastrophe aurait provoqué un terrible déluge qui aurait affecté pour très longtemps la Terre. D'après Lya, l'arme redoutable des scientifiques d'Atlantis qui, à l'origine, était protégée dans les entrailles d'une gigantesque pyramide, aurait coulé tout au fond de l'Océan Atlantique et se trouverait actuellement située dans la fameuse zone de Bimini. Elle serait toujours active même si son énergie est aujourd'hui considérablement affaiblie. Serait-elle la cause des anomalies électromagnétiques qui affectent ponctuellement le Triangle des Bermudes ?

À la suite de cette catastrophe majeure, les survivants de Maldek seront finalement secourus par de grandes civilisations de la galaxie, qui les aideront à survivre sur d'autres planètes. Quant à leur planète blessée et soudain devenue folle, elle finira par sortir de son orbite pour aller heurter d'abord Mars, puis Jupiter. Le Professeur Hernandez apprendra de Lya que ce qu'il en restait aurait fini par heurter la Terre, dont l'axe aurait alors terriblement vacillé sous le monstrueux choc avant de s'incliner dangereusement. En frappant de plein fouet la Terre, les restes de Maldek auraient explosé et une pluie de ses énormes fragments aurait arrosé les planètes les plus proches. Certains de ces débris se trouveraient encore dans les anneaux de Saturne et les plus gros formeraient la ceinture d'astéroïdes située entre Mars et Jupiter.

D'après l'Andromédienne, ce serait des stellaires Pléiadiens qui se seraient cette fois portés au secours de la Terre, afin qu'elle ne connaisse pas à son tour le funeste sort de Maldek. Grâce à de puissants faisceaux d'énergie condensée, ils auraient peu à peu réussi à rétablir la planète meurtrie sur son orbite. Hélas, ceci ne suffisant pas, ils seraient partis à la recherche d'un petit planétoïde afin de le placer en orbite autour d'elle, dans l'espoir de la stabiliser sur son axe. Ce petit planétoïde aurait été ramené depuis un autre système stellaire. Il se serait agi d'une petite planète en fin de vie, sur laquelle le phénomène de photosynthèse n'était pas encore tout à fait éteint. Lya dira que du fait de leur technologie très avancée, l'opération avait été relativement aisée à accomplir pour les Pléiadiens, en soulignant que les Andromédiens de cette époque avaient alors été éblouis par leur science.

Cette petite planète à l'agonie, qui serait notre Lune actuelle, aurait ainsi permis de rétablir l'équilibre de l'axe de la Terre, sans toutefois que cette stabilité ne soit encore totale actuellement. Lya ajoutera qu'elle aurait eu également la propriété d'absorber comme une éponge l'excès d'énergie de notre Terre, découlant à la fois de sa collision avec Maldek mais aussi de son rapprochement vers le soleil. De nos jours, la Lune continuerait d'ailleurs encore à absorber l'énergie en surcharge provenant des explosions solaires, mais également des explosions nucléaires. Elle aurait en fait la particularité d'absorber toute forme d'énergie, et ainsi de décharger également certains humains de leur trop-plein énergétique tout comme elle en viderait d'autres de leur énergie vitale. Ainsi donc, la Lune serait nécessaire à la survie de la Terre et de tout ce qui y prospère.

Il semblerait aussi, d'après ce que la stellaire a révélé au Professeur Hernandez, que la planète Mars aurait, elle aussi, bénéficié de la technologie pléiadienne afin de pouvoir rétablir son équilibre mis à mal lors de sa collision avec Maldek. C'est ainsi que ces stellaires issus des Pléiades auraient ramené d'un autre système, deux satellites nommés Phobos et Deimos, qui auraient été placés de chaque côté de Mars afin de la stabiliser définitivement. D'après Lya, ceux-là contiendraient une énergie propre, supérieure à celle de la Lune.

Toujours est-il qu'après quelques errements, la Terre aurait fini par venir se placer sur l'ancienne orbite de Maldek, c'est-à-dire en troisième position dans le système solaire. L'énergie dégagée par le Soleil aurait peu à peu dynamisé ses végétaux et rendu une plus grande vitalité à ses animaux, ainsi qu'aux descendants des Terriens rescapés de la grande catastrophe. Après que tout soit à peu près rentré dans l'ordre, les grandes civilisations galactiques auraient détruit toutes les archives et informations afférentes à l'arme destructrice des scientifiques maudits d'Atlantis, afin qu'elle ne puisse jamais un jour être reconstruite ou réactivée. Par la même occasion, malheureusement, les Terriens auraient été sanctionnés et mis à l'écart des civilisations avancées.

Alerte aux Xhumz

Lya révélera encore au Professeur Hernandez qu'il y a environ 6000 ans, des Galactiques technologiquement avancés mais plutôt malveillants, auraient débarqué sur la Terre. Ceux-là n'étaient pas, semble-t-il, des stellaires évolués spirituellement mais plutôt issus d'une civilisation conquérante, ambitieuse et passablement perverse. Il s'agissait d'une race de géants qui se seraient unis avec des Terriennes, dont les enfants n'auraient été autres que les Héros et les Titans de l'antique mythologie. Ces galactiques nommés Xhumz n'auraient pas été des pacificateurs, tant s'en faut, puisqu'ils auraient été à l'origine de graves conflits. Ils ne seraient autres que ces géants évoqués dans la Bible, ainsi que dans nombre de textes très anciens des civilisations du Moyen-Orient.

Lya ajoutera à son récit une confidence valant avertissement, puisqu'elle révélera au Professeur que ces Xhumz reviendraient sporadiquement sur notre planète et que son groupe l'aurait d'ailleurs chargée de l'aviser de leurs intentions d'envahir à nouveau la Terre. Elle ajoutera que ces stellaires nourrissent un profond mépris pour notre science approximative. Spécialisés dans la génétique et dans la création de nouveaux individus, ils auraient déjà sélectionné un certain nombre de Terriens qu'ils auraient clonés et dont les clones seront un jour réintroduits sur la Terre. Ils auraient également inséré des implants chez les Terriens afin de mieux pouvoir les contrôler et les dominer. Ils auraient enfin évalué nos chances de survie, en analysant notamment la stratosphère et la biosphère de notre planète. Plus grave encore, ils auraient transmis aux Terriens des informations permettant des avancées technologiques qui n'auraient fait qu'aggraver l'état de la planète.

Dans les temps anciens, après s'être fait passer pour des dieux et avoir violé des Terriennes, ils auraient exterminé nombre de Terriens, selon un processus consistant à aspirer l'hydrogène de leurs corps. Le reste de la population de la planète aurait ensuite été réduit en esclavage. À cette époque, celle-ci était redevenue paradisiaque et d'une grande richesse d'un point de vue minéral, végétal et animal, ce qui aurait peut-être attisé la convoitise de ces envahisseurs stellaires. Toujours est-il que depuis, leur emprise sur notre civilisation serait toujours effective et qu'ils n'auraient de cesse d'effacer de nos cerveaux et de nos mémoires, tous sentiments pouvant constituer des obstacles à leur puissance. Ils connaîtraient parfaitement toutes nos failles et tous nos points de vulnérabilité, de même que nos altérations génétiques. Dénués de compassion et de pitié, ils auraient fait savoir officiellement aux autres civilisations galactiques que puisque les Terriens ont choisi le chemin de l'autodestruction, autant les amener à accélérer le processus, en accroissant leur agressivité naturelle et leur propension à la violence. D'après Lya, ils attendraient que ceux de la Terre se soient entre-tués et qu'il n'y ait plus que quelques poignées de survivants sur leur planète pour en prendre possession et s'y installer définitivement. Ces dangereux Xhumz seraient originaires d'un système solaire situé à plus d'une centaine d'années-lumière de notre Terre. Ils n'utiliseraient pas l'énergie atomique pour soumettre leurs ennemis. Pour terminer, Lya précisera qu'ils domineraient tous les gouvernements terriens depuis 1914 et qu'ils seraient repérables par leur sang, différent de celui des humains de la Terre.

Comme l'on peut s'en douter, cette révélation va notablement atterrer le Professeur Hernandez. Il va demander à l'Andromédienne s'il serait possible de divulguer à ses congénères le moyen d'échapper à leur emprise et au funeste destin qui les attend. Elle se bornera à répondre que si les Terriens se décident enfin à respecter les Lois de la Vie, des civilisations évoluées viendront alors leur apporter leur aide. Elle ajoutera encore que ces Xhumz qui sont des êtres dotés d'un orgueil sans égal, ne tirent satisfaction que d'une victoire absolue et qu'ils ne supportent en aucun cas l'opposition. Ainsi donc, si un groupe de Terriens très déterminés s'avisait de contrer leurs plans et de leur barrer la route en leur compliquant la tâche, cela suffirait à les faire reculer.

Elle terminera en disant regretter que les humains de la Terre aient hérité de cette inévitable et fâcheuse tendance à la destruction et qu'il serait peut-être enfin temps pour eux, qu'ils se centrent davantage sur la vie plutôt que sur la mort: le moment serait venu qu'ils réalisent enfin que leur grand défi n'est rien d'autre que la survie de leur propre espèce. Pour cela, ils devront mettre un terme définitif à leurs conflits incessants et s'ils le décident, seulement et alors seulement, les grandes civilisations viendront à leur secours et restaureront à ce moment la magnificence perdue de leur ADN humain.

L'enquête

Zitha Rodriguez Montiel, une ufologue réputée au Mexique a enquêté sur le cas surprenant du Professeur Hernandez et a même eu la chance de le rencontrer à plusieurs reprises, comme de recevoir aussi quelques lettres de lui. Alors qu'elle écrivait un livre sur les séismes, elle l'avait croisé fortuitement dans les locaux de l'Institut de l'Énergie Nucléaire où elle cherchait à rencontrer un autre scientifique, spécialiste de la sismologie de l'Université de Mexico. Sur la carte de visite qu'elle avait remise à la secrétaire, figurait sa qualité de Directrice de la revue Ovni. Le Professeur Hernandez qui était présent à ce moment, l'avait remarqué et avait commencé de lui poser des questions sur les ovnis, avant de lui fixer un rendez-vous.

Elle l'avait ainsi rencontré pour la première fois en 1979, dans son bureau de l'université, où il occupait à cette époque de très hautes fonctions et participait à de nombreux colloques mondiaux sur l'énergie nucléaire. Au début de leur entretien, il avait commencé par la regarder fixement comme s'il voulait connaître le fond de ses pensées dira-t-elle. Et alors qu'elle s'apprêtait à lui poser des questions, c'est l'inverse qui s'était en fait produit et lui, qui l'avait bombardée de ses questions. Il lui avait d'abord demandé si elle croyait aux ovnis, puis si elle connaissait des personnes qui en avaient vu.

Enfin, si elle avait eu affaire à quelqu'un qui avait voyagé à bord de l'un d'eux.

Après qu'elle ait précisément répondu à toutes ses interrogations, il s'était levé d'un bond, avait allumé nerveusement une cigarette avant de donner un grand coup de poing sur son bureau. Puis d'une traite il avait lâché nerveusement: *« J'ai voyagé dans un vaisseau et me suis lié d'amitié avec une femme disant venir du système galactique d'Andromède. Au début, je n'y croyais pas. Pas du tout même... »*. Prétextant avoir beaucoup à faire, il n'en avait pas dit davantage ce jour-là et lui avait fixé un autre rendez-vous pour la semaine suivante.

C'est en fait au cours de ce nouvel entretien qu'il se montrera un peu plus loquace et qu'il lui remettra aussi une partie du journal relatant son incroyable aventure. La journaliste ufologue lui demandera s'il serait d'accord pour que son histoire puisse faire l'objet d'un livre. À sa grande déception, il répondra que son travail ne servira pas à grand-chose, puisqu'à l'évidence, personne ne le croira. Il ajoutera encore que, vu sa position, la chose pourrait aussi se montrer délicate, ce d'autant que certains de ses enfants travaillent dans des services gouvernementaux.

Zitha Rodriguez Montiel se limitera donc à prendre quelques notes et emportera le journal. Passionnée par la richesse de son témoignage, elle commencera tout de même à rédiger les premiers chapitres d'un livre. Ils se reverront et il lui avouera avec tristesse, qu'à certains moments, il perd le fil avec la réalité et se demande ce qui est en train de lui arriver. Lorsque quelque temps plus tard, elle lui fera lire ce qu'elle a commencé d'écrire, il éclatera en sanglots. L'ufologue dira que ce n'était pas de peur, mais de soulagement et de bonheur d'avoir pu se confier à quelqu'un qui le comprendrait enfin. Il lui avouera avoir tenté de parler à des amis, en évoquant son histoire comme étant celle arrivée à quelqu'un d'autre. Dans le meilleur des cas, il s'était malheureusement heurté à un mur d'incrédulité et la plupart du temps, à une fin de non-recevoir absolument catégorique. Il n'avait donc pas insisté.

En cette même année 1979, Zitha Rodriguez Montiel va d'abord publier un article de trois pages dans une revue spécialisée, sous le titre *« J'ai voyagé dans un ovni »*. Bien entendu, le nom du célèbre professeur sera remplacé par un pseudonyme. Ils auront encore d'autres échanges par la suite. Un jour, il lui dira ainsi avoir tenté de photographier Lya à diverses reprises, mais que hélas, tous ses clichés se sont toujours avérés flous. Il remettra tout de même l'un d'eux à l'ufologue, sur lequel on aperçoit clairement une forme humaine faite d'énergie lumineuse. Dans sa lettre d'envoi, il lui demandera de la conserver précieusement, car elle constitue l'unique preuve dont il dispose. À ce stade, il lui donnera évidemment son accord pour qu'elle publie le livre relatant son histoire et il insistera souvent pour que l'avertissement donné par Lya aux Terriens soit écrit de manière très explicite, afin qu'il soit bien compris.

Puis un jour ce sera le silence. Très inquiète, Zitha Rodriguez Montiel aura l'idée de faire paraître à diverses reprises une annonce codée dans divers journaux qui disait: *« Lya est arrivée d'Inxtria. Rappelez d'urgence Zitha »*. Comme cela ne donnera rien, elle finira par se rendre à son domicile de Tecamalchaco dans le courant de l'année 1982, pour finalement apprendre que sa maison a été vendue. Elle arrivera tout de même à avoir un entretien avec son épouse qui ne se montrera pas très loquace et particulièrement hostile à cette histoire d'extraterrestres dont elle lui dira n'avoir jamais cru un mot. Elle se contentera de déclarer qu'à un moment, il a commencé à ne plus être présent au domicile conjugal, ce qui l'aurait alors persuadée de ce qu'il entretenait une liaison. Finalement, elle aurait souhaité leur séparation et c'est ainsi qu'il aurait déménagé pour Cuentla. Zitha Rodriguez Montiel dira de l'épouse du Professeur qu'elle était une femme obsessionnellement jalouse, persuadée de ce que son mari la trompait ouvertement et que rien n'aurait pu la faire dévier de sa conviction.

Sans se décourager, elle poursuivra ses recherches et finira par avoir connaissance de l'hospitalisation du Professeur Hernandez en 1982, en raison d'une très grave brûlure au genou. Elle apprendra qu'après qu'il ait expliqué au personnel hospitalier qu'il s'était brûlé en descendant d'une soucoupe volante, il aurait été interné dans l'unité psychiatrique de l'hôpital, en fait sur la demande expresse de son épouse.

Toutefois, l'ufologue aura vent de ce que sa blessure aurait guéri à une rapidité déconcertante et que les tests des psychiatres auraient révélé qu'il était parfaitement sain d'esprit et ne souffrait donc d'aucune pathologie psychiatrique.

Ce n'est qu'après quatre mois dans le service de psychiatrie, qu'il sera enfin relâché. Il reviendra alors vivre sous le toit familial. Sa famille dira qu'il n'était alors plus le même homme et qu'au fil des jours, il devenait de plus en plus renfermé et taciturne. Qu'il continuait aussi parfois à délirer, puisqu'il lui arrivait assez souvent d'évoquer ses rencontres avec les stellaires. À chaque fois évidemment, ses interlocuteurs ne pouvaient que sourire de ses récits auxquels ils n'ont jamais cru. Zitha Rodriguez Montiel soutiendra toujours que cet homme brillant et sensible n'avait rien d'un fou et qu'elle l'avait au contraire toujours trouvé très équilibré.

Elle finira par apprendre un jour sa mystérieuse disparition. Deux ans plus tard après sa sortie de l'hôpital, sa famille constatera un matin qu'il a quitté la maison sans prendre quoique ce soit avec lui : ni argent, ni papier ni même sa montre. Quelques personnes l'auraient aperçu un peu plus tard prostré sur un banc, l'air infiniment triste. De ce moment, on ne l'aurait jamais plus revu et les divers policiers et détectives missionnés afin de retrouver sa trace, seraient tous revenus bredouilles et sans le moindre indice. Son épouse aurait été un temps soupçonnée de l'avoir assassiné et longuement interrogée par les services de Police. Finalement l'enquête aurait classé sans suite, faute de preuves et de cadavre. Quand l'ufologue tentera une ultime fois d'interroger Madame Hernandez, afin d'en savoir davantage sur cette histoire d'extraterrestre, celle-ci le prendra, une fois de plus, fort mal et ne voudra rien entendre. Elle lui avouera seulement avoir détruit ses notes et remis le peu qu'il en restait aux services de Police, lors de l'enquête.

Lorsqu'elle évoquera son cas, Zitha Rodriguez Montiel répondra toujours qu'elle nourrit l'espoir que le Professeur H. N. Hernandez ait pu définitivement quitter la Terre avec son amie Lya l'Andromédienne. Elle publiera finalement le livre relatant son histoire. La première édition en espagnol passera relativement inaperçue. C'est en fait la version anglaise qu'elle publiera en 1989, avec la collaboration du célèbre enquêteur américain, Wendelle Stevens, sous le titre « UFO contact from Andromeda », qui fera connaître mondialement l'étrange aventure vécue par ce scientifique de renom.

8.
Ludwig Pallmann
et les êtres d'Itibi-Ra

Né en Allemagne, Ludwig Pallmann va fuir le régime nazi durant la seconde guerre mondiale et partir se réfugier en Angleterre. Une fois la paix revenue, il deviendra un homme d'affaires prospère qui vend des machines dans le secteur de l'agroalimentaire, une activité qui va l'amener à se déplacer aux quatre coins du monde. C'est au cours de l'un de ses voyages d'affaires qu'il va faire une rencontre surprenante qui va marquer sa vie à jamais.

Rencontre avec Satu-Ra

En 1964, Ludwig Pallmann séjourne donc en Inde pour ses affaires. Un jour qu'il se trouve à bord d'un train qui doit le mener jusqu'à Madras, il va se retrouver dans le même compartiment qu'un homme singulier qui attire immédiatement son attention. De taille moyenne et très mince, il a l'apparence d'un eurasien. Sa peau est légèrement hâlée, ses cheveux sont châtains et l'iris de ses yeux est si sombre qu'ils en paraissent presque noirs. Pour autant son regard est bienveillant. Sa façon élégante de croiser ses longues jambes, la coupe parfaite du costume qu'il porte et ses manières raffinées, l'amène à penser que le personnage ne peut être qu'un pur « vestige de l'occupation britannique ».

Leurs regards se croisent parfois et Pallmann ne peut s'empêcher aussi de l'observer à la dérobée. Quelques détails l'intriguent en effet dans son apparence. Il pourrait avoir un beau visage si ce n'était sa bouche un peu trop petite et la partie inférieure de sa mâchoire légèrement déformée. Mais c'est moins cette légère imperfection qu'un autre détail physique qui va intriguer l'homme d'affaires. Il a en effet remarqué que les bouts de chacun de ses doigts sont étrangement protégés par de curieux petits étuis. Et aussi qu'à chaque fois qu'il inspire, ses mains se contractent comme par réflexe. En fait, ses inspirations sont anormalement profondes comme s'il souffrait de troubles respiratoires. Pourtant il semble en bonne santé.

Comme le voyage est interminable, Pallmann va finir par engager la conversation avec lui, après lui avoir offert un verre de whisky. C'est à ce moment qu'il va avoir un autre motif de stupéfaction : quand son interlocuteur s'exprime, sa voix ne semble pas provenir de sa bouche, mais d'un petit appareil épinglé sur son vêtement. Il va aussi remarquer qu'il bute systématiquement sur le premier mot de chaque phrase, qu'il prononce d'ailleurs avec un débit plutôt hésitant. Curieusement pourtant, ce tic de langage ne nuit pas à l'élégance naturelle qu'il dégage. Au cours de leur conversation on ne peut plus banale, l'homme lui dira s'appeler Satu-Ra.

À la tombée de la nuit, le train arrive dans une grande gare où il fait une halte. De la fenêtre du wagon, Pallmann aperçoit avec une certaine tristesse les mendiants en haillons qui se bousculent sur le quai et surtout, toutes ces mains tendues qui quémandent aux voyageurs de l'argent ainsi qu'un peu de nourriture. Satu-Ra s'est levé et Pallmann a pensé alors qu'il partait se dégourdir un peu les jambes. D'ailleurs il est descendu du train. C'est alors qu'il va le voit fendre la foule grouillante des indigents et se diriger droit vers une femme au physique décharné qui se tient un peu en retrait. Sur sa poitrine repose un enfant minuscule aux yeux hagards qui semble souffrir d'une grave malnutrition. L'Allemand va le voir donner une pièce à la femme et glisser discrètement un comprimé entre les lèvres de l'enfant. Ceci fait, il va aussitôt remonter dans le train.

De retour dans le compartiment, Satu-Ra va demander à Pallmann de l'accompagner tout en ajoutant qu'ils ont beaucoup à faire. Sans qu'il ait eu le temps de répondre, il l'a déjà entraîné jusqu'à un wagon bondé de troisième classe. Une fois sur place, il va le voir distribuer des cachets à un groupe d'enfants à qui il donne des recommandations dans une langue inconnue. Puis il va se pencher sur un vieillard prostré, assis à même le sol. À lui aussi, il va remettre l'un de ses cachets, tout en lui faisant signe de le mettre dans sa bouche.

Pallmann n'est pas au bout de ses surprises car il va constater que dès que ces pauvres gens auront avalé le comprimé, ils sembleront presque aussitôt et comme par miracle, reprendre de la vigueur. Quand ils vont se retrouver dans leur compartiment, l'homme d'affaires s'abstiendra de tout commentaire et son étrange compagnon ne dira mot sur ce qui vient de se passer. Mieux encore, il restera muet durant le reste du voyage, comme perdu dans ses pensées.

Au bout de quelques heures, le train finira enfin par arriver en gare de Madras. Le moment des adieux est donc arrivé. Avant de la quitter, Pallmann qui se pose plus que jamais des questions sur son mystérieux compagnon de voyage va se risquer à lui demander d'où il vient. Celui-ci va lui répondre alors d'une voix tranquille qu'il est originaire de Cotosoti. Pallmann est intrigué et interroge. Ne serait-ce pas une ville d'Amérique Centrale ? Avec le même ton paisible, Satu-Ra va rétorquer par la négative, en précisant que Cotosoti se trouve sur Itibi Ra II. Pallmann qui a pas mal bourlingué dans sa vie reste interloqué et se demande s'il n'est pas en train de se moquer de lui. Mais toujours aussi imperturbable, Satu-Ra qui semble avoir lu dans ses pensées, secoue la tête en signe de dénégation. Pallmann insiste et demande des précisions. Satu-Ra va alors pointer un doigt vers le ciel en direction de l'est sans pour autant faire d'autre commentaire. Il n'en saura donc pas davantage. Quelques instants plus tard, en voyant l'étrange personnage s'éloigner sur le quai, il se demandera vraiment à qui il a bien pu avoir à faire.

L'invitation de Satu-Ra

Ludwig Pallmann s'est installé dans l'un des luxueux palaces de la ville. Dans les heures qui vont suivre, un Indien très distingué va venir frapper à sa porte. L'homme lui apporte une invitation de Satu-Ra pour le lendemain matin. Le voilà bien troublé car tout de même, comment a-t-il su qu'il se trouvait dans cet endroit puisqu'il ne lui en a rien dit ? Fort intrigué, il va donc se rendre au rendez-vous, à l'endroit indiqué. Il s'agit d'une belle demeure qui abrite une luxueuse galerie d'art. Manifestement heureux de le voir arriver, Satu-Ra l'y accueille chaleureusement tout en le remerciant d'avoir accepté son invitation. Puis il va lui proposer une visite de la galerie car il souhaite lui montrer certaines œuvres.

Celle vers laquelle il l'entraîne représente le Dieu Vischnu. Aussitôt, il lui fait remarquer à l'arrière-plan les représentations d'étranges engins qui évoluent dans le ciel et lui explique qu'il s'agit de vaisseaux cosmiques, ceux-là mêmes dont les générations précédentes ont pu observer les atterrissages. Il a beau avoir l'air convaincu de ce qu'il affirme, son discours plonge Pallmann dans un abîme de perplexité. Autant le dire, il n'a jamais entendu parler de telles choses et le sujet lui échappe. Comme il se pose la question de savoir où Satu-Ra veut en venir en lui tenant des propos aussi extravagants - alors que par ailleurs il lui fait l'effet d'être on ne peut plus sérieux - il va se risquer à poser quelques questions. Après tout, il est un homme d'affaires et se doit donc de réagir en tant que tel. Il lui demande donc si par hasard il n'aurait pas dans l'idée de lui vendre quelque chose. S'il s'agit bien de cela, la méthode employée pour ce faire est pour le moins originale ! En souriant, Satu-Ra répondra qu'il n'est absolument pas dans ses intentions de lui vendre quoique ce soit mais une fois de plus, il n'en dira pas davantage. Ils passeront tout de même un agréable moment ensemble à discuter de choses et d'autres, durant lequel Pallmann ne se privera pas de l'observer dans le détail car autant le dire, le personnage l'intrigue de plus en plus.

Avant de lui faire ses adieux, il va évoquer son prochain départ pour le Cachemire qui doit s'achever à Bénarès, après un détour par Calcutta. À sa grande surprise Satu-Ra va répliquer que puisqu'il en est ainsi, eh bien ils se retrouveront alors à Bénarès. Et sur ces entrefaites, il va lui présenter une curieuse bague en or, sertie d'un éclat de métal scintillant comme un diamant. En la lui déposant au creux de sa main, il va lui annoncer que l'anneau lui signalera sa présence là-bas tout en ajoutant qu'il s'agit d'un bijou très ancien, symbole d'une religion humaine très proche de celle de la sienne.

Bénarès

À son arrivée à Bénarès, Pallmann, comme à son habitude, a pris ses quartiers dans l'un de ces hôtels luxueux et raffinés dont l'Inde a le secret. Le jour même, alors qu'il goûte la fraîcheur du soir dans les jardins de son palace, il remarque soudain que la bague de Satu-Ra qu'il porte à son doigt se met à briller étrangement. Pensant qu'il s'agit d'un reflet lumineux qui la fait ainsi scintiller, il remue la main en tous sens mais le cabochon continue de briller de mille feux. Il en est à se dire qu'il ne peut s'agir d'un simple reflet que voilà que sa luminosité s'intensifie encore. C'est alors que l'image de Satu-Ra va lui venir à l'esprit, très nette, comme si elle avait été projetée dans son cerveau. Le voilà bien troublé et à se demander ce qui se passe.

C'est peu après vers 21 heures 30 que Satu-Ra va faire son apparition. Pallmann est très heureux de le revoir car le moins que l'on puisse dire, c'est qu'avec lui on ne s'ennuie jamais. Les deux hommes vont se lancer dans une grande conversation sur des sujets variés. Ce sera l'occasion pour Pallmann de constater que son interlocuteur ne manque pas d'humour mais aussi, qu'il s'exprime dans un espagnol parfait quand il s'adresse à lui dans cette langue. Cependant, ce qui va l'ébranler au plus haut point, c'est sa voix qui, quoique d'une sonorité ordinaire, a l'étrange faculté de pénétrer au coeur des mots et de provoquer des émotions. Des années plus tard, il écrira ainsi: *« Quand il parlait de la douleur, il m'arrivait de tressaillir. S'il parlait d'amour, j'étais envahi par une sensation très douce. C'était difficile à expli-*

quer. Le gadget donnait une nouvelle dimension, une subtilité inconnue à sa voix… »

À un moment, il va lui présenter les photos des temples qu'il a visités au Cachemire que Satu-Ra va commenter. Bien sûr qu'il connaît ces temples. Mais au fur et à mesure qu'il examine les clichés, Pallmann constate que son visage affiche une expression de tristesse. En lui restituant ses clichés, il dira avec une pointe d'amertume que la religion est aveugle, tout comme l'amour.

Xiti

Alors qu'ils sont toujours en train de converser, Satu-Ra lui demande tout à coup s'il lui serait agréable de faire la connaissance de sa sœur Xiti. Pallmann acquiesce aussitôt et se montre même enchanté. C'est alors qu'à sa grande surprise, il va le voir tomber dans une sorte de transe. Son visage s'est transformé dans l'instant : sa mâchoire s'est crispée, ses pupilles se sont dilatées et pour finir, son regard est devenu affreusement vide. Il dira que c'était comme si l'on avait appuyé sur un bouton pour éteindre la lumière de ce regard. Sidéré, il s'apprête à réagir, mais il n'en aura pas le temps car aussitôt le stellaire va reprendre la conversation, comme si rien n'était arrivé.

À peine, le serveur auquel il a commandé deux scotches aura-t-il tourné les talons, que l'homme d'affaires va voir apparaître une femme particulièrement séduisante qui s'avance vers leur table en souriant. Semblant provenir d'une partie de la salle qui s'est brièvement éclairée d'une lumière intense, elle s'est comme brusquement matérialisée sous leurs yeux. Les mots lui manquent devant l'apparition peu banale et soudaine de cette beauté ! Satu-Ra, lui, ne semble pas surpris le moins du monde et s'empresse de faire les présentations. Pour Pallmann le choc est violent puisqu'il tombe inexplicablement foudroyé par l'irrépressible attirance qu'il éprouve soudainement pour elle.

Xiti est vêtue d'une somptueuse robe de soirée qui épouse ses formes parfaites et chaussée de sandales dorées. Un voile orange de soie légère recouvre ses cheveux. Même si elle porte une tenue un peu orientale, elle n'en a pas pour autant le type physique. Comme son frère, elle a une démarche glissante et des gestes harmonieux. Il remarque d'ailleurs immédiatement que tous deux se ressemblent de façon frappante. Ils ont en commun cette même légère déformation au menton et ce regard charmeur qui dégage par ailleurs une autorité inexprimable. Ses mouvements sont si gracieux qu'il en reste bouleversé.

Quand elle s'adresse à lui, elle le regarde droit dans les yeux avec une grande franchise. Pallmann remarque qu'elle s'exprime exactement de la même façon que son frère. Sa voix provient en effet d'un ravissant médaillon qu'elle porte autour du cou, le son étant parfaitement synchrone avec le mouvement de ses lèvres. Inutile de dire que cette technologie qu'ils utilisent pour s'exprimer intrigue beaucoup Pallmann.

Comme il a remarqué que le frère et la sœur maîtrisaient parfaitement la langue espagnole classique, l'idée surprenante va lui prendre de se livrer à un petit test. Il va ainsi décider s'exprimer dans un espagnol un peu différent, d'abord avec l'accent péruvien puis avec l'accent castillan. L'effet va être pour le moins inattendu puisqu'il va aussitôt constater qu'une sorte d'agitation les prend à chaque fois qu'il change d'accent. En même temps, leurs regards affichent également une formidable surprise, tandis qu'il perçoit la forte activité mentale qui semble les affecter. Ils vont d'ailleurs immédiatement repasser à l'anglais et poursuivre la conversation comme si de rien n'était. Pallmann en déduira qu'ils ne sont pas vraiment polyglottes et que leurs gadgets les contraignent finalement à certaines limites.

L'enfer de la souffrance humaine

Le lendemain de cette soirée mémorable, alors que Pallmann se promène tranquillement sur les bords du Gange, Satu-Ra va surgir inopinément à ses côtés. Le voilà bien surpris puisqu'il ne l'a pas vu arriver au milieu de la foule dense qui se presse autour de lui. Il se demande comment il a pu le retrouver.

Sans transition, Satu-Ra va le prendre par le bras et l'entraîner au monastère de Ramakrishna. Là-bas, ils vont croiser des Intouchables avec lesquels le stellaire semble parfaitement à l'aise. Puis il va l'emmener dans une sorte de mouroir où des hommes, des femmes et des enfants vivent malheureusement leurs derniers instants. À sa grande stupeur, Pallmann va le voir s'occuper d'eux avec une immense compassion. Une grande émotion le gagnera aussi quand il le verra consoler et laver avec la plus grande douceur, un petit enfant dont la mère vient juste de rendre l'âme.

Peu après, Xiti, vêtue d'un élégant sari vert, va faire son apparition. Elle aussi, va se mettre à dispenser des soins à des mourants et à des enfants en détresse, avec la même compassion que son frère. Pallmann la verra ainsi appliquer un onguent sur les blessures d'une petite fille qui va aussitôt cesser de pleurer et se mettre à sourire. Apparemment cet onguent semble produire les mêmes effets que les cachets que son frère avait distribués dans le train qui les menait à Madras.

Le soir même, alors que Xiti les a quittés, Satu-Ra va lui proposer de l'emmener visiter les « Enfants de Dieu », autrement dit le crématorium des plus pauvres situé sur les rives du Gange. De nouveau intrigué, Pallmann accepte. Arrivé au bord du fleuve, il aperçoit les flammes monstrueuses d'une quarantaine de grands feux funéraires qui consument des corps d'enfants à la chaîne. Tout autour d'eux, des individus se pressent pour ramasser les membres de ces petits enfants morts qui tombent des brasiers, qu'ils s'empressent de rejeter dans la fournaise. Ce spectacle épouvantable chavire Pallmann. Il réfléchit à la vie si brève de ces petits qui n'a finalement été que souffrance et désespoir.

Sur le chemin du retour à son hôtel, escorté d'un Satu-Ra silencieux, il est désormais convaincu de ce que lui et sa sœur Xiti ne sont vraiment pas des humains ordinaires. Même s'il a encore du mal à y croire, il se demande maintenant si ces deux-là ne viendraient pas effectivement de cette autre planète que Satu-Ra nomme Itibi-Ra. Jusqu'ici, il n'y prêtait qu'une oreille distraite lorsqu'il y faisait allusion au fil de leurs conversations, mais désormais tout est bien différent. Ainsi qu'il l'écrira plus tard, *« après ce moment de vérité, j'étais prêt à prendre tout ce qu'il me disait pour parole d'évangile… »*. Dès ce jour, ils vont se rencontrer régulièrement car Pallmann a soif d'en savoir davantage et surtout aussi d'apprendre.

Satu-Ra s'exprime sur ses particularités physiques

Un détail intrigue énormément Pallmann: lorsque Satu-Ra sourit, il n'aperçoit jamais ses dents. Il s'est souvent demandé si cela venait d'une conformité différente de sa mâchoire qui faisait que ses lèvres semblaient les recouvrir entièrement. Le stellaire qui a capté sa pensée va lui expliquer qu'au fil d'une longue évolution génétique, les hommes et les femmes d'Itibi-Ra ont progressivement perdu leurs dents car elles ne leur étaient plus vraiment utiles. Cependant, afin de ne pas être trop différents des humains, lorsqu'ils sont sur Terre, ils utilisent une sorte de prothèse qui donne à leurs lèvres un aspect semblable aux leurs. Pallmann a l'air si ébahi qu'il va accepter de se prêter à un examen et ouvrir la bouche afin qu'il puisse l'examiner et comprendre à quoi il fait allusion. C'est ainsi que Pallmann va constater avec surprise que son ami stellaire est doté d'une langue bien plus petite que celle des humains.

Au point où ils en sont, il va aussi lui demander de lui montrer les extrémités de ses doigts recouvertes par des étuis. Il va découvrir alors qu'elles sont rondes, aplaties et dépourvues d'ongles. Satu-Ra expliquera qu'elles sont d'une sensibilité extrême, d'où le port de ces étuis. Ceux-là les protègent de sensations exacerbées qui peuvent s'avérer parfois désagréables. Xiti qui est présente à ce moment, va également ôter ses étuis de doigts et Pallmann va découvrir qu'ils sont un peu différents. Ils sont en effet longs et très fins mais aussi pointus à leurs extrémités. Il est si émerveillé qu'il va les qualifier de « véritables chefs-d'œuvre de la nature » !

Après cette découverte stupéfiante, Pallmann va désormais se montrer d'une curiosité insatiable qui ne manquera d'amuser le frère et la sœur. Ils vont d'ailleurs accepter de répondre avec franchise à toutes les questions qu'il va leur poser. C'est ainsi qu'il va apprendre que leurs doigts ont des fonctions supplémentaires à celles des doigts humains. Leurs terminaisons nerveuses leur permettent en effet d'analyser les sons et même de les entendre. Ils s'en servent aussi pour goûter les saveurs, ce qui leur est fort utile lorsqu'ils effectuent des recherches dans le domaine biologique.

Hélas, son séjour en Inde tire à sa fin et Pallmann doit retourner en Europe, même si au fond de lui il n'en a plus vraiment l'envie. Mais la vie est ainsi faite. Pour se consoler, il se dira que ce voyage peu ordinaire lui aura donné l'occasion peu banale de croiser deux êtres d'exception tels qu'il n'en rencontrera peut-être jamais plus.

L'expertise de la bague de Satu-Ra

Une fois revenu en Europe, la curiosité va le pousser un beau matin, à se rendre chez un joaillier de Zurich, afin de faire expertiser l'étrange bague dont lui a fait cadeau Satu-Ra. En fait, il souhaite en savoir un peu plus sur son origine. Le joaillier qui l'a examinée sous toutes les coutures affiche une perplexité évidente. Il explique que sa gravure semble représenter un motif précolombien qui lui est par ailleurs inconnu et que le travail de l'or est également très particulier. À part cela, il est bien incapable de lui en dire davantage et lui conseille de s'adresser plutôt à un spécialiste. Pallmann va donc la présenter à un expert qui va lui révéler que son bijou peut être attribué aux premières dynasties précolombiennes et qu'il est donc d'une valeur inestimable. Ce qui l'intrigue aussi beaucoup c'est la pierre de métal montée sur son cabochon. Il n'a jamais vu pareille chose de sa vie et pour lui, ce métal est inconnu sur Terre.

Nouveau contact en Amérique du Sud

Les années ont passé et Pallmann commerce de plus en plus avec l'Amérique du Sud et l'Amérique Centrale. Lors de l'un de ses voyages, l'occasion va lui être donnée de croiser un guide autrichien, se disant explorateur à ses heures, qui a roulé sa bosse un peu partout sur le continent sud-américain. Autour d'un verre, celui-là va lui conter une bien curieuse histoire. Il va en effet lui révéler que de l'autre côté de la rivière Yavari, dans la partie amazonienne du Pérou, des explorateurs blancs se sont intégrés depuis un moment à la vie des autochtones de la forêt. D'après l'Autrichien, ces Blancs sont très étranges et leurs mains sont aussi très bizarres. En riant, il va même ajouter qu'elles ne lui paraissent pas très humaines. Inutile de dire que Pallmann qui ne s'attendait absolument pas à ce type de confidence en reste interloqué et qu'il attend impatiemment la suite de son récit.

L'Autrichien, qui est en verve, va alors expliquer que ces curieux Blancs qui parfois racontent de pas drôles de choses et souvent pas mal de bêtises, possèdent aussi de grandes connaissances techniques et technologiques. Il a d'ailleurs pu le vérifier puisqu'un jour, ils lui ont réparé en deux temps trois mouvements l'hélice arrière de son hélicoptère. Il évoquera également leurs connaissances médicales exceptionnelles, en insistant sur le fait qu'ils sont très appréciés pour cela des Indiens de la forêt. Pour l'inciter à poursuivre ses confidences qui commencent à l'intéresser au plus haut point, Pallmann va lui offrir un autre verre. Les effets de l'alcool aidant, le guide va plus que jamais continuer de s'épancher. C'est ainsi qu'il va finir par révéler que parmi ces Blancs peu communs, il y en a un qui a une bouche bizarre dont il précisera que c'était probablement dû aux séquelles d'une fièvre ! En attendant, celui-là s'est montré aussi efficace que les autres, puisqu'un jour qu'il n'était pas dans son assiette, il l'a guéri quasiment en un claquement de doigts. En fait, il s'est contenté de lui donner un comprimé et de lui faire boire un jus de fruit au goût étrange. Il n'empêche que juste après avoir avalé son remède, il s'est senti tout de suite requinqué.

Après avoir descendu quelques verres supplémentaires généreusement offerts par un Pallmann devenu plus que fébrile, l'Autrichien va ajouter qu'il a conseillé à ces Blancs de ne pas rester dans la forêt et de revenir plutôt à la civilisation. À sa grande surprise, non seulement sa suggestion n'a pas eu l'air de les intéresser mais en plus, ils ont éludé le sujet. Cela semblait en fait les déranger d'en discuter. Plus que jamais disert, le guide va encore ajouter qu'il a fini par parler d'eux à des missionnaires, installés sur le côté brésilien de la frontière. Bizarrement, ceux-là l'ont envoyé bouler en lui disant ne pas croire un mot de son histoire, pour la bonne et simple raison qu'aucun homme blanc doté de bon sens, ne s'aventurerait jamais dans cette partie de la forêt infestée d'Indiens cannibales extrêmement dangereux.

Inutile de préciser que Pallmann aura bu du petit lait durant toute la conversation, tout en mourant d'envie de dire à son interlocuteur que ces Blancs bizarres, il les connaissait bien et qu'il savait d'où ils venaient. Pour autant, il ne pipera évidemment pas un mot de son aventure en Inde. Désormais, la seule idée qu'il aura en tête, sera d'en apprendre un peu plus pour tenter de les retrouver. Et comme le hasard fait souvent bien les choses, il n'aura pas besoin de se donner cette peine.

Nouvelle rencontre avec Xiti

Quelque temps plus tard, en 1967, Pallmann se retrouve dans un lit de l'hôpital de la Maison française de Lima afin d'y subir une opération du rein droit. Au préalable, il doit rester trois jours en observation, installé dans une confortable chambre qui ouvre sur un joli jardin. Lors de sa seconde nuit d'hospitalisation, la douleur le taraude terriblement, au point que ça l'empêche de dormir. Alors que dans l'obscurité, il cherche à tâtons la sonnette, ses doigts vont agripper toute autre chose, puisque c'est en fait une main qui va saisir la sienne et la serrer avec affection. La lumière va s'allumer et il va découvrir Xiti aux côtés de son lit qui le contemple avec bienveillance et lui sourit gentiment. Alors que normalement il aurait dû en rester stupéfait, il demeurera curieusement sans réaction. Pour tout dire, il ne se posera même pas de question, comme si la présence de la stellaire à ses côtés était parfaitement naturelle.

Xiti va d'abord lui ôter sa bague dont il découvrira alors, qu'elle émet de la lumière ainsi qu'elle l'avait déjà fait en Inde, ce qu'il n'avait pourtant pas remarqué dans la pénombre. Puis elle va lui faire absorber l'un de ces fameux cachets dont l'effet va évidemment se révéler instantanément miraculeux. Quand elle s'est penchée vers lui, il a constaté que le médaillon qui pendait à son cou émettait, lui aussi, une lumière diffuse. Puis elle va se défaire de ses étuis de doigts. Une fois de plus, Pallmann sera ébloui en contemplant ses doigts effilés danser au-dessus de son visage et de son front. Le traitement singulier qu'elle va lui administrer va se révéler efficace puisqu'en quelques instants, la fièvre comme la douleur ont disparu comme par enchantement. Il est tellement soulagé de ne plus ressentir les atroces douleurs qui lui tordaient le corps depuis des heures que pour la remercier, il va l'embrasser.

Après ce baiser volé qu'elle n'a pas refusé, Xiti a aussitôt ramené son voile sur son visage en lui expliquant que c'est pour se protéger des infections, car elle a l'intention de rester à son chevet tout le reste de la nuit. C'est ainsi que plongés à nouveau dans le noir, ils vont tranquillement deviser à voix basse jusqu'au petit matin. À un moment, elle va évoquer une infirmière de l'hôpital nommée Maria Natividad, qu'elle aurait bien voulu rencontrer. Au grand étonnement de Pallmann, elle va expliquer que quand la jeune femme n'était encore qu'un tout petit bébé, elle avait été secourue par des métisses ainsi que par le guide autrichien qu'il a rencontré quelque temps plus tôt. Cela se passait près de la ville de Pucallpa sur le fleuve Ucayali. Par la suite, l'enfant avait été élevée par des sœurs catholiques, ces mêmes religieuses qui dirigent aujourd'hui l'hôpital où il séjourne actuellement. Sans se préoccuper de la mimique de surprise qu'il a eue en l'entendant évoquer sa rencontre avec le guide, Xiti va poursuivre son récit en expliquant qu'elle et son frère connaissaient bien la mère de cette jeune infirmière, une femme battue qu'ils avaient déjà secourue. Quand elle s'était sentie mieux après avoir reçu leurs soins, ils l'avaient emmenée sur leur planète. Hélas, elle n'avait pu s'adapter à sa nouvelle vie et était morte peu après son arrivée là-bas.

Après cette nuit de confidences et au grand regret de Ludwig Pallmann, Xiti va s'éclipser au petit jour. Avant de le quitter, elle le rassurera en lui disant que désormais tout ira bien pour lui et qu'il ne ressentira plus la moindre douleur. Ce sera si vrai que le matin de l'opération, alors qu'on viendra le chercher pour l'emmener au bloc, les infirmières le trouveront sur pied et tout habillé. Et pour cause, puisqu'il revient d'un petit restaurant chinois situé près de l'hôpital, où il a été avaler en catimini un solide petit-déjeuner ! En apprenant la nouvelle, les médecins sont horrifiés et le prennent pour un fou, d'autant plus qu'il leur déclare qu'il n'a plus besoin de leur opération en clamant qu'il est totalement guéri. Il va d'ailleurs insister pour signer une décharge en leur signifiant qu'il veut reprendre sa liberté sur-le-champ. Les médecins n'en croient évidemment pas mot et pourtant ils sont troublés. Force est de constater en effet que leur patient a l'air de se porter comme un charme. Après discussion, ils vont finir par accepter sa requête, mais à la condition qu'il subisse quelques examens qui devraient permettre de vérifier si tout va aussi bien qu'il le prétend. Qu'à cela ne tienne, Pallmann est évidemment d'accord. Et à la grande surprise du corps médical, les résultats de ces examens vont effectivement se révéler excellents : il ne souffre plus en effet de la moindre pathologie rénale !

Avant de quitter l'établissement, Pallmann va demander à une religieuse s'il lui serait possible de rencontrer l'infirmière Maria Natividad. Comme la permission lui en a été accordée, il la verra un moment plus tard. Mais dès qu'il lui révélera avoir été mis au courant de son histoire par Xiti et lui dira qu'elle aimerait bien la revoir, la jeune infirmière éclatera en sanglots. Dès cet instant, il ne parviendra plus à lui faire prononcer la moindre parole et repartira de ce tête-à-tête, en se sentant un peu coupable de l'avoir tourmentée inutilement. Un peu déçu aussi peut-être, car il espérait bien en savoir un peu plus sur ses amis stellaires…

Quand l'amour frappe à la porte…

Après sa sortie de l'hôpital, Ludwig Pallmann va aller s'installer dans l'un des luxueux hôtels de Lima. À peine arrivé, il va revoir Xiti qui lui a fixé rendez-vous dans un bar feutré d'un autre palace de la ville. L'arrivée de la jeune stellaire va d'ailleurs faire son petit effet, tant auprès des clients que du personnel. Elle est en effet très élégamment vêtue mais sa tête est aussi recouverte d'un long voile bleu, ce qui dénote un peu et ne manque pas d'intriguer. Autant le dire, leurs retrouvailles se passeront si bien qu'ils vont rapidement devenir amants. Et cette proximité sentimentale avec Xiti va évidemment permettre à Pallmann de connaître enfin et beaucoup mieux ses mystérieux Visiteurs venus d'Itibi-Ra.

Il va ainsi apprendre que Xiti est reliée aux perceptions mentales et spirituelles de son peuple, par ce qu'elle nomme « amat mayna » ou « science de l'âme » et qu'elle est télépathe. Elle lui révélera également avoir la capacité d'influencer les pensées en cas de danger, de même que quand les circonstances l'exigent. Pallmann va rapidement découvrir aussi, et non sans surprise, qu'elle raffole de musique. Plus d'une fois en effet, il verra son visage refléter un incroyable ravissement lorsqu'elle écoutera de la musique colombienne dans un magasin de disques. Elle le surprendra parfois d'une autre manière, comme ce jour où elle lui demandera d'aller changer quelques lingots d'or magnifiquement sculptés, contre de la monnaie locale. Il s'interrogera toujours sur la façon dont elle a pu se procurer de tels trésors. Quant aux employés du bureau de change, ils se contenteront d'ouvrir des yeux ronds sans poser de question et accepteront sans difficultés de réaliser l'opération de change.

Un petit tour en soucoupe

Un beau matin Xiti semble toute joyeuse et annonce à Pallmann que Satu-Ra aimerait bien le revoir. Rendez-vous sera fixé à Huancayo, une ville des Andes du Pérou située à 200 kilomètres de Lima. Le couple arrive à la gare le 17 février 1967 où une surprise de taille attend Pallmann. Il découvre en effet un Satu-Ra métamorphosé : vêtu de vêtements de laine brune superposés, il ressemble à s'y méprendre aux autochtones amérindiens locaux. Un taxi les amènera hors de la ville jusqu'aux abords d'un lac paisible, sa malle bourrée à craquer des valises de Xiti emplie de livres et de disques.

Un moment plus tard, Pallmann va apercevoir pour la première fois de sa vie un disque volant en sustentation au-dessus des flots. Comme il ne s'attendait pas à cela, le voilà en émoi. On le serait à moins ! Dans un vacarme intolérable, le disque jusque-là immobile va soudain se déplacer en glissant lentement au-dessus du lac pour aller rejoindre la rive où ils patientent. Puis, il va s'immobiliser près d'eux et une trappe va s'ouvrir. À ce moment, le bruit va encore s'amplifier. Pallmann évoquera une sorte de mécanisme qu'il comparera à un doigt de géant, qui va alors s'emparer d'eux et les déposer en douceur, dans ce qu'il qualifiera de « hall d'accueil antiseptique ».

Sans transition, il se retrouvera immédiatement plongé dans ce qu'il décrira plus tard comme *« une structure cellulaire inconnue, biologique et végétale, décorée de symboles et de motifs ravissants. On aurait dit du polyéthylène en plus doux. Le sol présentait une surface plus résistante qui miroitait sous la lumière tamisée. Dans le plancher étaient incrustés des milliards de nerfs et de vaisseaux sanguins. À l'intérieur du vaisseau, on percevait un discret bourdonnement… »*. On va immédiatement lui demander de se déshabiller entièrement et de plonger dans un bain où il va d'ailleurs s'endormir dans l'instant. Sans trop savoir comment, il se réveillera plus tard, couché dans une sorte de lit suspendu tel un hamac et relié à des sortes de vaisseaux sanguins. Il apprendra qu'il s'agit d'un système médical informatisé et que les examens qu'il a subis au cours de son sommeil sont considérés comme un traitement de préservation de la vic.

Une fois cette « formalité » accomplie, Xiti lui remettra une sorte de kimono dont il devra se vêtir. Ceci fait, elle l'entraînera dans un espace où un déjeuner lui sera servi. Autant le dire, le festin qu'il a sous les yeux ne l'enthousiasme pas vraiment. Il est en effet composé de plantes d'aspect gélatineux impossibles à avaler ainsi que de mets servis dans de petits pots qu'il goûte au hasard en faisant plus ou moins la grimace, ce qui provoquera l'hilarité générale. À un moment, l'épouse de l'un des membres de l'équipage qui semble un peu désolée de sa réaction, voudra lui faire une petite démonstration de ses talents culinaires, en espérant que sa cuisine lui plaira davantage. Ce sera peine perdue car ses plats seront tout aussi immangeables.

Il aura ensuite droit à une visite du vaisseau. Il est un peu surpris car il ne comporte ni pièces, ni portes, ni verrou, alors que ces hôtes évoquent pourtant des espaces d'intimité. À son grand désespoir d'ailleurs, on ne lui montrera pas où se trouvent les toilettes, ce qui va fâcheusement le préoccuper. On l'emmènera en revanche dans la cellule de commandement, qu'ils nomment « Yano » ce qui signifie l'œil, en lui expliquant qu'elle fait partie de la structure biologique du vaisseau, lequel pourrait être comparé à un grand corps. Cette unité centrale de contrôle fonctionne comme une sorte de mémoire activée, en fait tel un cerveau très sophistiqué. On lui précisera que ce cerveau est connecté à un système géant de cerveaux-générateurs cosmiques, système qui représente lui-même une minuscule partie de l'ordinateur de la grande mémoire de leur planète-mère.

À diverses reprises, les Visiteurs vont encourager Pallmann à leur poser des questions et à donner ses impressions. Ils vont aussi lui présenter une image de leur planète-mère dont ils diront qu'elle est située dans un système solaire localisé près du centre de la galaxie. Puis ils lui communiqueront diverses informations relatives à leur technologie de transport, de même qu'à leurs méthodes de traitement de leur nourriture.

C'est alors qu'il va se retrouver projeté sur Itibi-Ra. Là-bas, il va assister à un concert et aura même le privilège de pénétrer à l'intérieur de certaines maisons, où il sera présenté à leurs occupants. Ces habitations sont pour la plupart, édifiées le long de rivières ou de lacs. Leurs formes sont futuristes et très colorées. Pallmann précisera que ses Visiteurs aiment beaucoup les couleurs, en particulier les couleurs primaires. Il constatera que la couleur orange semble avoir leur préférence sur toutes les autres. L'illusion est telle qu'il a vraiment la sensation de se trouver réellement sur cette planète. Il dira plus tard avoir approché une « société utopique » où tout le monde paraissait heureux. Les jeunes comme les plus âgés étaient souriants et lui semblaient tous en parfaite santé. Il aura d'ailleurs aussi droit à une visite de leurs centres de santé. Sous le contrôle de ce qu'ils nomment « l'œil », il verra les patients attendre sereinement leur tour, sans jamais s'impatienter. Il apprendra à cette occasion que ceux d'Itibi-Ra pratiquent régulièrement des cures d'hydro-thérapie pour rester en bonne santé.

Les stellaires lui expliqueront qu'Itibi-Ra II n'est pas une planète tout à fait comme les autres puisqu'elle est en effet constituée de deux petites planètes satellites. L'une d'elles bat comme un cœur biologique artificiel qui puise son énergie dans celle de sa planète-mère. L'autre planète fonctionne comme une sorte d'usine, dont le cœur est une sorte de pieuvre géante, ouverte et dotée de multiples canaux ainsi que de câbles tentacules qui captent les sources d'énergie. Il apprendra aussi que tous leurs transports cosmiques dépendent de l'énergie dispensée par cette planète usine, y compris semble-t-il aussi, la régulation du climat et la sismologie. On lui dira encore que sur Itibi-Ra, les séismes ou les tsunamis n'existent pas, de même les tempêtes ou les cyclones puisque son climat est constant.

La visite des plantations

Satu-Ra va révéler à Pallmann que sa civilisation a découvert la Terre il y a des milliers d'années, mais que les Itibi-Rayens ne s'y sont toutefois réellement implantés qu'en 1946. Il précisera que leurs bases principales se trouvent en Amérique du Sud où ils ont développé des plantations, au sein desquelles ils mènent des recherches et pratiquent l'hybridation des végétaux. Pallmann va d'ailleurs très vite avoir l'occasion d'en visiter une, située au sud-est d'Iquitos à la frontière du Brésil et du Pérou. On l'y amènera à bord d'un vaisseau dont il ne sera pas autorisé à sortir tout de suite, du fait d'une quarantaine de quelques heures qui lui sera imposée. Pour autant, on ne lui en expliquera pas les raisons.

Comme cette plantation est cachée au cœur de la jungle amazonienne, Pallmann va leur demander pourquoi ils ont choisi un lieu si hostile. Cette question va beaucoup faire rire Satu-Ra qui répondra que bien au contraire, le climat de la forêt amazonienne est idéal pour leurs recherches. Il va alors révéler qu'ils mènent sur la planète des programmes de recherches sur l'hybridation des fruits et des légumes ainsi que de diverses plantes dont ils ont besoin pour se nourrir. C'est d'ailleurs pourquoi ils ont baptisé la Terre « Sil Sil Hua », ce qui signifierait « lieu de découverte du fruit de chiminoya ».

Pallmann apprendra d'ailleurs avec surprise la raison pour laquelle leurs recherches sur les fruits et les légumes seraient si fondamentales pour eux. Ils souffriraient en fait d'une particularité peu banale : lorsqu'ils ne seraient pas suffisamment nourris de saveurs nouvelles, ils éprouveraient alors des douleurs physiques intolérables. C'est pourquoi, afin de rester actifs et en bonne forme, ils se trouveraient contraints d'entreprendre des voyages d'exploration incessants et harassants au sein de la galaxie dans le but de découvrir de nouvelles espèces. Ils mèneraient donc en permanence, des programmes de recherches pointues, afin d'hybrider des végétaux provenant de différentes planètes, susceptibles de leur apporter ces sensations nouvelles si essentielles pour eux. Cependant, ces espèces de plantes seraient si différentes entre elles, qu'ils seraient contraints d'accomplir en permanence de véritables exploits biologiques pour obtenir ces nouvelles saveurs qui leur sont vitales.

Les scientifiques Itibi-Rayens que Pallmann va rencontrer vont lui révéler qu'en plusieurs milliers d'années, ceux de leur race ont évolué d'un régime carné vers un régime exclusivement végétarien et qu'ils ont ainsi développé une spécificité : « l'amour du sur-goût » ! Quelque chose qui ne peut qu'être difficile à comprendre pour les Terriens qui ont un palais très différent du leur. Ils seraient ainsi fous d'un fruit tropical appelé « cachiman » qu'ils consomment dans des quantités dépassant l'entendement. Ce fruit auquel on reconnaît d'ailleurs de multiples propriétés curatives, est originaire du Mexique et du Brésil. Cependant, dès le XVIIe siècle, il a aussi été cultivé en Haïti, puis en Afrique, en Asie et en Australie.

Pallmann apprendra encore que les Itibi-Rayens ne consommant plus d'aliments vraiment solides depuis des lustres, leurs corps auraient fini par muter en quelques milliers d'années : leur système nerveux serait devenu très différent de ce qu'il était à l'origine, ce qui aurait influé sur leurs personnalités et leurs traits de caractère. Ils seraient ainsi devenus totalement pacifistes et leur civilisation ne connaîtrait plus de conflits ou de guerres depuis belle lurette. Ils exerceraient surtout maintenant des activités scientifiques, telles que celles de chercheurs, de biologistes, d'explorateurs, de cosmo-théologiens, de philosophes ou d'enseignants. Et bien entendu aussi celle de jardiniers.

Contact avec Itibi-Ra par écran interposé

Au bout de trois jours de voyage à bord de leur vaisseau, Pallmann va assister à une conversation entre Xiti et ses parents au moyen d'une sorte d'écran de télévision. Comme le reste des équipements, cet écran est également biologique et il réagit au toucher. Xiti et les siens vont échanger dans une curieuse langue à la tonalité haut perchée et mélodieuse, parfois aussi humoristique. Il dira avoir trouvé leur dialogue absolument charmant.

Via l'écran, il visionnera également une manifestation sportive d'une extrême violence qui va beaucoup le surprendre. Il verra en effet apparaître plusieurs milliers de jeunes gens – il en évoquera près de sept mille – qui vont s'amuser avec un ballon géant, tout en manipulant simultanément des sortes de gadgets électroniques semblables à des ballons multicolores interconnectés, qui font évoluer le jeu. Ce sera en fait une sorte de gigantesque partie dc football, jouée sur un terrain de huit hectares, qui va se dérouler sous ses yeux ébahis. Les affrontements physiques sont souvent d'une violence extrême, ce qui ne va manquer de le sidérer. Il ne s'attendait pas en effet à un tel déchaînement d'agressivité de la part des Itibi-Rayens, au vu de leur calme habituel et de leur douceur apparente, surtout après qu'ils lui aient vanté leur nature pacifiste. Xiti qui a vu son expression stupéfaite va alors lui expliquer que c'est en fait grâce à ces jeux rituels qu'ils ne connaissent plus de guerres depuis des milliers d'années et qu'ils restent en pleine forme physiquement. Elle précisera qu'ils ont en fait conservé le comportement agressif de leur humanité mais qu'ils savent aussi comment le canaliser.

Les vaisseaux itibi-rayens

Les stellaires vont révéler à Pallmann qu'ils possèdent une flotte d'une trentaine de vaisseaux qui se déplacent en permanence à travers leur système solaire et qui sont propulsés par des ondes cosmiques. Il s'entendra dire également qu'ils auraient la capacité de voyager à travers la galaxie, à des vitesses supérieures à celle de la lumière. Des unités d'énergies qu'ils nomment « porteurs » suivraient leurs vaisseaux de contrôle et de ravitaillement. Ces « porteurs » auraient la propriété de pratiquer une fusion tridimensionnelle s'accordant aux flux énergétiques de la troisième dimension, ce qui leur permettrait ainsi d'atteindre des vitesses supra lumineuses.

Pallmann apprendra encore que les Itibi-Rayens auraient dû, à une période ancienne de leur histoire, abandonner leur planète d'origine qui se déshydratait. Tout ce qui y était vivant aurait alors dû être transporté, en plusieurs voyages, vers d'autres lieux. L'opération aurait été si complexe que c'est avec l'aide de civilisations amies, technologiquement beaucoup plus évoluées qu'eux, qu'ils auraient pu y parvenir. Les explications techniques données à Pallmann seront un peu difficiles à comprendre pour lui, mais il va cependant retenir que ces civilisations très avancées les ont aidés à créer un système de batteries interconnectées cosmiques, reliant le grand tout cosmique à leurs corps comme à leurs vaisseaux.

La plantation amazonienne et leurs relations avec les Indiens cannibales

Lors d'une autre conversation, Xiti et Satu-Ra expliqueront à Ludwig Pallmann que les Terriens ordinaires ne sont absolument pas prêts à les rencontrer et encore moins à se mêler à eux. Le cas des Amérindiens d'Amazonie serait toutefois un peu différent, puisqu'ils ont accepté de vivre et de travailler avec eux sur les territoires où ils ont aménagé leurs plantations. Après une certaine période de méfiance bien compréhensible, ces Indiens de la forêt ont fini peu à peu par accepter leur présence ainsi que celles de leurs scientifiques, parce qu'ils les soignaient et les guérissaient. Ce n'était pas si évident a priori puisque ces autochtones avaient tout de même des pratiques ancestrales de cannibalisme, plus d'un Blanc en ayant d'ailleurs fait les frais. Xiti ajoutera que ces tribus primitives les considèrent en fait comme des Blancs venus d'endroits lointains de la Terre et différents des autres et qu'ils n'auraient en fait jamais réalisé qu'ils étaient des stellaires.

Pallmann rapportera d'ailleurs avoir vu de ses yeux, ces Indiens de la forêt habituellement très sauvages et belliqueux, débarquer d'une soucoupe en gloussant de joie comme des gamins. Tous paraissaient être âgés d'environ vingt-cinq ans, alors que d'après les indications qui lui ont été données, ils en auraient eu en réalité le double. Cette révélation va tellement le surprendre et l'intriguer, qu'il va se risquer à demander à Xiti si par hasard, ces gens ne leur auraient pas servi de cobayes. Elle semblera alors manifester une certaine réticence à aborder le sujet et la conversation tournera court.

Découvertes archéologiques

Un autre jour, Xiti évoquera avec Pallmann certaines recherches archéologiques qu'ils ont menées sur des sites isolés très hostiles et marécageux d'Amérique du Sud avec l'aide des Indiens. Lors de ces fouilles, leurs équipes auraient ainsi découvert, enfouies sous la végétation tropicale, les ruines d'une immense citée perdue qu'ils baptiseront Linislan. À l'intérieur d'un temple, ils auraient trouvé un énorme symbole précolombien. En évoquant cette trouvaille de grande importance, Xiti dira à Pallmann qu'il y a des milliers d'années d'autres civilisations extraterrestres ont atterri sur Terre et que les Itibi-Rayens ne sont pas les premiers à la visiter. Elle va d'ailleurs lui montrer ensuite, sur l'un des panneaux de contrôle de leur vaisseau, un symbole qu'elle dira être très similaire à celui retrouvé dans le temple, en ajoutant que c'est cette civilisation originelle de Linislan qui aurait donné naissance aux civilisations pré-mayas, Incas et Aztèques.

Un petit voyage en Colombie

Vers la fin du mois de février 1967, Xiti et Satu-Ra vont proposer à Ludwig Pallmann de les accompagner en Colombie pour un voyage de quelques jours. Malgré son travail qui commence à prendre un sérieux retard, il va tout de même accepter, ce que l'on peut aisément comprendre. Très pragmatiquement, il va leur demander comment ils peuvent circuler sans papiers d'identité et sans rencontrer de problèmes s'ils se font contrôler. Il s'entendra dire qu'en fait, ce n'est pas vraiment un souci puisque tous sont détenteurs de passeports parfaitement imités. Le seul bémol est que parfois leurs visas ne sont pas toujours à jour ce qui pourrait leur causer des ennuis.

Le voyage se fera bien entendu à bord d'un disque, mais de nuit pour ne pas se faire repérer. À cette occasion, les manœuvres de l'engin vont grandement épater Pallmann, tout autant que son système de camouflage. Ils vont en effet aller atterrir dans une zone de marécages proche de Barranquilla. Une fois débarqué, Pallmann va observer que la paroi du vaisseau possède des pores identiques à ceux de la peau, dont va s'écouler une sorte de liquide dont on lui précisera qu'il a la propriété de le protéger des insectes durant son séjour dans ce marécage hostile. Et oui, le vaisseau est un grand corps biologique vivant qui craint lui aussi semble-t-il, les piqûres d'insectes !

Lui et Satu-Ra ainsi qu'une partie de l'équipage, vont ensuite prendre place sur des embarcations à fonds plats, propulsées par de petits générateurs, qui vont se déplacer à une vitesse de soixante kilomètres heure dans un silence absolu. Le reste de l'équipage partira se reposer bien à l'abri dans une forêt proche. Durant le parcours, Satu-Ra va lui annoncer qu'ils vont aller faire une petite balade à Barranquilla comme de simples touristes.

Une fois arrivé en ville, Pallmann va constater avec effarement que Satu-Ra a la fâcheuse habitude de se précipiter sur tous les étals de fruits, comme s'il ne pouvait résister à la tentation. Ces fruits, il les tâte, les soupèse et les renifle, mais pour autant, il n'achète jamais rien. Sa curieuse manie aura le don d'énerver sérieusement les vendeurs ambulants qui pensent avoir affaire à un étranger excentrique !

Comme ils hausseront souvent le ton, Satu-Ra leur donnera alors quelques piécettes afin de les calmer. À un moment, il va enfin découvrir un fruit qu'il ne connaît pas, ce qui va le plonger dans une joie indicible. Il s'agit d'une espèce de goyave dont il achètera immédiatement quelques spécimens. Après quelques recherches fébriles, il parviendra d'ailleurs le lendemain à trouver des plants et des boutures de la précieuse goyave.

En attendant, Pallmann commence à trouver le temps un peu longuet. La visite du marché qui se prolonge indéfiniment a fini par le lasser et les fantaisies de son ami stellaire, par l'agacer. Et autant le dire aussi, il a l'estomac dans les talons après son quasi-jeûne forcé à bord du vaisseau et il dévorerait bien un petit en-cas. Lorsqu'il va lui annoncer qu'il serait peut-être temps d'aller grignoter un petit quelque chose, Satu-Ra qui a toujours le nez plongé dans les étals à la recherche d'un autre fruit rare, va alors lui lancer un œil noir, on ne peut plus réprobateur. D'évidence, il comprend mal que Pallmann ne partage pas l'engouement de sa quête. Un comble ! Peu importe ce qu'il pense, il n'en peut plus et sur ces entrefaites, il va le laisser en plan et se précipiter sur un bon poulet grillé qu'il va dévorer avec délice.

Pas de photos !

À Barranquilla, Pallmann s'est offert un bel appareil photo et tout naturellement il va vouloir prendre des clichés de ses amis Itibi-Rayens, de leurs vaisseaux ainsi que de leurs plantations. Satu-Ra va alors se saisir de son appareil qu'il va examiner avec soin sous toutes les coutures. Puis il va soudainement lui tenir tout un discours compliqué sur la science de l'âme qu'il nomme « amat mayna ». Pallmann est un peu déconcerté et se demande où il veut en venir. Poursuivant sa tirade, Satu-Ra va d'abord lui expliquer que lui et les siens ne croient pas en la réincarnation, pour conclure en définitive que les photographies ont des implications symboliques et métaphysiques qui ne sont pas positives. Et sans autre forme de procès, il va lui confisquer son appareil en lui expliquant qu'il ne lui sera restitué que lorsqu'ils se sépareront.

Inutile de dire que Pallmann en restera un peu médusé, d'autant que les explications fumeuses de Satu-Ra ne l'ont pas franchement convaincu. Pragmatiquement, il pensera sur le moment que sa réticence tient en fait, certainement plus à une raison de sécurité, qu'au motif invoqué. Cela étant, il lui reviendra tout de même en mémoire que jamais il n'a vu Xiti se regarder dans un miroir contrairement aux autres femmes, et ce, même pour se maquiller. Au fil du temps qu'ils auront passé ensemble, il aura aussi remarqué que les Itibi-Rayens ne se préoccupaient jamais de leur apparence physique et qu'ils ne se montraient jamais fiers ou vaniteux. En y réfléchissant, il finira donc par se dire qu'au fond, peut-être bien alors que Satu-Ra n'a pas menti et qu'il lui a dit la vérité !

La visite à la plantation

De retour de leur escapade en Colombie, Ludwig Pallmann va accepter de les suivre jusque dans leur plantation principale, perdue au fin fond de la forêt amazonienne. Ce qui va tout d'abord le surprendre, c'est qu'elle est protégée par d'immenses draps verts. En fait, ce sont des sortes d'immenses tentes hermétiquement closes qui ont été installées. Des humidificateurs et des filtres à air ont été aussi disposés un peu partout, afin d'assurer les meilleures conditions climatiques qui soient, à ce que ses amis stellaires nomment leurs « centres de saveurs ».

Dans une installation à part, située elle aussi sous de vastes tentes, Pallmann va découvrir qu'elle est divisée en plusieurs laboratoires où les scientifiques font pousser des plantes issues de leur planète, croisées avec des espèces de plantes terriennes. Dans une unité centrale, se trouve aussi un laboratoire de recherches biologiques, au sein duquel Pallmann visitera ce qui ressemble à des blocs opératoires où sont disséquées les cellules des végétaux à l'aide de matériels très sophistiqués. Les opérations sont suivies en temps réel sur des écrans de contrôle et commentées par les biologistes.

Les familles itibi-rayennes

Pallmann va apprendre aussi que sur Itibi-Ra, les couples tombent amoureux, se marient et mettent au monde des enfants, comme sur Terre. Cependant lorsque ceux-ci atteignent les six ans, ils sont séparés de leur famille et pris en charge par des centres d'éducation. En général les couples se séparent peu après, car ils constatent souvent des incompatibilités à rester ensemble au-delà de sept ans d'union. Cette pratique va un peu le choquer, mais il va s'entendre répliquer que si les couples ne se séparaient pas, ils devraient alors rester ensemble durant plusieurs siècles et en tout cas au moins durant 400 ans, ce qui risquerait tout de même de devenir un peu fastidieux à la longue. Vu sous cet angle, Pallmann ne trouvera plus grand-chose à y redire.

Satu-Ra ajoutera tout de même que ces séparations prématurées ne seraient pas pour autant systématiques. Il lui confiera ainsi être marié depuis quatre-vingt-dix ans avec une femme originaire d'une autre planète, en précisant qu'elle serait en fait sa quatrième épouse dont il aurait eu trois enfants.

Après quelques jours passés dans la plantation, Satu-Ra va annoncer avec beaucoup de tristesse à Pallmann que des ordres venant de leurs autorités supérieures sont arrivés, leur intimant d'évacuer sans tarder leurs plantations sud-américaines. C'est ainsi que dès le lendemain, il sera raccompagné par un vaisseau et déposé sur la rive d'un lac péruvien…

Deux ans plus tard…

Au tout début de l'année 1969, Pallmann est installé au Salvador où il a acheté une belle propriété située en pleine nature sur les rives d'un lac tranquille. Un vrai paradis pour la chasse et la pêche. Elle se trouve non loin du majestueux volcan San Vicente. Au fil des années, la nostalgie l'a bien souvent envahi, lorsqu'il lui arrivait de penser à ses amis venus d'ailleurs et en particulier à la belle Xiti. Il était évidemment persuadé qu'il ne les reverrait jamais.

Le 15 janvier 1969 alors qu'il n'a emménagé dans sa nouvelle demeure que depuis une quinzaine de jours, voilà que la bague de Satu-ra qu'il n'a jamais cessé de porter, va soudain lui brûler le doigt. Comme téléguidé et toutes affaires cessantes, il va sauter dans son petit bateau à moteur et foncer droit vers une plage sablonneuse située près de l'île del Altar. Durant le trajet, il va remarquer que les eaux du lac habituellement si calmes, sont tout à coup parcourues de grands cercles concentriques. Cela ne peut être que le signe que ses amis venus d'ailleurs sont de retour. Et quelques instants plus tard, il va en effet remarquer la présence d'un petit bateau échoué sur le rivage puis enfin, la silhouette familière de Satu-Ra assis sur un rocher. Toutefois, il n'apercevra aucun vaisseau à proximité.

Le stellaire est vêtu cette fois de vêtements vert foncé, sanglés à la taille par une grosse ceinture où est fixé un volumineux appareil, dont il découvrira qu'il s'agit d'un appareil vocal. Lorsqu'il va s'approcher de lui, Pallmann va aussitôt remarquer la tristesse de son expression. Immédiatement, il va lui demander des nouvelles de Xiti. Satu-Ra lui répondra alors dans sa langue: *« Ximsi Xiti Tasat »*, ce qui signifie « Xiti est morte ».

Dans l'instant, Pallmann sera dévasté par un terrible chagrin auquel il ne se serait jamais attendu, malgré le fort attachement qu'il avait éprouvé pour elle quelques années plus tôt. Satu-Ra va alors expliquer qu'un drame a frappé leurs expéditions alors qu'ils étaient en route vers une autre planète. Dans cette catastrophe, une partie de l'équipage de leur vaisseau a également péri. Ils auront une longue et bien triste conversation avant que Satu-Ra ne lui annonce que le temps des adieux est hélas arrivé. Pallmann regagnera sa propriété le cœur lourd mais au bout d'une heure, il sera envahi par un désespoir si profond, qu'il ne pourra rester seul. Il courra d'ailleurs se réfugier en ville, chez un ami médecin afin de chercher un peu de réconfort.

Après une nuit difficile, il va être réveillé en sursaut le lendemain matin par les crieurs de journaux. Ceux-là hurlent à tue-tête qu'une soucoupe volante a été repérée au-dessus du Salvador, en particulier près des collines de San Jacinto qui entourent le lac. Cette nouvelle inattendue va le faire se lever d'un bond et s'habiller en hâte pour courir acheter le journal. À sa grande surprise, la presse annonce en effet qu'un vaisseau spatial a été aperçu en sustentation prolongée aux abords du lac. Et comme par hasard, le lieu évoqué est situé non loin de celui de leur rendez-vous de la veille. Mieux encore, l'apparition a eu lieu exactement à l'heure où ils se sont rencontrés. Il apprendra aussi que le disque aurait également été aperçu en divers autres endroits du pays. En fait, ce seraient des milliers de témoins qui auraient pu l'observer. Pallmann est un peu surpris car lui-même n'a repéré aucun vaisseau au moment de leur rencontre. Il sait parfaitement aussi que ses amis ont pour habitude de toujours se déplacer de nuit, afin de ne pas être vus. Alors, comment se fait-il ? Il n'en saura jamais rien…

Pallmann publie un livre

Après cette ultime rencontre avec Satu-Ra, Pallmann va immédiatement se mettre à l'écriture. Tout au fond de lui, quelque chose l'incite à relater l'aventure qu'il a vécue avec ses Visiteurs venus d'Itibi-Ra. Son livre sera publié en 1970 sous le titre *Cancer Planet Mission*. Pourquoi ce titre étrange et peu engageant ? Tout simplement parce que ses amis Itibi-Rayens lui ont à un moment expliqué que notre Terre faisait partie des « planètes-cancer ». Pour eux, ces planètes sont celles dont les habitants individualistes et égotiques ne vivent pas en harmonie avec les Lois de la Création, les Lois de la Nature. Toutes ont développé des technologies anarchiques qui ont provoqué des pollutions diverses et ces technologies dangereuses ont ainsi généré des champs énergétiques négatifs qui ont provoqué le cancer qui décime leurs populations.

Que penser du récit de ce contacté ?

Quelques années plus tard, cette histoire a beaucoup intrigué l'ufologue américain Timothy Good qui a décidé d'enquêter et de retrouver Ludwig Pallmann. En réalité, il échouera mais fera en revanche la connaissance de Wendelle Stevens, cet ancien pilote de l'US Air Force qui mènera par la suite une enquête sur Billy Meïer, mais qui était alors spécialisé dans la recherche de combattants disparus. Lors d'un entretien, Stevens va lui faire une curieuse confidence. En 1967, alors qu'il se trouvait au Pérou pour y livrer des avions, il va avoir une conversation avec des « locaux », lors d'une halte dans un port fluvial amazonien. Ceux-là vont lui vanter l'existence de merveilleuses orchidées très rares qui ne fleurissent que dans la jungle. L'idée va alors lui venir d'aller admirer ces raretés. Louant les services d'indigènes, le voici ainsi parti en expédition sur le fleuve Amazone.

Lorsqu'il va découvrir la luxuriance de la forêt, il va demander aux Indiens pourquoi ils ne créent pas eux-mêmes des plantations de fruits tropicaux. Ceux-là vont lui répondre que ça serait bien trop compliqué pour eux, mais qu'à trois ou quatre jours de bateaux, des Blancs américains le font très bien. Dans la foulée, ils lui expliqueront qu'un Blanc, mais Allemand celui-là, serait venu quelques mois plus tôt, disant partir à la recherche de ces Américains. L'homme aurait été conduit dans la forêt par le fleuve, mais n'en serait jamais revenu. Depuis, personne n'aurait jamais plus entendu parler de lui. Un peu intrigué par leur récit, Wendelle Stevens va les questionner encore un peu, mais les indigènes diront ne pas en savoir davantage. Ils ajouteront simplement que tout ce qu'ils connaissent de ces Blancs de la forêt, leur a été rapporté par des membres de diverses tribus qui y vivent en sauvages et qu'eux-mêmes, ne les ont jamais rencontrés. En fait, ils n'ont croisé que l'Allemand.

Comme il est curieux d'esprit, ce récit va terriblement l'intriguer. Revenu à Lima, il va donc mener son enquête et finir par découvrir un article de journal évoquant l'homme qu'il recherche. Pour son plus grand bonheur, il relate précisément l'aventure incroyable survenue à un allemand nommé Pallmann. Il précise qu'il était un commerçant de Lima, spécialisé dans la vente de produits biologiques et de machines d'emballages de produits alimentaires. L'homme aurait remonté le fleuve à partir d'Iquitos, entre la frontière entre le Brésil et le Pérou, afin de rechercher une marante géante destinée à un certain type d'hybridation et permettant des récoltes plus abondantes. Des Indiens l'auraient accompagné avant de le confier à des tribus chargées de lui faire rejoindre les plantations exploitées par des Américains, situées dans la forêt à trois jours de là. Toujours d'après l'article, les Indiens auraient débarqué l'Allemand sur la rive du fleuve, mais auraient refusé de l'accompagner plus loin. L'article en question se terminait par une interview de Ludwig Pallmann qui confirmait avoir effectivement rencontré des Américains à la peau claire, vêtus de sortes de toges blanches, qui s'exprimaient dans une langue bizarre. D'après lui, ces Américains qui finalement n'en étaient pas, étaient en réalité venus d'une autre planète nommée Itipura, située dans un autre système solaire, afin de réaliser sur Terre une mission de recherches sur les hybridations de plantes, en vue de les ramener sur leur propre planète. Pallmann déclarait encore que les Itipurans l'avaient ensuite raccompagné à bord de leur vaisseau spatial, en seulement un quart d'heure, jusqu'à son ranch situé alors en République Dominicaine.

Fort de cette découverte inespérée, Wendelle Stevens va continuer d'enquêter minutieusement. Elle révélera au final de nombreuses incohérences ou « impossibilités », au regard de ce qui était mentionné dans l'article. Mais est-ce si choquant que cela au fond ? On pourrait très bien imaginer en effet que l'homme ait décidé de ne divulguer qu'une certaine partie de la vérité et de brouiller un peu les pistes afin de protéger ses amis stellaires.

Ce qui est certain, c'est que Stevens Wendelle a recherché Ludwig Pallmann dans toute l'Amérique du Sud. D'abord en 1968 et 1969, puis en 1971 et 1972, après qu'il ait fait paraître son fameux livre. Il récidivera de nouveau dans le courant de l'année 1986. Tous ses efforts resteront hélas vains puisqu'en effet, il ne retrouvera jamais sa trace, ni personne susceptible de le renseigner sur ce qu'il est advenu de lui. Du jour au lendemain et juste après la publication de son livre, l'homme semblera s'être tout à coup volatilisé. Voilà qui est bien étrange ! Et si Ludwig Pallmann avait rejoint ses amis d'Itibi-Ra et avait ainsi définitivement quitté sa « planète-cancer » ? On peut légitimement se poser la question…

9.
Victor Kapetanovic et les Apuniens

Victor Kapetanovic est né le 13 avril 1918 à Kolsin en Yougoslavie. Il a émigré au Pérou où il a passé toute sa vie et a d'ailleurs pris la nationalité péruvienne. En 1960, cet ingénieur de formation va se trouver confronté à une rencontre qui va radicalement changer le cours de sa vie.

La rencontre

Victor Kapetanovic travaille en tant que chef des opérations mécaniques à la centrale hydroélectrique de Huallenca qui a été édifiée dans le canyon de Huaylas, au bord de la rivière Santa dans les Andes péruviennes. Le 10 mars 1960, alors que la journée tire à sa fin et qu'il se trouve à l'intérieur d'un tunnel de l'édifice, la présence d'un épervier attire son attention. Le rapace s'y est en effet engouffré et est allé survoler les bruyants générateurs, un comportement peu ordinaire pour un oiseau de cette espèce qui a plutôt la réputation d'être craintif. Depuis sa cabine de surveillance, l'ingénieur va avertir l'opérateur de service, de sa présence et le courant va être coupé. C'est à ce moment que des dysfonctionnements vont se produire, suffisamment inquiétants pour qu'il décide d'aller vérifier le système de refroidissement des transformateurs qui se trouvent à l'extérieur.

En sortant du tunnel, il pense se retrouver dans l'obscurité puisqu'à cette heure la nuit est tombée. Or, tel n'est pas le cas. Tout le paysage alentour est illuminé et on y voit comme en plein jour. Le voilà bien surpris. Il se demande d'où cette étrange luminosité peut bien provenir. En se dirigeant vers un pont tout proche, il va apercevoir une petite lumière très brillante et découvrir, en se rapprochant encore, qu'elle provient en fait d'un objet ovoïde, posé sur un petit plateau situé entre la rivière Santa et le Rio Kitaragsa. Le rayonnement inhabituel de l'objet le surprend et il se dit qu'il pourrait peut-être s'agir d'un engin un peu spécial de l'armée, dédié à la recherche scientifique. Il décide donc d'aller y voir de plus près, après avoir vérifié le fonctionnement des pompes de refroidissement.

En chemin, il va croiser Quiroz, un gardien de nuit de la centrale, avec lequel il va discuter de cet objet bizarre posé non loin. La sérénité du bonhomme va un peu l'étonner car il n'a pas l'air du tout de s'en inquiéter, ni même s'en effrayer. Il va l'interroger mais quand il va lui annoncer son intention d'aller y jeter un coup d'œil, son attitude va radicalement changer dans l'instant. Soudain devenu fébrile, le gardien va le retenir. À sa grande stupeur, il va aussi lui tenir un curieux discours tout en lui recommandant de ne pas avoir peur. D'une seule traite, il va ainsi lui déclarer qu'ils sont déjà venus avec leur engin volant, qu'ils sont « sympas » et ne veulent de mal à personne. Qu'il faut donc les laisser tranquilles, car ils ne vont pas tarder à repartir ! Victor Kapetanovic est interloqué et le bombarde de question, mais l'homme qui semble désormais inquiet lui fait signe de parler à voix basse et lui demande de ne pas crier. L'air gêné, il va lui expliquer que ceux qui se trouvent dans cet appareil viennent d'un monde très lointain et que les bergers des montagnes reçoivent souvent leur visite. Il leur arrive aussi parfois, comme aujourd'hui, de venir se poser près de la centrale. Sa tirade achevée, il finira enfin par lâcher avec réticence que ce sont en fait des extraterrestres. Passablement énervé, l'ingénieur qui se demande si son employé ne serait pas devenu un peu fou, va alors décider d'aller vérifier par lui-même de quoi il retourne et cette fois, le gardien de nuit ne tentera pas de le retenir. Toutefois, avant qu'il ne s'éloigne, il le suppliera de ne surtout pas approcher de l'engin.

En chemin, Victor Kapetanovic va croiser deux personnages qui semblent venir à sa rencontre. Ils sont de haute stature et vêtus de combinaisons ajustées qu'il dira aussi brillantes que la fourrure d'un phoque. Ils vont échanger avec lui en espagnol et déclarer qu'ils viennent de l'espace, plus précisément de la planète Apu, tout en ajoutant que leurs visites sur la Terre sont purement fraternelles et qu'ils n'ont pas l'intention de s'éterniser près de la centrale. D'ailleurs, ils étaient sur le point de repartir. S'ils s'expriment calmement, ce n'est pas le cas de l'ingénieur qui ne croit évidemment pas un mot de leur histoire. Des extraterrestres et puis quoi encore ? Très remonté, il va carrément leur dire d'aller voir au diable avec leur machine de sorcier, tout en leur reprochant vertement d'avoir causé le dysfonctionnement de sa centrale, au point d'en entraîner l'arrêt. Ses interlocuteurs vont s'en défendre, en rétorquant qu'ils n'y sont pour rien. D'ailleurs, ils lui feront remarquer qu'elle est toujours éclairée. Tout en l'appelant « mon ami », ils lui demanderont aussi de ne pas mal les juger et de les pardonner, avant de tourner les talons pour regagner leur vaisseau. En guise de salut d'adieu, ils prononceront enfin d'une seule voix une phrase qui l'intriguera beaucoup : *« Tout pour les autres ! »*…

Après leur départ, l'ingénieur va observer à distance leur engin. Il constate avec stupéfaction qu'il repose sur ce qui semble être trois grands faisceaux de lumière, lesquels dessinent au sol des traces circulaires. Il va aussi voir les deux personnages monter à bord par un escalier situé sous sa base centrale, lequel va immédiatement se rétracter derrière eux. Puis les faisceaux vont à leur tour se rétracter et il va alors percevoir un discret sifflement qu'il comparera à celui d'une brise, avant que le vaisseau ne décolle. Celui-ci va s'élever lentement puis zigzaguer rapidement, avant de disparaître dans la couche nuageuse.

En remontant vers la centrale, il va de nouveau interroger Quiroz qui semble si bien les connaître. Son irritation envers lui ne s'étant toujours pas dissipée en dépit de ce qu'il vient d'observer, c'est donc sur un ton plutôt sec qu'il va le submerger de questions. L'homme maintient qu'il s'agit bien d'extraterrestres. Il explique qu'ils sont depuis très longtemps connus des bergers ainsi que des villageois des régions de Milwakocha et de Champara, avec lesquels ils auraient des contacts réguliers. Autant le préciser, Victor Kapetanovic qui ne digère toujours pas la chose et bouillonne de colère, lui demande s'il se rend bien compte des énormités qu'il est en train de lui conter. Le malheureux gardien n'en mène pas large et courageusement bafouillera que c'est pourtant bien la vérité. Puis, il le suppliera de ne surtout pas divulguer ce qu'il vient de voir, tout comme ce qu'il lui a confié à leurs propos. Avant de s'éloigner, il dira encore que ce sont de bonnes personnes et que ce serait donc une bien grave erreur que de les exposer en révélant leur existence.

Autant le dire, Victor Kapetanovic n'est pas le moins du monde convaincu par le discours qu'il vient d'entendre. Il est même persuadé de ce que le gardien veut le contraindre à dissimuler quelque chose d'inavouable. C'est une certitude pour lui : ces hommes qu'il vient de rencontrer ne peuvent être que des espions venus de l'étranger travaillant pour une puissante organisation. Quant à leur engin, il doit certainement fonctionner avec une technologie futuriste ultra-secrète. Cela va de soi que le gardien de nuit est au courant et il a de toute évidence été soudoyé par ces sinistres individus afin de raconter qu'ils sont des extraterrestres. Mais à lui, on ne la lui fait pas. Il ne faut tout de même pas le prendre pour un imbécile !

Il y a toutefois quelque chose qui le turlupine. Pourquoi donc ces deux espions étrangers lui ont-ils dit en le quittant, *« Tout pour les autres »* ? Qu'est-ce que cela peut bien vouloir signifier ? Et aussi, pourquoi Quiroz lui a-t-il lancé : *« Parler de cela, vous ridiculiserait »* ? C'est précisément par peur d'être tourné en ridicule qu'il va donc décider de se taire. En revenant prendre son poste, le technicien lui annoncera que, finalement, la panne électrique a été causée par un vautour qui a eu la mauvaise idée de se percher sur un pylône près du centre de distribution de Chimbote, ce qui a provoqué un court-circuit. Une explication bien rationnelle comme il les apprécie et qui autant le dire, tombe à pic !

Nouvelle rencontre

Le 12 avril 1960, Victor Kapetanovic décide de partir faire de la marche avec Adrian Perez, un employé de la centrale. Chasseur à ses heures, l'homme connaît bien les routes et les sentiers des environs. Ce jour-là, ils ont décidé d'aller escalader le Los Pedros, une grande montagne réputée pour abriter sur ses flancs des ours et des guanacos, une espèce de camélidé de la famille des lamas plutôt rare dans la région de Callejon de Huaylas. Après avoir fait une pause pour le déjeuner et s'être reposés, ils reprennent leur escalade qui devient plus difficile car les pâturages d'alpage ont maintenant laissé place aux roches. C'est alors qu'Adrian Perez qui marche en tête, va stopper net et lui faire signe d'approcher.

Sur un petit plateau en contrebas, posé à proximité d'une petite maison, Kapetanovic va découvrir avec stupéfaction un engin « en forme d'assiette creuse », absolument identique à celui qu'il a aperçu un mois plus tôt non loin de la centrale. Autour du disque, un troupeau de chèvres et de moutons broute paisiblement tandis que des hommes, des femmes et des enfants discutent entre eux. Inutile de dire que cette vision lui cause un choc. D'autant plus grand d'ailleurs, qu'Adrian Perez va lui confier que cette zone est souvent survolée par ces vaisseaux venus de l'espace, pilotés par des extraterrestres ! Et tout comme le gardien de nuit, il va ajouter que ces Visiteurs venus de loin sont de bonnes personnes qui aident beaucoup les bergers et leurs familles. Peu convaincu, Kapetanovic pense aussitôt que, comme le gardien Quiroz, Adrian Perez est de mèche avec eux, mais par prudence, il se gardera de lui en souffler mot.

Afin d'en savoir un peu plus, il va alors proposer à son compagnon d'aller à leur rencontre. Au bout de quelques minutes de marche, ils vont arriver aux abords de la petite bâtisse, l'une de ces habitations pastorales typiques que l'on trouve un peu partout dans ces montagnes. Avec stupéfaction, il va aussitôt reconnaître les deux personnages qu'il a croisés près de la centrale, autour desquels sont assis en cercle quatre hommes, trois femmes et quatre enfants. Si les « extraterrestres » les accueillent en souriant, ce n'est absolument pas le cas des autres. L'un des bergers va d'ailleurs se lever et d'un ton agressif leur demander ce qu'ils sont venus faire là, ce à quoi ils répondront qu'ils sont venus chasser le puma et qu'ils se sont trouvés là par hasard.

L'un des Visiteurs va en revanche venir les saluer d'une chaleureuse poignée de main et les inviter à s'installer, tout en essayant de calmer le berger qui leur lance des regards menaçants. Les deux hommes vont donc rejoindre la petite assemblée. Comme il a décidément de la suite dans les idées, l'ingénieur est bien entendu persuadé de ce que les bergers sont, eux aussi, les complices de ces espions. Furieux d'avoir été découverts, voilà pourquoi ils se sont montrés agressifs avec eux ! Et maintenant qu'il peut les voir de près et au grand jour, il va en profiter pour détailler attentivement ces dangereux individus qui osent se faire passer pour des extraterrestres, ce qui lui permettra peut-être de déterminer leur pays d'origine.

Les deux hommes sont de grande taille et vêtus de combinaisons moulantes à col montant, avec une plaque intégrée au tissu au niveau de la poitrine, sur laquelle quinze boutons sont disposés en trois lignes de cinq boutons chacun. Il remarquera aussi qu'une série de petites poches placées côte à côte leur entoure la taille et que le bas de leurs combinaisons leur enserre les pieds, faisant ainsi office de chaussures. Il notera que les traits de leurs visages aux proportions parfaites, ressemblent un peu à ceux des Arabes.

Toutefois, leurs nez correspondent plutôt à ceux d'individus de type nordique, tandis que leurs barbes leur donnent des airs d'hindous. Quant à la carnation de leur peau, elle est rose pâle. Pas facile de s'y retrouver donc, mais il dira plus tard avoir pensé qu'ils devaient finalement plutôt être de race mongole, en raison de leurs yeux étirés. En tout cas, ils semblaient tout à fait humains. La seule anomalie physique qu'il notera cependant, concernera leurs épaules : elles étaient singulièrement tombantes. En tout cas, ils se montreront d'un contact agréable et même chaleureux.

À un moment, un berger va se mettre à converser avec l'un d'eux. Comme il s'exprime en Quechua, Kapetanovic ne comprend évidemment pas un traître mot de ce qu'ils se disent. Perez qui parle la langue, va lui expliquer que le berger se plaint en fait de leur présence et tente de le convaincre de les faire partir, sans grand succès d'ailleurs car « l'extraterrestre » ne semble pas d'accord avec lui. Alors que l'ingénieur est en train de penser qu'ils n'ont effectivement rien à faire là et qu'ils feraient mieux de s'en aller, l'autre stellaire va venir s'asseoir à ses côtés et lui déclarer aimablement que ce serait une bonne idée qu'ils puissent discuter ensemble, ce afin de permettre de clarifier les interrogations qu'il a en tête à leur sujet. Toujours persuadé qu'ils sont des espions, l'ingénieur va répondre d'un ton sévère qu'il nourrit effectivement de sérieux doutes à leur égard et qu'il aimerait bien savoir ce qu'ils font là et quels sont exactement les buts qu'ils poursuivent.

Toujours aussi souriant, son interlocuteur va lui répondre tranquillement qu'il sait parfaitement qu'il ne croira pas un mot de ce qu'il s'apprête à lui confier, mais que somme toute, sa réaction est parfaitement normale puisqu'en fait, les cellules de son corps le rejettent spontanément ! Comme explication, il y a mieux pour convaincre un sceptique ! Pour autant, le stellaire va insister pour qu'il écoute ce qu'il a à lui dire, tout en lui faisant remarquer que si lui et son acolyte sont armés, ce n'est pas leur cas. Que par conséquent, il n'a aucune raison d'avoir peur.

Changeant de sujet, Kapetanovic se contentera de répondre que les bergers n'ont pas l'air d'apprécier leur présence et qu'ils semblent même fort en colère. Sans se départir de son sourire, le stellaire rétorquera qu'il n'y a pas matière à s'inquiéter puisque s'ils sont égoïstes et même jaloux, ils ne sont certainement pas mauvais au point de les agresser. Puis il ajoutera qu'ils savent parfaitement que lui-même les prend pour des espions terriens, mais que ce n'est pas grave puisque cette conviction s'effacera d'elle-même, lorsque les cellules de son corps auront enfin admis et compris qui ils sont exactement. Inutile de préciser que cet argument va laisser l'ingénieur on ne peut plus dubitatif et en tout cas toujours aussi peu convaincu.

C'est alors que le stellaire va se lever et enfiler des gants d'un blanc immaculé avant de se coiffer d'un casque transparent. Au niveau des oreilles émergent deux petites pointes faites de métal brillant d'environ deux centimètres. Ainsi équipé, il va expliquer à l'ingénieur qu'ils n'enfilent des gants et coiffent un casque que lorsqu'ils pratiquent des vols individuels, sans machine volante, afin de se protéger les mains et le visage. Sur ses entrefaites, Kapetanovic va le voir soudain s'élever de quelques mètres au-dessus du sol. Lorsqu'il va presser l'un des boutons de son plastron, les petites poches entourant sa taille, mais aussi ses poignets et ses chevilles, vont se gonfler en prenant la forme de petits cônes tronqués. À ce moment, un léger sifflement va se faire entendre et le stellaire va s'envoler à une vitesse sidérante dans le ciel pour disparaître aussitôt dans un nuage !

Toujours aussi sceptique, l'ingénieur s'attend évidemment à ce qu'il retombe au sol comme une pierre, mais rien de tel ne va se produire, il s'est bel et bien envolé ! Alors qu'il est sous le coup de la stupeur, Perez va se précipiter vers lui en lui hurlant avec enthousiasme de regarder dans une certaine direction qu'il pointe du doigt. L'ingénieur va alors apercevoir son « homme-volant » en train de glisser en vol rasant au-dessus des rochers et des arbres à deux cents mètres au-dessus d'eux, comme le ferait un oiseau. Puis tel un aigle, il va venir se poser en douceur juste à côté de lui, sans qu'il ait perçu le moindre bruit.

Tout en lui lançant un regard malicieux, le stellaire va lui demander si, à son avis, ses compatriotes seraient capables de réaliser ce qu'il vient de voir. Un tantinet contrarié, l'ingénieur ne répondra pas et se contentera de lui demander des explications techniques sur sa prouesse. Conciliant, le stellaire répondra alors que les poches qu'il a vu se gonfler à ses chevilles, ses poignets et à sa taille sont remplies d'ions positifs qui annulent la gravité quand ils commencent à s'agiter. Ce procédé leur permet ainsi de s'élever et d'atterrir, mais aussi réaliser toutes les figures possibles, qui plus est à la vitesse souhaitée. Il dira encore que sur Apu, tous volent individuellement de cette manière depuis des millions d'années et que c'est en fait leur manière habituelle de se déplacer. Agacé, Kapetanovic répondra sèchement que ce qu'il vient de voir et d'entendre pourrait peut-être certes le faire changer d'avis, encore que. Après tout, son équipement pourrait tout aussi bien être une invention secrète bien terrienne. En usant ainsi de prouesses spectaculaires, rien de plus aisé que de faire croire aux braves gens qu'ils sont des extraterrestres, alors qu'en réalité ils ne le sont pas.

Pour autant, son interlocuteur ne relèvera pas la pique et après quelques instants de silence, dira simplement que ceux de sa race sont, à l'origine, issus d'une planète nommée Apu, située en dehors de la Voie Lactée. Il y a bien longtemps, celle-ci a explosé et depuis, les Apuniens sont devenus des protecteurs de la vie. Ils se sont ainsi donné pour mission d'aider toutes les humanités qu'ils croisent sur leur route. Toutefois, il n'est nullement dans leur intention d'impressionner qui que ce soit pour faire croire à leur existence et à leurs extraordinaires pouvoirs. Ce n'est pas le but qu'ils poursuivent. Sans transition, il évoquera ensuite la formation des galaxies et les problèmes qui affectent les diverses planètes qu'ils ont visitées, dont la Terre. Il abordera encore bien d'autres sujets que l'ingénieur ne comprendra pas, faute de connaissances, ou parce qu'ils seront tout simplement bien trop irrationnels pour qu'il puisse y adhérer. En fait, il trouvera toutes ces histoires un peu ridicules, même si elles sont agréables à entendre et que son interlocuteur a fini par lui sembler sympathique. Lorsqu'au moment des adieux il saluera l'Apunien, celui-là le regardera au fond des yeux tout en lui prenant la main. Il l'entendra dire à nouveau, avec une certaine émotion qui le surprendra un peu : *« Tout pour les autres »*. Son compagnon prononcera la même phrase, mais avec nettement plus d'enthousiasme.

Sur le chemin du retour comme durant les jours qui vont suivre, Victor Kapetanovic va évidemment réfléchir à ce qu'il vient de vivre. Même si ce qu'il a vu et entendu l'a impressionné, il a tout de même bien du mal à se convaincre de ce que ces deux personnages sont réellement ce qu'ils prétendent être. Il doit y avoir un truc. L'hypnose peut-être, qu'ils utiliseraient pour faire croire aux gens qu'ils sont capables de voler ?

Cela lui tourne tellement l'esprit, qu'il va finir par s'en ouvrir à Adrian Perez. Il va commencer par lui demander exactement ce qu'il a vu, tout en lui faisant part ensuite de ses réticences à croire de pareilles sornettes. L'autre est surpris puisque de son côté, il ne doute absolument pas. Il s'étonne même de ce qu'avec son niveau d'ingénieur, il ne comprend pas ces choses et qu'il ne parvient même pas à se les expliquer. Lui sait comme beaucoup d'autres, que cela fait bien longtemps que cette race d'extraterrestres visitent la région. Ils sont venus d'abord avec des disques comme celui qu'il a aperçu, et plus tard, on les a vus arriver à bord d'engins ressemblant davantage à des avions. Comme Kapetanovic s'en étonne, Perez lui assure que leurs nouvelles machines volent encore plus rapidement que les précédentes et qu'elles sont d'ailleurs très différentes, puisque leurs dimensions sont inférieures à celles des disques. Outre cela, elles sont dotées d'ailes qui peuvent s'étendre et se replier à volonté comme celles des oiseaux. D'autres modèles ont été vus, qui sont encore différents. Certains ressemblent à des cigares. D'autres à des sortes de papillons ou à des feuilles de chêne. Pour ce qui est des disques, il précisera qu'ils ont la particularité de s'élever d'abord lentement au-dessus du sol, avant de disparaître à une vitesse vertigineuse vers l'horizon, alors que ceux qui ressemblent à de petits avions se volatilisent en un instant, comme par magie. Les gens les ont d'ailleurs baptisés « viento » - le vent. Ces « viento » surgissent parfois tout aussi subitement qu'ils disparaissent, sans qu'on les ait aperçus auparavant. Ce qui est également surprenant, c'est que leurs occupants apparaissent tout aussi soudainement, comme s'ils émergeaient du sol. Sa tirade laissera Kapetanovic quelque peu surpris, car il ne s'attendait pas à de telles révélations de la part de cet employé qui lui a toujours paru sensé.

Intarissable, le jeune homme va poursuivre ses explications et ajouter avec honnêteté que certains pensent tout de même parfois qu'il s'agit d'avions militaires, puisqu'ils volent à des vitesses hypersoniques. Toutefois, ceux qui les ont vus replier leurs ailes ou les déployer ou bien encore déclencher la pluie dans un ciel sans nuages et produire encore bien d'autres miracles, sont persuadés qu'ils sont plutôt des anges gardiens du ciel. Il dira encore que tous ceux qui se trouvent à bord de ces vaisseaux ont invariablement prétendu venir d'Apu et qu'ils ressemblent généralement à ceux qu'ils ont ensemble rencontrés dans la montagne. Il insistera à nouveau sur leur bonté et l'aide qu'ils apportent aux bergers, ainsi qu'à tous ceux qu'ils croisent. À un moment, il avouera tout de même ne pas être absolument certain de ce qu'ils sont exactement et de la raison de leur présence dans la région.

Il prétendra enfin les avoir rencontrés pour la première fois l'année précédente, en allant rendre une visite à un ami dans le Rio de Kitaraqsa, qui lui a proposé spontanément d'aller voir leurs fameux petits avions. Ce jour-là, ce fut une chance pour lui, car généralement les gens n'en parlent jamais facilement. Ils craignent en effet que les autorités gouvernementales ne l'apprennent et que les militaires viennent alors pour les arrêter. Et ça, les paysans et les bergers ne le veulent pas, car ces hommes venus des étoiles qui ont des pouvoirs surhumains, sont vraiment très gentils avec eux.

Quelques jours plus tard, Adrian Perez lui présentera des coupures de presse et des documents évoquant le sujet des ovnis. L'ingénieur ne manquera pas alors de remarquer que certains d'entre eux rapportent que les grandes puissances se rejettent entre elles la paternité de ces disques volants. Ceci va naturellement le conforter dans sa conviction que les personnages qu'il a rencontrés sont bien des espions. Afin de ne pas inquiéter sa famille et éviter de passer pour un fou, il n'en dira rien à son épouse et gardera secrète sa rencontre. Durant quelque temps, il renoncera aussi à ses balades dans les zones de haute montagne. Très vite hélas, ses randonnées en montagnes lui manqueront. Adrian Perez étant parti en voyage, ce sera donc avec Quispe, un autre employé de la centrale qui connaît parfaitement bien la région, qu'il fera désormais équipe.

Des extraterrestres guérisseurs

Le 15 mai 1960, alors qu'ils s'apprêtent à partir, le temps est à la pluie. Toutefois, Quispe est si enthousiaste à l'idée de cette randonnée que l'ingénieur décide de ne pas y renoncer. Il va bien vite découvrir que son nouvel équipier est bien plus agile et tonique que le précédent et il se frotte donc les mains en se disant qu'il va en voir deux fois plus avec lui.

Alors qu'ils ont fait une halte, il va remarquer que son compagnon scrute la montagne dans une direction bien précise. Puisqu'il semble chercher quelque chose, il va lui demander ce qu'il regarde. Un peu hésitant, le jeune homme va répondre que dans ces montagnes, il se passe parfois de curieuses choses, mais qu'il est cependant préférable de ne pas en parler si on ne veut pas passer pour un fou. Comme Kapetanovic insiste un peu et qu'il a promis de ne pas se moquer de lui, il finira par lâcher que les évènements liés à la vie sur la planète et les problèmes qui l'affectent, le touchent beaucoup. Un peu gêné, il ajoutera encore qu'à l'endroit où ils se trouvent, il arrive souvent que l'on y rencontre des personnages disant provenir d'un monde très lointain, qu'ils nomment « Apus ». Narquois, l'ingénieur répondra qu'il est parfaitement au courant et qu'ils volent d'ailleurs dans différentes sortes de vaisseaux. Pris de court, Quispe semblera surpris qu'il en sache autant et surtout qu'il prétend les avoir rencontrés. Mis en confiance par cette révélation inattendue, il va donc entreprendre de lui conter par le menu, ses rencontres avec les êtres venus des étoiles.

En poursuivant leur randonnée, ils vont atteindre une grande cabane de rondins au toit de chaume où vit une famille d'Indiens Quechuas. Des bergers, comme tous les autres. Ils vont se présenter à eux comme des chasseurs de pumas, ce qui aura pour effet de ravir celui qui les accueille, car nombre de ses bêtes ont été récemment dévorées. Un peu plus loin, une poignée d'hommes, d'enfants et de femmes sont assis autour d'un grand feu. À leur approche, les enfants apeurés vont aller se cacher dans les jupes de leurs mères, ce qui va mettre l'ingénieur plutôt mal à l'aise. Alors qu'il vient d'offrir les caramels qu'il avait au fond d'une poche à l'une des mères, il va s'apercevoir qu'une grosse larme roule sa joue. Quispe qui, comme Adrian Perez parle parfaitement le quechua, va aussitôt lui expliquer que ce n'est pas l'émotion du présent qui la fait pleurer mais la gravité de l'état de l'un de ses enfants. Un homme qui est peut-être le père, va alors préciser que l'enfant a fait une chute dans les rochers et qu'il s'est cassé le bras et quelques côtes.

L'ingénieur va le suivre dans la cabane et ce qu'il va y découvrir va l'horrifier. Le gamin qu'il aperçoit allongé sur un lit de foin, semble inconscient. Son visage est couvert de bleus et de plaies infectées. Pire encore, ses lèvres gonflées laissent dépasser une langue démesurée. Kapetanovic qui lui a pris le pouls, est affolé car les battements de son cœur sont presque imperceptibles. Aussitôt, il va proposer de faire venir des médecins depuis l'hôpital de Huallanca. En l'apprenant, la mère va se mettre à pousser des hurlements. Déchaînée, voilà maintenant qu'elle hurle sur Quispe et le menace du doigt. En poussant Kapetanovic hors de la masure, elle va aussi chuter lourdement sur sol. À peine relevée et toujours aussi en rage, elle va se jeter sur lui et lui plaquer les mains sur les yeux, tout en hurlant des mots qu'il ne comprend pas. Quispe va le rassurer aussitôt. En fait, elle ne veut pas le frapper. Elle dit simplement que les dieux du ciel vont venir pour guérir son fils et qu'il ne faut surtout pas qu'il fasse venir les médecins. À ce moment, Kapetanovic pense qu'elle évoque des rituels magiques, mais le jeune homme va répliquer que cela n'a rien à voir et que ce qu'il va découvrir risque certainement de l'intéresser.

Effectivement, quelques instants plus tard, un petit avion va surgir de la couche nuageuse. Après être lentement descendu à la verticale, il va venir atterrir en douceur et sans le moindre bruit, au milieu des chèvres et des moutons. Comme son idée fixe ne l'a pas lâché, l'ingénieur pense évidemment que des militaires vont en débarquer, mais c'est en fait un personnage vêtu d'une combinaison spatiale qui va émerger de l'appareil. Même si son physique est un peu différent de celui des personnages qu'il a déjà croisés, il a, lui aussi, une apparence bien humaine. De race blanche, il n'est pas très grand et ses épaules sont cette fois semblables à celles des Terriens. Mais ce qui va vraiment le stupéfier, c'est qu'il se dirige droit vers leur petit groupe, non pas en marchant, mais en glissant à quelques centimètres au-dessus du sol. Lorsque Quispe, un peu ébahi lui aussi, va lui demander pourquoi il se déplace ainsi, le personnage dont le menton est singulièrement proéminent, va répondre tranquillement que c'est pour ne pas endommager les cellules de l'herbe de la prairie ! Dans l'instant, les animaux, chiens, chèvres et moutons vont se précipiter vers lui, comme s'ils étaient heureux de le voir.

En se retournant, Kapetanovic va constater que les Indiens se sont tous agenouillés, y compris les enfants. Les paumes de leurs mains cachant leurs visages, ils se sont tous respectueusement inclinés vers le sol. En dépit de ce qu'il vient de voir, l'ingénieur reste tout de même convaincu de ce que le curieux personnage est un espion bien terrien. On ne se refait pas ! Un détail va tout de même un peu le stupéfier car, s'il a l'apparence d'un homme, une paire de seins pointe sous sa combinaison. Il s'agit donc d'une femme ! Elle va aussitôt faire signe aux Indiens de se relever et se diriger sans un mot vers la cabane. Un instant plus tard, elle va en ressortir avec l'enfant inconscient dans les bras, qu'elle va emmener jusqu'au vaisseau. Les minutes vont s'écouler et personne ne bougera, hormis les chiens qui continueront de s'agiter tout autour d'eux.

L'ingénieur est profondément agacé par ce qu'il voit. Il pense que ces pauvres gens innocents et incultes sont en train de se faire berner en prenant leur sauveur pour un dieu, alors qu'à l'intérieur du vaisseau, il doit y avoir un bloc opératoire sophistiqué dont le gamin ressortira bandé et encore inconscient, une fois opéré. Or, ce n'est pas exactement ce qui va se passer puisqu'après un court moment, le petit garçon va descendre prestement l'échelle du vaisseau et se mettre à courir vers l'assemblée qui va d'une seule voix hurler sa joie. À sa plus grande stupeur, Kapetanovic va aussitôt remarquer que son visage ne présente plus la moindre trace de blessure et qu'il respire manifestement la santé. Il est tellement surpris par ce qu'il voit, qu'il ne peut s'empêcher de lui prendre le bras qu'il a vu brisé, pour le palper. Mais force est de constater que ce bras est guéri et ne présente plus aucune trace de blessure externe ou interne, pas même la cicatrice d'une opération.

Alors que l'enfant est en train de dévorer avec appétit l'assiette de nourriture que sa mère lui a apportée, l'étrange infirmière les a rejoints. Elle est accompagnée d'un autre personnage. Tous deux sont souriants et leur regard est amical, presque affectueux. Ils vont expliquer à la petite assemblée soudainement redevenue silencieuse, qu'elle doit essayer de retenir tout ce qu'ils viennent de faire. Kapetanovic rapportera plus tard qu'à ce moment, la femme et son compagnon s'exprimaient en langue quechua. Ce qui va toutefois le laisser bouche bée, c'est alors qu'habituellement il ne comprend pas un mot de cette langue, il constate désormais que leur discours est tout à fait compréhensible pour lui. En fait, c'est comme s'il entendait simultanément la traduction des mots dans sa langue maternelle. Le phénomène va tellement le surprendre, qu'il va d'ailleurs s'assurer auprès de Quispe qu'il ne se trompe pas. Celui-ci va le tranquilliser et lui confirmer qu'il entend bien et que c'est exactement ce qui est en train de se passer. Kapetanovic va alors lui demander comment ils parviennent à faire cela. Ont-ils un dispositif spécial pour arriver à cela ? Le jeune homme répondra qu'il n'en a pas la moindre idée mais qu'ils lui ont dit une fois, que c'était à cause des ions positifs.

Invanka

À un moment, l'étrange infirmière va se présenter à l'ingénieur et déclarer qu'elle se prénomme Ivanka. Quand elle lui demandera aimablement quel est son nom, il lui répondra sèchement. Après tout, pourquoi être aimable avec cette prétendue extraterrestre qui ne peut être en fait qu'une espionne ? Lui sait parfaitement qu'Ivanka est un prénom européen ! Du coup, il va la soumettre à un interrogatoire en règle. Pour l'occasion, il adoptera un ton plus courtois, afin de l'inciter à répondre. Sans jamais se départir de son sourire, elle lui expliquera qu'elle n'appartient à aucun pays de la Terre et qu'elle est en quelque sorte une citoyenne universelle du monde, sœur de tous ceux qui y vivent. Lui va répliquer qu'il n'en croit pas un traître mot mais qu'il admet tout de même que la guérison qu'elle a apportée au petit garçon est un beau geste de miséricorde. Ceci dit, comment a-t-elle pu le remettre sur pied en si peu de temps ? N'aurait-elle pas hypnotisé tout le monde pour donner l'illusion de cette guérison ? Tranquillement et en le regardant droit dans les yeux, elle rétorquera que si elle n'a pas encore réussi à éliminer les doutes qui emplissent son esprit, elle va désormais s'y employer.

C'est ainsi qu'il va l'entendre dire à nouveau qu'elle est citoyenne de toutes les parties de l'Univers et sœur de tous les êtres qui l'habitent. Qu'elle vient d'Apu et que les Apuniens ont pour devoir et mission de protéger la vie cellulaire et d'aider tous les êtres de la Création qu'ils croisent sur leur chemin. Leur amour, leur compassion et leurs connaissances sont destinés à tous. *« Parce que nous sommes une partie de tout ce qui existe dans l'Univers »*, ajoutera-t-elle. Comme lui réplique que tout cela est un bien joli mais que cela n'explique pas pour autant comment elle a guéri l'enfant, elle va s'excuser et préciser qu'ils disposent de diverses méthodes de soins, dont la plus efficace est la désintégration et la réintégration. Le procédé consiste à désintégrer les cellules malades ou abîmées du patient, puis à réintégrer des cellules neuves et saines dans son corps, afin de les remplacer. Comme il s'en étonne, elle dira que ce n'est pas un problème car eux, les Apuniens, ont appris à décomposer l'atome dans ses plus infimes parties. C'est ainsi qu'ils ont découvert le secret de l'immortalité et qu'ils savent bien entendu aussi, parfaitement maîtriser et utiliser les ions positifs. Quand il demandera comment se nomme la plus petite partie d'un atome, elle répondra simplement « minimus ».

Le prodige

Quoiqu'Invanka puisse expliquer, il n'en démord pas : tout ce qu'il voit et entend ne peut être qu'une mise en scène bien ficelée, destinée à le convaincre qu'elle et tous ceux qu'il a déjà rencontrés, sont des extraterrestres. S'ils sont vraiment ce qu'ils prétendent être, et bien qu'elle le prouve. Il veut le voir de ses yeux ! Il va alors lui demander de lui faire une petite démonstration de sa fameuse « désintégration-réintégration ». Tout sourire, elle va lui répondre que ce sera avec le plus grand plaisir et lui demander de regarder avec attention les moutons qui sont en train de paître face à eux. Comme il est persuadé qu'elle va hypnotiser l'assemblée afin de la leurrer, il va alors demander à Quispe de bien regarder, afin de pouvoir vérifier s'ils voient tous les deux la même chose en même temps. Le jeune homme va accepter tout en lui demandant de se calmer un peu, car il commence à trouver qu'il dépasse les limites. S'il ne veut pas croire ce qu'il voit, c'est tant pis pour lui. En attendant, lui les a déjà vus faire des choses qui dépassent l'entendement. Il risque donc d'être surpris par ce qu'il va voir.

Effectivement ce qui va se produire a de quoi surprendre, puisque les moutons vont tout à coup disparaître, pour être remplacés dans l'instant par des fleurs et des buissons dont certaines espèces sont inconnues au Pérou. Devant ce nouveau prodige, les Indiens vont de nouveau tomber à genoux, la tête baissée, comme s'ils priaient, Quispe y compris. Quand Ivanka lui demandera ce qu'il voit dans la prairie, Kapetanovic répondra sur un ton désagréable qu'il est en train de voir ce qu'elle veut bien qu'il voit, puisqu'il est toujours aussi persuadé qu'elle les a tous hypnotisés. Cette réflexion de trop fait bouillir Quispe de colère. Kapetanovic a beau être son supérieur hiérarchique, il n'hésite pas cette fois à lui lancer un regard réprobateur qui en dit long sur ce qu'il pense de ses manières déplacées.

De son côté, Ivanka ne semble pas le moins du monde s'en offenser. Elle va ainsi très aimablement lui demander s'il veut maintenant qu'elle fasse revenir chèvres et moutons. Énervé, il va lui répondre avec insolence *« Changez-les en colombes! »*. Elle va alors tendre les mains vers la prairie qui va immédiatement se couvrir d'une nuée de colombes, après lesquelles les chiens vont se mettre à courir pour les faire s'envoler. Aussi curieux que cela puisse paraître, c'est leur réaction qui va enfin interpeller Kapetanovic. Pouvoir hypnotiser les gens avec une certaine pratique, c'est faisable, mais avoir aussi la capacité d'hypnotiser des chiens, c'est tout autre chose !

Après l'avoir regardé droit dans les yeux, Ivanka va alors tendre les mains vers les colombes qui vont, dans la seconde, se transformer en chèvres et en moutons. Kapetanovic ne manquera pas de remarquer que les chiens, dépités, reviendront immédiatement pour se coucher aux pieds des bergers. C'est à ce moment qu'un petit garçon va se précipiter vers l'ingénieur pour lui demander s'il peut faire revenir les colombes. À ce moment, un faucon va faire son apparition dans le ciel et venir se poser sur l'épaule de l'enfant. Tout joyeux, le petit pourra le caresser longuement sans qu'il ne s'envole, comme s'il était apprivoisé. Après ce nouveau prodige, Ivanka va demander à Quispe pourquoi il s'est agenouillé avec les autres. Lui, répondra avec respect que c'est parce qu'elle a fait un grand miracle. Gentiment et en lui prenant la main pour l'aider à se relever, elle répondra doucement qu'il se trompe, car chacune des personnes de cette assemblée serait parfaitement capable de faire la même chose, pour peu qu'on le lui ait appris.

Après cela, elle va lui confier la mission d'annoncer maintenant et en son nom à tous ces braves gens, que les Apuniens ne font jamais de miracles et que leurs connaissances ont simplement été acquises au fil du temps, du fait de leurs travaux sur l'atome. Elle va ensuite présenter le personnage resté en retrait qui l'accompagne: *« Ceci est mon compagnon de voyage. Son nom est Pedro. Depuis de nombreuses années, nous avons voyagé ensemble dans l'espace »*. Kapetanovic va échanger alors une poignée de main avec ce Pedro, qui lui aussi a l'air tout à fait humain et qui va alors lui déclarer: *« Je ne vais pas vous oublier »*. Comme l'ingénieur a affiché un air surpris, tout en faisant mine de ne pas avoir bien entendu, Ivanka précisera qu'il vient simplement de lui dire *« merci »*, en langue apunienne.

Même s'il n'en laisse rien paraître, autant le dire, l'ingénieur est tout de même singulièrement troublé par tout ce qu'il vient de voir et son esprit tourne bien vite. C'est à ce moment qu'Ivanka va lui proposer une visite du vaisseau qu'il va accepter. En se dirigeant vers l'engin, il remarque que cette fois, elle ne se déplace pas en glissant au-dessus de l'herbe mais qu'elle marche normalement. Toutefois et en y regardant près, il va constater que sous ses pas comme sous ceux de Pedro d'ailleurs, l'herbe ne plie jamais…

À bord d'un vaisseau

L'engin qui se trouve en sustentation à environ soixante-dix centimètres au-dessus du sol ressemble vraiment à un petit avion au fuselage court. L'Apunienne lui précise que ses ailes sont repliables et que sa vitesse de croisière dans l'espace peut atteindre le million de kilomètres à la minute. Quand ils vont s'en approcher, la porte qui se trouve placée entre les ailes et la queue va coulisser automatiquement. L'intérieur du vaisseau est composé d'un espace ovale, plutôt vaste et dénué d'angles. Des écrans couvrent ses parois. Après l'avoir fait asseoir dans un confortable fauteuil, Ivanka va lui présenter un autre de ses compagnons qu'elle va nommer Alif. Celui-ci va simplement lui dire que s'il a une telle impression de confort, c'est parce que son corps ne pèse plus que quatre-vingts grammes, du fait de l'absence de gravité qui règne dans l'habitacle.

Sans transition, Ivanka va lui révéler qu'elle a rejoint la planète Apu quarante-sept ans plus tôt. Elle n'est donc pas Apunienne de souche, mais bien Terrienne, tout comme lui. Mieux encore, ils sont même compatriotes puisqu'elle est originaire de Dubrovnik en Yougoslavie ! Sur Apu, elle est désormais très heureuse et n'a aucun regret d'avoir quitté la Terre car sa vie y a été très difficile du fait de la pauvreté et de l'égoïsme des humains. Elle précisera alors que ses parents l'ont purement et simplement abandonnée alors qu'elle n'était âgée que de dix ans.

Avec tristesse, elle soulignera encore que l'argent est la source de tous les maux sur Terre et notamment des guerres. L'autre grand fléau, étant l'exploitation organisée par certains individus au détriment des autres. Leurs conséquences en sont particulièrement tragiques, puisque cela retarde considérablement l'évolution de la civilisation terrienne et les progrès qu'elle pourrait faire pour corriger les phénomènes naturels qui sont si préjudiciables à la vie cellulaire. Elle va aussi se lancer dans une diatribe sévère à propos de l'argent, en soulignant que si comme sur Apu et d'autres planètes, on venait à s'en passer sur la Terre, la vie n'en serait que plus fraternelle et heureuse. Ce serait ainsi la fin des guerres incessantes que les Terriens se livrent depuis la nuit des temps. Si ceux-là parvenaient donc à éliminer leurs créations négatives et à prendre enfin conscience que leur destin est entre leurs mains, ils vivraient alors en paix et pourraient alors collectivement unir leurs forces afin de lutter contre les maladies. Ils parviendraient alors repousser l'échéance de la mort et à corriger la négativité résultant des phénomènes naturels comme, par exemple, la négativité du rayonnement solaire. À plusieurs reprises, Ivanka insistera sur le fait que tant la civilisation terrienne, qui a connu un développement considérable depuis le début du XXe siècle, ne comprendra pas l'importance de s'unir fraternellement, son évolution n'en sera que ralentie et la souffrance continuera de régner.

À un moment, Victor Kapetanovic va remarquer que Quispe pianote sur un clavier. Il semble manifestement bien connaître le maniement de certains équipements du vaisseau. Sur l'un des écrans vont à ce moment apparaître des scènes difficiles survenues sur Terre, qui illustrent à point nommé les propos d'Ivanka. En les regardant, Kapetanovic qui décidément n'en démord toujours pas, se dit que ce doit être encore une de leurs manigances, destinée à lui brouiller l'esprit. Comme s'il avait lu dans son esprit, Pedro va s'avancer vers lui et lui dire qu'il se trompe et que ce n'est pas du tout ce qu'il pense. Il précisera alors que les écrans reçoivent des ordres par la pensée, puis il expliquera que les scènes qui sont en train de défiler sur l'écran sont bien réelles et que les ions positifs ne mentent pas. Ainsi, lorsqu'un écran a reçu l'impulsion d'une pensée pour s'allumer, il montre des images correspondantes à cette pensée, mais qui ne sont pas toutefois des créations de cette pensée. Ivanka va ajouter que d'ailleurs, s'il veut voir le film de sa vie, il lui suffit d'en donner l'ordre à l'écran par une simple pensée.

C'est évidemment ce que Kapetanovic va s'empresser de faire, afin de vérifier ce qu'il en est. En se remémorant sa naissance et son enfance, il va alors aussitôt apercevoir des scènes très réalistes de sa vie défiler sur l'écran. Et le plus incroyable, c'est qu'elles correspondent vraiment à la réalité ! À son grand étonnement, l'écran va également lui montrer nombre d'évènements survenus durant la seconde guerre mondiale, dont il ignorait totalement l'existence. C'est ainsi qu'il verra comment certains de ses amis ont tragiquement perdu la vie. Sans se soucier de l'émotion qui vient de le gagner, Ivanka va poursuivre son discours en évoquant, une à une, les solutions qui permettraient une évolution plus rapide de la société terrienne et seraient susceptibles de mettre fin à tous ses problèmes.

À un moment, Pedro et Alif vont quitter le vaisseau et quelques instants plus tard, Ivanka va lui demander de regarder un autre écran qui vient de l'allumer. L'ingénieur va alors apercevoir les deux Apuniens debout près de l'engin. Tout à coup, ils vont prendre leur envol comme il l'avait déjà vu faire par un des leurs. Stupéfait, il les contemplera en train de zigzaguer autour des sommets enneigés à la vitesse d'un avion, montant et descendant comme le feraient des oiseaux. Une fois de plus, il sera sidéré par la précision de leurs figures et plus encore par l'impression qu'il éprouve cette fois de se trouver à leurs côtés, comme s'il y était vraiment.

De son côté, Quispe visionne un écran sur lequel se déroulent désormais des scènes antiques, comme s'il était chez lui à regarder tranquillement la télévision. En s'approchant, Kapetanovic apercevra Hélène de Troie, dont il va découvrir la personnalité autant que la beauté impressionnante. D'autres épisodes de l'histoire humaine lui seront encore montrés, dont beaucoup sont sortis des mémoires au fil du temps, ce qui fera dire à Ivanka que l'humain ignore beaucoup de choses de son passé, qui ont malheureusement été détruites par des guerres.

Le secret des murs cyclopéens

Puis elle va lui demander de visionner un autre écran où il peut voir maintenant Alif et Pedro perchés sur un grand mur situé sur l'un des sommets de Champara. Il est fait d'énormes blocs de pierres, de plus de dix mètres de haut pour certaines. Comme il va demander de quoi il s'agit, Ivanka va lui révéler qu'il est tout simplement en train de contempler les ruines de l'antique cité apunienne de Simi, édifiée avant que la planète Apu ne soit détruite par une explosion survenue dans des temps immémoriaux. À l'en croire, Simi aurait été la plus grande ville que les Apuniens aient jamais construite sur la planète Terre. Elle aussi aurait été anéantie par des explosions cataclysmiques. Certains de ses débris auraient été projetés dans l'espace tandis que d'autres seraient encore enterrés profondément sous la terre.

Puis, Ivanka va lui demander de regarder un autre écran, en précisant que ce qu'il va pouvoir contempler n'est autre que la vie d'alors, dans la belle cité de Simi. Il va alors apercevoir de larges rues bordées de maisons ne dépassant pas les deux étages. Ces bâtisses sont faites de pierres cyclopéennes. Parfois même, une seule de ces pierres gigantesques, peut composer un mur entier de l'une d'entre elles. Alors qu'il se demande comment de tels blocs ont pu être déplacés et s'ils avaient des machines adéquates pour ce faire, Ivanka va répondre qu'en fait les Apuniens de cette époque avaient développé des facultés psychiques phénoménales et que parmi celles-là, figurait la capacité de vaincre la gravité. Ainsi, par le simple effet de la pensée, ces gigantesques blocs pouvaient être transportés sans difficulté à l'endroit désiré. Il y avait toutefois une autre manière de procéder, mais bien moins commode. En l'occurrence, le fameux procédé de « désintégration – réintégration », qui n'était utilisé que dans des cas bien spécifiques.

À peine aura-t-elle fini de prononcer ces paroles que Kapetanovic va voir apparaître sur l'écran, une scène où des blocs de pierres « dégravités » sont en train de se déplacer en flottant en l'air, comme s'ils étaient poussés par le vent. On lui montrera également des scènes de la vie d'Alexandre le Grand qui vont le laisser ébloui. Au moment de partir, il va croiser Pedro et Alif de retour de leur vol, qui vont lui lancer d'une seule voix : *« Tout pour les autres ! »*. Comme il est toujours plus ou moins convaincu de ce que cette phrase étrange doit être une sorte de code compris seulement d'eux, Ivanka qui a capté ses pensées, rectifiera en disant que c'est en fait la manière apunienne de dire « au revoir ».

Le « parapluie magique »

Quand ils vont sortir du vaisseau, il fait déjà nuit noire. Quispe est désespéré car marcher dans le noir durant plusieurs heures, qui plus est sous la pluie de l'orage qui vient de se déclarer, il ne s'y voit vraiment pas. Il songe donc très sérieusement à demander l'hospitalité à ses amis stellaires, afin de pouvoir passer la nuit dans leur vaisseau.

Dans l'instant, celui-ci va se mettre à diffuser un mystérieux rayonnement qui aura pour effet d'attirer les bergers. Ils se sont d'ailleurs regroupés tout autour de lui. C'est alors que Pedro va leur proposer de les raccompagner. Comme l'on peut s'en douter son offre sera chaleureusement acceptée. Kapetanovic va alors le voir appuyer sur l'un des boutons de sa combinaison et comme par magie, un arc d'énergie va se former. Culminant à un bon mètre au-dessus de sa tête, il va former une sorte de grand parapluie sous lequel Quispe et l'ingénieur vont venir se réfugier et miraculeusement, la pluie qui tombe en averse ne les atteindra plus. Cette étonnante protection a également l'avantage de diffuser un éclairage permettant d'y voir comme en plein jour. Que demander de plus ? Pedro va leur expliquer qu'il s'agit d'une cape d'ions positifs qui va de surcroît protéger leurs cellules. Le chemin du retour sera donc des plus aisé et durant tout le parcours, Kapetanovic se demandera quelle nation a bien pu inventer une telle technologie…

Alors qu'ils se rapprochent de Huallanca, il va se rendre compte de ce que Pedro ne porte plus sa combinaison et qu'il est désormais vêtu comme un berger et chaussé de bottes de caoutchouc. Il n'en revient pas et lui demande comment il a pu réussir un tel exploit, puisqu'ils ne se sont pas arrêtés une seule fois en chemin. L'Apunien va lui répondre qu'il a de nouveau utilisé le procédé de « désintégration-réintégration », afin de faire disparaître sa combinaison au profit de vêtements plus adaptés, qui lui permettront de ne pas se faire repérer. Comme Kapetanovic rétorquera qu'il aurait finalement été plus simple de désintégrer celui qui les croiserait, Pedro semblera aussi bouleversé que si on lui avait annoncé une catastrophe.

L'air navré, il lui répondra qu'il ne faut surtout pas avoir ce genre de pensée et que les Apuniens ne diraient, ni même ne penseraient jamais une telle horreur, eux qui ont dédié leur existence au service des autres et à la vie.

Aux abords de la ville, il va leur annoncer qu'il doit maintenant les abandonner. En leur serrant la main et après avoir prononcé la phrase rituelle *« Tout pour les autres »*, il va se volatiliser dans la seconde. Ebahi, Kapetanovic demandera à Quispe s'il a vu la même chose que lui. Pas plus étonné que cela, il répondra simplement qu'il s'est désintégré et lorsqu'il le questionnera sur ce qu'il pense de ses amis les Apuniens, l'ingénieur lui avouera qu'il a encore du mal à croire qu'ils sont vraiment des extraterrestres, même s'ils ont l'air a priori d'être de bonnes personnes. Découragé, Quispe va lui faire remarquer que ce qu'il a pu voir n'est tout de même pas banal : connaît-il une seule nation sur Terre qui serait capable de telles prouesses technologiques et disposant de telles connaissances ? Toujours aussi buté, l'ingénieur se contentera de répliquer que tous les deux ont certainement été hypnotisés, voire peut-être victimes d'un tour de magie.

En entendant cela, le jeune a les bras qui lui en tombent. Que lui faut-il de plus ? Et quand son chef va l'aviser de ce qu'il est dans ses intentions de les dénoncer à la Police, il va fort mal le prendre jusqu'à devenir menaçant. Soudain pris d'une rage folle et oubliant à qui il s'adresse, il va lui dire tout ce qu'il a sur le cœur. Il les a vus sauver un enfant mourant et réaliser des choses prodigieuses, tout de même ? Ce n'est pas rien ! Qui sur cette Terre, aurait la capacité de faire de même ? Kapetanovic aura le plus grand mal à le calmer.

La dénonciation

De retour chez lui, l'ingénieur va longuement réfléchir à toute cette histoire, pour finalement conclure qu'il n'a certainement pas l'intention d'être tenu un jour pour complice de quelque délit que ce soit. Et c'est ainsi que de ce pas, il va se rendre au Commissariat de Police tout proche de chez lui, afin de dénoncer cette affaire qui ne lui semble vraiment pas très catholique.

Il sera reçu par le chef qui va l'écouter attentivement relater par le menu tout ce qui lui est arrivé. Bien entendu, il s'attendait à voir son interlocuteur offusqué par ses propos, mais au fur et à mesure de son récit, il se rend compte de ce que ce n'est pas exactement ce qui est en train de se produire. L'homme qui a d'abord eu l'air surpris, semble désormais troublé et en tout cas, pas le moins du monde choqué. Interloqué, il finit par lui demander ce qu'il en pense. Les yeux brillants, le sergent lui répond qu'il lui vient de lui raconter des merveilles en lui annonçant la venue dans leur pays de ces étonnants extraterrestres. L'ennui, c'est qu'il se demande maintenant comment il va pouvoir présenter la chose à ses supérieurs. Et tout à coup, voilà que le petit fonctionnaire se déchaîne. Bien sûr qu'il a raison, il faut les capturer ces extraterrestres et leur envoyer l'armée avec ses avions, ses troupes, ses canons et ses chars ! *« Ce serait un exploit que nous pourrions vous attribuer grâce à vos précieuses informations ! »* hurle-t-il. Puis reprenant son calme, il va lui conseiller de rentrer chez lui et d'aller se reposer.

Kapetanovic qui a maintenant saisi que l'autre venait de se payer sa tête ne va pas en rajouter et se lever. Son orgueil sera encore un tantinet froissé quand il l'entendra déclarer aux deux fonctionnaires de service de le laisser aller, car il est complètement ivre. Après cette déception qui vient de lui démontrer que l'on ne peut vraiment pas compter sur les autorités, il décidera de se taire et de garder tout cela pour lui à l'avenir.

Une nouvelle rencontre avec Ivanka

Le 4 juin 1960 vers 10 heures du matin, notre homme chemine d'un bon pas sur un sentier dominant le Canyon du Canard, non loin de Huaylas. Comme il crapahute déjà depuis cinq heures, il décide de faire une halte pour se reposer. Alors qu'il observe à la jumelle les sommets environnants, il remarque à un bon kilomètre de distance, un vaisseau semblable à celui d'Ivanka. Comme il est seul ce jour-là, cette apparition ne l'enthousiasme pas plus que cela. Toutefois, la curiosité aidant, il décide de s'en rapprocher. Alors qu'il n'est plus qu'à une centaine de mètres, il constate que l'objet s'est posé près d'une grande faille et que non loin, un groupe de personnes semble discuter. Il le rejoindrait bien, mais il ne parle pas le quechua. Et ce jour-là il n'a pas la chance d'avoir un interprète pour traduire.

Arrivé à une dizaine de mètres de la petite assemblée, il va se retrouver nez à nez avec un inconnu semblant surgi de nulle part. Le voilà surpris et même inquiet mais en marchant, le personnage va le rassurer en lui disant que sa présence ne va pas les déranger. Ils sont en effet très heureux, car ils sont en pleine investigation pour parvenir à la vérité et obtenir un résultat positif. Quoiqu'il se soit exprimé en espagnol, Kapetanovic n'a strictement rien compris au sens de ses paroles. Qu'a-t-il voulu dire par-là ? C'est à ce moment que la porte du vaisseau va s'ouvrir et qu'Ivanka va apparaître.

Elle l'accueillera en souriant tout en lui disant qu'elle est heureuse de le revoir. Ceci fait, elle va lui présenter l'homme qui l'a accompagné jusqu'à l'engin, en précisant qu'il se nomme Zen et que, lui aussi, est Apunien. Elle ajoutera qu'il peut d'ailleurs difficilement en être autrement, puisque rares sont les autres races extraterrestres qui visitent la Terre. D'après elle, les autres civilisations stellaires ne la trouveraient pas très intéressante alors qu'eux, les Apuniens, la considèrent telle une partie d'Apu et ses habitants comme leurs frères.

Puis elle va le faire monter dans le vaisseau et lui proposer de s'installer face à elle dans un grand fauteuil qu'elle lui désigne. D'entrée de jeu, elle va lui annoncer qu'elle ne pense pas que la dénonciation qu'il a faite au commissariat va leur poser problème, tout en soulignant qu'il a même eu un comportement normal en agissant de la sorte. Elle a l'air sincère tandis que lui se sent très mal à l'aise. En réalité, il est paralysé par la peur et se demande ce qui va lui arriver. Comment a-t-elle pu avoir vent de sa trahison ? Peut-être par le sergent auquel il s'est confié, qui serait alors un de leurs complices ? En voyant son air déconfit et soucieux, Ivanka va éclater de rire et le rassurer aussitôt.

Personne ne lui en veut de l'avoir fait et c'est même très compréhensible qu'il ait agi ainsi, vu les règles établies par sa société. Après tout, il n'a fait que s'y conformer. Si elles n'avaient pas existé, il aurait certainement procédé autrement. En attendant, l'ingénieur n'en mène pas large. Un peu hésitant, il va lui demander avec inquiétude, qui l'a dénoncé. Et oui, les dénonciateurs apprécient en général de savoir qui les a eux-mêmes dénoncés ! Ivanka ne répondra pas, prétextant que le sujet n'en vaut même pas la peine, que c'est déjà oublié et que personne ne s'en soucie plus. Mais l'ingénieur va insister : il veut savoir qui a pu faire chose pareille. Elle va alors lui suggérer de regarder l'un des écrans. Ainsi, il aura sa réponse.

Il va alors se voir avec Quispe en train de dire au revoir à Pedro à l'entrée de la ville, puis chez lui, en train de ressasser tout ce qui est arrivé et d'analyser ce qu'il y a lieu de faire. Mais le pire pour lui, sera de se contempler en grande conversation avec le sergent du commissariat, en train de raconter son histoire et de dénoncer lâchement les Apuniens. Et comme pour l'achever, il aura aussi droit, tant qu'à faire, à la séquence où le sergent et les gardes sont en train de se payer sa tête et de faire de mauvaises blagues à son sujet après son départ. Le voilà honteux, mortifié, avec la soudaine envie de disparaître sous terre. Ainsi qu'il l'écrira plus tard dans son premier livre, il se serait bien jeté dans un abîme pour ne pas avoir à croiser le regard d'Ivanka. Pourtant, ce regard n'est pas ironique et encore moins accusateur.

Constatant son mal-être, elle va venir s'asseoir à ses côtés et lui dire gentiment qu'il ne doit pas s'en vouloir autant et qu'il doit comprendre qu'en fait, il n'a rien fait de mal. Toujours aussi piteux, il se contentera de dire que s'il les a dénoncés, c'est parce qu'il ignorait qui ils étaient réellement et quelles étaient leurs intentions. Mais quand il va commencer à se lamenter parce que personne ne l'a cru et que pire encore, on a osé le prendre pour un imbécile, Ivanka va pouffer de rire en lui lançant qu'il pourrait bien crier au monde entier qu'il a vu des extraterrestres, personne ne le croirait ou du moins pas pour longtemps. Au fond, leur existence n'intéresse personne. Sur un ton plus sérieux, elle lui recommandera de ne plus jamais tenter de convaincre qui que ce soit de leur existence et de leur présence sur la Terre.

Après cet échange peu agréable, Kapetanovic va remarquer que Zen, l'Apunien qui l'avait conduit au vaisseau, est en train de manipuler une petite statuette représentant le personnage central de la Porte du Soleil de Tiahuanaco, un lieu sacré dédié au dieu créateur Viracocha, situé en Bolivie. En voyant sa surprise, le stellaire va le ranger prestement dans un grand tiroir qui s'est soudainement ouvert sous son fauteuil. Kapetanovic aura cependant le temps de voir qu'y sont entreposées d'autres statuettes de l'art sud-américain. C'est alors que le tiroir de son propre fauteuil va s'ouvrir. Il constatera qu'il contient des feuilles d'arbres, des écorces ou encore des pétales de fleurs. Ivanka lui montrera le contenu du sien et avec surprise, il y découvrira divers magazines, des livres et des échantillons de tissus. Elle lui expliquera que chaque fauteuil possède son tiroir. Quant à Zen, il ajoutera que tous leurs vaisseaux possèdent un double fond ainsi que des doubles parois du vaisseau qui le protègent des rayonnements spatiaux et permettent aussi le rangement.

L'ingénieur aura une conversation avec Ivanka concernant leur système de « désintégration-réintégration » après qu'il ait dit en riant, que ce serait tout de même plus pratique de désintégrer tous les objets que l'on veut ranger et de les réintégrer au moment où l'on en a besoin. Ce n'était qu'une boutade, mais le plus sérieusement du monde, elle va répliquer que ce serait parfaitement faisable puisqu'en effet chaque objet désintégré se réduit à l'état de particule. Soudain pensive, elle ajoutera que chaque instant du temps qui s'écoule, est différent dans sa forme et dans sa durée et que ceci résulte d'une loi naturelle voulant que rien ne soit identique d'un instant à l'autre, tout se transformant en permanence. Elle dira encore qu'eux, les Apuniens, sont parvenus à atteindre l'immortalité et à presque annuler le temps. Elle l'étonnera aussi en évoquant le voyage supraluminique ainsi que d'autres technologies apuniennes, capables de corriger la nature ou la négativité des choses. Il a du mal à suivre. En fait, son discours l'assomme prodigieusement et il se dit qu'il vaudrait mieux changer de sujet. Ivanka qui a certainement capté sa pensée, va alors reprendre la lecture d'un livre de poésie péruvienne qu'elle avait commencée lorsqu'il s'entretenait avec Zen.

C'est d'ailleurs maintenant à lui qu'il va s'adresser, en l'interrogeant sur les raisons de sa venue sur Terre. Sa question semble le réjouir et il va répondre avec empressement que chez un Apunien, l'aide aux autres est inscrite dans leurs gènes, puisqu'il est dans leur mission d'aider tous les êtres de l'Univers à protéger leurs cellules. C'est pourquoi ils visitent en permanence de nombreux endroits de l'Univers et la raison de leur présence sur la Terre. Aucun d'eux ne pourrait vivre s'il n'accomplissait pas cette mission et ne respectait pas ce précepte d'aide aux autres. Il dira encore que la fréquence de leurs visites dans certaines zones de la Terre dépend de l'importance du travail qu'il y a lieu d'y accomplir et qu'ils y viennent depuis bien avant que leur planète n'ait explosé.

La naissance de Cuzco

Ivanka va alors l'inviter à regarder un écran à la surface duquel défile une foule en marche. L'image va s'effacer pour laisser la place à d'autres. Désormais, l'écran montre des sphères, des disques ou d'autres engins ressemblant à des avions en train de voler au ras du sol, en projetant une sorte de vapeur qui fait disparaître un à un tous les obstacles, comme les arbustes ou les rochers. Après leur passage, ils vont laisser une zone immense, nettoyée de tout. C'est alors que vont apparaître, une à une, d'immenses pierres déjà taillées, en train de léviter qui vont venir se poser dans divers endroits et former peu à peu des bâtiments de toutes sortes. Les gigantesques pierres sont tombées une à une avec lenteur et peu à peu une ville s'est édifiée avec ses rues et ses maisons.

C'en est trop pour lui et comme l'obsession de la suggestion hypnotique l'a repris, il a préféré fermer les yeux. À ce moment, Ivanka va lui taper sur l'épaule. Tout en le fixant, elle lui dira qu'il peut continuer de croire que son imagination lui joue des tours, si tel est son choix, mais que ce qu'il vient de contempler est pourtant la réalité d'un évènement qui s'est déroulé il y a bien longtemps. Elle précisera encore que les lourdes roches ont été transportées par antigravitation, sur le lieu choisi pour édifier la ville. Après l'avoir courtoisement prié de bien vouloir regarder la suite, il verra la ville, une fois achevée. Entourée de forêts, elle est immense et vue de haut, elle a la forme d'un papillon géant. Ivanka précisera qu'ils l'ont baptisée Kutzak et ajoutera que bien plus tard, son nom sera transformé en Cuzco. À l'en croire, cette antique cité aurait été l'un des grands centres de débarquement pour les Apuniens venant sur Terre et aussi l'une de leurs trois plus grandes villes sur la Terre. C'est à Kutzak qu'ils auraient aussi développé la première industrie chimique sur Terre, avant qu'un déluge ne la dévaste.

Zen va alors prendre la parole à son tour et ajouter que l'égoïsme et l'ambition des Terriens d'alors, a provoqué des orages cataclysmiques qui ont rompu l'équilibre de la planète et provoqué des catastrophes terriblement destructrices. Un écran va s'éclairer où va alors apparaître une vue de la Terre, enveloppée d'une atmosphère couleur de rouille, zébrée d'éclairs monstrueux. Le stellaire va commenter en disant que des ouragans et des cyclones d'une puissance indescriptible ont soufflé au point de tout détruire, végétaux, animaux et humains. Simultanément, les pôles se sont déplacés, si bien que la planète a fini par basculer sur son axe. Les grandes pierres des bâtisses de Kutzak se sont descellées et ont roulé de part et d'autre et il n'est plus resté que des ruines de la somptueuse cité. Hélas, cette terrible catastrophe a aussi déstabilisé une partie du cosmos, causant ainsi de sérieuses difficultés à leurs vaisseaux-mères pour entreprendre leurs voyages dans la Voie Lactée et ce, durant des milliers d'années et même encore parfois. Zen précisera que cependant, toutes parties de la Terre n'auraient pas été détruites. Certaines l'auraient été partiellement, d'autres pas du tout. Certains territoires auraient été submergés par les océans, tandis que d'autres auraient été épargnés. En revanche, aucune zone n'aurait échappé aux ouragans et aux monstrueux cyclones. Cette révélation va tout de même un peu bousculer l'esprit de Victor Kapetanovic.

Il est tout à ses pensées, lorsque vont pénétrer dans le vaisseau deux nouveaux personnages d'aspect masculin, qu'Ivanka va lui présenter comme étant Amin et Dius. Amin va sortir de sa poche une sorte de petit capuchon fait de peau de lapin. Comme l'ingénieur s'en étonne,

Ivanka va reprendre la parole pour dire que la beauté de la vie terrestre est abîmée par le comportement de ses habitants qui pensent avoir le droit d'exploiter tout et n'importe quoi et d'utiliser à leur profit tout ce qui y vit. Elle semble réellement choquée en évoquant ces Terriens qui élèvent leurs animaux avec soin et les traitent comme des amis, pour ensuite leur imposer les pires souffrances, en les faisant travailler durement ou en les tuant pour leur plaisir afin de manger leur chair ou utiliser leur peau. Elle ne conçoit manifestement pas qu'il ne soit pas venu à l'esprit des Terriens que les animaux aussi avaient le droit de vivre. Elle ajoutera que tous, sans exception, sont sensibles à la douleur comme à l'amour et que dans la société apunienne, ils sont respectés et terminent leur vie selon les lois de la nature, au même titre que les végétaux d'ailleurs. Pour les Apuniens, la vie des autres est prioritaire alors que la leur n'est que secondaire.

Ce jour-là, Kapetanovic apprendra également que ceux d'Apu sont végétariens et se nourrissent de végétaux, de fruits, de graines et de minéraux. À en croire Ivanka, une alimentation carnée additionnée à la toxicité des rayons solaires agirait sur les comportements, conduisant ainsi à l'égoïsme, à l'agressivité et surtout à la maladie, puisqu'elle aurait pour effet de déstabiliser et d'affecter les cellules des organismes. Quand l'ingénieur s'étonnera auprès d'Amin de la raison qui l'a alors poussé à se procurer le bonnet de peau de lapin, Dius prendra la parole pour expliquer qu'ils collectionnent les objets issus d'activités négatives afin de les montrer aux habitants d'autres planètes, qu'ils aident également à surmonter leur négativité et qui ont souvent le même profil que les Terriens. Amin présentera également une poignée de balles de fusil qu'il dira s'être procurée lors de manœuvres militaires qui se déroulaient près d'une petite ville des environs. Ivanka conclura la conversation en expliquant que les plus importants principes à retenir sont l'union, la paix, l'étude et le travail. S'ils ne sont pas respectés, tout ne peut que mal tourner. Il serait donc temps que les Terriens remplacent l'argent, l'agressivité et l'égoïsme par d'autres principes, s'ils veulent enfin évoluer.

En début de soirée, l'ingénieur fera le chemin de retour jusqu'à Huallanca avec un paysan qu'il essaiera de sonder, afin d'en savoir un peu plus à propos de ces surprenants Apuniens. Il restera sur sa faim puisque l'homme se bornera à dire que ceux qui viennent du ciel sont bons et généreux avec tout le monde et que l'on doit les laisser faire ce qu'ils veulent comme ils en ont envie.

Évolution de pensée

Par la suite, Victor Kapetanovic aura beau interroger les uns et les autres sur le sujet, tous tiendront le même discours. Un détail va tout de même le faire réfléchir. Normalement, la dénonciation à la Police aurait dû les irriter, comme cela aurait été le cas de n'importe quel individu dans la même situation. Mais là, non seulement sa délation n'a pas semblé les affecter, mais au contraire les amuser. Leur réaction insolite va l'interpeller au point qu'il va commencer à se demander si, au fond, ils ne seraient pas vraiment des extraterrestres. Mieux encore, il va aussi se sentir un peu honteux de les avoir dénoncés aux autorités. À partir de ce moment, il va entreprendre des recherches systématiques afin de vérifier leurs dires. Il va ainsi se documenter sur le passé de la ville de Cuzco et s'intéresser de beaucoup plus près à l'Univers, aux galaxies et aux planètes. Mais surtout, il aura à cœur de vérifier par lui-même, ce qu'il en est de l'existence du mur cyclopéen proche des champs de neige du Champara, où il a vu se poser les Apuniens volants.

Durant les mois de juillet et août 1960, il rencontrera brièvement à cinq reprises d'autres Apuniens mais il ne verra pas Ivanka. Il réalisera alors qu'elle lui manque. En fait, il a fini par l'apprécier car il se sent à l'aise en sa compagnie. Elle le fait souvent rire, tout en lui expliquant les choses avec sérieux. Plus bavarde que ses congénères, il a le sentiment d'en apprendre davantage avec elle.

Zay l'Apunien

Le 21 juillet 1960, il va donc partir à la recherche du mur du Champara avec Quispe qui lui a pardonné leur brouille. Au lever du soleil, alors qu'ils ont fait une halte pour se reposer et qu'ils observent la montagne à la jumelle assis sur un rocher, le jeune homme va hurler qu'ils sont en train d'atterrir avec un petit avion très brillant. Ils décident d'aller à leur rencontre et lorsqu'ils arrivent sur le site d'atterrissage, un homme et une femme semblent les attendre. S'ils reconnaissent aussitôt Ivanka, l'homme leur est en revanche inconnu. Très souriante et manifestement heureuse de les revoir, elle va les accueillir chaleureusement et leur présenter immédiatement son compagnon qui s'appelle Zay. Lorsqu'elle va préciser qu'il a vécu à plusieurs reprises sur Terre, Quispe qui est de joyeuse humeur, va alors lancer qu'il a peut-être été Jésus-Christ ! Le plus sérieusement du monde, elle lui répondra qu'il ne croit pas si bien dire puisqu'effectivement, il est déjà venu à cette époque sur la planète, ce qui va évidemment faire éclater de rire Kapetanovic. Tous vont s'engouffrer dans le vaisseau et s'installer dans les grands fauteuils.

Zay va aussitôt prendre la parole et commencer par rappeler que durant cinq cents millions d'années terrestres, leurs vaisseaux ont rencontré de grandes difficultés pour venir jusque sur Terre, ceci en raison de phénomènes cosmiques rendant très compliqués les voyages dans la galaxie. Lorsqu'elle s'est déplacée dans une zone plus favorable de l'Univers, ils ont pu alors y revenir fréquemment et ce, dès le début du XXe siècle. En voyant comment l'humanité terrienne avait évolué, ils se sont alors donnés pour tâche de rendre l'esprit des Terriens plus positif, en leur apprenant notamment à méditer et surtout à résoudre leurs problèmes avec intelligence, sans avoir systématiquement recours aux guerres. Il précisera encore que depuis le grand déluge, il est tout de même revenu cinq cent quatre fois afin de collaborer avec les Terriens.

En écoutant les Apuniens relater leurs visites sur la Terre, Victor Kapetanovic éprouvera un curieux soulagement qui l'étonne un peu. Depuis un temps, une surprenante sensation de familiarité l'habite en effet. Il a même parfois le sentiment d'avoir vécu parmi eux toute sa vie, ce qui lui procure une sensation de joie inexplicable, même si l'idée qu'ils pourraient bien l'hypnotiser lui trotte encore parfois dans la tête. C'est avec Zay que son obsession va un peu se dissiper. Comme de coutume, on va lui faire regarder des images sur un écran, en lui précisant qu'il s'agit de séquences de sa vie lors de ses incarnations sur terre. L'une d'elles va le montrer enfant en train de jouer avec d'autres gamins de son âge, occupés à enfiler des feuilles sèches sur une petite ficelle, afin de former un petit tapis carré qui sera ensuite attaché à une corde. Les gamins avaient en fait réalisé une sorte de cerf-volant artisanal. Une fois le cerf-volant achevé, le petit Zay va se mettre à courir et l'objet va s'envoler, à la plus grande joie de ses copains. L'Apunien commentera la scène en disant qu'il utilisait ce type de jeu afin de provoquer chez les humains l'envie de construire des machines volantes.

Zay va revenir sur les anomalies cosmiques de la galaxie en expliquant qu'elles ont influencé les Terriens dont le développement a alors régressé et ceci, durant des millions d'années. Les Apuniens ont donc attendu que le processus de régression se stabilise et que la plus petite cellule de l'humain recommence à évoluer et lui permette de récupérer ses facultés temporairement désactivées, avant de revenir. Hélas, les avancées positives ont été moindres par rapport à ce qui avait été espéré. Kapetanovic va alors l'interrompre pour lui faire remarquer que les humains ont tout de même fait de gros progrès depuis un temps, ce à quoi Zay va répondre qu'effectivement, depuis quelques siècles, ils ont pas mal évolué, notamment d'un point de vue scientifique. Ils sont ainsi parvenus à décomposer l'atome et seraient même proches de découvrir son « minimus ». Ils savent aussi fabriquer des médicaments tout comme ils sont désormais capables de construire des machines volantes ou d'autres se déplaçant sous l'eau. Quand l'ingénieur lui fera remarquer avec une pointe d'humour, que s'il continuait ainsi il finirait par apprendre que les Terriens ont même réussi à construire des soucoupes volantes, Zay va répondre tranquillement qu'effectivement, ils ont construit dans le plus grand secret des prototypes assez proches, qui doivent encore être perfectionnés à divers niveaux.

Un écran va s'allumer et Victor Kapetanovic va alors voir un paysage de la Terre avec des prairies et des arbres, qui va laisser rapidement place à un autre, où apparaissent des sortes de hangars. À l'intérieur, se trouvent alignés des dizaines d'engins ressemblant à des soucoupes volantes, dont certaines sont encore en cours de construction. L'écran lui montrera aussi des vols d'essais où il verra des disques, absolument identiques à ceux qu'il a vus lors de ses premières rencontres avec ceux d'Apus, se déplacer à très grande vitesse ou en train de zigzaguer entre des montagnes ou au-dessus de ravins. Quand l'ingénieur soulignera que les disques terriens ont une luminosité et des performances différentes, Zay le lui confirmera, en soulignant qu'ils atteignent des niveaux de vitesse très inférieurs à ceux de leurs disques. Cette remarque va immédiatement ramener Kapetanovic à ses convictions premières. Et si ses interlocuteurs étaient des espions d'une nation terrienne venant tout bonnement de lui dévoiler une technologie ultra-secrète ? Rien que de l'imaginer, ça lui fait l'effet d'un cauchemar. Zay qui a capté sa pensée va le rassurer aussitôt : ce n'est absolument pas le cas. Il ajoutera aussi qu'ils sont revenus sur la Terre au XXe siècle en raison de son évolution technologique, ce qui leur laisse espérer que dans quelques siècles supplémentaires, Terriens et Apuniens seront enfin susceptibles d'entretenir des relations amicales et fraternelles.

Lorsque Kapetanovic l'interrogera sur les différences de performance existant entre les disques terriens et les leurs, l'Apunien dira qu'elles sont considérables puisque leurs engins peuvent se déplacer à des millions de kilomètres à la seconde, alors que ceux de la Terre dépassent d'à peine quelques dizaines de fois la vitesse du son. Cela tient au fait que les ingénieurs terriens ne maîtrisent pas encore l'antigravité, pas plus que le processus de « désintégration-réintégration » et qu'ils n'ont pas encore découvert les technologies permettant les voyages intergalactiques. Il ajoutera que ces découvertes devraient toutefois être faites dans un avenir proche.

Puis il va lui désigner l'écran sur lequel des astronautes terriens sont en train de débarquer sur la Lune ce qui en fait ne se réalisera que neuf ans plus tard. Ces images vont littéralement stupéfier l'ingénieur qui n'aurait même pas imaginé une telle chose. Il ne sera pas au bout de ses surprises puisque Zay va lui présenter des séquences où des vaisseaux spatiaux ressemblent à de grandes villes volantes, en précisant qu'ils sont bien terriens et qu'ils existeront dans le futur. Comme ces images sont alternées avec d'autres montrant des scènes terrifiantes de guerres et de souffrances qui minent la planète, il est sous le choc. L'Apunien va le tranquilliser aussitôt : l'humanité terrienne finira par découvrir une nouvelle organisation de ses structures sociales qui lui permettra de vivre un jour dans la paix et la fraternité, même si toutefois, ce n'est pas pour demain. Sans plus s'étendre sur le sujet, il lâchera tout de même que d'ici là, des évènements douloureux se produiront malheureusement encore sur la Terre.

La prédiction d'une catastrophe

À ce moment, Ivanka va reprendre la parole et lui demander s'il n'est pas trop effrayé. Comme il lui répond par la négative, elle va lui montrer d'autres séquences dont certaines concernent l'avenir de la région du Pérou, qu'il considère désormais comme sa terre natale. L'écran va d'abord faire défiler les images de toutes les catastrophes qui s'y sont produites depuis l'explosion de la planète Apu. Certaines sont absolument terrifiantes et dépassent l'entendement. Puis, vont défiler d'autres scènes montrant l'avenir. Elles non plus ne sont pas plus rassurantes puisqu'il verra d'abord se produire successivement deux formidables glissements de terrain, telles des avalanches de boue sur les flancs du Mont Huascaran. La première recouvrira la ville de Ranrahira et la seconde, celle de Yungay. Ivanka expliquera à ce moment que ce sont le réchauffement climatique et la fonte des glaces qui en sont la cause. Il assistera également à un tremblement terre sur la Cordillère Blanche, qui provoquera de terribles désastres. Puis se succéderont des séquences montrant des avalanches en nombre et des lacs en train de se vider, dont les eaux provoqueront de terribles inondations dans toute la zone. Il verra aussi de magnifiques sites incas ravagés au point de ne plus être que des amas de pierres fracassées ainsi que des villes en ruine. Une véritable horreur qui va le bouleverser et l'inciter à demander à Ivanka si tout cela pourrait être évité. Elle répondra que c'est en effet possible sous la condition que toutes ces zones soient d'abord évacuées, y compris les villes. Elle soulignera aussi la nécessité de disperser certains produits chimiques sur les sommets enneigés, afin de les renforcer et les consolider, voire d'en bombarder certains à titre préventif, après quoi, les populations pourront revenir chez elles en toute sécurité.

Au vu de l'ampleur de la tâche, Victor Kapetanovic est si démoralisé qu'il ne peut s'empêcher de lui demander s'ils ne pourraient pas intervenir afin d'éviter de tels drames. Elle répondra tristement que s'ils sont présents au moment où les catastrophes se produiront, ils pourront peut-être effectivement en empêcher une partie, mais hélas pas partout. Zay ajoutera à ce moment que leur planète a également subi des désastres similaires et que c'est la raison pour laquelle leurs scientifiques cherchent depuis, des solutions à tous ces problèmes qui affectent ponctuellement diverses planètes de la galaxie. C'est pourquoi d'ailleurs leur civilisation assure aussi une surveillance permanente de ces planètes, tout en usant de procédures spéciales afin de désinfecter l'espace, contrôler les phénomènes atmosphériques et les rayonnements.

Une autre méthode de procréation

Au cours de cette conversation, Kapetanovic apprendra par la même occasion que les Apuniens régénéreraient aussi les espèces de diverses planètes par voie de fécondation des cellules selon un processus chimique. Zay lui expliquera en effet que lorsque les galaxies traversent certaines zones négatives de l'Univers, les cellules des différentes formes de vie qu'elles abritent sont attaquées, ce qui entraînerait alors des dégénérescences physiques et psychiques des êtres vivants, lesquelles influenceraient dans le temps leurs patrimoines génétiques. Pour y remédier, ils créeraient donc artificiellement de nouveaux êtres, soit par voie de procréation classique, soit au moyen de procédés artificiels. Il insistera à ce moment sur le fait que la procréation est sacrée pour sa civilisation puisqu'il s'agit d'une création cellulaire.

Une nouvelle séquence va apparaître sur un écran montrant une sorte de laboratoire équipé de machines inconnues où un homme est en train de manipuler divers instruments. L'ingénieur va le voir mélanger divers produits qu'il va ensuite introduire dans une sorte de rein géant à l'aspect spongieux. Ce sera alors transporté dans un appareil aux parois transparentes, dont on lui précisera qu'il s'agit d'un incubateur. Zay va expliquer qu'à l'intérieur de l'appareil, sont diffusés des ions positifs et que grâce à ce système, les embryons se développent mieux que dans un utérus. La séquence suivante montrera l'extraction d'un beau bébé de cette étrange poche en forme de rein. Puis une autre montrera encore des couples en train de pénétrer dans le laboratoire. Ceux-là échangent des gestes d'affection avant de prendre dans leur bras les nouveau-nés, tout juste extraits de la poche, qu'ils vont couvrir de baisers. Zay dira alors que ces bébés, même s'ils ont des parents attitrés, appartiennent cependant à toute la communauté. Il insistera aussi sur le fait que la procréation artificielle n'influence aucunement l'intensité des sentiments que les parents portent à leurs enfants car chez les Apuniens, les enfants sont sacrés et entourés de beaucoup de tendresse.

Tout ce qu'il vient de voir a évidemment profondément chamboulé notre ingénieur et dans son esprit, germe soudain l'idée d'écrire un livre pour divulguer tout ce qu'il a appris. Son ouvrage pourrait d'ailleurs se présenter sous la forme d'une fiction. Zay qui dans l'instant, a capté sa pensée va l'y encourager avec un large sourire. En revenant en ville, Victor Kapetanovic achètera le soir même du papier et des stylos avant de rentrer chez lui.

La visite chez un Juge

Les semaines qui suivent, ces visions de catastrophes susceptibles de se produire dans la région et notamment à Yungay le taraudent et l'inquiètent terriblement. Il se demande comment il pourrait faire afin d'éviter une telle horreur. C'est ainsi que le mois suivant, durant ses congés, il va décider d'aller trouver un juge de cette ville. Il est persuadé en effet qu'un magistrat est la seule autorité susceptible de prendre des décisions préventives, afin d'éviter la terrifiante catastrophe qui s'annonce. Un policier va le renseigner et c'est ainsi qu'il va rencontrer un juge influent et respecté de la ville, du nom d'Osorio.

L'homme va l'écouter attentivement et sans l'interrompre, expliquer le désastre qui pourrait se produire. Évidemment, Kapetanovic ne lui a pas révélé d'où lui venait l'information. Or, à sa grande déception, le Juge Osorio va lui répondre très aimablement avec nombre d'arguments à la clé, que la catastrophe qu'il semble tant redouter, ne peut en aucun cas survenir. Puis tout aussi courtoisement, il va lui suggérer avec humour de prendre un peu de repos et de revenir le voir le lendemain quand il se sentira mieux. Manifestement, le Magistrat l'a pris pour un ivrogne un peu halluciné. Mais c'est sans compter sur sa ténacité de l'ingénieur qui, dès le lendemain, va se représenter à son bureau. Le Juge Osorio va se montrer aussi tout aussi sympathique que la veille et avec une grande amabilité, il lui demandera s'il a déjà parlé à un psychiatre de tout ce qu'il lui a dit, avant d'ajouter que si toutefois tel n'était pas le cas, ce serait peut-être une bonne idée que d'aller en consulter un. Sa réaction va effondrer Victor Kapetanovic, moins parce qu'il l'a pris pour un fou que parce qu'il n'a pas tenu compte de son avertissement. Il en est d'ailleurs si affecté que dans le car du retour, il va même en pleurer de désespoir.

À un moment, le chauffeur va annoncer qu'il doit faire une halte d'un quart d'heure afin de faire le plein de carburant et que ceux qui le désirent, peuvent aller se détendre et aller prendre une consommation au bar-restaurant qui se trouve à proximité. Lorsqu'il pénètre dans l'établissement et se dirige vers le bar, il a un choc. Un couple est attablé à une table toute proche et il reconnaît immédiatement Ivanka et Zay. Vêtus comme les « locaux » afin de passer inaperçu, ils vont lui faire signe de venir s'attabler avec eux. La première chose que Zay va lui dire, c'est qu'ils sont parfaitement au courant de sa mésaventure avec le juge. Très gentiment, il va lui demander s'il se sent mieux, tout en ajoutant que souffrir pour les autres, est l'œuvre suprême et la raison même de leur existence. Suivra une banale conversation jusqu'à ce que le chauffeur avertisse ses voyageurs qu'il reprend la route et qu'ils doivent rejoindre le car.

Non seulement, le fait de les revoir ne l'a pas réconforté mais l'a fait replonger dans ses soupçons obsessionnels. C'est l'évidence même que ces deux-là sont les espions d'une superpuissance, sinon comme auraient-ils appris ce qui lui est arrivé et surtout qu'il se trouverait dans le car à ce moment précis ! Voilà qu'en plus, ils se sont payé sa tête. Cette idée l'a rendu furieux et l'a fait aussitôt fait retomber dans sa paranoïa. Il est manifeste qu'il n'a toujours rien compris à tout ce qui lui a été expliqué…

Toujours est-il que la prédiction des Apuniens s'accomplira bel et bien des années plus tard, puisque le 31 mai 1970 à 15 heures 23, un monstrueux séisme affichant 7,75 sur l'échelle de Richter secouera gravement la région. Il provoquera un terrible glissement de terrain sur les flancs du Mont Huascaran et des inondations d'eau et de boue détruiront une grande partie des villes de Ranrahirca et de Yungay. C'est ainsi que 18000 personnes périront dans l'instant, mais ce sera 66000 morts qui seront comptabilisés au final dans la région sinistrée.

Rencontre avec Key et Lun

Après cet incident déplaisant avec le Juge Osario, Victor Kapetanovic va faire la connaissance d'un jeune employé de la centrale, nommé de Velasco. À plusieurs reprises, au cours de conversation, celui-ci fera allusion à des extraterrestres qui seraient présents dans la région. À chaque fois, l'ingénieur écoutera attentivement son récit mais restera muet sur ses propres aventures. Un jour le jeune homme va lui proposer une promenade dans les montagnes. C'est ainsi que le 3 septembre 1960, malgré le temps incertain, ils partiront escalader les sommets du Millwagocha.

Au bout de quelques heures de marche, ils vont se retrouver à traverser un plateau herbeux. Un petit renard va alors leur couper la route avant de se percher sur un rocher. Après les avoir toisés, il va disparaître dans une ravine. Comme Kapetanovic lui a crié « Adios ! », son compagnon va lui faire remarquer qu'il semble bien aimer les animaux. Une conversation va s'en suivre sur le sujet, au cours de laquelle les deux tomberont d'accord sur le fait que la vie d'un animal est toute aussi importante que celle d'un humain et que pour cette raison, elle doit donc être respectée. Velasco lui fera alors remarquer qu'il s'exprime sur le sujet comme les extraterrestres qu'il a rencontrés. Alors qu'il sourit intérieurement sans toutefois relever, il va apercevoir dans l'instant et à une centaine de mètres d'eux, un petit vaisseau en train de descendre lentement à la verticale. Celui-là ressemble à une feuille de trèfle. De cette forme, l'ingénieur n'en a encore jamais vu. En voyant la tête qu'il fait, le jeune homme éclate de rire. Un peu pincé, Kapetanovic lui demande pourquoi il rit, ce qui lui fera répondre que c'est parce qu'il a remarqué qu'il avait peur de tout. Sur ce, il va enchaîner en disant qu'il a bien tort de se méfier de ces Visiteurs venus de loin car ce sont de vrais et bons amis qui aiment tous les êtres qu'ils croisent durant leurs voyages.

Sans plus attendre, les deux hommes vont aller rejoindre le petit vaisseau qui a depuis atterri et dont la porte est déjà ouverte. En approchant, l'ingénieur remarque que trois personnages sont assis juste à proximité à même le sol et que cette fois, ce sont des femmes. Comme il a stoppé net en les apercevant, Velasco lui fait signe d'approcher en ajoutant qu'il les connaît bien. À leur arrivée, elles vont prestement se relever. L'une d'elles se présentera en disant s'appeler Key. Elle présentera également ses compagnes qui se nomment respectivement Venis et Lun. Immédiatement, Key va demander à Kapetanovic si cela surprend de découvrir un équipage de femmes. Sans lui laisser le temps de répondre, elle ajoutera aussitôt que si sur la Terre la femme occupe toujours la seconde place dans la société, ce n'est absolument pas le cas chez les Apuniens où l'homme et la femme sont sur un pied d'égalité.

Autant le dire, ce type de discours le dérange un peu. Il ne partage pas exactement cet avis, même s'il s'accorde à penser que durant la guerre, il a effectivement croisé des femmes d'une grande intelligence, dotées de capacités d'organisation équivalentes à celles des hommes. Mais bon, depuis des lustres, les femmes ont toujours été les subordonnées des hommes. C'est ainsi sur la Terre.

Key qui semble avoir intercepté sa pensée va lui confirmer que c'est en effet le cas et se proposer de lui en expliquer la raison. Elle dira ainsi que lorsque les Apuniens sont venus sur Terre il y a bien longtemps afin d'aider à son développement, l'homme était devenu agressif en raison des influences négatives des rayons solaires. C'est donc à cette époque qu'il avait commencé de considérer la femme comme son inférieure, seulement bonne pour le plaisir sexuel et la procréation. Cette discrimination fit que, dès ce moment, les femmes ne furent plus autorisées à accéder aux études et au travail. Elle ajoutera alors que c'est pour cette raison qu'elle a vu son père frapper sa mère deux fois par jour sans aucune raison, comme il était coutume de le faire dans son pays.

Inutile de préciser que Kapetanovic n'en revient pas. Sidéré, il dira qu'il ne pensait pas que les Apuniens frappaient leur femme. En souriant, elle va répondre que ce n'est absolument pas le cas, puisque tous les siens vivent en parfaite harmonie. En réalité, elle faisait allusion à ce qu'elle a constaté sur la Terre où elle a déjà vécu vingt et une fois. Pensant qu'elle se moque de lui, l'ingénieur est agacé et très sèchement, il va lui demander d'où elle vient. La réponse de la stellaire va être pour le moins étonnante.

Key va en effet évoquer l'une de ses vies à Paris, ainsi que l'horreur qu'elle a vécue durant les évènements tragiques de la Commune. Née en 1 850 dans une famille française de confession juive portant le nom de Vossen, elle avait participé à des manifestations avant d'être arrêtée à Versailles en février 1871. Durant son incarcération, les gardiens de la prison lui avaient alors transpercé les seins avec un bâton. Puis ces monstres l'avaient pendue à un arbre, à l'aide d'une corde enroulée autour du bâton toujours planté dans ses seins. La douleur avait été si atroce qu'elle s'en était évanouie. Quand elle avait repris connaissance, elle s'était retrouvée chez des inconnus, mais dans un environnement si agréable et si étrange qu'elle s'était demandé si elle ne rêvait pas. En fait, elle avait été sauvée par Pedro, un Apunien qui vivait en France à cette époque. Il avait coupé la corde puis l'avait emmenée dans son monde. Elle s'était très bien habituée à cette nouvelle vie sur Apu, d'autant plus qu'elle avait découvert que dans cette société où l'argent n'existait pas, chacun vivait en paix, dans le partage et le respect des autres. Dans cette société idéale, les guerres, l'agressivité et l'égoïsme étaient inconnus. Au bout d'une année durant laquelle on lui avait appris à développer divers pouvoirs mentaux, elle avait alors découvert que sur son ancienne planète vivaient nombre d'êtres venus des étoiles ainsi que d'autres dotés de capacités surnaturelles. Après son apprentissage, elle était alors revenue régulièrement sur Terre.

Victor Kapetanovic qui a écouté attentivement son récit, va vouloir vérifier si elle va lui tenir le même discours que les Apuniens qu'il a déjà rencontrés. Il va ainsi lui demander ce qui les amène à venir si souvent sur Terre. Elle lui répondra que lors de leurs incessants voyages dans la galaxie, ils font des escales sur des planètes dont les habitants semblent prêts à évoluer. Elle précisera encore que les Terriens vivant sur Apu sont toujours autorisés à revenir sur leur planète d'origine, ce afin d'aider ses habitants à développer une Union Fraternelle, le but étant d'aider à la disparition des conflits, de l'égoïsme et de l'exploitation d'autrui. Toutefois, leurs missions ne se limitent pas à cela, puisqu'autant que faire se peut, ils aident aussi les Terriens à retrouver leurs capacités psychiques, dont certaines ont été perdues, faute d'avoir été pratiquées.

Toujours aussi cynique, l'ingénieur va se moquer d'elle en lui rappelant qu'effectivement les résultats de leurs actions sautent aux yeux. Après avoir fait référence aux millions de morts des deux guerres mondiales et à l'imminence d'une troisième qui pourrait être encore plus meurtrière, il conclura sa tirade en prédisant qu'un jour, ils reviendront pour découvrir que toute forme de vie aura été éradiquée sur la Terre. Sans perdre son sourire, Key va répondre tranquillement qu'il peut bien croire ce qu'il veut, puisque chacun dispose de sa liberté de pensée. D'ailleurs, le fait même d'exprimer ses pensées, y compris de cette manière, est toujours très positif. Cela étant et quoiqu'il puisse en penser, elle et les siens, ont bon espoir que les Terriens deviennent un jour altruistes et parviennent à vivre un jour en paix. Elle dira encore que la vie sur la Terre a toujours été en danger et que ce sera toujours le cas, jusqu'à ce que ses habitants décident enfin de changer et de s'unir, pour développer les voyages spatiaux. C'est pourquoi, ceux d'Apus sont plus que jamais déterminés à continuer de leur apporter leur aide, afin que toutes les horreurs qui ont émaillé le passé des Terriens ne se reproduisent pas, cela même s'ils n'ignorent pas qu'une troisième guerre mondiale pourrait potentiellement éclater. Elle précisera que si tel était le cas, la puissance de l'atome serait alors utilisée de même que certaines découvertes scientifiques lesquelles, sorties de leur contexte, pourraient devenir des armes redoutables. Key va également révéler certaines actions accomplies par des groupes d'Apuniens chargés d'inciter les humains à devenir meilleurs. C'est ainsi qu'elle expliquera que Lun a fait partie de l'un de ces groupes qui ont tenté d'influencer des organisations mondiales, telle celle des Nations Unies, dont la création aurait d'ailleurs été inspirée par eux.

L'échange va être un peu crispé car Victor Kapetanovic se montre systématiquement cynique et à la limite de l'impolitesse avec Key et Lun. Cette façon de faire va d'ailleurs profondément déranger Velasco, dont l'agacement deviendra de plus en plus visible. Pour autant, les Apuniennes ne vont pas se décourager et poursuivre la conversation en continuant d'afficher une grande sérénité. Elles diront ainsi que leurs équipes présentes au Pérou, ont révélé aux paysans la positivité que peuvent apporter les animaux à l'homme, que ce soit un chien, un cheval ou un dauphin, avant de l'inviter à monter dans leur vaisseau. Là, elles vont lui demander de s'installer devant un écran en précisant qu'elles ont des choses à lui montrer.

Lun prendra d'abord la parole pour expliquer son action dans le temps, laquelle aurait effectivement permis d'aboutir à la création des Nations Unies. Elle va ainsi révéler qu'en 1582, elle se trouvait dans la ville de Rotterdam aux Pays-Bas, avec pour mission d'aider ses habitants à résoudre pacifiquement leur différend avec l'Espagne. À l'époque, elle était une domestique employée dans un couvent de la ville. Un jour, elle a demandé à la Mère Supérieure la faveur de pouvoir accompagner un groupe de pauvres femmes qui devaient être transférées dans un couvent de Delft, en prétendant qu'elle aimerait bien travailler dans le couvent de cette ville. Sa requête ayant été acceptée, elle s'y est installée. C'est à ce moment qu'elle a fait la connaissance d'un couple portant le nom de Groot, un jour qu'elle faisait des achats au marché. L'épouse était alors enceinte et sachant qu'elle aurait un fils, Lun a agi en usant des « minimus », afin qu'il naisse avec une énergie positive, ce qui l'amènerait plus tard une fois devenu adulte, à diriger une société secrète composée de membres issus de toutes les nations de la Terre. Cette organisation s'était donné pour mission d'empêcher les conflits et les guerres.

L'enfant est né le 10 avril 1583 et a été baptisé Hiug. Dès qu'il a commencé à marcher et à s'exprimer, tous ont remarqué qu'il affichait une intelligence hors du commun. À huit ans, il avait déjà écrit un verset en latin et à seize ans, il publiait déjà, en dépit de son jeune âge, des textes philosophiques écrits en latin et en grec. Ceux-là étaient d'une telle richesse que nombre d'intellectuels s'y étaient alors intéressés. Toujours d'après Lun, les enseignements humanistes qu'ils contenaient et qui avaient été largement diffusés ont hélas très vite dérangé les autorités du pays. Hiug Groot par ailleurs aussi dénommé Grocio, représentait désormais un danger pour elles. Considéré comme un fauteur de troubles, il sera d'abord emprisonné avant d'être condamné à l'exil. En 1625, il tentera de créer une organisation internationale visant à amener les peuples à une unité fraternelle, susceptible de mettre ainsi fin aux éternels conflits. Malheureusement, sa tentative se soldera par un échec mais ses idées feront long feu et continueront d'inspirer nombre de penseurs dans les siècles suivants.

Avec tristesse, Lun dira que hélas ces idées humanistes visant à la création d'une société idéale n'ont jamais vraiment prospéré puisqu'elles se sont toujours heurtées à l'égoïsme humain, qui ne sait que se référer qu'à la loi du plus fort et ne peut régler ses différends que par les conflits. Kapetanovic toujours un peu goguenard va alors lui demander quel est son âge. Tout sourire, elle répondra qu'elle est âgée de 985 ans. Lorsqu'il va déclarer que cela ne l'alarme pas plus que cela, car il a déjà croisé un de ses congénères qui prétendait avoir l'âge canonique de 1013012 ans, il la verra tout de même afficher une certaine surprise. Pour autant, elle ne commentera pas et poursuivra son récit en révélant ses origines bien terrestres.

Née près de Londres en 975 de parents irlandais, elle va se retrouver orpheline après que les soldats du Roi Edouard aient assassiné ses parents et son frère. Elle-même y a réchappé en se cachant sous un escalier. Hélas, ces monstres ont mis le feu à la maison, ce qui l'a contrainte à sortir de sa cachette. C'est finalement un Apunien qui la trouvera inconsciente près des ruines fumantes de sa maison, le visage et les yeux brûlés par les flammes. Comme elle est désormais aveugle et bien mal en point, il l'emmènera sur Apu. Là-bas, elle subira un traitement énergétique de régénération et sera baptisée Lun. Elle précisera que son nom terrestre d'alors était Léonor. Sur Apu, elle développera les pouvoirs de ses cellules et décidera de se consacrer aux autres en faisant des voyages sur d'autres planètes. C'est à cette occasion qu'elle va se rendre à de nombreuses reprises sur Terre et qu'à la fin du XIXe siècle, elle va rencontrer, lors d'une mission, un terrien peu ordinaire qui s'attachera à réunir les humains afin qu'ils cessent de se faire la guerre en permanence.

Kapetanovic a fini par se calmer. Lun lui paraît sincère et son récit commence à le captiver. Comme il lui demande aimablement cette fois, si ce « terrien peu ordinaire » est toujours en vie, sa réponse comme les preuves qu'elle va lui montrer, vont le laisser quelque peu stupéfait, il faut bien le dire. Elle va en effet expliquer que l'homme en question est décédé une quinzaine d'années plus tôt et qu'il s'appelait Franklin Delano Roosevelt ! Et dans l'instant, ce qu'elle appellera « l'écran du temps », va s'animer. À sa grande surprise, l'ingénieur va y apercevoir Lun en train de disputer une partie de tennis avec un jeune homme au physique ordinaire. Sur l'image vont alors s'afficher les noms des protagonistes, à savoir Franklin Delano Roosevelt et Leonora Stewart et enfin le mot « Croton ». Lun va alors préciser qu'elle a rencontré Franklin Delano Roosevelt lorsqu'ils étaient tous deux étudiants au collège de Croton. Le jeune homme se démarquait déjà nettement des autres, de par sa personnalité altruiste et son réel désir de faire quelque chose de bien pour ses congénères. Sur l'écran, l'ingénieur Kapetanovic verra ensuite défiler diverses séquences de la vie de Roosevelt, y compris celles le montrant dans son rôle de Président des États-Unis. Il le découvrira aussi en train de participer activement au projet de création de l'ONU. Lorsque l'écran s'éteindra, il dira à Lun avoir été surpris par son comportement et l'attention affectueuse qu'il portait aux autres, sans distinction d'âge, de religion ou de race, de même que d'avoir été favorablement impressionné par son souci d'instaurer la paix dans le monde. Il avouera n'avoir jamais imaginé une telle chose.

Ses réactions vont réjouir la stellaire. Toutefois, elle va lui demander de ne pas prendre toutes ses confidences comme paroles d'évangile. Très étrangement, elle ajoutera d'ailleurs que ce qui lui a été montré était bien la réalité des choses, mais que son ressenti n'était en fait que l'expression de la réaction de ses propres cellules. Comme il va s'étonner de ce que les Nations Unies puissent avoir une telle importance pour la planète, elle va répliquer qu'elle est en fait la première organisation qui ait vraiment tenté de faire quelque chose de positif pour tenter d'instaurer une paix mondiale depuis que l'humanité existe sur Terre. Puis, elle va insister sur la nécessité que les nations de la Terre s'unissent enfin et respectent les avis de cette organisation, car ce sera la seule façon de résoudre tous les problèmes résultant de la nature ambivalente des Terriens qui rend si difficile leur vie sur la planète. Elle dira encore qu'il serait judicieux que tous les intellectuels de la planète puissent se réunir afin de rédiger collectivement des écrits éducatifs qui pourraient être diffusés à tous par le biais de l'ONU et bien entendu aussi, être étudiés dans les écoles. Ainsi, chaque nation pourrait bénéficier d'une information sur tous types de sujets. L'idéal serait de commencer par la diffusion de textes scientifiques et dans un second temps, d'instaurer une langue universelle. Il serait opportun également de créer une ville universelle où les scientifiques et intellectuels de toutes nations pourraient se réunir et réaliser un travail collectif. De même qu'il serait judicieux de prévoir une « Journée de la Science » qui rappellerait à tous les habitants de la planète l'importance de l'étude et du travail accompli par tous. Lun précisera à ce moment que sur Apu existe une telle journée appelée le « Jour des Connaissances ».

Cet entretien avec Lun va avoir un fort impact sur Victor Kapetanovic puisque, pour la première fois, cela lui donne à réfléchir au devenir de l'humanité. Autant le dire, jusqu'ici cela ne l'avait pas vraiment effleuré. Cependant, toutes les scènes qu'il vient de visualiser et les commentaires qu'elle lui en a faits, l'ont amené à prendre brutalement conscience de la situation. L'idée va alors lui venir de faire quelque chose de tout ce qu'il apprit des Apuniens et de transmettre les informations qu'ils lui ont divulguées. En fait, sa rencontre avec cette stellaire, a provoqué comme une sorte d'électrochoc qui lui a fait voir brutalement les choses sous un autre angle. Il éprouve également comme un sentiment d'urgence à agir. Il aurait aimé rester plus longtemps afin d'en savoir davantage, mais la fin de la journée est hélas arrivée bien vite. Les deux hommes doivent en effet redescendre rapidement à la centrale car leur service reprend à vingt-deux heures.

De son côté, Velasco ne semble pas pressé. Confortablement installé, il est fasciné par les images qui continuent de défiler sur un écran. Il explique à l'ingénieur qui l'a rejoint, qu'il s'agit d'une scène où les rebelles qu'Alexandre de Macédoine a expulsés, débarquent sur le continent américain. Enthousiaste, le jeune homme explique que les habitants du continent américain étaient à cette époque antique, dénommés « Atlantes » et non « Indiens ». Kapetanovic n'en sera pas plus ému plus que cela, mais lorsqu'il va se mettre à penser à ce que fût Alexandre le Grand, un autre écran va s'allumer qui fera défiler les séquences de sa vie, de sa naissance jusqu'à sa mort. Ce jour-là, il repartira en doutant un peu moins que les fois précédentes…

Dans les semaines qui suivront, il rencontrera encore à quelques reprises les Apuniens qui lui montreront maintes séquences de catastrophes et de conflits destructeurs déjà survenus sur la Terre. Lui seront également présentées d'autres scènes, pas plus rassurantes d'ailleurs, susceptibles de se produire dans l'avenir. À nouveau, les stellaires insisteront sur le fait qu'il est fondamental que les humains s'unissent enfin fraternellement car désormais, il y a vraiment urgence.

Les anges de la pluie…

Le 6 novembre 1960, l'ingénieur Kapetanovic va partir en randonnée sur les sommets qui dominent le Rio Kitaraqsa. Cette fois, il est accompagné de Jose, lui aussi employé à la centrale. Le jeune homme va lui faire rencontrer des bergers qu'il connaît bien. Dès le début de la conversation, ceux-là vont se lamenter sur la sécheresse persistante qui a ruiné leurs récoltes et a mis en danger leurs animaux. Un peu surpris, l'ingénieur va les entendre dire que c'est parce que les « anges » qui gèrent le soleil et les pluies ne sont pas venus les visiter depuis plusieurs mois. Sur le moment, il pense qu'ils évoquent d'antiques croyances mais Jose lui annonce aussitôt d'un air entendu, que les bergers vont en réalité lui parler de quelque chose qu'il n'imagine même pas. Et c'est ainsi qu'une fois de plus, il va entendre ces paysans lui conter les exploits de ces « gens puissants et bons » que sont les Apuniens, qui peuvent faire pleuvoir, guérir les gens et faire bien d'autres miracles encore. Comme Jose ne se doute pas un instant de ce qu'il en sait autant que lui sur le sujet et lui recommande de ne surtout pas se moquer d'eux, tout sourire, il va s'empresser de le rassurer. Loin de lui l'idée de se moquer de ces braves gens: tout au contraire, il se réjouit de pouvoir en apprendre davantage sur ces « anges » qui font des miracles !

Dans l'instant, des hommes, des femmes et des enfants vont se rassembler pour écouter un vieux berger, sur le point de prendre la parole. Comme le soleil est à son zénith et chauffe terriblement, le groupe décide alors de se déplacer vers un endroit plus ombragé. C'est à cet instant que Kapetanovic va apercevoir au loin un petit avion en approche. Il pense d'abord qu'il s'agit d'un appareil de l'armée mais il va vite comprendre qu'il s'agit de toute autre chose. Sans un bruit, le petit vaisseau va venir atterrir dans une clairière toute proche, ce qui va aussitôt provoquer des cris de joie et des embrassades. Puis, tous vont s'agenouiller un à un pour prier. L'ingénieur va immédiatement reconnaître Zay, Pedro et Ivanka parmi les quatre personnages qui viennent de débarquer de l'engin. Comme il est resté debout, les autres le dévisagent et les murmures de désapprobation fusent de toutes parts. À sa grande surprise, Jose va même s'en prendre à lui. *« S'ils ne nous donnent pas de pluie et si nos animaux et nos récoltes souffrent, ce sera de votre faute ! »*

lui lance-t-il très énervé. Comprenant que cela risque de mal se terminer pour lui, Kapetanovic va donc s'empresser de s'agenouiller.

Tout sourire, Zay va directement venir à lui pour le saluer et l'aider à se relever. À mi-voix, il va lui rappeler qu'il ne doit pas s'agenouiller devant eux puisque, comme il se sait, ils ne recherchent pas cette marque de courtoisie. Puis à haute voix, il va ajouter qu'il y a des millions d'années, après l'explosion de leur planète, ses ancêtres Apuniens s'étaient mis à vouer un culte au Soleil et à célébrer des cérémonies cultuelles où tous s'agenouillaient. Lorsque leurs scientifiques ont constaté que les solutions à leurs maux ne pouvaient qu'être trouvées dans l'étude et le travail, ils ont rapidement délaissé leurs croyances. Zay ajoutera que ces Terriens qui s'agenouillent aujourd'hui devant eux, portent en fait dans leurs coutumes, l'écho de cette époque reculée où leurs ancêtres sont pour la première fois venus peupler la Terre.

Pendant ce temps, une stellaire que Victor Kapetanovic n'a encore jamais vue, va s'approcher des paysans et leur demander de se relever. Zay va faire les présentations, en précisant qu'elle se nomme Lyn. Immédiatement, le petit groupe va la supplier de faire tomber la pluie. Très gentiment, elle va aider une vieille femme à se remettre debout et lui poser un gros baiser sur la joue. Pedro, resté à quelques mètres va, quant à lui, actionner un bouton de sa combinaison et s'envoler comme une flèche pour disparaître à la vue en quelques instants. Comme l'ingénieur lui demande où il est allé, Zay répondra simplement qu'il est parti déclencher la pluie. Il ne peut évidemment réprimer un sourire car le soleil est à son zénith et il n'y a pas un nuage à l'horizon. Zay qui a capté ses pensées lui dit parfaitement comprendre le doute qui l'habite, toutefois, s'il veut bien regarder dans une certaine direction, il risque d'avoir une petite surprise. Sur ces entrefaites, il va lui désigner du doigt une sorte de brume qui est apparue dans le ciel bleu et qui se transforme rapidement en un gigantesque nuage en train de s'élargir au-dessus des sommets. Il va s'agrandir en quelques minutes au point de cacher tout le ciel et ce sont des trombes d'eau qui vont se mettre à tomber sur la petite assemblée qui va aussitôt courir se mettre à l'abri, tout en poussant des hurlements de joie.

Sidéré, Kapetanovic demande à Pedro qui vient juste d'atterrir devant lui, comment il est parvenu à un tel exploit. Le stellaire répondra qu'il est simplement intervenu sur les ions positifs contenus dans l'air afin qu'ils se mettent à vibrer. Une variation instantanée de la température s'est ainsi produite et par l'effet de condensation qui a suivi, les nuages se sont aussitôt formés et la pluie est tombée. C'est aussi simple que cela ! Il pleuvra ainsi à seaux, jusqu'à dix-sept heures. Durant ce temps, l'ingénieur aura droit à nouveau à l'une de ces habituelles séances de cinéma à l'intérieur du vaisseau. Cette fois lui seront présentées les espèces animales vivant sur Apu. Ce qui va le surprendre le plus, ce sont les différentes espèces de papillons qui y pullulent, dont on lui dira qu'ils sont les seuls insectes qu'abrite leur planète. Lyn précisera qu'ils sont nettement plus intéressants que leurs congénères terriens du point de vue de leur comportement et qu'ils ont aussi dépassé leur stade primaire, puisqu'ils ne se reproduisent plus en effet en pondant des œufs, mais tels des mammifères !

Le voyage à Qunrâm

En novembre et en décembre 1960, Victor Kapetanovic et José feront de nouvelles randonnées ensemble au cours desquelles ils rencontreront encore par trois fois leurs amis Apuniens. Le dimanche 1er janvier 1961, alors qu'ils sont partis pour une nouvelle balade sur les pentes du Los Cedros, ils vont apercevoir, au moment où le brouillard matinal va se dissiper, des sortes de huttes à proximité desquelles des bergers sont regroupés autour d'un grand feu. Un petit vaisseau est posé à quelques distances. En s'approchant du groupe, ils vont découvrir que les bergers et leurs familles sont en train de déjeuner avec Zay, Pedro et Lyn. Zay partage son repas avec un chiot assis sur ses genoux, tandis que les deux autres offrent du maïs grillé à des chiens qu'ils couvrent de caresses. En les saluant, Pedro leur dira que le partage entre les êtres quels qu'ils soient, est positif et que les animaux ont grand besoin de l'amour des humains pour vivre.

Après le déjeuner, Pedro va aller aider des bergers à construire le toit d'une hutte tandis que Zay et Lyn vont inviter Kapetanovic et Jose à monter à bord de leur vaisseau. Sur un écran qui vient de s'allumer va immédiatement apparaître une scène de l'époque biblique. Un homme de haute stature portant une barbe et des cheveux longs est en train de s'exprimer entouré d'un groupe de personnes qui l'écoutent avec un grand respect. Zay va préciser qu'il s'agit de Moïse et que la scène représente le moment où il a transmis aux siens les Commandements. À ce moment, Lyn va intervenir pour dire que Moïse était en fait Zay, lorsqu'il vivait alors sur la Terre comme un simple Terrien ! Zay va expliquer à l'ingénieur, qui pour le coup est tout de même un peu remué, que les Commandements ne sont rien d'autre en fait, que les principes de vie appliqués par les Apuniens depuis des millions d'années. Puis il va ajouter qu'à cette époque très ancienne, lui et les siens avaient fondé sur Terre une école baptisée Esenia un nom tiré d'un mot apunien « Es Nie », signifiant plus ou moins « armée », lequel donnera plus tard lui-même naissance au mot « Essenien ». Après la longue interruption de leurs voyages spatiaux, résultant de phénomènes cosmiques pouvant durer plusieurs siècles, son désir en revenant sur Terre avec ceux de son groupe, était d'amener les Terriens à vivre dans une société, sans discrimination et sans classes. Une société pacifiste qui n'utiliserait pas l'argent, ne vivrait pas dans l'oisiveté et où l'étude serait privilégiée. Malheureusement, les efforts qu'ils ont déployés n'ont pas été couronnés de succès, en raison de l'égoïsme des Terriens. Certes, au début tout s'est bien passé. Ils ont formé des communautés vivant selon les préceptes d'Apu, mais petit à petit leurs membres dont la nature égocentrique avait repris le dessus, se sont retrouvés, hélas, sous l'influence pernicieuse des groupes politiques et religieux qu'ils ont préféré rejoindre. Finalement, tout a été oublié.

L'écran va ensuite présenter une autre séquence où l'on aperçoit un ensemble de bâtisses antiques où les gens semblent vivre dans une parfaite harmonie. Zay va commenter en précisant qu'il s'agit de la communauté essénienne, où l'argent n'existe pas et où l'altruisme règne en maître. Tous ses membres vivent dans l'amour de la nature et des animaux qu'ils considèrent comme leurs égaux. De fait, ils sont végétariens. L'ingénieur va observer avec attention leur mode de vie et surtout, la façon dont leur est enseigné le moyen de développer leurs « capacités surnaturelles ». Zay dira que le site où cette communauté unique s'est développée dans l'harmonie, est l'un de plus positif de la planète en termes d'énergie. Il précisera qu'il se trouve près d'une ville nommé Kalya, édifiée sur la rive israélienne de la Mer Morte. Les Apuniens d'antan l'avaient alors baptisée Kun-Ran, ce qui se traduit par « Tables de la Connaissance » dans leur langue.

Dans des temps extrêmement anciens, les scientifiques d'Apus y avaient installé leurs laboratoires. C'est là que furent créés les écrans du temps qui se trouvent à bord de tous leurs vaisseaux et qu'ils ont développé la merveilleuse science du « minimus ». C'est d'ailleurs pourquoi la communauté essénienne est venue s'y installer plus tard. Puis Zay dira avec tristesse que l'égoïsme et les conflits incessants des humains aidant, Qunrâm fût détruite. À ce moment, Victor Kapetanovic verra apparaître sur l'écran, un paysage désertique où ne subsistent plus que quelques ruines. Comme il semble troublé par l'émotion, Zay lui demande si cela l'intéresserait d'aller visiter Qunrâm. Si c'est le cas, ils peuvent s'y rendre en quelques minutes. Inutile de préciser qu'il n'en demandait pas tant. Enchanté, il accepte évidemment aussitôt, cependant un détail l'intrigue: comment se rendre jusque là-bas en quelques minutes? Malicieusement, Lyn va alors ajouter que s'il veut avoir la réponse et profiter d'un petit voyage, il lui suffit de venir avec elle tandis que Zay et Pedro resteront avec Jose et les bergers.

Il va d'abord voir Lyn appuyer sur l'un des boutons de sa combinaison et constater alors que l'air du vaisseau est soudain devenu frais. Même le confortable fauteuil sur lequel il est assis semble être climatisé. Sa nature sceptique va le pousser à consulter sa montre qui marque alors onze heures trente, afin de pouvoir vérifier si Zay lui a dit la vérité en prétendant qu'ils pourraient se rendre à Qunrâm en quelques minutes. Puis il va percevoir un subtil ronronnement qui va durer un bref moment. Alors qu'il s'inquiète auprès de Lyn de l'heure à laquelle ils arriveront à destination, celle-ci va lui répondre avec un grand sourire, qu'ils sont déjà en train de survoler le site! À sa grande stupeur, le cadran de sa montre n'affiche que onze heures quarante. Dix minutes seulement pour parcourir des milliers de kilomètres? Le voici éberlué tandis que la stellaire lui explique qu'en fait, ils auraient pu s'y rendre encore plus rapidement s'ils avaient voyagé à la vitesse habituelle. Auquel cas, leur voyage n'aurait alors duré qu'une poignée de secondes.

À peine a-t-il eu le temps de se remettre de sa surprise, que sur un écran, il va constater que leur vaisseau s'est déjà posé dans une zone semi-désertique. Il aperçoit des ruines, à quelques distances, qu'ils vont d'ailleurs rejoindre dès leur descente de l'engin. Tout en cheminant dans une semi-obscurité, puisque la nuit vient de tomber, Lyn lui explique qu'ils se trouvent dans le désert de Judée et que les lumières qu'ils aperçoivent au loin sont celles de la ville de Kalya. Après avoir visité les ruines et quelques grottes toutes proches, la jeune femme va l'entraîner vers des bâtisses de construction récente. Un peu surpris, il va lui demander où elle va, ce à quoi elle répondra qu'il est sur le point de rencontrer quelques personnes qui vont le convaincre qu'il n'hallucine pas, tout en lui précisant encore que la barrière de la langue ne sera pas un obstacle. Grâce au « minimus » et aux ions positifs, tous se comprendront en s'exprimant dans leurs langues respectives.

Arrivée dans un petit hameau, Lyn va le faire entrer dans un petit magasin où se trouvent des femmes et deux enfants. Effectivement, il constate aussitôt qu'il perçoit leurs conversations en espagnol et qu'il comprend parfaitement ce que Lyn et les femmes sont en train de se dire en hébreu. Ce « prodige » qu'il avait déjà pourtant expérimenté, va de nouveau le laisser quelque peu pantois. Après avoir consommé des boissons que Lyn réglera comme une simple cliente à la jeune femme qui tient la boutique, ils rejoindront le vaisseau dans la nuit noire. Afin qu'ils ne trébuchent pas, la stellaire utilisera cette sorte d'arc lumineux qui l'avait un jour protégé de la pluie.

Durant le vol de retour, l'ingénieur va lui demander à quelle altitude vole leur vaisseau. Sur l'écran va aussitôt s'afficher l'information selon laquelle il se déplace à une altitude de deux cents kilomètres. Puis, sur un « écran du temps », il va continuer de visionner des scènes de Qunrâm, du temps où elle était habitée par les Esséniens, avant que ne défilent d'autres séquences de l'époque moderne. L'écran affiche en fait toutes sortes de scènes. Certaines sont d'ailleurs assez incongrues, puisqu'il va aussi bien contempler des gens en train de dormir au fond de leurs lits, que des détails de sols divers où se déplacent des insectes ou des lézards.

À un moment, il verra aussi apparaître sur l'écran le nez de leur appareil, dont l'avant est équipé de deux balises lumineuses comparables à des phares d'automobile. Comme il se demande à quoi cela sert, l'écran va immédiatement l'informer de ce qu'il s'agit d'un système permettant d'éviter la collision avec des débris spatiaux ou tout autre obstacle. S'il y en a un qui se présente, il est immédiatement désintégré. Comme l'écran affiche désormais une vue de l'arrière du vaisseau présentant un équipement lumineux similaire, une information apparaîtra, précisant que le système rematérialise aussi, en une fraction de seconde, tout ce qui aurait pu être désintégré. L'écran va continuer à diffuser toutes sortes d'informations concernant les spécificités vaisseau. C'est ainsi qu'il apprendra que son fuselage est fait d'une seule pièce et qu'une partie de celui-ci a la propriété de devenir transparente comme du verre. À ce moment, il va remarquer que le regard de Lyn est fixé sur un autre écran où défilent des forêts et des falaises. Comme il se demande ce que cela représente, l'écran va répondre qu'ils sont en train de survoler l'Australie. Puis l'instant d'après, il reconnaîtra enfin les paysages du canyon de Huaylas. Lorsqu'à sa descente du vaisseau il consultera sa montre, il constatera avec étonnement qu'il est dix-sept heures trente et qu'ils ne se sont donc absentés que durant une heure…

Après leur voyage éclair en Israël, Lyn et Kapetanovic vont rejoindre le petit groupe de bergers en grande conversation avec José et les stellaires. Pedro va l'accueillir avec un large sourire et lui demander s'il est désormais convaincu de ce qu'il n'y a ni tricherie, ni manœuvre de leur part. Impressionné parce qu'il vient de vivre, il répondra qu'il ignore toujours qui ils sont exactement, mais que son voyage avec Lyn s'est révélé effectivement hallucinant. Qu'il est désormais certain que les Terriens sont bien incapables d'accomplir de telles prouesses. Pedro dira simplement que les Terriens pourraient faire l'équivalent, voire beaucoup mieux, s'ils s'unissaient enfin pour étudier et travailler et s'ils apprenaient à développer tous leurs dons qui sont encore en sommeil. Puis il le félicitera chaleureusement pour ses progrès, en soulignant qu'il est très heureux de constater qu'il s'intéresse de plus en plus à ce qu'ils lui ont fait découvrir et plus encore, qu'il commence enfin à y croire.

Épilogue

Effectivement, l'ingénieur a fait de nets progrès depuis quelque temps. Il faut dire que les Apuniens ont tout fait pour. Désormais, il est attentif à tout ce qu'on lui explique. Ainsi, lorsqu'à une autre occasion Zay évoquera la technologie de leurs vaisseaux et lui révélera qu'ils sont téléguidés par les pensées de ceux qui les pilotent, comme c'est d'ailleurs le cas de leurs usines, de leurs appareils ménagers, de leurs transports urbains et de bien d'autres choses encore sur sa planète, il ne doutera plus. Il continuera de rédiger avec soin diverses notes, comme il le fait déjà depuis des mois, après chacune de ses rencontres avec les Apuniens, ce afin de ne rien oublier.

En avril 1961, Victor Kapetanovic sera muté à Lima et commencera la rédaction de son livre *« 170 heures avec des extraterrestres »* qu'il publiera quelques années plus tard sous le pseudonyme de Vitko Novi. C'est ainsi que grâce au récit passionnant de ce sceptique invétéré, l'on connaîtra la présence des Apuniens sur notre planète.

10.
Rose C.
et les géants d'Alpha du Centaure

C'est en avril 1952 que la vie de Rose C. va basculer. Lorsque sa fantastique aventure débute, elle est âgée de vingt-neuf ans et vient de divorcer. Elle vit alors chez son père dans la banlieue de Nîmes, avec sa fille de quatre ans.

Les Visiteurs de la Garrigue

Comme sa petite fille vient de partir chez ses grands-parents pour les vacances de Pâques, elle décide d'en profiter pour fabriquer un nouveau matelas pour son lit. L'idée lui est venue d'aller récupérer la laine nécessaire, dans un vieux matelas remisé dans une bergerie, qui se trouve dans la campagne nîmoise à une dizaine de kilomètres de chez elle.

En ce matin ensoleillé du 10 avril 1952, elle part à vélo accompagnée de ses deux chiens. La propriété familiale est constituée de deux bâtiments, édifiés à courte distance l'un de l'autre. Ces mazets, comme on les appelle dans la région, sont de simples bâtisses construites en pierres sèches où se réfugiaient autrefois les bergers. Ils ne comportent qu'une seule pièce et sont dépourvus d'eau courante et d'électricité. Le plus grand des deux a été construit par son grand-père. L'endroit, situé en pleine garrigue à deux heures de marche de la ville, est très sauvage. Les anciens racontaient encore à l'époque, que de curieux phénomènes s'y étaient déjà déroulés : un berger et ses chiens avaient en effet été retrouvés un jour profondément endormi dans l'un des mazets et il avait été très difficile de les réveiller. Le même incident s'était reproduit plus tard avec deux enfants. À la suite de cela, le grand-père de Rose C. avait retiré deux ou trois pierres de son faîte. Depuis, aucun incident de cette nature ne s'était jamais plus produit.

Un peu fatiguée par son expédition à vélo, Rose C. s'est couchée tôt dans le Grand Mazet, après avoir dîné frugalement. Elle dort profondément depuis un moment lorsqu'elle est réveillée en sursaut par ses deux chiens. Ceux-là sont agités, grattent à la porte et grognent sans discontinuer. Elle arrive enfin à les calmer et dresse l'oreille. Le silence de la nuit est profond. Elle se dit qu'ils ont certainement dû sentir l'odeur d'un lapin qui passait à proximité. Rassurée à cette idée, elle entrouvre la porte pour regarder au dehors. C'est alors que les deux bêtes vont se ruer à l'extérieur, en aboyant furieusement et disparaître dans l'obscurité en direction du Petit Mazet. Le silence revenu, elle s'inquiète un peu, car elle ne les entend plus. Comme elle connaît l'endroit comme sa poche, elle décide d'aller voir ce qui s'y passe.

Arrivée près du Petit Mazet, elle va enfin percevoir leurs jappements. À ce moment, elle va être soudainement éblouie par un grand éclair de lumière blanche qui, l'espace d'un instant, va lui faire voir la campagne comme en plein jour. Presque aussitôt, elle va aussi entendre résonner dans l'obscurité une voix masculine qui semble tout proche d'elle et lui demande ce qu'elle fait ici. Du tac au tac, elle va répondre : *« Et vous-même ? »*. Elle est sur ses terres, tout de même, et trouve un peu fort qu'on ose lui demander ce qu'elle fait chez elle !

Dans le faisceau de sa lampe torche, un homme vêtu de noir et de taille moyenne approche, qui ne lui semble pas a priori agressif. Un bruit de pas qui fait crisser l'herbe va la faire aussi se retourner et ce qu'elle va voir alors, va la pétrifier. Face à elle, se dresse en effet un être gigantesque qui, d'entrée de jeu, va la saisir par le cou de l'une de ses énormes mains. Heureusement, il ne serre pas vraiment fort et va la relâcher presque aussitôt. Elle va l'entendre s'adresser dans une langue inconnue à l'homme en noir qui va lui rapporter dans un français parfait que le géant pense qu'elle a très peur, mais qu'il ne le faut pas, car ils n'ont aucune intention de lui faire du mal. Elle n'a donc rien à craindre d'eux. Cela ne la tranquillisera pas vraiment, d'autant que ses chiens ne sont toujours pas revenus.

En réalité, elle est liquéfiée de frousse, ce d'autant plus, qu'elle entend encore d'autres pas se rapprocher dans la nuit. Effectivement, un autre géant va apparaître, qui se mettra à discuter avec les deux autres, tout en la fixant avec intensité. Une fois de plus, elle ne comprendra pas ce qu'ils se disent, mais l'homme vêtu de sombre la rassurera à nouveau en lui affirmant que leurs intentions sont on ne peut plus pacifiques. Puis, à sa grande surprise, il va lui demander si elle n'aurait pas quelques livres à leur donner, même s'ils sont vieux, en ajoutant que cela leur rendrait un immense service. Elle s'entendra susurrer que oui, bien sûr, elle va leur donner ce qu'ils lui demandent. Comme elle siffle ses chiens pour les faire revenir l'homme en noir qui va soudainement sembler pressé et impatient. Il va d'ailleurs la rappeler à l'ordre: *« Alors, ces livres! »*.

Arrivés au Petit Mazet, un nouveau géant, aussi imposant que les deux autres, va encore surgir de la pénombre. Celui-là a la démarche pesante et semble avoir du mal à se déplacer. À ce moment, ses chiens vont arriver ventre à terre et se mettre à le renifler en remuant la queue, comme s'ils le reconnaissaient. Avant de pénétrer dans la petite bâtisse, elle va se risquer à demander à l'homme en noir d'où ils viennent. Il va alors pointer un doigt vers le ciel: *« De là-haut! »*. Comme la lune luit au-dessus de leur tête, elle s'étonne et veut savoir s'ils viennent réellement de là. En souriant, il va répondre qu'ils arrivent en fait de beaucoup plus loin, sans toutefois préciser d'où. Comme les Martiens sont à la mode dans les années 1950, elle va ingénument déclarer qu'ils sont certainement des Martiens, ce qui va avoir pour effet de faire rigoler la petite assemblée à gorge déployée. Une fois encore on ne lui en dira pas davantage et pourtant Rose C. aimerait bien savoir de quoi il retourne exactement. Elle va donc continuer de questionner : comment sont-ils venus ? Sans un mot, l'homme en noir va alors braquer le faisceau de sa lampe vers la garrigue et elle va distinguer à quelques dizaines de mètres d'eux, flottant à un mètre audessus du sol, un gigantesque engin circulaire de couleur gris mat comme de l'ardoise, qui va lui faire penser à un grand canotier.

L'homme en noir ne va pas lui laisser le loisir de poser d'autres questions. D'un ton légèrement agacé, il va de nouveau lui rappeler sa promesse de leur donner des livres. Pas très à l'aise, elle va donc les faire entrer dans le mazet. Après que la porte se soit refermée, l'humain qui a perçu son effroi, va gentiment la rassurer en lui répétant de ne pas s'inquiéter : ils sont pacifiques et ne lui veulent aucun mal.

Dans la lumière de la torche, elle pourra enfin les détailler. Les géants doivent mesurer dans les 2,30 mètres à 2,40 mètres, leur peau est foncée, mais leurs traits plutôt fins ne sont pas négroïdes. Ils ont tous les cheveux très noirs et légèrement bouclés. En fait, ils lui font singulièrement penser à des Hindous. Le dernier venu des géants va toutefois lui paraître un peu différent des deux autres : il semble plus âgé et se tient légèrement voûté. Ses cheveux sont aussi plus plats. Il a des pommettes saillantes et son nez plus fort, est légèrement busqué. Mais ce qui va surtout intriguer la jeune femme, c'est la petite bille de verre noir qu'elle aperçoit, incrustée en plein milieu de son front. Tous trois portent des combinaisons qu'elle comparera à ceux d'hommes-grenouilles. Ils sont chaussés de pataugas, des souliers que l'on appellerait aujourd'hui des converses montantes. Quand elle va regarder leurs pieds, leur longueur va la laisser stupéfaite. Ils chaussent au moins du soixante ! Elle va également remarquer que le géant à la bille de verre porte une sorte de boîte au niveau de l'estomac, suspendue à une courroie passée autour de son cou. Elle a l'apparence d'un transistor et est couverte de boutons.

Rose C. va alors demander à l'homme en noir pourquoi lui-même est si différent de ses compagnons et comment il se fait qu'il s'exprime dans un français aussi parfait, alors que les autres parlent dans une langue inconnue. À sa grande surprise, il va lui répondre tranquillement que c'est tout simplement parce qu'il est français. Vingt ans plus tôt, il a rencontré les géants en se promenant dans la campagne et il a décidé de repartir avec eux. Comme elle s'en étonne, en lui faisant remarquer qu'il devait alors n'être qu'un enfant puisqu'il ne semble pas avoir plus de trente ans, il ajoutera qu'à l'époque, il en avait déjà vingt-cinq ans. Là voilà stupéfaite. Sa mine déconfite va sembler l'amuser et il va un peu la taquiner en précisant que s'il paraît plus jeune, c'est parce qu'en fait il n'a pas vraiment quarante-cinq ans non plus. L'œil pétillant de malice, il va lui lancer: *« Le temps ne compte pas pour nous comme pour vous! »*.

Quoiqu'elle n'ait pas bien saisi le sens de sa phrase, elle se sent maintenant un peu plus détendue, au point d'oser le questionner sur les raisons de leur présence sur la Terre. L'homme va alors désigner le grand sac que transporte l'un des géants. À l'intérieur, elle va apercevoir des pieds de thyms, des repousses d'oliviers et d'amandiers, diverses autres plantes et même des pierres de toutes tailles. Cette découverte va la faire rire à son tour. Tout de même, venir d'aussi loin pour ramasser tout ça, ce n'est vraiment pas banal! L'homme en noir va alors lui expliquer le plus sérieusement du monde, qu'ils sont venus cette fois pour récolter diverses espèces de plantes à différents endroits de la Terre, car cela va leur permettre ainsi d'évaluer les dégâts occasionnés par les bombes qui ont explosé au Japon sept ans plus tôt. Nul doute qu'à ce moment, il a fait allusion aux deux bombes H qui ont rayé de la carte Hiroshima et Nagazaki, en août 1945.

Comme d'un ton impatient, il a de nouveau réclamé les livres, elle va ouvrir la penderie où ils sont entreposés. Dans le faisceau de sa torche, elle va découvrir, blottie dans un vieux panier, une famille entière de petites souris. Un peu gênée, elle va déclarer à ses Visiteurs qu'elle les détruira dès le lendemain, même si en réalité ça n'est pas tout à fait dans ses intentions. À ce moment, le géant à la bille sur le front va s'approcher d'elle et lui dire gentiment qu'il ne faut surtout pas le faire. Qu'à cela ne tienne, en ce cas, elle leur portera du pain! Sans se départir de sa douceur, il répliquera que ça n'est pas mieux, car le fait de les nourrir va les rendre dépendantes, alors qu'elles doivent se débrouiller seules. Elle ne va donc pas insister et récupérer prestement au fond de l'armoire, les livres promis. Si « Le Comte de Monte Cristo » de Dumas est encore en bon état, « Les Misérables » de Victor Hugo ont en revanche beaucoup souffert sous les dents des rongeurs. À leur demande, elle leur donnera également une pile de journaux défraîchis ainsi qu'un vieux catalogue de vente de vêtements.

Pendant qu'elle s'occupe à rassembler le tout, l'homme en noir va lui révéler qu'autrefois, il exerçait le métier d'instituteur sur la Terre et qu'il a finalement accepté de suivre les géants sur leur planète, parce qu'il n'avait plus de famille proche. Depuis, il ne l'a jamais regretté, tout au contraire. Puis à brûle-pourpoint, il va lui demander si, par hasard, cela l'intéresserait de venir avec eux. Cette question ne l'enchante pas du tout. Pire encore, elle en ressent du malaise car l'idée lui traverse soudain l'esprit qu'il est peut-être dans leurs intentions de l'emmener de force avec eux, tandis que lui viennent en tête les images de son père vieillissant, à l'épaisse chevelure blanche et de sa toute petite fille.

Le géant au front marqué va à cet instant s'adresser dans sa langue à l'ancien instituteur qui va alors demander à la jeune femme, qui est le vieil homme aux cheveux blancs et qui est l'enfant. Il veut également savoir si elle a besoin d'eux et s'ils ont vraiment besoin d'elle. C'est ainsi qu'elle va réaliser avec stupeur que le géant détient l'extraordinaire capacité de lire dans sa tête. Un peu tremblante, elle va expliquer que son père est veuf et qu'il a effectivement besoin d'elle à ses côtés. Quant à sa petite fille, elle n'a plus qu'elle pour l'élever puisque son mari les a abandonnées. La réponse qu'elle a faite a semblé satisfaire le vieux géant qui désormais lui jette un regard compatissant et n'insiste pas. Elle remarquera à ce moment que ses chiens sont toujours fourrés à ses pieds et qu'ils continuent de façon incompréhensible, à lui témoigner des marques d'affection. Quand elle va s'en étonner auprès de l'instituteur, celui-ci va simplement répondre que tout ce qui existe sur la Terre vit à l'identique sur leur planète, mais en plus grand. Ainsi, les chats ressemblent à de petits tigres. Quant aux arbres et aux plantes, tous sont géants comme les habitants de leur planète.

Puis, sans transition, il précisera encore que ce sont leurs lointains ancêtres qui ont, jadis, amené la vie sur la Terre. Rose C. a remarqué qu'en cet instant, l'instituteur s'était exprimé comme s'il n'avait jamais été Terrien.

Comme elle s'est étonnée de ce que les humains soient plus petits qu'eux, il va lui expliquer qu'au fil des âges, tout a rapetissé sur la Terre et aussi qu'à l'origine, ces géants étaient venus pour l'ensemencer, afin de créer une atmosphère. Ce n'est que plus tard qu'ils y auraient introduit des animaux pour, en tout dernier, y déposer des « punis ». Ceux-là devaient en effet être absolument éloignés de leur planète, en raison de leur dangerosité pour leur société. Rose C. apprendra qu'avant d'être abandonnés sur la Terre, l'essentiel de leurs connaissances avaient été effacées de leurs mémoires. Ainsi, les Terriens ne seraient autres que les descendants directs de ces exclus !

Désormais, l'instituteur est intarissable. Dans la foulée, il va révéler à la jeune femme que dans des temps reculés, ils avaient également placé en orbite autour de la Terre un premier satellite. En fait, une lune. L'opération qui n'avait pas été aisée avait finalement réussi. Au fil du temps, les cargaisons de « bannis » s'étaient succédé. Elle apprendra encore que ce n'est que bien plus tard qu'ils étaient revenus afin de vérifier ce qu'il était advenu de ces bannis qu'ils avaient abandonné à leur sort et comment la vie avait évolué sur Terre. L'instituteur précisera tout de même qu'ils en avaient encore profité pour exiler un nouveau groupe d'individus indésirables. À leur arrivée, leur surprise avait été grande car ils s'étaient retrouvés confrontés à des géants de très haute taille. La flore s'était, elle aussi, étrangement développée dans le gigantisme. Apparemment, cela n'était pas du tout ce qui avait été prévu dans leur programme, puisque l'instituteur soulignera qu'une « erreur » s'était produite dans leurs prévisions. Rose C. apprendra encore qu'une terrible catastrophe aurait ravagé la Terre et tout détruit pour longtemps. La petite lune qu'ils avaient mise en orbite avait en effet fini par s'y écraser. Des lustres plus tard, ils l'auraient remplacée par un nouveau satellite issu d'un autre système solaire : notre Lune actuelle. L'instituteur précisera à ce moment, que leur propre planète disposerait elle-même d'une lune trois fois plus grosse. Autant le dire, toutes ces révélations vont laisser Rose C. quelque peu dubitative. D'un tempérament plutôt rationnel, elle trouve la ficelle un peu grosse et n'en croit pas un mot. Son interlocuteur qui s'en est aperçu, va insister et affirmer que ce qu'il vient de lui révéler est pourtant la stricte vérité.

À un moment, il va manifestement commettre une erreur de traduction qui va entraîner un terrible fou rire chez les trois géants et permettre à Rose C. d'apercevoir les dents de l'un d'eux qui sont mal plantées. En attendant, leur hilarité est telle qu'elle va leur dire qu'à force de faire trembler les murs, ils vont finir par se prendre le toit du mazet sur la tête. Sa remarque aura pour effet immédiat de les faire rire trois fois plus fort. La voici définitivement rassurée, ceux-là ont le sens de l'humour et sont de bons vivants ! Lorsque leurs rires se seront un peu calmés, l'instituteur va continuer de traduire leurs propos et poursuivre son récit. C'est ainsi qu'il va expliquer qu'il existe dans l'univers de multiples planètes habitées comme celle par exemple, où vivent de petits hommes, avec lesquels ils commercent beaucoup.

À un moment, il va également aborder le sujet de l'éducation scolaire donnée aux enfants terriens. Son propos est sans appel : ce qui est enseigné dans les écoles ne sert strictement à rien. Sur Terre, l'on passe plus de temps à s'appesantir sur le passé que sur l'avenir, ce qui est une erreur car le passé est idéalisé et manipulé. L'histoire est transformée à force de mensonges. Manifestement indigné, voilà qu'il reproche désormais aux Terriens de mettre sur un piédestal les hommes illustres et les conquérants, alors qu'ils ont été la cause de terribles hécatombes et qu'ils ont généré des fleuves de sang. Son discours enflammé laissera d'ailleurs Rose C. un peu sans voix. Sans transition, il va exprimer les regrets des géants qui déplorent que les Terriens ne se rendent pas compte de la beauté unique de leur planète. Comme elle se dit surprise de l'intérêt qu'ils semblent porter à la Terre, l'instituteur va répliquer du tac au tac que s'ils s'y intéressent tant c'est en raison du sort néfaste qu'il l'attend, du fait du comportement aberrant de ses habitants. Il ajoutera encore que l'irresponsabilité des Terriens constitue une réelle menace pour eux. Que c'est d'ailleurs la raison pour laquelle ils viennent régulièrement effectuer des prélèvements divers aux quatre coins de la planète, afin de surveiller l'évolution de la catastrophe annoncée.

Intarissable, il dira encore que tous les 12000 ans, les humains ont la fâcheuse manie de déclencher des cataclysmes terribles dus à leurs expériences d'apprentis sorciers. À l'en croire, le dernier en date se serait produit il y a très exactement 11357 ans. Avec bon sens, Rose C. lui demandera alors pourquoi ils n'interviennent pas pour éviter le pire. Ce à quoi il va répliquer que chaque fois qu'ils sont intervenus dans les affaires terriennes, cela n'a jamais été vraiment glorieux. En fait, transmettre une connaissance scientifique à ceux qui ont perdu la vraie Connaissance, revient finalement à leur apporter le pire des fléaux ! En disant cela, il a l'air si navré et ému que Rose se dit qu'il ne peut vraiment pas lui mentir et la voilà toute retournée !

Le géant au front marqué qui s'est aperçu de son émoi va alors s'approcher d'elle et lui prendre affectueusement la main. Maintenant, il la regarde droit dans les yeux et se met à lui parler avec gravité et émotion, tandis que l'instituteur traduit. Il lui dit combien la Terre est belle. Il lui parle des arbres, des plantes, des animaux. Ses paroles la touchent si profondément et elle en ressent une si vive émotion, qu'elle se met à sangloter. Avec une grande douceur, le géant va essuyer les larmes qui roulent de ses yeux et poser sa main, doigts écartés, sur sa tête. De son autre main, elle va le voir manipuler différents boutons de la boîte suspendue à la hauteur de son estomac. Au bout de deux ou trois minutes, il va relever sa main et elle va ressentir alors un grand froid sur le haut de son crâne, ainsi que dans les doigts de sa main qu'il vient de lâcher. À croire que sa température corporelle était bien plus élevée que la sienne, c'est du moins l'explication qu'elle donnera au phénomène.

Après ce moment émouvant, les géants vont se livrer à une petite expérience qui va beaucoup impressionner la jeune femme. Sur ordre de celui au front marqué, l'un de ses compagnons va ramener du dehors, la grosse pierre plate sous laquelle elle cache habituellement la clé de la porte du mazet. Il va la déposer au milieu de la pièce et l'être au front marqué va manipuler à nouveau les boutons de sa boîte. En un clin d'œil, la pierre va se volatiliser, laissant Rose C. sans voix. Sans lui laisser le temps de se remettre, ils vont l'entraîner à l'extérieur. Là, une autre surprise l'attend puisque la pierre a retrouvé sa place initiale. Alors qu'elle veut se pencher pour la ramasser, histoire de constater qu'elle n'a pas rêvé, l'un d'eux va retenir son geste. L'instituteur va lui signifier qu'il lui faut encore attendre quelques instants. Tout ce qu'elle trouvera alors à dire est: *« C'est un miracle du Bon Dieu! »*, ce à quoi il lui sera répondu que c'est plutôt un miracle de la science.

Toujours par l'intermédiaire de l'instituteur, le géant au front marqué va annoncer qu'il est temps pour eux de repartir. Contre toute attente, il va demander à Rose C. si elle ne dispose pas d'une petite somme d'argent qu'elle pourrait lui confier, en précisant qu'évidemment, ce n'est qu'un simple prêt. En fouillant dans ses poches, elle va trouver deux billets de banque et quelques pièces de monnaie qu'elle va lui remettre. L'instituteur va la remercier chaleureusement et lui promettre que l'argent lui sera restitué dans un an, jour pour jour. Mieux encore, il lui sera remis un sac plein d'argent. Une surprenante repartie va alors lui venir, puisqu'elle va commenter cette offre généreuse, par une phrase lapidaire: *« les faux billets font du mal à l'économie »*, qui ne va pas manquer de provoquer un certain étonnement chez ses interlocuteurs. On va lui assurer que les billets qu'elle recevra seront tout ce qu'il y a de plus vrais et qu'elle n'a pas à s'en inquiéter.

En réalité, elle est un tantinet froissée dans son orgueil. D'un ton pincé, elle va leur lancer qu'il n'est pas dans ses habitudes de faire payer les services qu'elle rend, qu'elle ne veut rien en échange et qu'elle est très heureuse de leur offrir cet argent. Ses Visiteurs lui demanderont alors ce qu'ils pourraient faire pour la remercier de sa générosité, mais elle répondra encore qu'elle n'a besoin de rien. Enfin, peut-être que si, tout de même. Une idée surréaliste vient en effet de lui traverser la tête et c'est ainsi qu'elle va demander à l'instituteur comment « ne plus confondre ses infinitifs avec ses participes passés »! Leur entretien se terminera donc par une belle leçon de grammaire dont Rose C. dira qu'elle a porté ses fruits, puisque par la suite, elle ne commettra plus jamais d'erreur.

Avant de repartir, les stellaires vont l'inviter à assister à une ultime expérience et non des moindres. Tous vont se regrouper en demi-cercle autour d'un grand tas de pierres sèches. Le géant au front marqué va alors à nouveau manipuler les boutons de sa boîte. Une sorte de bref sifflement très aigu va d'abord se faire entendre, qui aura pour effet de provoquer les gémissements des chiens et leur fuite effrénée dans les taillis. Rose C. va à ce moment apercevoir les pierres se mettre à léviter et se balancer comme des plumes dans la brise. Elle en restera sidérée puisque chacune d'elles, pèse une cinquantaine de kilos. Elle questionne: *« comment est-ce possible ? »* Comme l'instituteur lui désigne alors la boîte qui pend au cou du géant, elle va demander, avec bon sens d'ailleurs, pourquoi dans ces conditions, eux aussi ne s'envolent pas. Il répondra simplement que la fréquence émise par l'appareil est celle des roches. Par curiosité, elle va avancer la main vers les pierres qui flottent toujours en se balançant imperceptiblement et en retourner deux ou trois, sans aucune difficulté. L'instant d'après, elles viendront se replacer en tas, une à une, tout en douceur et sans le moindre bruit. Juste après, les chiens reviendront, l'air apeuré et en gémissant. Il y a fort à parier que ces stellaires ont dû user d'ultrasons pour réaliser leur prodige et comme chacun sait, les chiens ne le supportent pas.

Le moment des adieux étant arrivé, l'instituteur va demander à Rose C. de se tenir désormais à distance avec ses animaux. Il va la faire reculer jusqu'à un certain point, en lui demandant de ne plus en bouger. Puis il va la saluer, en appliquant la paume de sa main contre la sienne. Les autres feront pareil, hormis le géant au front marqué, qui lui donnera une solide poignée de main. Elle va observer encore une fois l'étrange petite bille qui orne son front et ressentir soudainement une profonde tristesse l'envahir à l'idée de ne plus le revoir. C'est alors qu'elle se rendra compte de ce que, sans que le moindre pas ait été fait par les uns ou les autres, leur petit groupe s'est miraculeusement éloigné d'elle d'une vingtaine de mètres. L'instituteur lui recommandera une dernière fois de rester au plus loin et de ne plus en bouger. Au moment où elle voudra tenir ses chiens qu'elle entend japper derrière elle, elle découvrira avec surprise qu'ils sont inexplicablement enfermés à l'intérieur du petit mazet, alors qu'ils se trouvaient à ses côtés quelques secondes plus tôt. Elle est d'autant plus sidérée que la porte en est fermée à double tour et que la clé se trouve dans sa poche !

Avant de s'enfoncer dans la nuit, l'instituteur lui annoncera qu'ils retournent chez eux où ils sont mieux, car les séjours sur la Terre les fatiguent beaucoup. En les regardant s'éloigner, le cœur un peu serré, elle pourra voir les deux plus jeunes géants, soutenir celui au front marqué. Sans plus attendre, elle tournera les talons et se dirigera vers le Grand Mazet. Quelques instants plus tard, elle percevra un bruit de souffle similaire à celui que produirait un grand ventilateur. Elle dira que son ronflement semblait alors s'élever dans le ciel. Suite à cela, elle sentira comme une bouffée de vent chaud lui arriver en plein visage. Dans la nuit sombre, elle n'apercevra pas l'objet quitter le sol. Quelques minutes plus tard alors qu'elle est train de se déshabiller avant d'aller au lit, elle sera prise d'une irrésistible et brutale envie de dormir. C'est à peine si elle aura eu le temps d'éteindre sa lampe.

En se réveillant le lendemain, elle se demandera si elle n'a pas rêvé. Elle constatera aussi que son annulaire droit la fait un peu souffrir. Elle le massera sans résultat en pensant qu'elle a dû s'endormir dans une mauvaise position qui l'a endolori. C'est alors que tout lui reviendra en bloc. Taraudée par le doute, elle décidera de s'en retourner au Petit Mazet pour vérifier si les livres sont toujours à leur place dans l'armoire. Elle ne retrouvera sur la table que « Les Misérables » à demi rongés par les rats. « Le Comte de Monte Cristo » et les journaux ont quant à eux disparu. Elle n'a donc pas rêvé !

L'éveil à la nature

Avant de prendre le chemin du retour, elle récupérera, comme elle l'avait prévu, la laine du vieux matelas tout en peinant un peu à la tâche, car la douleur de son annulaire ne passe toujours pas. Pour autant, elle continuera de s'affairer. Mais en allant vider le contenu d'un seau d'eau usé au pied d'un arbre, elle va être prise d'une émotion qui va la bouleverser. Une irrésistible envie de caresser le tronc du vieux chêne l'a soudainement saisie et elle n'a pu résister à l'envie de se blottir contre lui. Jamais une telle chose ne lui est arrivée auparavant. Et elle ne sera au bout de ses surprises. Elle a en effet décider de ramener avec elle un grand bouquet de lilas en fleurs. Au moment de couper la première branche, va se produire l'impensable : alors qu'elle vient d'en approcher les ciseaux, elle va immédiatement remarquer que l'arbuste s'est mis à frissonner de toutes ses branches, en même temps qu'elle a perçu comme une sorte de lent chuintement. Lorsqu'elle les éloigne, le chuintement cesse. Quand elle les rapproche, il reprend. Elle va ainsi comprendre que le lilas pleure quand il sent qu'on va le mutiler. Elle renoncera donc à son projet.

Sur le chemin du retour, elle contemplera la campagne comme elle ne l'a jamais fait. Tout lui semblera magnifique : les arbres, les plantes et même les pierres… Elle s'enivrera de l'odeur puissante que dégagent la terre et les plantes en pleine floraison. Jamais elle n'a encore ressenti un tel amour envers la nature, un tel émerveillement ! Tourneboulée, elle se demande ce qui lui prend. Avant de rejoindre la nationale, l'idée va lui venir aussi de s'arrêter à la hauteur d'un bosquet de chênes. Au milieu du petit massif, un arbre immense étend majestueusement ses ramures. Elle reconnaît un « chêne guien », l'un de ceux dont on lui a appris, quand elle était petite fille, qu'il donnait de l'énergie aux humains. Un chêne-maître donc. Éperdue de joie, la voici maintenant qui court vers lui pour l'entourer de ses bras et poser sa joue contre son écorce. Dans la seconde, elle va entendre, là encore, comme un doux chuintement. Cette fois, elle sait que l'arbre exprime ainsi sa joie et ça la bouleverse jusqu'au plus profond de l'âme…

Le secret de l'aïeul

De retour chez elle, elle racontera à son père l'aventure qu'elle a vécue, la veille au soir. Sans l'interrompre, il écoutera avec attention.

Mais à la fin de son récit, il lui recommandera d'oublier tout cela et de ne surtout jamais en parler à personne, car on ne la croirait pas. Dans la foulée, il lui contera l'aventure vécue par son propre père, après la guerre de 14-18.

Celui-ci avait un jour décidé de creuser un puits sur le terrain du Grand Mazet. Il creusait et creusait encore, faisait sauter des roches à tout va pour trouver l'eau si précieuse. Le travail était titanesque. Un beau, matin, l'eau sera enfin là, suintante au creux de la large excavation. C'est à ce moment que contre toute attente, il va déclarer à son fils qu'il lui faut maintenant creuser un autre puits, à une centaine de mètres. Stupéfait, le père de Rose C. pense qu'il a pris un coup de chaud et que sa lubie va lui passer. Il lui dit d'ailleurs qu'il devrait peut-être aller se reposer. Tout à son obsession, il va s'y refuser catégoriquement et l'entraîner vers un petit promontoire où ils sont déjà passés une bonne centaine de fois.

Arrivé là-bas, le père de Rose C. va alors découvrir avec surprise un trou bien circulaire creusé dans la roche. Il a une vingtaine de centimètres de diamètre et ses parois intérieures sont absolument lisses et régulières. Sidéré, il demandera à son père comment il est parvenu à accomplir un tel exploit. Celui-ci ne lui répondra pas et se contentera de jeter dans le trou, une pierre attachée à une longue ficelle. Quand il la remontera, la ficelle sera sèche sur dix mètres, seul son dernier mètre étant mouillé. N'y comprenant rien, le père de Rose C. va lui reposer la question: *« Comment as-tu fait ce trou étroit? »*. Toujours pas de réponse. Le « Papé » restera muet sur le sujet jusqu'à sa mort et ne livrera jamais son secret à personne. En concluant son étrange récit, le père dira à sa fille qu'il se pourrait bien que son propre père ait fait une rencontre semblable à la sienne.

Un étrange allongement de l'annulaire…

Dans les jours qui vont suivre la rencontre, Rose C. aura de plus en plus mal à son annulaire droit. Il est devenu si raide qu'elle ne peut même plus le plier. Et c'est si douloureux qu'elle va même prendre la décision de repousser la confection du nouveau matelas qu'elle a promis à sa fille. Au fil des jours, cela va aller un peu mieux et elle va décider alors de tailler une jupe dans un morceau de tissu qu'elle a récemment acquis. Une fois l'étoffe étalée sur la table, elle va poser sa main droite, bien à plat sur le tissu sombre. Au moment où elle s'apprête à couper, elle va remarquer avec stupeur que l'aspect de sa main a changé : son annulaire droit est désormais aussi long que son majeur ! En examinant sa paume, elle va aussi découvrir en son milieu, une petite cicatrice longue de près d'1,5 centimètre. Elle a beau réfléchir, elle n'y comprend rien car elle ne s'est jamais blessée à cet endroit. Elle ne sera pas la seule à avoir vécu ce type de mésaventure. D'autres personnes en effet, qui ont fait des rencontres rapprochées avec des stellaires, ont parfois aussi été confrontées à cet étrange phénomène physique.

Sur l'écran de ses paupières…

Et les surprises ne seront pas terminées pour elle, tant s'en faut puisqu'en réalité, tout ne fait que commencer. Ainsi, un soir qu'elle commence à s'endormir, un sifflement soudain et strident va lui vriller les tympans, pour cesser aussitôt. Elle a remarqué qu'il ne semblait pas provenir de l'extérieur mais de l'intérieur même de ses oreilles. Interloquée, elle se demande ce qui lui arrive car elle se rend compte également de ce qu'elle n'entend plus rien des bruits alentour. En fait, elle est totalement sourde et dans le même temps, elle sent ses paupières devenir de plus en plus lourdes.

C'est à ce moment qu'un phénomène incroyable va se produire. Sous ses paupières closes va se dessiner comme un écran de couleur violette, dont elle dira qu'il s'est imposé à son esprit. Et voilà maintenant que se dessine sur ce surprenant écran, une série de figures géométriques et de symboles. D'abord un cercle, puis un losange, un triangle, un carré et enfin les symboles « + » et « – ». Elle en reste sidérée, d'autant que les figures et symboles se mettent à disparaître au fur et à mesure de leur apparition. Au bout de quelques instants, la couleur violette de l'écran virtuel va doucement s'évanouir et l'audition va miraculeusement lui revenir. Les soirs qui vont suivre, le phénomène se reproduira à l'identique. Au bout de trois mois, elle se décidera à consulter un médecin qui n'y comprendra rien car il ne découvrira rien d'anormal.

Comme le même scénario se reproduit inlassablement presque chaque soir, il va lui prendre l'idée d'imaginer que les figures qu'elle est en train de visionner, se trouvent disposées dans un ordre différent. Sur l'écran violet de ses paupières, elle va alors voir apparaître le mot « NON ». C'est la surprise ! Quelques jours plus tard, elle va reproduire l'expérience. À nouveau, va s'inscrire le mot « NON ». Qu'à cela ne tienne, elle va imaginer les figures, cette fois remises dans leur ordre initial. Là, ce sera le mot « OUI » qui va s'afficher et quand elle les replacera dans le désordre, ce sera le « NON » qui réapparaîtra.

Elle va comprendre assez vite que le symbole « + », signifie « OUI » et que le symbole « – », signifie le « NON ». Dans l'instant va s'inscrire alors le mot « BRAVO ». Elle va constater aussi qu'après chaque séance de ce type, elle plonge immédiatement dans un lourd sommeil, au point parfois de ne même pas avoir le temps d'éteindre sa lampe de chevet.

Les mois passent. Une fois par semaine le phénomène se reproduit à l'identique, mais rien de plus jusqu'au jour où elle va voir s'inscrire sur l'écran de ses paupières, une série de lettres : « B H O F I S ». L'idée va lui venir à ce moment, de réécrire le mot. Aussitôt après, va s'afficher le symbole « – », dont elle a saisi qu'il signifiait « NON ». Il doit donc y avoir une erreur quelque part, mais où ? Elle va recommencer et c'est à nouveau le symbole « – » qui va s'afficher. Où se trouve donc cette maudite erreur ? Elle va alors examiner avec attention ce qu'elle a écrit pour s'apercevoir qu'elle a effectivement commis une erreur : elle a en effet écrit « R A O F I S ». Une fois la correction effectuée, le symbole « + » s'affichera aussitôt. Désormais, elle sait qu'il lui faut bien se concentrer, car souvent, les lettres se ressemblent et peuvent être confondues avec d'autres.

Une autre fois et avant même que les lettres qu'on lui envoie ne soient apparues, elle va écrire « R A O F I S ». Cette fois la réponse sera positive. Un autre soir, elle va recevoir « O O B D F » qu'elle va réécrire à l'identique. Manque de chance, la réponse sera négative. Tout à fait au hasard, il va lui venir d'écrire le mot « C O R D E ». La réponse sera positive sans d'ailleurs qu'elle ait compris pourquoi.

Le plus surprenant, est qu'elle va mettre des années à faire le rapprochement entre ce phénomène étrange et la rencontre du Mazet. Il lui faudra en fait vivre un évènement particulièrement douloureux, pour qu'elle réalise enfin de quoi il retourne. En 1956, son père va décéder brutalement d'une crise cardiaque. Elle est terrassée par le chagrin. Un soir, elle va donc écrire : « ASSEZ PÈRE MORT PITIÉ » et recevoir immédiatement une réponse : « DÉSOLE ». Après cela, le phénomène s'interrompra pour un long moment, comme si ses interlocuteurs avaient décidé de la laisser en paix, afin qu'elle puisse vivre paisiblement son deuil.

Quelques mois après la disparition de son père, Rose C. va rencontrer un officier de marine qui deviendra son second mari. Après le mariage, elle partira avec lui et sa petite fille pour Casablanca. Peu après son arrivée au Maroc, le phénomène reprendra, mais de manière plus élaborée. On lui enverra désormais des images. La première représentera un oiseau. Elle va donc écrire « OISEAU » et la réponse sera « + ». Puis vont se succéder les images d'une fleur, d'un serpent, d'un cube… À chaque fois, elle écrira le mot correspondant et recevra alors une réponse positive.

Elle aimerait bien confier ses expériences insolites à son mari. Hélas, celui-ci est un militaire, strict et rationnel. Elle craint donc fortement qu'une telle confidence ne lui fasse croire qu'elle ne tourne pas très rond. Elle s'abstiendra donc au final, de lui livrer ses petits secrets.

Les cymbales volantes…

Et elle ne sera pas au bout de ses surprises. Le temps a passé et son mari a reçu une mutation pour Dakar. Toute la petite famille va donc déménager au Sénégal. Le pays lui plaît et elle s'y sent bien. En 1961, elle va avoir la joie de se retrouver enceinte. Alors qu'elle en est à son septième mois de grossesse, elle va vivre à nouveau un phénomène surprenant. Une nuit, elle va en effet se réveiller en sursaut, avec la sensation terrible qu'elle est en train d'étouffer. Mal en point, elle va se lever pour aller respirer un peu sur le balcon. La nuit est chaude mais l'air lui fait du bien. Quelques instants plus tard, elle va se sentir enfin un peu mieux. Le malaise est passé.

C'est à ce moment que son attention va être soudainement attirée par un curieux objet qui s'est approché du balcon. Il est très brillant et va se positionner face à elle. Elle dira qu'il ressemblait à deux cymbales d'une quarantaine de centimètres de diamètre, presque collées l'une à l'autre. Ces cymbales vont se déplacer dans l'air en laissant derrière elles deux traînées lumineuses, puis reviendront à nouveau se poster devant elle. Lorsqu'elle tendra la main pour les toucher, elles opéreront un brusque mouvement de recul. Dès qu'elle enlèvera la main, elles se rapprocheront.

Cette fois, le phénomène l'inquiète un peu et elle va décider de réveiller son mari. Hélas et dans la seconde, elle va ressentir un grand frisson l'ébranler, qui sera suivi d'un malaise. Des nausées insupportables vont immédiatement la terrasser et elle n'aura que le temps de se pencher au-dessus de la balustrade. Ces nausées disparaîtront aussi brutalement qu'elles sont apparues. Lorsqu'elle se redressera et ouvrira les yeux, elle n'aura que le temps d'apercevoir deux traînées lumineuses qui s'estompent rapidement dans la nuit. Rose C. aurait bien aimé réfléchir à ce qui vient de lui arriver, mais une irrésistible envie de dormir va la saisir soudain et elle n'aura que le temps de regagner son lit. Tout compte fait, elle ne dira pas un mot de cette nouvelle étrangeté à son mari, de peur qu'il ne se moque d'elle en lui disant « qu'elle a son quart d'heure colonial ».

Visions prémonitoires

Le lendemain qui est un dimanche, la petite famille au grand complet, va se rendre à la plage. Du fait de sa grossesse avancée, la jeune femme ne se baigne plus. Au bout d'un moment, elle va se mettre à somnoler. C'est alors qu'elle sera réveillée en sursaut par le petit sifflement qu'elle connaît si bien, suivi de la sensation de surdité. Elle est surprise car ça ne lui est jamais arrivé auparavant dans la journée. Elle veut se redresser mais découvre avec angoisse, que c'est impossible. Pire encore, elle comprend qu'elle est désormais totalement paralysée et qu'elle ne peut même plus bouger un doigt.

Sous ses paupières closes, elle va voir se dessiner peu à peu comme les éléments d'un film. Elle va ainsi apercevoir un avion en train de voler au milieu d'un lourd ciel d'orage zébré d'éclairs et de survoler une étendue d'eau. Tout à coup, il va exploser et disparaître dans une boule de feu. La vision est si réaliste qu'elle va avoir un grand sursaut et dans l'instant, sa surdité va disparaître. Pour se rassurer, elle se dira qu'elle a dû faire un cauchemar mais elle restera extrêmement perturbée par la scène qu'elle vient d'apercevoir. À tel point d'ailleurs, que le soir même elle racontera tout à son mari : l'annulaire qui a poussé, l'écran violet, les signes et les symboles, les cymbales volantes et enfin le crash d'avion. En revanche, pour ce qui est de la rencontre de la garrigue, elle se taira, comme si elle savait instinctivement que ce secret ne devait en aucun cas être révélé. Son mari va l'écouter avec attention. L'expression que son visage affiche est toutefois plus que sceptique. Très gentiment, il se contentera de lui dire que c'est parce qu'elle approche du terme de sa grossesse et que les futures mamans ont souvent des idées bizarres.

Là où les choses vont encore se corser c'est lorsque quelques jours plus tard, une super-constellation va aller se crasher dans l'océan, non loin de l'aéroport de Dakar. Comme la piste était embouteillée, la tour avait demandé à l'équipage de faire un tour supplémentaire avant de se poser. Malheureusement, un terrible orage avait éclaté à ce moment-là et l'avion, probablement touché par la foudre avait explosé en touchant la surface de l'eau, causant ainsi la mort d'une centaine de personnes. Sur le moment, son mari sera un peu troublé mais il préférera n'y voir qu'une simple coïncidence.

Quelques heures après la nouvelle de cette terrible catastrophe et alors qu'elle est sur le point de s'endormir, Rose C. va revivre le même processus. Elle va ainsi avoir de nouveau la vision d'un crash d'avion. Le lendemain matin, elle s'en ouvrira donc à son mari, mais cette fois, il prendra malheureusement la chose un peu moins bien et s'en agacera même un peu. Il lui dira même que cela commence à devenir une obsession. Plus gentiment, il lui expliquera que c'est certainement parce qu'ils doivent prochainement prendre l'avion pour revenir en France et qu'elle doit appréhender ce prochain voyage. Hélas, quelques jours plus tard, un Boeing se crashera avec cent vingt personnes à bord et il n'y aura aucun survivant. Rose C. aura encore vu juste et ce sera d'ailleurs le début d'une longue série de visions de cette nature, peu agréables pour elle, il faut bien en convenir.

Des nouvelles du géant à la bille de verre

Après le Sénégal et dans l'attente d'une nouvelle affectation du mari, la petite famille de Rose C. qui entre-temps s'est agrandie, reviendra à Marseille. C'est durant cette période que la guerre d'Algérie va éclater et que son époux va repartir pour l'Afrique du Nord, en la laissant en France avec ses deux filles. Les visions et les messages vont alors reprendre régulièrement.

Un soir, l'idée va lui venir d'écrire « QUI ÊTES-VOUS ? ». En réponse, une image va apparaître, celle d'un visage plutôt flou qu'elle va reconnaître facilement, grâce la bille qui apparaît au milieu du front. Elle est heureuse de voir qu'il s'agit de son ami le vieux géant. À une autre occasion, elle va poser la question « OU ÊTES-VOUS ? ». Elle recevra d'abord en réponse une flopée de signes et de symboles mais comme elle ne déchiffrera rien de cohérent, elle retournera le tout à l'envoyeur. Juste après, une image apparaîtra qui semblera représenter une sorte de faune. Puis des lettres vont s'afficher dans un ordre qui ne présente aucune signification pour elle. Enfin, va apparaître le mot « EDDAÏR » suivi de « ALPHA ». Ce sera ensuite la représentation du faune qui se dessinera sur l'écran de ses paupières closes. Elle renverra le tout et en réponse, le signe « + » apparaîtra. C'est bien plus tard qu'elle apprendra qu'Alpha est l'étoile la plus brillante de la Constellation du Centaure qui est la constellation la plus proche de la Terre, avec ses 4,3 millions d'années-lumière. Eddaïr serait-elle la planète des Visiteurs de Rose C.?

La vision de l'accident du Redoutable

En 1974, elle va se lier à une association ufologique, le « Groupe Veronica », présidé par Charles Gouiran et faire la rencontre de Jimmy Guieu et surtout de Guy Tarade, un célèbre ufologue et écrivain qui deviendra un ami proche. En décembre de la même année, alors qu'elle est en train de discuter avec Charles Gouiran, elle va avoir un flash de voyance. Elle va apercevoir tout d'abord une sorte de poudre blanche, puis des gens qui semblent blessés ou morts. Aux actualités du soir, elle apprendra avec émotion qu'une terrasse de l'Aéroport de Téhéran s'est effondrée sous le poids de la neige. À la suite de cela, il lui arrivera de plus en plus régulièrement d'avoir des flashs et des visions prémonitoires.

La semaine suivante, elle aura d'ailleurs un nouveau flash où elle verra une scène qui lui fera penser au naufrage d'un bateau: des hommes tournoient dans des cuves, mais ils ne paraissent ni morts, ni noyés. Quelques jours plus tard, ce sera la brève vision d'une scène qui ressemble encore à celle du naufrage d'un navire. Elle aura désormais plusieurs fois par jour, la vision de cette scène particulière.

Le 19 décembre 1974, suite à un énième flash qu'elle aura reçu selon son type de communication habituel, c'est-à-dire sous ses paupières fermées, elle va écrire une lettre à un membre du « Groupe Veronica », afin de lui expliquer qu'elle a eu la vision d'un sous-marin et cinq hommes paraissant en danger. Qu'elle a aussi reçu des lettres qui forment le mot « REDOUTABLE » et un autre mot qui est celui de « GEIGER ». Elle va d'ailleurs faire figurer dans sa missive, entre parenthèses et à côté du mot « GEIGER », la mention « radioactivité, je pense ». Elle expliquera aussi qu'elle a demandé si l'accident s'était déjà passé ou à venir et que sur l'avenir, la réponse a été « OUI », suivie de quatre barres qu'elle pense pouvoir interpréter comme un nombre de jours, donc quatre jours en tout. Elle écrira encore, qu'à tout hasard, elle a demandé s'il existait un remède. La réponse a alors été positive et elle a reçu l'information de faire prendre aux accidentés des bains de magnésium dilué dans de l'eau à 50° et de leur faire boire du magnésium dilué, ce, plusieurs fois par jours et durant un bon moment. Elle terminera sa lettre en demandant au destinataire de sa missive s'il lui est possible de se renseigner au sujet du Redoutable, notamment auprès de personnes ayant des contacts dans la Marine, tout en précisant qu'elle est certaine que l'accident se serait produit entre le 11 et le 18 décembre 1974.

Charles Gouiran qui est le Président du « Groupe Veronica », va avoir connaissance de sa lettre le 20 décembre 1974. L'homme est un ancien capitaine d'infanterie de marine en retraite. Alors qu'il s'apprête à contacter d'anciennes relations, il va prendre connaissance d'un article paru dans le Midi Libre, lequel relate que cinq ouvriers du Redoutable ont été légèrement irradiés lors d'opérations de carénage à la base navale de Brest.

En apprenant la nouvelle, Rose C. va alors demander à Charles Gouiran de ne plus contacter personne, en insistant sur le fait que le message reçu concernait bien des marins irradiés et non de simples ouvriers. Or, celui-ci ne va pas vraiment l'écouter et prendra en effet, dès le lendemain, la liberté d'écrire directement au Commandant du Redoutable, afin de lui transmettre les informations reçues par Rose C. Sa lettre évoquera, entre autres choses, le remède au magnésium préconisé pour soigner les irradiés. Bien heureusement elle ne fera aucune allusion aux contacts de la jeune femme avec des Visiteurs venus d'outre-espace.

De façon plutôt surprenante, le Commandant du Redoutable répondra un mois plus tard à Charles Gouiran. Il écrira notamment qu'il trouve les phénomènes télépathiques passionnants et que le raisonnement tenu pour arriver à l'incident du Redoutable est tout à fait remarquable. Il dira aussi dans sa missive, avoir transmis le remède préconisé au Médecin-Major et le rassurera enfin sur le sort des cinq ouvriers irradiés qui n'auraient en fait pas reçu plus d'1/1000e des rayons, que l'on administre habituellement à un patient lors d'une radio pulmonaire.

Ce qu'il est encore intéressant de souligner, c'est que le journal Minute avait publié le 27 décembre 1974, un article relatant une version des évènements proche de celle de Rose C., puisqu'il indiquait que lors d'un incident survenu le 7 novembre précédent, cinq matelots du Redoutable avaient été irradiés puis hospitalisés au Val de Grâce pour observation, après avoir été traités à Brest. Un médecin avait aussi spontanément confirmé au Président du « Groupe Veronica » que lui aussi aurait donné un traitement au magnésium à des malades ayant été irradiés, identique à celui préconisé par les interlocuteurs de Rose C.

Ce médecin en profitera d'ailleurs pour demander à Charles Gouiran de lui suggérer d'interroger ses amis stellaires, sur le mode de propulsion des ovnis. Elle va donc s'exécuter et recevra en guise de réponse « H 8 » puis « Hg » et enfin une série de figures géométriques en l'occurrence un triangle, un carré, un cercle et enfin un cylindre. Lui arriveront aussi les dessins d'une paire de ciseau et d'une lame de scie bloquée dans un étau d'établi en train de vibrer. L'on en conviendra, le message n'était pas très évident à interpréter.

« Hg » étant le symbole chimique du mercure, Charles Gouiran évoquera alors le fait que les alchimistes prêtaient au mercure la vertu de s'affranchir de l'apesanteur et de voyager dans l'espace. Quant aux figures géométriques, elles auraient pu, selon lui, peut-être représenter les différentes formes de leurs appareils. Enfin, pour ce qui est de la lame de scie qui vibre dans un étau, cela aurait peut-être pu évoquer un phénomène de vibration. L'analyse est a priori plutôt tirée par les cheveux mais tout de même, pour ce qui concerne l'utilisation du mercure, il se dit de nos jours que le mode de propulsion des ovnis serait l'antigravitation et que les moteurs utilisés pour ce type de propulsion fonctionneraient avec du mercure ionisé ou des vapeurs de mercure.

Rencontre avec le gardien de la connaissance

Après cela, Rose C. continuera de vivre des expériences peu ordinaires qui vont prendre l'année suivante, une tournure peu banale. Un matin de 1975 vers onze heures, elle se trouve à Nîmes et vient de finir de faire son marché. Il est tard et elle est pressée d'attraper son bus pour rentrer chez elle. Soudain, elle va ressentir une forte décharge électrique qui va la stopper net dans son élan. La voilà sonnée, la vue brouillée et les oreilles vrillées par des acouphènes. Sur le moment, elle est absolument persuadée d'avoir été électrocutée et s'empresse évidemment de chercher tout autour d'elle sur le sol, la plaque EDF défectueuse qui aurait pu causer cette décharge. Or, elle a beau regarder en tous sens, il n'y a aucune trace d'une telle plaque sur le trottoir. Elle va alors réfléchir à ce qui vient de se passer et réaliser que seule sa tête a en fait été touchée par la décharge. Quelques instants plus tard, elle se sentira un peu mieux et poursuivra son chemin, un peu songeuse tout de même et en se demandant ce qui a bien pu lui arriver.

Le lendemain matin, vers 6 heures, elle sera réveillée en sursaut, avec la désagréable impression qu'on lui empoigne la nuque. Aussitôt, elle ressentira les effets d'une paralysie progressive. Son cerveau fonctionne normalement, mais son corps est devenu aussi lourd qu'une poutre de bois. Et dans l'instant, sans trop savoir comment, elle va se retrouver en chemise de nuit en train de flotter dans les airs et de survoler un vaste paysage baigné par la lumière de l'aube. Soudain, elle aperçoit au loin le Sphinx. Mais il a une bien curieuse apparence ce sphinx et n'a rien à voir avec celui qu'elle a pu voir sur des photos. Celui dont elle approche est en effet de couleur rouge brun.

Ce détail sur la couleur du Sphinx est un peu étonnant tout de même car l'on sait maintenant qu'à une époque reculée, il aurait été peint en rouge, notamment si l'on en croit les écrits de l'écrivain romain du Ier siècle, Pline l'Ancien. De façon troublante aussi, le couturier Paco Rabanne a prétendu, dans les années 1990, avoir eu une vision du Sphinx en image holographique. Celui-ci qui était peint rouge, lui aurait révélé être le symbole de l'œuvre alchimique, qui se fixe pour but d'épurer la condition animale pour atteindre le Divin. Comme dans les années 1970, le public avait moins d'informations qu'aujourd'hui sur les monuments égyptiens, il est donc certain que, du fait de son niveau de connaissances relativement limité, Rose C. ne pouvait certainement pas connaître ces particularités attachées au Sphinx de Guizeh.

Non loin de la statue écarlate, elle va apercevoir deux immenses pyramides très brillantes, qui paraissent comme « recouvertes de neige argentée ». Là encore, le détail est troublant car aujourd'hui, l'on sait que dans des temps anciens, les pyramides étaient recouvertes d'un revêtement blanc qui irradiait sous le soleil et permettait de les voir de très loin. Ces plaques de calcaire poli qui recouvraient ces majestueux monuments et qui les faisaient étinceler sous le soleil ont malheureusement disparu au XIVe siècle. Les habitants du Caire les ont en effet prélevées dès cette époque, pour les réutiliser dans la construction de leurs mosquées.

Ainsi donc, Rose C. va contempler ces deux grands monuments étincelants. Or, comment se fait-il toutefois et alors qu'elle flotte dans les airs, qu'elle n'en aperçoive que deux ? Aurait-elle voyagé dans des temps très anciens, à une époque où le Sphinx était peint et où seules deux pyramides avaient été édifiées ? La suite pourrait peut-être permettre de valider cette hypothèse.

Toujours est-il qu'elle va finir par atterrir. Alors qu'elle contemple le sol, elle remarque que ses pieds sont nus. C'est à ce moment que va apparaître sur sa droite, un personnage qui s'approche lentement d'elle. Elle le trouve bien curieusement vêtu et décrira précisément sa mise : il était enveloppé de la taille aux pieds, d'un morceau de tissu natté qui ressemblait à celui dont on fait les nappes. Son torse était enveloppé d'une sorte de boléro sans manches et il portait sur la tête, un morceau d'étoffe identique à celui dont était faite sa jupe. Elle ajoutera que cette coiffe qui lui cachait une partie du front, lui descendait jusqu'aux épaules. En fait, Rose C. décrira la tenue typique de l'égyptien ancien de haute classe. Elle dira encore qu'il avait une taille légèrement au-dessus de la moyenne, qu'il était très maigre avec un visage osseux à l'expression impassible, presque sévère même.

Le bonhomme va la toiser de toute sa hauteur et incliner la tête en guise de salut, puis sans façon, il va lui prendre la main. C'est alors que va se produire un phénomène incroyable. Une sorte d'immense cylindre de verre va descendre sur eux et les emprisonner. Comme elle l'écrira dans son style bien à elle, ils se sont alors retrouvés « sous cloche comme deux melons »! Inquiète autant que stupéfaite, elle veut interroger l'être sur ce qui est en train de se passer, lorsqu'un petit son va se faire entendre. Il semble provenir d'un petit orifice communiquant avec une sorte de tuyau à soufflets. Elle va vite comprendre que le cylindre est en train de se vider de son air car elle commence à éprouver de sérieuses difficultés à respirer. C'est à ce moment que deux petites boules métalliques reliées à des tiges vont venir heurter le cylindre et qu'elle va avoir la terrifiante impression d'éclater en millions de grains de poussière. Après cela, ce sera le néant. Lorsqu'elle reprendra ses esprits, l'étrange personnage sera encore à ses côtés, toujours la main dans la sienne. Elle va aussitôt remarquer qu'ils se trouvent désormais dans un environnement souterrain et minéral: il y a du granit partout autour d'eux. L'endroit est baigné d'une lumière douce diffusée par une sorte de « lampe plate comme une assiette », encastrée dans la voûte granitique. Face à eux, se trouve une grande porte ronde de métal gris-bleu au centre de laquelle se détache en relief un signe ressemblant au sigle « Volkswagen », mais inversé.

L'on sait aujourd'hui que le sous-sol du site de Gizeh est truffé de souterrains et de cavités, toutefois assez difficiles à fouiller par les archéologues étrangers, car depuis des années, les autorités égyptiennes ne donnent leurs « visas » qu'avec beaucoup de parcimonie. L'ancien responsable des antiquités égyptiennes, l'inénarrable Zahi Hawass a d'ailleurs toujours largement limité les opérations de fouilles, dites sensibles, demandées par les archéologues étrangers, en prétextant que c'était dans le but de préserver le patrimoine de Gizeh. Il aurait même interdit à certains d'entre eux d'annoncer leurs découvertes, tout en s'en réservant parfois la paternité. Sans tomber dans la théorie du complot, il y a fort à parier que bien des choses pourraient avoir été découvertes sous le site de Gizeh, qui n'auraient pas été divulguées. Ce n'est pas vraiment un scoop d'ailleurs car ces rumeurs de souterrains, de salles secrètes et d'étranges découvertes faites sous le plateau de Gizeh circulent depuis bien des siècles.

Ainsi, le philosophe syrien néoplatoniste du IIIe siècle, Iamblichus Chalcidensis plus connu sous le nom de Jamblique, a évoqué une entrée par le corps du Sphinx, donnant accès à la grande pyramide. Et ce qu'il en dit est époustouflant, au regard de ce que Rose C. a relaté de son étrange voyage au pays des pharaons : «... *cette entrée, obstruée de nos jours par les sables et les ordures, peut être encore tracée entre les pattes antérieures du colosse accroupi. Elle était autrefois fermée par une porte de bronze dont le ressort secret ne pouvait être actionné que par des Mages. Il était gardé par le respect du public, et une sorte de crainte religieuse maintenait son inviolabilité mieux que ne l'aurait fait une protection armée. Dans le ventre du Sphinx se trouvaient des galeries découpées menant à la partie souterraine de la Grande Pyramide. Ces galeries étaient si bien entrecroisées le long de leur parcours jusqu'à la Pyramide que, en s'introduisant dans le passage sans guide à travers ce réseau, on revenait sans cesse et inévitablement au point de départ...* ».

Cela renvoie à un manuscrit ancien conservé au British Museum rapportant qu'à l'époque du Calife Ahmed Ben Touloun qui régna au IXe siècle, un groupe de gens entra dans la Grande Pyramide par le tunnel. L'histoire ne dit pas toutefois s'il s'agit de celui qui relierait le Sphinx à la Grande Pyramide. Toujours est-il qu'un membre du groupe va s'égarer et à la grande stupeur de ses compagnons, va revenir un peu plus tard totalement nu et hilare en hurlant : « *Ne me suivez pas, ne me cherchez pas !* ». Puis il repartira en courant dans les entrailles de la pyramide et on ne le reverra jamais. Un écrivain arabe du Xe siècle rapportera pour sa part, l'aventure d'un groupe d'hommes qui avait entrepris de visiter les souterrains du plateau de Gizeh. Quand ces hommes parvinrent devant un nouveau passage, une immense porte de pierre bascula soudain et écrasa l'un d'eux...

Il y a d'autres anecdotes pour le moins déconcertantes également, concernant des évènements qui se seraient produits dans le sous-sol du plateau de Gizeh. Un certain Massoudy qui a également vécu au xe siècle a ainsi rapporté que des statues mécaniques aux propriétés stupéfiantes, gardaient les souterrains de la Grande Pyramide depuis plus de 1000 ans. Elles auraient été programmées pour être sensibles à l'intolérance et détruisaient tout, hormis ceux qui usaient de bonne conduite. Massoudy a encore évoqué l'existence dans les sous-sols de manuscrits qualifiés de « manuscrits des Sages » ou de « récits écrits de la Sagesse ». Il dira que *« des acquisitions dans les différents arts et sciences étaient cachées profondément, afin qu'ils puissent rester comme des documents pour le bénéfice de ceux qui pourraient ensuite les comprendre... »* Il avouera aussi: *« J'ai vu des choses impossibles à décrire de crainte que l'on se mette à douter de ma santé mentale, cependant, je les ai vues »*.

Toujours est-il que le personnage qui s'est jusque-là montré plutôt silencieux va enfin se décider à ouvrir la bouche pour déclarer à Rose C. que si elle répond aux trois questions qu'il va lui poser, elle pourra pénétrer par la porte marquée du sceau. Tout en lui annonçant qu'il lui accorde trois heures de réflexion, il va lui tendre une feuille faite d'un papier qui lui semble curieux ainsi qu'un drôle de crayon constitué uniquement de sa mine. Après lui avoir précisé qu'elle ne devait pas se tromper ni faire de ratures, il va énoncer ses trois questions qui tiennent en fait en une seule: *« Quels sont les trois personnages que tu aurais aimé ou aimerais rencontrer? »* Il va encore ajouter qu'après chaque nom inscrit, elle devra indiquer les raisons de son choix. Comme l'on peut s'en douter, Rose C. se sent plutôt prise au dépourvu. Ainsi qu'elle l'écrira plus tard: à ce moment, l'envie l'a sérieusement taraudée de lui dire qu'elle préférerait regagner son lit plutôt que de se torturer la cervelle avec ses questions ineptes. Toujours est-il que l'être ne va pas lui laisser le temps de la réflexion. D'un ton péremptoire, il va lui rappeler qu'elle a trois heures pour répondre et qu'elle n'a donc pas de temps à perdre.

Comme le personnage l'agace un tantinet avec ses grands airs, elle aimerait bien l'épater. Hélas, tous les noms des grands hommes qui lui viennent en tête ne l'inspirent décidemment pas. Tout à coup, ils lui paraissent sans sel et sans saveur, sans aucune grandeur. C'est alors que l'évidence va lui traverser l'esprit et d'un seul trait elle va écrire : « *Le Christ pour son amour des Hommes, Walt Disney pour son amour des enfants et François d'Assise pour son amour des animaux* ». Lorsqu'elle va remettre la feuille ainsi remplie à son curieux compagnon, il ne va même pas y jeter un cil et se contentera de la déposer sur le sol et sans crier gare, il va se planter devant l'imposante porte et pousser un hurlement invraisemblable. Elle va s'ouvrir aussitôt comme par magie et l'être va lui fait signe d'entrer. Elle se refermera derrière eux sans faire le moindre bruit.

Rose C. va se retrouver dans une vaste salle dont elle dira que c'était dans le Royaume de l'Or qu'elle venait de pénétrer. De l'or il y en a en effet partout : sur les murs, le sol et le plafond. D'immenses cubes qui semblent servir de présentoirs sont aussi en or, tout comme les étranges objets qui sont posés dessus. Quoiqu'elle soit persuadée qu'il s'agit du précieux métal, elle en reste tellement sidérée qu'elle ne peut s'empêcher de demander si tout ce qu'elle contemple est bien en or. Toujours aussi hautain, le personnage répondra : « *Du meilleur qui soit !* ». Puis il va lui faire signe de le suivre et l'entraîner devant un cube sur lequel est déposée une fabuleuse coupe en or ciselée comme de la dentelle. Or, il se trouve que le manuscrit conservé au British Museum qui rapporte l'expédition déjà évoquée, menée dans les souterrains de Gizeh au IXe siècle, précise aussi que dans une salle latérale, ses membres auraient trouvé une coupe de couleur et de structure rare, sans plus de précision toutefois. Elle aurait en tout cas été présentée au Calife Ben Touloun qui aurait eu l'idée curieuse de la faire peser vide, puis remplie d'eau. Il aurait alors été constaté que son poids ne variait pas, qu'elle soit vide ou pleine.

Alors que Rose C. contemple la coupe remplie à ras bord de merveilleuses pierres précieuses de toutes les couleurs, l'être va souligner qu'elles sont de grandes valeurs et qu'il l'autorise à en prendre une, mais vraiment rien qu'une seule. En songeant à ses deux filles, elle interroge : « *Une pour chacune ?* ». Toujours aussi raide, il va rétorquer d'un ton sec : *« Une seule, pas davantage ! »* En cet instant, un dilemme va se poser pour elle, car elle ne veut pas créer de zizanie entre ses enfants. Elle répondra donc que puisqu'il en est ainsi, eh bien elle n'en veut pas ! Il ne fera aucun commentaire et lui demandera de le suivre. Ses airs supérieurs commencent sérieusement à agacer la jeune femme et comme elle l'écrira dans son style truculent : *« Il doit rire quand il lui tombe un œil ! »*. C'est à ce moment qu'elle va comprendre qu'elle est toujours vêtue de sa vieille chemise de nuit en coton toute froissée et qu'elle marche pieds nus, ce qui aura pour effet de la calmer immédiatement.

L'être va ensuite l'entraîner vers un autre cube sur lequel est exposé un petit coffre d'or dont il va soulever le couvercle. Il contient de petits grains rougeâtres qu'elle comparera à des granulés de chocolat. Tandis qu'il en fait glisser quelques-uns entre ses doigts comme il le ferait avec du sable, il va lui demander si elle sait ce que c'est. Évidemment, elle l'ignore. Il va donc lui expliquer que cette poudre n'est rien de moins que ce que les alchimistes nomment le Grand Œuvre et qu'elle sert à faire de l'or. Il va de nouveau lui demander si elle en veut, mais elle refusera encore. Elle n'a en fait jamais été attirée par l'or pour lequel elle nourrit même une sorte d'aversion inexplicable. De sa vie, elle ne possédera d'ailleurs aucun bijou en or, hormis son alliance.

Cette mystérieuse poudre rouge que l'être lui a présentée serait-elle la pierre philosophale ? Le célèbre mage Papus disait en effet que la pierre philosophale, lorsqu'elle était parfaite, se présentait sous la forme d'une poudre rouge qui avait la propriété de transformer toutes les impuretés de la nature. Une célèbre encyclopédie alchimique énonce aussi qu'elle se présente sous la forme d'une poudre rouge assez lourde, à l'éclat de rubis et qu'elle serait censée assurer la progression des êtres vers la perfection, d'où sa capacité à opérer la transmutation des métaux imparfaits en or. Le célèbre Alchimiste Nicolas Flamel a lui-même révélé dans l'un de ses écrits, que le 25 avril 1382, après avoir fait une projection de pierre rouge sur une même quantité de mercure, il avait obtenu de l'or pur. Ce dont on peut être certain en tout cas c'est que pour sa part, Rose C. n'a jamais eu la moindre connaissance de l'art alchimique et qu'elle n'a certainement pas pu inventer ce qu'elle a rapporté.

Il va ensuite lui présenter une petite boîte rectangulaire qu'il va ouvrir. En lui désignant le flacon qu'elle contient, il va pompeusement lui annoncer qu'il renferme l'élixir de Longue Vie qu'il appellera le « Grand Séparateur ». Comme il précisera que cet élixir a la propriété de bloquer le vieillissement, Rose C. qui ne manque jamais de bon sens, lui fera remarquer malicieusement qu'il devrait plutôt s'appeler le « Grand Réparateur ». Toujours aussi raide, il ne sourcillera évidemment pas à son trait d'humour dont elle rira finalement toute seule.

Dans des temps anciens, il avait été dit que la pierre philosophale, une fois mélangée à de l'alcool, pouvait devenir ce mystérieux élixir de Longue vie. Un philosophe hermétique du XIIe siècle du nom d'Artéphius, avait même prétendu en avoir bu et être parvenu ainsi à vivre jusqu'à l'âge avancé de mille ans passés ! Le Mage Papus soutenait quant à lui que lorsque les Atlantes avaient compris que leur continent allait disparaître, ils seraient venus jusqu'en Égypte en apportant leurs extraordinaires connaissances, notamment celles relatives au rajeunissement, qui leur permettaient de vivre durant plusieurs centaines d'années. Auraient-ils été les créateurs de l'élixir de longue vie ?

Plus surprenant encore, il semble que ce mystérieux élixir de Longue Vie ait été aussi mentionné dans des papyrus datant des IIe ou IIIe siècle, retrouvés en 1945, par deux paysans dans une jarre d'argile enterrée sur le site de Nag Hammadi situé près de Louxor. Parmi ces textes très anciens, se trouvaient aussi trois manuscrits ayant trait à l'hermétisme. Ceux-là auraient d'ailleurs mentionné qu'Enoch, Hermès-Trimégiste le père de l'Alchimie, le dieu égyptien Thot ainsi que le sage chinois Lao Tseu auraient eux-mêmes consommé cet élixir de Longue Vie. Pour l'anecdote, qui d'ailleurs ne manque pas de sel, les deux paysans qui ne se doutaient aucunement de la valeur de leur trouvaille, avaient vendu les papyrus petit à petit. Quant à leur mère, qui pourtant ne savait ni lire ni écrire mais estimait que ces textes pouvaient être dangereux et porter le mauvais œil, elle avait tout bonnement décidé un beau matin, d'en jeter un au feu !

À un moment, Rose C. va se retrouver devant un cube où a été déposée une sorte de maquette de forme bizarre, faite de tuyaux d'or tordus et enchevêtrés que l'être désignera comme étant le « Grand Orgue ». Un peu narquoise, elle va lui demander s'ils chantent leurs messes avec ça. Outré, il va répliquer avec morgue que la machine qu'elle a sous les yeux sert à faire tomber la pluie. Tiens donc, une machine à faire tomber la pluie ! Il ne manquait plus que cela au tableau ! Une fois de plus, Rose C. ricane sous cape. Mais elle a tort, puisque cette machine à faire tomber la pluie existe bel bien et a été mise au point dans les années 1950, aux USA, par Wilhelm Reich, un savant d'origine autrichienne. Elle se présentait alors sous la forme d'un alignement de tuyaux d'orgues et avait été baptisée « Cloudbuster », par son génial inventeur.

Cette fois, la jeune femme n'aura pas le temps de faire le moindre commentaire. Alors qu'elle fait remarquer à son étrange compagnon qu'elle entend les aboiements de sa chienne, il va lui saisir fermement la main et l'entraîner aussitôt vers une grande cloche de verre qui ressemble en tout point à celle qu'ils ont empruntée pour venir. Après qu'il l'ait poussée dessous sans aucun ménagement, ses parois vont immédiatement redescendre et elle va se mettre une nouvelle fois à suffoquer. Elle aura encore l'affreuse impression d'éclater en millions de grains de poussière, avant que ce ne soit le néant. Puis sans transition, elle se retrouvera soudain au milieu d'un paysage qui lui paraît terrifiant. Elle se décrira d'ailleurs telle une fourmi errant au milieu de gigantesques pierres dressées, qu'elle comparera bien plus tard à celles de Stonehenge dont on lui aura un jour montré des photos.

Ce que rapporte Rose C. est très intéressant, car le grand Hérodote lui-même, avait en son temps évoqué un gigantesque complexe mégalithique étendu sur plusieurs niveaux existant sous les pyramides de Gizeh, qui aurait au moins 15000 ans. En attendant, perdue dans ce décor démesuré qui va la terrifier, elle va pousser un terrible hurlement, avant de se retrouver brusquement projetée au creux de son lit.

Un coup d'œil à son réveil va lui indiquer qu'il est sept heures du matin et qu'elle n'est donc partie qu'une heure. Pourtant, son étrange voyage lui a paru bien plus long.

Le plus incroyable, c'est que désormais le scénario va se reproduire presque chaque jour s'il se trouve qu'elle est encore endormie à 6 heures du matin. Elle dira d'ailleurs avoir l'impression d'être souvent comme programmée, pour recevoir des « choses » à certaines heures. Pour éviter ces voyages intempestifs, elle décidera donc de se réveiller avant l'heure fatidique, en évitant de se rendormir. Malheureusement, il va lui arriver de temps à autre de s'offrir une grasse matinée, ce qui immanquablement lui fera alors retrouver son étrange compagnon dans son tout aussi étrange musée.

La Bibliothèque des Sages

Lors de ses visites, elle n'a pas manqué d'observer que devant chaque objet présenté sur les cubes, figurait une petite plaque portant des inscriptions incompréhensibles. Un jour, elle se décidera à en demander la signification à l'être qui lui répondra laconiquement que cela permet de trouver la formule. Il se saisira alors de l'une de ces plaquettes et l'entraînera dans une petite salle éclairée par deux petites pyramides lumineuses, posées à distance l'une de l'autre sur une colonne d'or d'environ 1,5 mètre de haut. À proximité, elle découvrira un grand mur de granit constellé de ronds d'or d'environ 15 centimètres de diamètre, disposés comme le seraient des alvéoles. En s'approchant, elle va constater que chaque cercle possède une sorte de poignée sur laquelle figurent des inscriptions et des signes.

Elle verra alors l'être les comparer avec ceux qui figurent sur la plaquette qu'il a apportée. Si cela correspond, il dévissera alors le bouchon d'or et extraira de l'alvéole un long tube d'or. Après avoir ôté le bouchon qui ferme le tube, il en retirera un rouleau. Après qu'il l'ait déroulé, Rose constatera qu'il est couvert de signes et de dessins. L'être lui expliquera que ce qu'elle voit, sont des schémas et des formules concernant la création et la construction d'objets qui se trouvent exposés dans la grande salle. Quand elle lui demandera pourquoi tout est en or, il répondra que c'est parce que ce métal est inaltérable et qu'il détient la propriété de tout conserver. Il précisera aussi que tout doit être conservé *« autant que durera le monde tant que les hommes ne seront pas devenus raisonnables »*. Puis désignant l'ensemble du mur de granit recouvert d'alvéoles d'or, il lui annoncera solennellement qu'elle se trouve dans la « Bibliothèque des Sages » et que *« Ni le temps, ni les intempéries, ni les eaux n'ont de prise sur ces lieux parfaitement à l'abri de toute intrusion »*. Incrédule, elle voudra lui faire remarquer que s'il y avait un déluge…, mais l'autre ne lui laissera pas finir sa phrase et rétorquera que l'endroit a déjà assez bien supporté un déluge.

En regardant autour d'elle, elle va constater que le lieu est immense. En haut du mur de granit, elle remarquera à nouveau le signe qui se trouvait sur la grande porte d'entrée et ressemblait un peu à celui de Volkswagen, mais inscrit à l'envers. Quand elle lui en demandera la signification, il répondra simplement que ce sont les initiales entrelacées de deux grandes nations anéanties qui ont eu la chance d'avoir des initiales immuables. Il évoquera alors les deux nations que sont Mu et l'Atlantide, en soulignant qu'elles ont disparu pour avoir utilisé à très mauvais escient certaines des inventions qu'il lui a montrées. Il ajoutera encore que leurs savants avaient prévu l'anéantissement à venir et s'étaient donc résolus à protéger la Connaissance, en la stockant à cet endroit. En écoutant son récit, Rose C. qui ne connaît rien à tout cela, demeure bien perplexe. Lorsqu'elle lui demandera alors comment ces lettres A et M ont pu traverser les millénaires de l'alphabet contemporain, l'être se contentera de répliquer à nouveau que c'est parce que ces deux lettres sont immuables, ce qui ne la convaincra pas vraiment.

Révélations sur le Sphinx

L'être va ensuite extraire un autre tube d'une alvéole, dont il va dévisser le bouchon, afin d'en sortir un rouleau qui contient trois plans. En déroulant le premier, il va déclarer qu'il s'agit du Sphinx, tel qu'il a été conçu au départ. À sa grande surprise, Rose C. va remarquer que le sphinx figurant sur le papyrus a deux têtes à chaque extrémité de son corps, qui se tournent le dos et dont l'une est plus haute que l'autre. Il a aussi deux poitrails et quatre pattes antérieures. L'être dira à ce moment que lors de la construction de ce sphinx à deux têtes, un morceau de rocher avait éclaté, privant ainsi la statue de l'une de ses têtes. Le corps avait dû de ce fait être rectifié dans son ensemble, pour être adapté à ce qui restait du rocher. Il ajoutera que depuis cette opération, le secret du Sphinx serait devenu indéchiffrable. Lorsque Rose C. lui demandera quel en est ce secret, il se contentera de répondre que le corps est animal et la tête esprit, mais aussi que la victoire de l'esprit sur l'esprit trouvera la clé de la victoire de l'esprit sur la matière. Rose C. sera plutôt déçue car elle n'aura strictement rien compris à ce qu'il a voulu dire.

Le second plan que l'être va dérouler sous les yeux de Rose représente cette fois le Sphinx tel qu'on le connaît aujourd'hui, mais il est intact. Son nez est entier. Elle remarque que ses pattes sont toutefois plus courtes que celles de celui qu'elle a pu voir sur des cartes postales. Or, l'on sait qu'au cours des siècles et au moins depuis l'époque du Pharaon Thoutmosis IV qui a vécu aux alentours de 1400 avant JC, le Sphinx a fait l'objet de multiples réfections plus ou moins hasardeuses d'ailleurs. Certains pensent d'ailleurs que ses pattes auraient été rallongées par des ajouts de pierres et de maçonnerie.

L'être va enfin dérouler un troisième plan. Il représente cette fois le Sphinx à demi immergé. Sur son poitrail émergeant de l'eau figure le chiffre 666. Son énorme tête rougeâtre est hérissée de piques. Rose se dit qu'il ressemble un peu à la statue de la liberté. Quand elle demandera la signification de ces piques, le personnage répondra que ce sont les bannières enroulées de dix nations et que lorsque leurs dix bannières seront réunies, la fin des temps sera proche et que l'heure de la récolte des fruits amers aura sonné ! Rose l'interrogera aussi sur la signification du chiffre 666. L'être lui expliquera qu'il s'agit d'une entrave, d'une opposition à l'évolution naturelle des choses. En fait, une immense catastrophe pour le genre humain. Cette troisième version du Sphinx constituerait-elle la prédiction d'une future apocalypse, qui interviendrait lorsque dix nations seraient réunies en coalition ? En tout cas, cela rappelle on ne peut mieux ce que prédit l'Apocalypse de Saint Jean qui évoque une bête à sept têtes et dix cornes, laquelle représenterait un système politique conféré à Satan, dont il est dit qu'il s'étendra sur tous les humains qui auront reçu le signe de la bête, soit le 666.

Rose C. a remarqué que sur le dessin que son interlocuteur lui présente, le nez du Sphinx n'est pas abîmé comme il l'est de nos jours et elle va lui en demander la raison. Il répondra froidement que c'est l'ancre d'un gros bateau qui l'a brisé, puisqu'alors il était sous l'eau. C'est ainsi qu'elle comprendra que la colossale statue aurait été construite avant le déluge et donc, il y a des milliers d'années. L'être qui semble avoir capté ses pensées va lui expliquer qu'il a été édifié sous le règne du premier des rois d'Égypte dont le nom était RAAI, il y a de cela plus de 40000 ans. Rose C. précisera dans son livre avoir retranscrit phonétiquement le nom tel qu'il avait été prononcé. Est-il question du Dieu Râ ou Rê ?

Concernant la disparition du nez du Sphinx, il existe une légende encore tenace : ce serait un soldat de Bonaparte qui, durant la campagne d'Égypte, se serait exercé au tir au canon sur le Sphinx et qui lui aurait brisé le nez. Cette histoire qui est très contestée est vraisemblablement fausse. Une autre version existe concernant la disparition du nez de la statue. Ce serait celle de sa destruction par un prédicateur musulman iconoclaste du XIVe siècle. Celui-ci aurait ordonné aux habitants des alentours de le détruire, afin de leur démontrer que le Sphinx n'était pas un dieu mais une simple statue. Une énigme subsiste pourtant ? Aucune trace de ce nez pourtant conséquent ou de ses débris n'a jamais été retrouvée…

Technologies antédiluviennes

Après avoir soigneusement remis les rouleaux en place, l'être va entraîner Rose C. dans la grande salle-musée où sont exposés les objets et se diriger vers une grande plaque qui semble faite de verre fumé. Avec une fierté manifeste, il va déclarer cette fois qu'il s'agit du « Grand Sens » et lui demander de se placer face à cette plaque et d'observer ce qui va se passer. Puis il va actionner un levier et les boutons d'un petit appareil comprenant un cylindre doté d'un hublot en relief situé sur son côté. Rose C. va alors voir son image apparaître graduellement sur ce surprenant écran et va la fixer jusqu'à ce qu'elle s'en sente imprégnée. Autour de son double, elle va voir alors se dessiner une auréole brillante d'étincelles bleues et vertes. Tout ce qu'elle trouvera cependant à dire lorsqu'elle apercevra son reflet, est qu'elle a l'air idiot et qu'elle a mis sa chemise de nuit à l'envers. Le personnage ne commentera pas et interrompra immédiatement l'expérience. Ce mystérieux appareil serait-il un lecteur d'auras ?

Il va l'entraîner après cela devant deux autres écrans de verre fumé en lui annonçant cérémonieusement qu'il s'agit du « Grand Comparateur ». À nouveau, il va actionner un petit levier. Sur l'un des écrans va défiler alors, une suite ininterrompue de lumière et d'obscurité tandis que sur l'autre écran apparaîtra un personnage figé, dont les yeux se ferment progressivement. Sa démonstration ne va pas du tout épater Rose C. qui se contentera de demander pourquoi il qualifie de « grands » tous les objets qu'il lui présente. Dans l'instant, le regard de l'être va exprimer autant le dédain que l'indignation et il va entrer dans une colère noire et la traiter d'ignorante. Toujours aussi furieux, il lui expliquera que toutes ces choses qu'il lui a montrées, ont été créées par des intelligences qui ont dépassé les limites du génie humain. *« C'est pourquoi tout ici est grand »* ajoutera-t-il.

La dispute

Rose C. est profondément vexée. Elle a tout à coup l'impression d'être une dinde. Après cela, il restera mutique et ne lui donnera aucune explication sur la fonction du « Grand Comparateur ». L'ambiance étant quelque peu tendue, elle va changer de sujet pour tenter de faire diversion et lui demander pourquoi elle est ressortie dans cet endroit sinistre constellé de pierres gigantesques, en lui avouant qu'elle aurait préféré de loin ressortir par là où elle était venue. L'être va alors lui expliquer que c'est impossible, hormis si elle accepte de passer trois jours dans la « Barque de la Connaissance ». Cette nouvelle lubie de son interlocuteur va la faire s'interroger à voix haute : trois jours dans une barque sans la quitter, cela fait peut-être beaucoup. Et comment faire aussi pour boire et manger ? En l'entendant baragouiner, l'être va lui répondre on ne peut plus sèchement qu'elle ne pense qu'à manger, que d'ailleurs elle mange trop et que cela se voit. L'échange sera épique et Rose C. à nouveau terriblement vexée. Furieuse, elle va lui répondre du tac au tac que si elle était, comme lui, une momie ambulante, elle ne mangerait évidemment pas autant. Manifestement agacé, l'être va lui intimer de cesser immédiatement ses bavardages, mais cette fois elle est vraiment en rogne et ne peut se retenir de lui lancer que puisqu'elle a autant de défauts, et bien désormais, il perdra son temps tout seul. Désormais, elle sait comment faire pour ne plus le revoir. Maintenant, elle va s'en aller et vite, et ce sera pour toujours !

À sa grande surprise, il va alors lui lancer un regard désespéré et elle va l'entendre murmurer : *« Je t'en supplie, ne m'abandonne pas »*. Hors d'elle, elle n'en a que faire de ses jérémiades et réplique que maintenant cela suffit : elle veut immédiatement sortir par là où elle est venue. La réponse sera directe : si c'est vraiment ce qu'elle souhaite, la seule solution sera de faire un séjour de trois jours dans la barque qui est en agate et très confortable. Mais elle n'est pas convaincue. L'agate c'est lourd et ça ne flotte pas et comme elle pèse cent kilos, elle risque donc de couler. Pas question donc de monter dans sa maudite barque !

Dans l'Égypte antique existaient en effet des écoles secrètes, les Écoles de Mystères, qui dispensaient des savoirs secrets aux futurs initiés. Il se dit qu'il s'agissait de l'ancienne sagesse et des secrets Atlantes qui y étaient révélés. À bien y regarder, l'épreuve de la barque proposée à Rose ressemble un peu à celle du Drame d'Osiris, laquelle consistait pour les candidats à l'initiation, à séjourner dans un sarcophage de quelques heures à trois jours dans la solitude et le noir absolu, ce, pour faire l'expérience d'une mort symbolique. Il s'agissait de l'ultime épreuve avant de pouvoir accéder à l'enseignement supérieur, celui des grandes connaissances spirituelles. L'être aurait-il ainsi proposé à Rose de participer à une épreuve d'initiation ?

En attendant, comme elle ne veut toujours rien savoir, il va lui expliquer que tout ce qu'il peut faire pour elle est de supprimer l'épreuve de la « Grande Confusion » en lui révélant que dans cette épreuve, l'on ne pèse rien et que l'on peut ainsi marcher sur les murs comme au plafond. Au fond, cette épreuve lui aurait bien plu, sauf qu'elle ne s'imagine pas trop à l'envers en chemise de nuit. L'idée de s'imaginer en grosse chauve-souris rose la fait maintenant hurler de rire tandis que son interlocuteur reste de marbre. En attendant, plus tenace que jamais, elle persiste dans son refus de monter dans la barque et continue d'insister pour ressortir par la grande porte. Comprenant qu'elle ne changera pas d'avis, l'être va finir par lâcher à contrecœur qu'il la fera alors sortir par un autre endroit. C'est ainsi que sans savoir comment, elle se retrouvera plantée au milieu d'une petite forêt, entourée d'énormes animaux de pierre. Elle croit même apercevoir derrière elle un énorme éléphant. Cette vision d'horreur va la faire hurler de terreur et se retrouvera dans l'instant dans son lit.

La naissance d'une amitié

Après cette expérience remuante, Rose C. s'arrangera pendant un moment pour ne jamais dormir à 6 heures du matin. Hélas, un jour elle ne se réveillera pas et se retrouvera à nouveau dans ce drôle de musée doré où elle va retrouver celui qu'elle a fini par surnommer son « Tracassin ». Et il va se trouver que le « Tracassin » en question aura l'air vraiment heureux de la revoir et qu'il se montrera particulièrement attentionné avec elle. Il lui expliquera semble-t-il certaines choses, dont elle ne dira malheureusement pas un mot dans son livre.

Lors d'une autre visite, il va lui demander si elle connaît Sirius. Comme elle a vu le couronnement du Shah d'Iran à la télévision, elle va lui répondre tout sourire, que c'est un roi perse. Le voilà nouveau furieux. Il pique une colère et la traite une fois de plus d'ignorante. Très agacé, il va lui expliquer que Sirius est une étoile, ce à quoi elle va répondre qu'à part la Lune et le Soleil, elle n'y connaît pas grand-chose. Sa remarque le laisse pantois en même temps qu'il semble soudain découragé, tandis que de son côté, elle se sent plutôt d'humeur rancunière. Elle va alors se déchaîner et lui lancer au visage qu'elle commence à en avoir assez de sa science et qu'il la prenne pour une imbécile. Cela étant, l'on peut admettre tout de même que l'être ait piqué une colère magistrale, en constatant l'étendue de l'ignorance de sa visiteuse, car, pour les anciens Égyptiens, Sirius qui était alors associée à leur grande et vénérée déesse Isis, était l'étoile majeure et sacrée. Leur calendrier était d'ailleurs établi selon les mouvements de cet astre. Certaines légendes rapportent aussi que ce seraient des êtres venus de Sirius qui auraient amené la Connaissance sur Mu et en Atlantide et qu'ils seraient aussi les fondateurs des Écoles de Mystères

Toujours est-il qu'après cette nouvelle dispute, Rose C. est terriblement froissée et en veut à mort à son « Tracassin ». Elle lui reproche maintenant ses grands airs hautains et lui rappelle qu'elle ne sait même pas qui il est puisqu'il ne s'est même jamais présenté ! Et voilà que d'un ton solennel, le petit bonhomme va se présenter et dire qu'il se nomme Belmo, surnommé Meri-Meroan, ce qui signifie « le Suprême » ou « le Valeureux ». Ses simagrées cérémonieuses ne vont pas le moins du monde impressionner la jeune femme, tant s'en faut. Elle va d'ailleurs lui asséner que maintenant cela suffit, qu'elle ne veut plus le voir et qu'il lui faudra trouver quelqu'un d'autre pour lui faire la conversation. Calmement, il va lui répondre qu'elle est libre. Tristement, il va ajouter aussi qu'il faut qu'elle sache qu'il y a bien longtemps, il a tout sacrifié pour venir apporter la science sur « cette planète de maudits » et qu'il en paie toujours les conséquences. Il lui dira aussi qu'elle peut l'aider et finira même par la supplier. Son brusque changement d'attitude l'a prise de court d'autant qu'à ce moment il a baissé les yeux et a l'air terriblement humble et démuni. Elle va donc se décider à lâcher un peu de lest : tout compte fait, elle veut bien l'aider, mais sous la seule condition qu'il change de comportement avec elle.

Manifestement soulagé, il va l'entraîner aussitôt vers l'un des cubes où se trouve posé un petit coffre d'or qu'il va ouvrir. À l'intérieur, se trouve une poudre grise et farineuse. Très aimablement, il va lui dire que comme elle aime manger, elle n'a qu'à goûter. Elle va plonger alors son doigt dans la poudre. C'est sucré, salé et « pas terrible au goût ». Mi-figue mi-raisin, il lui explique qu'il s'agit du « Grand Fertilisant », une poudre précieuse faite avec le corps de certains morts, humains ou animaux, ainsi que de végétaux. Écœurée, Rose recrache aussitôt, furieuse de s'être fait berner. Pour la première fois, l'autre rigole aux éclats et son rire est si contagieux qu'elle aussi, va être prise de fou rire. Après cela, leurs rapports vont immédiatement s'améliorer: désormais, il va la considérer différemment et elle aussi. Au fond, l'idée qu'il erre seul dans cet endroit, depuis la nuit des temps et abandonné de tous, lui fait terriblement pitié. Depuis combien de temps est-il là? Au moment où elle va se poser la question, elle va se retrouver dans l'instant dans son lit, sans être passée cette fois par l'un de ces endroits redoutables qui l'ont terrifiée. Il semblerait que son « Tracassin » ait décidé de lui accorder enfin une faveur.

Le temps passant, ils se retrouveront souvent et elle dira avoir visité presque tout le « musée ». Ils vont aussi parfois se disputer, mais une complicité solide, voire de la sympathie va finalement les lier. Un jour, Belmo l'emmènera dans une vaste galerie de pierre taillée. Sur les murs se trouvent de grands panneaux de pierres lisses, où sont gravées des inscriptions. Sur l'un d'eux, elle remarquera un oiseau doté d'un long bec recourbé. Lorsqu'elle lui demandera si un oiseau est enfermé derrière le mur, il lui répondra par la négative en ajoutant que s'y trouve le Grand Livre de Thot, ni plus ni moins que ce livre mystérieux considéré par beaucoup comme un livre de pouvoir et de magie, à ne pas mettre entre toutes les mains. Lors d'une autre visite, elle remarquera sur un nouveau panneau, la représentation d'un merveilleux scarabée. Il lui indiquera qu'à cet endroit se trouve le Secret de la Vie.

Les lampes perpétuelles

Comme ils progressent dans une galerie éclairée par une lumière bleutée, émanant de sorte de lampes plates enchâssées dans le granit, elle va lui demander comment elles peuvent continuer d'éclairer depuis tout ce temps. Malicieusement, il répliquera qu'elle le saurait si elle acceptait enfin de monter dans la Barque !

Qui n'a pas entendu parler de ces mystérieuses lampes perpétuelles ? Ces lampes dont les flammes ne s'éteignent jamais. Elles ont été évoquées dès l'antiquité. Comme aucune trace de suie pouvant provenir de torches n'a jamais été retrouvée sur les murs peints des tombeaux égyptiens et des pyramides, nombreux se sont posé la question de savoir comment des fresques aussi somptueuses avaient pu être peintes dans la plus stricte obscurité. Cela reste un mystère, encore que… Dans le temple de Denderah dédié à la déesse Hathor, ont été en effet découverts de curieux bas-reliefs représentant des personnages soutenant ce qui pourrait ressembler à de gigantesques ampoules électriques, ce qui a fait dire à certains que les Égyptiens pouvaient certainement s'éclairer à l'électricité.

D'autres sortes de systèmes d'éclairage très anciens ont aussi été répertoriées. Ainsi, celui du temple de Jupiter à Baalbek au Liban. Là-bas, il était question de pierres lumineuses. Il a été aussi rapporté que de nombreux palais antiques étaient éclairés par ces pierres qui diffusaient de la lumière. Un auteur satyrique grec du IIe siècle, du nom de Lucien rapporta pour sa part, que lors d'un voyage à Hierapolis en Syrie, l'occasion lui avait été donnée de visiter un temple consacré à la déesse Hera. La statue de la déesse avait une tête d'or ornée d'un gros joyau qui émettait une puissante lumière, laquelle éclairait tout le temple. Lucien en était resté abasourdi au point d'aller interroger les prêtres. Hélas, ceux-ci avaient catégoriquement refusé de lui livrer le secret de cette mystérieuse lumière. Plus récemment, les Rose-Croix ont évoqué une mystérieuse substance alchimique qui émettait de la lumière. Est-ce celle-là dont a parlé le célèbre Alchimiste du XIXe siècle, Fulcanelli ? Il avait en effet évoqué un or potable, dérivé de la pierre philosophale. En fait, une sorte de liqueur qui avait la propriété d'émettre une lumière jaune rouge douce et phosphorescente.

Pour autant, aucun de ces systèmes d'éclairage ne ressemble vraiment à celui décrit par Rose C. Il s'agit donc probablement d'autre chose. C'est à ce propos d'ailleurs que l'on peut encore évoquer une découverte incroyable autant qu'essentielle faite par Wilhem Reich. Ce scientifique de génie a en effet découvert l'orgone dont il dira qu'elle serait l'énergie de vie cosmique, en fait l'énergie du futur ! Dans les années 1940, il a d'ailleurs mis au point une petite machine reliée à un accumulateur d'orgone de sa composition. C'est ainsi qu'il a remarqué que des tubes à vide baignant dans une atmosphère chargée d'orgone, émettaient une belle lumière bleue tirant un peu sur le violet. Serait-ce là, la technologie d'éclairage perpétuel de la galerie qui a tant étonné Rose C. ? Cela pourrait y ressembler en tout cas.

Rose C. aurait-elle visité la mystérieuse Salle des Archives atlantes ?

Toujours est-il qu'au fur et à mesure de leur progression dans la galerie, elle va remarquer d'autres pierres gravées représentant un serpent à plusieurs têtes, un singe, des figures géométriques telle une spirale. Elle découvrira aussi d'autres gravures représentant divers objets, dont certains ressemblant à des instruments chirurgicaux. Quand ils atteindront le fond de la galerie fermé par deux grands panneaux de pierre, Belmo dira que derrière eux se trouve la « Salle de la Grande Tradition ». Mais évidemment pour qu'elle puisse la voir, il lui faudra monter avant dans la « Barque de la Connaissance » !

Rose aura-t-elle eu l'insigne privilège de visiter le lieu où se trouvent les antiques archives atlantes et celui de rencontrer son gardien ? Christian Rozenkreutz, fondateur de l'Ordre des Rose-Croix qui aurait semble-t-il vécu aux XIVe et XVe siècles, encore que certains prétendent qu'il n'aurait pas réellement existé, aurait dit avoir trouvé dans une salle secrète située sous le Sphinx, une bibliothèque constituée d'ouvrages regorgeant de connaissances secrètes. Plus tard, au

XIXe siècle, des écrivains mystiques et divers adeptes de la pensée magique feront du Sphinx le gardien des antiques archives. Il semble donc qu'il y ait un grand mystère qui plane autour du Sphinx de Gizeh et des Secrets de l'Humanité, auquel il serait associé.

D'ailleurs, au XXe siècle, Edgar Cayce a lui-même révélé qu'il aurait été construit à une époque antédiluvienne et donc, bien avant la Grande Pyramide, alors que pour l'égyptologie classique sa construction ne remonterait qu'aux environs de 2500 ans avant J.-C. Cayce prétendra aussi que sous sa monumentale statue résiderait un mystère. Je le cite: « *Dans ce lieu proche du sphinx où se trouve la salle des Archives (atlantes) en terre égyptienne, on retrouvera des archives et des documents. Cette salle des documents se trouve là où la ligne d'ombre tombe entre les pattes du sphinx. On ne pourra pénétrer dans les salles en partant de la patte droite du sphinx que lorsque les temps seront révolus et que les changements auront été accomplis dans cette sphère de l'existence de l'humanité* ». Et encore: « *La salle murée qui contient les archives est à un autre endroit que dans la grande pyramide. Ces archives vont depuis le commencement des temps où l'esprit prit forme et commença à descendre sur cette terre* ». Il se dit à ce propos, selon diverses sources ésotériques ainsi que certaines divulguées par des stellaires, que les premiers êtres qui ont peuplé les continents de Mu et d'Atlantide auraient été des êtres éthériques.

L'ésotériste Oumraam Mikhaël Aivanov a déclaré aussi que des tunnels relieraient la Grande Pyramide au Sphinx et qu'une chambre secrète se trouverait sous la pyramide, contenant des archives très anciennes. Gordon Michael Scallion, un médium américain dont les prévisions se sont souvent révélées justes, a prétendu que sous le Sphinx, se trouverait une sorte de « capsule-témoin », constituée par une série de chambres contenant des objets, certains d'entre eux datant de 20000 ans. On y trouverait également des prédictions sur le devenir de l'humanité. Ce médium a d'ailleurs prétendu qu'en 1995, le tout-puissant Zahi Hawass serait venu le voir afin de lui demander ce qu'il voyait sous le Sphinx. Scallion lui aurait répondu précisément, mais n'aurait plus jamais eu de ses nouvelles par la suite.

Rose C. reverra souvent son ami Belmo, gardien d'un musée aussi désert qu'éternel, mais elle ne voudra jamais plus rien dire de ses échanges avec lui. Après la parution de son livre, au grand dam de Guy Tarade et de Jimmy Guieu, elle se taira définitivement jusqu'à sa mort survenue en l'an 2000. Belmo lui aurait-il demandé de ne jamais révéler certain secrets ? Cela paraît fort possible puisque son livre laisse à supposer qu'elle ait reçu énormément d'informations qu'elle n'a pas divulguées et qu'elle ne divulguera hélas plus aujourd'hui.

Une autre rencontre extraordinaire…

Durant les mois où elle n'est pas retournée voir son « Tracassin » perdu dans son royaume doré, Rose C. a vécu une autre aventure tout aussi surprenante. Un beau jour et sans trop savoir comment, voici qu'elle s'est retrouvée dans un immense parc à la végétation particulièrement luxuriante où elle a fini par apercevoir l'entrée d'une grotte. Devant elle, elle apercevra un homme, vêtu d'une grande cape, qui va aimablement lui souhaiter la bienvenue. Elle remarquera aussitôt que les traits de son visage sont marqués et que sa peau est tendue comme par l'effet d'un lifting. Ses cheveux légèrement ondulés sont aussi à la fois blonds et blancs. Son sourire est amical et son expression dégage une grande sagesse. Il va lui demander si elle accepterait de le suivre à l'intérieur de la grotte.

Comme elle a donné son accord, ils vont se retrouver à déambuler dans un dédale de souterrains en pente et finiront par arriver devant une petite porte. L'homme l'introduira alors dans une petite pièce taillée dans le roc, éclairée par une simple lampe-tempête. En son centre, elle découvrira un socle reposant sur une grosse pierre. Sur ce socle est posée une grosse arbalète semblant prête à tirer en direction d'une autre dalle de pierre enchâssée dans le plafond. Dans un coin de la pièce, Rose remarquera également la présence de deux grands sacs. L'homme en ouvrira un, dont il sortira un livre imposant, paraissant très ancien et illustré d'enluminures. Tout en le feuilletant, il lui dira se nommer Achmezaref. C'est du moins ce qu'elle aura compris. Après l'avoir remis en place, il ouvrira le second sac dont il lui montrera le contenu. Horrifiée, elle découvrira qu'il contient une tête à demi momifiée. Lorsqu'elle lui demandera pourquoi il lui a montré pareille horreur, l'homme répondra tranquillement que c'est justement pour cela qu'il la lui a montrée. Il lui expliquera qu'elle détient la particularité de parler et de donner le secret de la fabrication de l'or en deux langues : en latin et en maure. Comme elle ne manifestera pas l'enthousiasme escompté, l'homme lui proposera alors de lui montrer autre chose qui se trouve à proximité. Avec son humour habituel, elle lui demandera si c'est pour aller voir les bras et les jambes. Très sérieusement, il lui répondra qu'il va lui montrer l'Arche d'Alliance. Comme elle se montrera sceptique, il rétorquera qu'elle est en fait toute proche de l'endroit où ils se trouvent. Prudemment, elle ne donnera pas suite à son invitation d'aller la contempler et son interlocuteur n'insistera pas.

Une fois sortis de la grotte, il l'emmènera pour une promenade dans la campagne dont elle remarquera qu'elle ressemble étrangement à la campagne nîmoise qu'elle connaît si bien, avec ses arbres touffus et enchevêtrés. A un moment, ils finiront par arriver dans une clairière où trône en son milieu un immense chêne-guien, lequel comme on le sait, est son arbre préféré. Après avoir traversé la clairière, l'homme s'arrêtera devant une grille rouillée recouverte de lierre et à demie cachée dans les broussailles.

Au travers de la grille, Rose apercevra une dallc de pierre rectangulaire d'une trentaine de centimètres d'épaisseur, ceinturée dans sa largeur par une large bande de métal. À sa grande stupeur, elle découvrira que, sur la stèle, est inscrite une bien curieuse épitaphe : *« Ici repose Rose. Elle fut enterrée avec son « corbeau préféré ».* Quand elle lui demandera qui est enterré sous la dalle, l'inconnu répondra qu'en réalité, personne n'est enterré à cet endroit et qu'ils se trouvent au-dessus de la petite pièce où elle a vu les sacs et l'arbalète. Il lui expliquera aussi que si quelqu'un s'avisait de violer la sépulture et d'ôter la bande de métal qui la ceinture, un mécanisme déclencherait alors sur-le-champ, le tir de l'arbalète. Il l'entraînera ensuite vers le dos de la stèle où elle découvrira une inscription toute aussi mystérieuse : *« Étranger, si tu parles aux oiseaux, tu peux réveiller Rose ainsi que son corbeau* ». Elle remarquera que sur la pierre, une petite grenouille a commencé d'être gravée. Soudain l'homme lui annoncera qu'il est temps de se quitter et aussitôt, elle se retrouvera dans son lit ! Cela aura été son unique rencontre avec ce singulier personnage, mais avouons tout de même, qu'elle n'était pas banale non plus.

Lorsque l'on considère les aventures relatées par Rose C., à suite sa rencontre avec des géants venus des étoiles, on ne peut évidemment que rester émerveillé, et bien entendu aussi peut-être, se poser des questions sur la crédibilité de son récit. Son expérience est en effet plutôt différente de celles que vivent habituellement les contactés. Pourtant, elle a intéressé de nombreux ufologues, dont ceux que j'ai déjà évoqués, qui n'ont pas douté de ses dires. Son histoire a également été relatée dans divers articles parus dans la très respectable revue Lumières dans la Nuit. Rose C. est aussi considérée par beaucoup comme la grande contactée française. En attendant, son incroyable histoire en aura fait rêver plus d'un et moi la première…

Table des matières

Imprimé en France
par JMG éditions
80290 Agnières
dépôt légal mai 2019